유가증권 전자화의 법리 연구

정경영

A Legal Study on
Digitization of
Negotiable Instrument

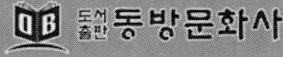

이 저서는 2014년 정부(교육부)의 재원으로 한국연구재단의 지원을 받아 수행된 연구임(NRF:2014S1A6A4027326)

머리말

우리 삶에 디지털문화가 깊숙이 들어온 것은 그리 오래되지 않았다. 아나로그의 섬세한 개성을 디지털의 매끄러운 통일성이 대신하여, 사물의 아우라(Aura)보다 무한복제가 가져다 주는 편리, 신속함의 매력에 흠뻑 젖어든다. 색바랜 사진액자를 걷어낸 폰의 영상, 투박한 음질의 LP판을 사라지게 한 무한저장의 디지털음원, 서가의 수많은 책들을 폐지화시킨 손안의 전자책은 세상의 변화를 실감하게 하는 많은 흐름 중이 몇가지에 지나지 않는다. 이렇게 사용가치를 가지는 재화의 디지털화는 편리성에 의한 고유성의 대체 문제가 생기지만, 고유성이 문제되지 않는 지급수단 등 교환가치를 가지는 재화의 디지털화는 편리함의 대가로 고유성보다는 대체로 보안성이 문제될 뿐이다.

최근 비트코인, 이더리움 등 암호통화가 등장하여 세상을 떠들썩하게 하면서 암호통화의 법적 성질이 지급수단인지 금융투자상품인지가 문제되었다. 이러한 표면직인 쟁점 아래에는 블록체인기술이라는 완벽한 보안성을 갖춘 새로운 공시수단이 자리를 잡고 있다. 블록체인기술을 네트워크를 기반으로 재화의 단순한 디지털화를 넘어 분산성을 갖춘 지급수단의 등장을 가능하게 하고 있다. 오래전, 눈에 보이지 않는 채권이나 주식 등의 권리(가치권)를 용이하게 유통하기 위해 유가증권을 통해 유형화시켜 재화와 유사한 지위를 부여한 적이 있었다. 그런데 재화성 부여를 목적으로 한 유가증권은 디지털환경에서 오히려 거추장스럽게 느껴지기 시작하였다. 디지털 환경의 속도감을 따라잡기에 유가증권의 유형성은 장애가 되어 전자적 방식에 의한 권리공시수단을 모색하게 되어 유가증권의 전자화라는 법적 현상을 만들어냈다.

주식의 전자등록제도, 전자어음, 선불전자지급수단 등이 유가증권 전자화의 대표적인 예이며, 유가증권의 전자화는 여기에 그치지 않고 암호통화 등 새로운 지급수단의 등장으로 이어진다. 이 책은 무형의 권리가 유가증권제도를 통해 유형화 되었다가 디지털 환경에서 다시 무형화되어 가는 유가증권이, 어떻게 그 기능성을 유지하고 전자유가증권의 법률관계는 어떻게 변화할 것인가를 집중적으로 고찰하고 있다. 저자는 UN 산하의 국제상거래법위원회(UNCITRAL) 실무단 회의에 정부대표로 오랫동안 참석하면서 정리, 발표하였던 논문들을 중심으로 유가증권의 전자화라는 관점에서 이를 다시 편집하였고 그간 저자가 전자금융에 관해 연구했던 저서, 논문들을 보완, 인용하여 이 책을 완성하였다. 유가증권의 전자화라는 광범위한 주제를 한 권의 책에서 정리하다 보니 본 저서에는 새롭게 연구된 내용도 많지만 일부 내용은 저자의 종전의 연구를 활용한 부분도 있음을 미리 알려둔다. 이 책은 한국연구재단의 지원으로 집필되었다. 이러한 연구를 가능하게 한 동 기관에 감사의 뜻을 표하며, 책의 완성에 많은 도움을 준 김정환 박사에게도 감사의 뜻을 전한다. 그리고 책을 편집하고 출판하는데 물심양면으로 지원해 주신 동방문화사 조형근사장님과 이하 직원분들께도 감사드린다.

2019. 2.

성균관대학교 정 경 영 교수

목 차

제1장 유가증권제도

Ⅰ. 유가증권의 의의 ·· 1
   1. 개념의 효용 ·· 1
   2. 권리의 증권화 ·· 5
   3. 권리의 탈증권화(dematerialization) ································ 7
   4. 새로운 기술의 포섭 ·· 8
Ⅱ. 유가증권의 특성 ·· 9
   1. 유가증권의 개념에 관한 논쟁 ······································ 9
   2. 유가증권의 특성 ·· 11
Ⅲ. 유가증권에 관한 법체계 ·· 14
   1. 유가증권에 관한 법제 ·· 14
   2. 유가증권 법정주의 ·· 16
   3. 기타 유가증권 규정 ·· 18

제2장 유가증권의 전자화

Ⅰ. 전자화의 흐름 ·· 20
Ⅱ. 유엔 국제상거래법위원회에서의 논의 ·························· 23
   1. 개 관 ·· 23
   2. 일반규정 ·· 31
   3. 기능적 등가성 관련 규정 ·· 45
   4. 전자양도성기록의 사용 ·· 53
   5. 전자양도성기록의 국제간 효력 ·································· 59
Ⅲ. 미국법상 양도성기록(transferable records) ···················· 60
   1. 개념의 도입 ·· 60

2. 양도성기록(transferable record) ·· 62
　　3. 양도성기록의 지배 ·· 66
Ⅳ. 우리법상 유가증권의 전자화 ··· 72
　　1. 연혁 ·· 72
　　2. 전자유가증권의 유형 ·· 74
　　3. 전자유가증권의 구조 ·· 78

제3장 전자유가증권의 법률적 문제점

Ⅰ. 개요 ··· 81
Ⅱ. 형식 관련 쟁점 ··· 82
　　1. 전자문서의 증권성 ·· 82
　　2. 전자문서에의 서명 ·· 85
　　3. 기타 형식적 요소 ·· 89
Ⅲ. 실질 관련 쟁점 ··· 92
　　1. 정보의 지배 ·· 92
　　2. ETR의 지배에 관한 논의 ·· 93
Ⅳ. 기타 쟁점 ··· 102
　　1. 서 ··· 102
　　2. 지배의 특성(사실 vs 권리) ··· 102
　　3. 다수 청구권의 배제(기록의 단일성 vs 지배의 개념) ··············· 104
　　4. 물품증권 vs 지급증권 ·· 107
　　5. 유가증권의 전자화 vs 새로운 전자양도성기록 ························· 108
Ⅴ. 전자유가증권의 법리 ··· 109
　　1. 전자양도성기록과의 관계 ·· 109
　　2. 전자유가증권의 단일성 확보 ·· 111
　　3. 전자정보에 대한 지배 ·· 112
　　4. 소결 ·· 115

제4장 각종 전자유가증권

Ⅰ. 전자어음 ··· 116
   1. 전자어음법 ·· 116
   2. 전자어음의 의의 ·· 120
   3. 전자어음의 특성 ·· 122
   4. 전자어음의 발행 ·· 128
   5. 전자어음의 유통 ·· 135
   6. 기타 제도 ·· 145
   7. 입법론 ·· 152

Ⅱ. 전자수표 ··· 155
   1. 의의 ·· 155
   2. 전자자금이체거래와의 비교 ·· 157
   3. 추심절차의 전자화 ··· 158
   4. 입법론 ·· 160

Ⅲ. 전자외상매출채권 ··· 163
   1. 도입 연혁 ·· 163
   2. 전자외상매출채권의 의의 ·· 165
   3. 전자외상매출채권의 법적 성질 ·· 168
   4. 전자외상매출채권의 발행관계 ·· 179
   5. 전자외상매출채권의 담보대출 ·· 188
   6. 블록체인기술과 ETR 모델법의 수용 ······································ 196

Ⅳ. 전자선하증권 ··· 197
   1. 의의 ·· 197
   2. 전자선하증권의 법적 성질 ·· 200
   3. 선하증권의 전자화를 위한 국제적 노력 ······························· 202
   4. 전자선하증권에 관한 규정 ·· 207
   5. ETR 모델법의 반영 ··· 216

Ⅴ. 전자투자증권 ··· 218
   1. 의의 ·· 218

2. 전자투자증권제도의 도입 ·································· 219
　　3. 법적 성질 ·· 220
　　4. 주식·사채 등의 전자등록 ································ 224
　　5. 주식·사채 전자등록제도 ····································· 227

Ⅵ. 전자화폐 ··· 235
　　1. 전자화폐의 의의 ·· 235
　　2. 전자화폐의 분류 ·· 240
　　3. 법적 성질에 관한 논의 ······································· 245
　　4. 전자금융거래법상 지위 ····································· 250
　　5. 전자화폐의 발행절차 ··· 253
　　6. 전자화폐의 유통절차 ··· 260
　　7. 전자화폐의 환금절차 ··· 266

제5장 전자유가증권의 미래

Ⅰ. 재산권·계약의 전자화 ·· 270

Ⅱ. 채권의 전자화 ·· 271
　　1. 서 ·· 271
　　2. 일본의 전자기록채권 ··· 272
　　3. 전자기록채권과 전자어음의 구별 ···················· 278

Ⅲ. 지급수단(유가증권, 화폐)의 전자화 ···················· 280
　　1. 지급과 결제의 개념 ··· 280
　　2. 전자지급거래의 유형 ··· 284
　　3. 지급수단의 유형 ·· 288
　　4. 각 지급수단의 비교 ··· 293
　　5. 전자지급수단의 법적 문제점 ···························· 295
　　6. 비트코인의 등장과 법적 대응 ·························· 302

Ⅳ. 계약의 전자화와 거래법의 미래 ·························· 312
　　1. 스마트계약의 의의 ··· 312
　　2. 스마트계약의 구조 ··· 315

3. 스마트계약의 법적 성질 ··· 318
        4. 스마트계약의 유상성 ··· 319
        5. 스마트계약의 다중성 ··· 321
        6. 글을 맺으며 - 거래법의 미래 ··· 323
[부록] ··· 325
[참고문헌] ··· 333
[연구요약문] ··· 342
[Abstract] ··· 344

제1장 유가증권제도

Ⅰ. 유가증권의 의의

1. 개념의 효용

1) 개념 : 유가증권(有價證券)은 '가치를 가진 증권'의 의미를 가진다. '증권'이라는 형식을 가지면서 가치가 내재된 수단을 의미한다. 증권의 의미는 매우 다양하게 사용되고 있어 하나의 개념으로 정의하기는 불가능하지만, 일정한 사실을 증명하는 기능만을 가진 증서와는 구별될 수 있다. 따라서 일정한 형식을 갖춘 문서가 증명적 기능을 넘어 일정한 권리를 표창할 경우 문서나 증서와 구별하여 통상 증권이라고 본다. 결국 유가증권이란 단순한 사실 증명의 기능을 넘어 일정한 가치(권리)를 표창하면서 일정한 법적 효력(이전성 등)을 가진 문서로서 일정한 형식적 요건을 갖출 것을 요구한다. 유가증권은 법적 개념으로서, 무엇을 유가증권을 볼 것인지 그리고 유가증권에 어떠한 법적 효력을 부여할 것인지 등은 법률에서 정해진다. 우리 법을 포함하여 대부분의 국가에서 유가증권을 화물상환증·선하증권·창고증권·주권·사채권 등의 일반 유가증권과 재화·용역거래에서 발생한 채무의 이행수단으로 사용되는 지급수단증권으로서 어음, 수표 등을 포함하는 것으로 이해하고 있다.

유가증권은 어음이나 선하증권 등의 연혁에서 보는 바와 같이 시장에서 자연발생적으로 생겨난 거래수단이다. 이후 이러한 거래수단이 범용되면서 법적 안정성에 관한 요구[1]가 생겨나 관습적 거래수단에서 법적 거래

---

1) 시장에서 취득한 유가증권이 진정으로 발행자가 발행한 유가증권인지, 유가증권에 표시된 채무 내용이 발행자가 약속한 내용과 동일하고 중간에 무권한자에 의해 변경되지는 않았는지, 발행자가 약속한 채무를 이행할 수 있을 것인지, 발행자가 채무를 이행하지 못할 경우 이를 담보하는 수단이 있는지 유가증권상의 권리를 어떻게 실행(강제집행 등)할 수 있는지, 유가증권을 분실한 경우 어떠한 구제절차가 존재하는지 등 유가증권의 신뢰성을 포함하여

수단으로서 변모하게 된다.2) 이러한 과정을 거쳐 유가증권은 시장경제에서 주요한 재화, 지급수단으로서 기능을 해오고 있다. 유가증권이 표창하는 권리는 채권 또는 금전지급청구권(예, 어음, 수표)인 경우도 있고, 물품반환청구권(예, 화물상환증, 선하증권, 창고증권)인 경우도 있으며, 일정한 지위(예, 주권, 사채권)가 될 수도 있다. 유가증권이 표창하는 권리는 모두 가치권3)으로서 그 권리의 대상이 유형이 아니라 무형이라는 점에 특성이 있고, 소위 물권의 대상이 되는 통상의 재화와는 많은 점에서 구별된다. 통상의 재화(예, 책)는 권리의 대상이 유형이므로 직접 또는 간접의 점유(예, 책을 가방에 넣어두고 있음)에 의해 권리의 귀속이 나타나고, 그 점유를 이전함(예, 책을 친구에게 건네줌)으로써 그 권리의 귀속을 변경할 수 있다(점유의존형 권리귀속변경). 하지만 가치권과 같은 무형적인 권리의 경우 점유의 대상이 존재하지 않아 그 권리의 이전이 문제된다.

2) 가치권의 이전 : 무형적 권리의 대표적인 예로서 채권을 들 수 있다. 권리자가 타인에게 일정한 급부를 청구할 수 있는 권리로서 채권은 무형적인 권리 즉 가치권에 속하고, 가치권에는 채권뿐만 아니라 주식과 같은 사원권 등도 이에 포함된다. 가치권의 발생(원시취득)과 보유는 채무자·의무자와의 관계에서만 문제될 뿐 제3자 즉 타인의 신뢰와는 무관하므로, 채무자·의무자의 약속행위에 의해 취득하고 이를 보유할 수 있다. 일반 재화와 동일하지 않지만 가치권을 위한 특별한 제도적 장치가 없더라도 가치권을 취득하고 보유하는 데는 특별한 어려움이 발생하지 않는다. 하지만

유가증권제도 전반에 관한 법적 신뢰가 요구된다.
2) UN의 1930년 제네바 어음조약(Convention Providing a Uniform Law for Bills of Exchange and Promissory Notes; 환어음, 약속어음을 위한 통일법 제정을 위한 협약), 1931년 제네바 수표조약(Convention Providing a Uniform Law for Cheques; 수표에 관한 통일법 제정을 위한 협약)등도 전통적인 어음 수표에 대한 법적 안정성을 도모하면서 국제적 사용이 가능하도록 한 노력의 일환으로 이해될 수 있다.
3) 가치권은 법적으로 정립된 개념은 아니지만, 이 글에서는 권리의 목적물(대상)이 유형적이지 않고 일정한 무형적 가치여서 점유의 대상이 존재하지 않는 권리를 의미한다.

가치권을 이전하거나 행사할 경우에는 가치권을 보유한다고 주장하는 자의 권리보유의 진정성이 증명되지 않아 이전과 행사에 어려움이 따른다. 이는 일반 재화와 달리 점유의 대상이 존재하지 않기 때문이며, 권리의 대상을 점유함으로써 점유에서 발생하는 권리추정력[4]에 기초한 소위 점유의 존형 권리귀속변경은 불가능하다.

점유의 대상도 존재하지 아니하고 점유의 권리추정력이라는 법적 효력을 활용할 수 없는 가치권의 양도는 당사자 간의 권리이전의 합의만으로 이뤄진다고 볼 수밖에 없다. 당사자만의 합의에 의한 가치권의 이전의 경우 양도인이 적법한 가치권의 보유자일 경우 우선 권리는 유효하게 양도될 수 있다. 하지만 양도인이 권리의 적법한 보유자가 아닐 수도 있고 설사 적법한 권리 보유자라 하더라도 양도 후 다시 그 권리를 양도함으로써 가치권의 제3의 양수인이 발생할 수 있다. 즉 가치권의 양도는 거래당사자의 신뢰를 바탕으로 실현되고 그 신뢰가 상실될 경우에는 양수인은 동산의 양수인과 달리 스스로 권리자임을 완벽하게 증명할 수 없게 된다는 문제가 있다. 왜냐하면 가치권은 권리의 대상이 유형적이지 않아 점유를 통한 증명이 불가능하고, 또 다른 제3의 권리자와의 경합이 경우에 따라 불가피하기 때문이다. 양도인이 신뢰를 깨고 가치권을 타인과의 합의에 의해 이중, 삼중 양도했을 경우 양도를 합의하였다는 사실을 증명하는 것만으로 권리의 증명으로 불충분하고 양도합의의 증명은 다수 발생할 수 있다.

3) **양도의 신뢰성** : 양도합의에 의한 가치권의 양도에 신뢰성을 부여하기 위해, 일정한 방법을 통해 양도의 법적 순서를 정하고 그 순서에 따라 동일한 가치권에 관해 경합하는 양수인 간에 우월한 지위를 인정하는 방법을 고려할 수 있다. 이를 법제도화한 것이 채권양도에서의 대항력 규정

---

[4] 점유도 권리추정력을 부여할 뿐이므로 점유자가 권리자가 아니라는 반증에 의해 항상 권리가 부정될 가능성은 존재한다. 하지만 권리추정력에 근거한 선의취득제도에 의해 설사 무권리자로부터 동산을 취득한 자는 양도인이 권리자라고 신뢰한 경우 그 취득은 보호된다.

(민법 제450조)이고 확정일자 있는 증서(예컨대, 내용증명 등) 등에 의한 통지·승낙이라는 수단을 먼저 확보한 자가 다른 양수인에 '대항력'을 가져 채무자에게 권리를 행사할 수 있게 된다. 하지만 권리이전을 위해 확정일자라는 까다로운 절차를 거치는 것은 불편하여 가치권의 양도는 유통이 여전히 용이하지 않다.5) 양도의 신뢰성문제는 채권양도에서만 나타나는 현상이 아니고 채권과 유사한 가치권에 나타나는 일반적 현상이다. 예를 들어 주식을 발행하였지만 주권이 아직 발행되지 않은 상태 즉 주권발행 전의 주식의 양도에 관해 학설, 판례는 당사자 간의 양도의 합의만으로 이전되지만 양도의 신뢰성은 채권양도의 대항력규정을 유추적용함으로써 확보된다. 점유의 대상이 되는 주권이 아직 발행되지 않아 주권의 점유이전은 불가능하므로 주식양도의 대항력 확보를 통해 이중양도 등을 방지하게 되는데 절차가 불편하기는 마찬가지이다.

　대항력에 의한 양도의 신뢰성 확보는 채권양도의 통지라는 매우 불완전하고 불편한 방법에 의존하고 있다. 만일 가치권의 변동을 공시할 수 있는 장부가 존재한다든지 가치권의 유일한 증표가 마련될 수 있다면 장부의 기재와 증표의 소지에 따라 권리가 변동될 수 있다. '장부의 기재'에 의해 권리가 변동되기 위해서는 권리를 공시하는 장부가 누구나 편리하게 접근할 수 있는 것이어야 하고, 장부에 신뢰성이 기술적으로 확보되어야

---

5) 민법상 채권양도의 경우뿐만 아니라 가치권의 양도가 문제될 경우 예를 들어 주식회사가 설립된 후 그 회사가 주권을 발행하지 않았다면 주식의 양도가 불가능하다. 왜냐하면 주식의 양도는 주권의 교부에 의해서만 양도되기 때문이다(상법 제336조 제1항). 주권발행 전 주식양도는 원칙적으로 금지되어 있지만 회사 설립 후 6월이 경과하거나 신주발행의 효력이 발행한 후 6월이 경과하여도 주식을 발행하지 않는 경우에는 주주보호를 위해 상법은 주권발행 전이지만 주식양도를 허용하고 있다(상법 제335조). 이렇게 주권을 발행하지 않은 회사의 주주가 주식을 양도하려면 특별한 절차가 요구되며 통설, 판례는 이 때 채권양도방법에 의해 주권발행전 주식을 양도할 수 있다고 본다. 주권발행 전 주식 역시 가치권이므로 그 양도는 자유롭지만 이중양도의 위험을 줄이기 위해 채권양도방법을 차용하고 있다. 즉 주권 없이 주식을 양도한 자가 회사(채무자에 해당)에 주식양도 사실을 확정일자 있는 증서로 통지하게 되면 양수인은 이중양수인을 포함한 제3자에게 자신의 양수사실로써 대항할 수 있다 (통설, 판례, 대법원 2010. 4. 29. 선고 2009다88631 판결).

할 뿐만 아니라 법적으로도 장부에 의한 권리변동의 신뢰성을 보장하여야 한다.6) 다음으로 증표에 의한 권리변동은 가치권이 증표와 결합될 수 있도록 법적인 근거규정이 요구되며, 그에 따라 증표와 결합된 가치권은 증표에 의해서만 이전될 수 있다. 증표를 점유하면 가치권을 보유하는 것이 되고 가치권의 이전의 합의를 하고 증표를 교부하면 가치권을 이전하는 것이 되고 증표를 통해서만 가치권을 행사할 수 있다. 증표에 의해 가치권이 표창된 대표적인 예가 유가증권이며, 증표가 전자적 기술과 결합될 경우 전자적으로 표창되어 전자정보에 의해 가치권이 표창될 수도 있다. 증표에 의한 가치권의 표창이 유효하기 위해서는 증표의 유일성(singularity)이 보장되어야 한다.7) 특히 전자정보에 의해 가치권이 표창되기 위해서는 전자정보의 기술적 신뢰성이 확보되어야 하고 전자정보에 의한 가치권 표창의 대표적인 예로서는 전자금융거래법상의 선불전자지급수단이 있다.

2. 권리의 증권화

1) **권리의 표창** : 가치권을 이전함에 있어 양도의 신뢰성 확보가 쉽지 않다. 그 가장 큰 이유는 가치권은 물건과 달리 권리의 목적물(대상)이 존재하지 않아 무형이기 때문이다. 만일 가치권에 목적물을 만들어 유형화시킬 수 있다면 유형화된 목적물을 이전함으로써 다른 물건과 동일하게 양도의 신뢰성을 확보할 수 있다. 예를 들어 채권을 증서화 시키고 증서 자체가 채권을 나타내는 증표로 삼으면, 즉 증서를 채권의 표창수단으로 간주한다면 무형적인 채권은 증서에 유형화되고 유형의 재화와 동일하게

---

6) 장부에 의한 권리변동의 대표적인 예가 전자등록부에 의한 권리변동을 실현시키고 있는 전자어음, 전자선하증권 등이다. 하지만 이들을 규율하고 있는 법률이 전자등록부에의 기재에 의한 권리변동의 신뢰성을 완전하게 보장하고 있지 않아 입법의 적절성이 의문시된다. 이에 관해서는 자세하게 후술한다.
7) 유가증권의 유일성은 법률이 보장하고 있다고 볼 수 있다. 유가증권의 위조는 금지될 뿐만 아니라 형사적으로 처벌되고 유가증권이 위조된 경우 당사자 간의 법률관계는 어음법, 수표법상 학설에 의해 잘 정리되어 유일성이 훼손된 경우 그에 따라 수습될 수 있다.

양도의 신뢰성이 확보된다. 이와 같이 가치권(채권, 주식 등)이 표창된 증서·증권을 유가증권이라 한다.

2) 일반 유가증권 : 유가증권이 가치권을 표창하는 유일한 수단이라는 것이 보장되면 가치권은 유가증권에 의해 이전되게 된다. 권리의 내용이 증권에 표시되어 누구나 쉽게 이를 확인할 수 있어야 하고, 마치 권리의 이전이 물건의 이전과 유사하게 증권의 교부(배서·교부)에 의해 쉽게 이전되도록 법이 보장하여야 한다. 가치권을 행사함에 있어서도 여러 특징이 나타나는데, 먼저 권리행사를 위해 증권의 제시가 있어야 하고, 권리를 이중 행사를 방지하기 위해 권리행사시 증권을 상환하여야 하고, 증권을 제시하는 자에게 의무를 이행하면 면책되는 등의 성질을 가져 유가증권의 양도성(transferability)이 확보된다. 여기서 더 나아가 권리의 내용이 증권기재사항만으로 결정되고, 무권리자를 권리자로 믿고 증권을 취득한 경우 권리를 보장해 준다면, 증권은 권리를 표창하기에 부족함이 없게 되어 이 경우 양도성을 넘어 이른바 유통성(negotiability)이 확보된다.

3) 지급(수단)증권 : 유가증권 중에는 상품적 성격을 가지는 유가증권(화물상환증, 선하증권, 주권 등)도 있고 지급수단의 성격을 가지는 증권(어음, 수표 등)도 있다. 특히 지급수단적 성격을 가지는 유가증권은 유가증권의 일반적 속성 이외에 항상 원인거래가 존재하고 원인거래상의 채무를 변제하기 위해 지급수단거래가 발생한다. 지급수단은 최종적으로 법화에 의해 결제된다는 특성을 가지며 지급수단증권의 신뢰성을 보호하기 위한 장치(예, 담보책임)가 요구된다. 따라서 원인거래와 지급수단거래간의 관계가 문제되는데, 원인관계가 효력을 상실하더라도 지급수단거래에 따른 권리를 잃지 않고(무인성), 유가증권의 거래가 연속된 경우 설사 앞의 거래가 무효이더라도 뒤의 거래의 효력이 영향을 받지 않아 각 거래에서 생긴 담보책임이 유효하게 유지될 수 있다면(독립성) 지급수단증권의 신뢰성

은 더욱 확보될 것이다.

3. 권리의 탈증권화(dematerialization)

1) **정보통신기술의 발달** : 권리(가치권)와 증권의 합체를 통해 권리의 증권화를 실현시켰던 유가증권제도는 권리의 유통을 매우 용이하게 하였다. 그런데 가치권의 유통을 위한 유가증권제도는 권리등록장부의 도입과 정보통신기술이 발달에 따라 더 간편하게 대체될 수 있게 되었다. 유가증권화된 권리를 이전하기 위해서는 유가증권의 점유의 이전이 최소한 요구되는데 만일 주권처럼 하루에도 수십회씩 전국적으로 거래될 경우(고빈도 주식거래) 유가증권의 점유이전을 실현한다는 것은 불가능하게 된다. 만일 증권의 교부 없이 쉽게 이전되면서도 양도의 신뢰성이 확보될 수 있는 시스템이나 기술이 개발된다면 주식을 하루에 수십회 거래할 수도 있게 될 것이다. 결국 권리의 양도를 위해 필요했던 유형화된 증권이 다시 빈번한 거래에는 장애요소로 등장하고 양도의 신뢰성을 확보하면서 이를 극복하는 시스템과 기술의 개발이 현실화되었다.

2) **대체결제시스템** : 증권을 일정 장소에 예탁하고 입고된 증권을 장부에 등록한 후 장부상의 거래를 통해 거래를 할 수 있는 시스템을 확보한다면 권리의 탈증권화가 가능하게 된다. 이를 위해서는 증권예탁의 안전성, 장부접근의 용이성, 장부의 보안성, 장부기재에 의한 권리이전성과 권리행사성 확보, 기타 장부상의 대체기재를 권리의 양도로 간주하는 법률규정 등이 전제되어야 한다(탈증권화). 대체결제시스템에서 한 걸음 더 나아가면 증권의 발행을 처음부터 하지 않고 발행등록, 유통등록 등을 통해 권리가 발생, 이전, 행사하게 하는 전자등록시스템으로 진화될 수 있다(무권화). 그 대표적인 예가 주권이며 증권대체결제제도, 주식의 전자등록제도 등을 통해 권리의 탈증권화, 무권화가 실현되었다.

3) 전자양도성기록(ETR) : 주식이 전자등록제도에 의해 가치권의 유통을 위해 도입했던 그 매체(종이, 증서, 증권)를 벗어던진 것과 유사하게 다른 가치권들도 그 매체에 구속되지 않고 전자통신기술을 이용하여 이전, 사용할 수 있도록 할 필요가 있다. 이러한 논의의 중심개념은 매체의 전환 즉 종이에서 전자정보로 매체가 전환될 경우 그 기록인 전자양도성기록(Electronic Transferable Record: ETR)이다. 전자양도성기록의 법적 성질이 무엇이며 종전 매체인 종이(증권)의 '점유'에 대응하여 전자양도성기록의 '지배(control)'라는 개념이 무엇인지, 그리고 전자양도성기록의 발행, 유통, 사용을 위해 이용될 수 있는 기술의 범위는 어디까지인지 즉 주식의 전자등록제도처럼 전자등록방식, 교통카드와 같이 토큰방식 이외에 최근 도입된 블록체인방식도 모두 포괄할 수 있는지 하는 점도 문제된다.

4. 새로운 기술의 포섭

전자통신기술의 발달은 유가증권을 탈증권화 시킴으로써 그 효용을 극대화시키고 있다. 특히 전자지급수단의 발달은 전자상거래를 포함하여 일반 상거래에서 지급수단을 다양화시킴으로써 거래의 편의성, 안전성, 확실성을 보장해주고 있다. 최근 등장한 블록체인기술은 거래의 무결성을 확보할 수 있을 뿐만 아니라 공시기능도 충분하여 권리의 유일성이 중요한 의미를 가지는 '유가증권의 전자화'의 의미 있는 기술이 될 수 있다. 분산원장을 활용하여 모든 거래가 공시되어 추적 가능하며 이를 변조하는 것이 사실상 불가능하며, 분산원장에의 접근이 전자서명 등에 의해 통제되어 보호될 수 있다. 따라서 블록체인기술은 가치권의 유일성을 확보할 수 있는 수단이 되어 저렴한 비용으로 가치권의 형성·이전·행사를 위한 기술로 활용될 가능성이 높다. 하지만 우리 「전자어음의 발행 및 유통에 관한 법률(이하 '전자어음법'이라고 한다)」 등은 특정 방식의 기술에 기초하고 있어 블록체인기술을 전자어음의 기반기술로 수용하기는 법률의 개정 없이는 불가능하다. 블록체인기술 이외에도 기치권의 유일성을 보장할 수 있는 새로운 기술이 개발될 수도 있으므로 이러한 기술을 수용할 수 있는 법제 즉 기술적 중립성에 기반한 법제의 형성이 필요하다. 이를 위해서는 먼저 유가증권의 법리에 관한 고찰이 요구되고 유가증권 전자화의 본질을 이해한 후 이를 위한 최소한의 규정이 무엇인가에 관한 고찰을 통해 유가증권의 전자화를 위한 입법적 방안이 검토될 수 있다.

II. 유가증권의 특성

1. 유가증권의 개념에 관한 논쟁

1) 취지 : 유가증권은 가치권이 증서에 표창된 것으로 증서에 의해 유통이 쉽게 될 수 있도록 도입된 개념이다. 유가증권은 그 유통의 안전성, 신뢰성 등을 확보하기 위해 여러 가지 특징을 가지게 되었고 이는 개별 법률에서 표현되고 있다. 따라서 유가증권에 해당하게 되면 다른 권리와는 달리 그 유통에서 특별한 보장을 받는 셈이다. 예컨대 채권의 경우 양도를 위해서는 앞서 본 바와 같이 대항요건을 갖출 것이 요구되고 설사 대항요건을 갖춘다고 하더라도 양도인에 대한 채무자의 항변은 채권의 양수인에게도 주장할 수 있어 채권의 양수인은 채권을 양수함에 있어 항변의 존재 유무에 관해 주의를 하지 않으면 안 된다. 하지만 유가증권의 경우에는 유가증권에 나타난 것과 동일한 권리를 주장할 수 있어 설사 원인관계상 채무자에게 채권자(양도인)에 대한 항변권이 있었다 하더라고 그 내용이 증권에 기재되지 않은 이상 채권의 양수인에게 주장할 수 없게 되는 효과(항변의 절단) 등 다양한 유통보호제도가 마련되어 있다.

2) 유가증권의 범주 : 유가증권을 발행, 유통에서 특별히 보호하기 위해서는 유가증권의 범주가 명확하여야 한다. 즉 일정한 개념요소를 갖추

어야 유가증권에 포함될 수 있고 발행, 유통에서 특별한 보호를 받게 될 수 있으므로, 이는 결국 유가증권의 개념의 명확성에 대한 요청으로 귀결된다. 하지만 유가증권의 개념을 정의하기에 앞서 동 개념은 현재 상법이나 기타 특별법에서 규정하고 있는 개별 유가증권들을 모두 포섭할 수 있는 개념이 되어야 한다. 상법상 나타나는 유가증권의 예로는 화물상환증·선하증권·창고증권·주권·신주인수권증서·사채권·일부보험증권(학설대립 있음)을 들 수 있으며, 그 밖에 어음·수표법상의 약속어음·환어음·수표가 유가증권에 포함되어, 이들 다양한 형태의 유가증권을 포섭할 수 있는 통일적인 유가증권의 개념 정의가 요구된다.

3) 개념 요소 : 유가증권은 재산권(가치권)을 내용으로 하고 있다는 점과 재산권의 유통이 증권에 의해 이루어진다는 점이 특징이다. 이러한 특성에 따라 유가증권의 개념을 정리하면, 유가증권이란 일정한 재산권의 유통을 보호하기 위해 재산권이 증권에 결합(표창)되어 재산권의 유통이 증권에 의해서 이루어지는 증권을 의미한다.[8] 예컨대 선하증권은 해상운송인에 대한 운송물반환청구권이, 주권은 사원권이, 약속어음은 어음금지급청구권이라는 재산권이 증권에 표창되고, 이들 재산권은 민법의 채권양도의 법리가 아닌 증권유통의 법리에 의해 유통된다. 결국 유가증권은 재산권과 증권이 결합되어 있다는 점(결합성), 재산권의 변동이 증권에 의해 이루어진다는 점(권리변동요건)을 개념요소로 하는데, 유통성에 관해서는 학설이 대립하고 있다.

4) 권리·증권의 결합 정도 : 유가증권이 되기 위해서는 채권·물권·사원권 등의 무형의 재산권(가치권)이 증권과 결합하여야 한다. 결합이란 권리를 증권에 화체·표창시키는 것을 의미하는데, 결합을 통해 무형의 재산권

---

[8] 정경영, 「상법학쟁점」, 박영사, 2016, 376면.

이 유형화되어 유형적인 증권의 소재로 무형적인 권리의 귀속을 추정할 수 있게 된다. 이와 같이 표창된 재산권과 증권은 긴밀히 결합하는데, 어느 정도 결합되어야 유가증권이라 할 수 있는가에 관해 견해가 대립하고 있다. 즉, 권리의 발생·행사·이전이라는 중요한 권리변동에 증권의 소지가 모두 요구되는가 아니면 일부의 권리변동에만 증권의 소지가 요구되는가 하는 재산권과 증권의 결합의 정도에 따라 유가증권의 범위가 달라질 수 있기 때문이다.9)

2. 유가증권의 특성

1) **유통 보호** : 재산권과 증권이 결합되고 재산권의 이전에 증권의 소지가 요구될 경우 유가증권이라 할 수 있다. 이러한 유가증권은 유통을 보호하기 위해 권리의 행사·이전 등의 절차가 증권을 중심으로 간편하게 이루어져야 하고 이렇게 이루어진 권리의 행사·이전절차는 법적 효력을 가진다. 유가증권의 유통보호를 위해 법률은 유가증권에 다음과 같은 특성을 대체로 인정하고 있다. 이를 구체적으로 살펴보면, 유가증권의 유통보호를 위해서는 유가증권의 형식이 통일될 필요가 있으며(요식증권성), 유통방법이 간략하게 구성되어야 하며(지시증권성), 권리를 행사하는 방법, 즉 자신이 권리자임을 증명하는 방법도 증권을 통해 간단하게 이루어져야 하며(제시증권성), 권리의 내용도 증권상의 기재만으로 판단되어야 하며(문언증

---

9) 우선 몇 가지 유가증권의 예를 보면, 약속어음은 어음금지급청구권이라는 권리가 약속어음의 발행에 의해 성립하며 동 권리의 행사·이전은 모두 약속어음이라는 증권에 의해 이루어진다. 다음으로 화물상환증·창고증권·선하증권·무기명주권은 증권발행 전에 이미 권리가 성립하고 권리의 행사·이전에 증권의 소지를 요하나, 기명주권은 권리의 발생·행사에는 증권의 소지를 요하지 않고 권리의 이전에만 증권의 소지를 요한다. 그 밖에 기명채권·배서금지어음 등과 같은 기명증권은 증권의 소지를 통해 권리가 이전되는 것이 아니고 권리의 행사에만 증권의 소지를 요한다. 요컨대 어음·수표는 재산권과 증권의 결합이 매우 강한 반면 기명주권·기명채권·배서금지어음은 양자의 결합이 상대적으로 약하다. 유가증권이 표창하는 권리의 변동(발생, 행사, 이전)이 어느 정도 증권에 의해 이루어질 경우(증권의 소지) 유가증권이라 할 것인가 하는 점이 문제된다. 이에 관해 포괄설, 행사요건설, 이전요건설, 행사·이전요건설 등이 대립되고 있는데, 이에 관한 자세한 논의는 이글의 취지를 벗어나므로 생략한다.

권성), 증권의 소지인에게 채무를 이행하면 채무이행의 효과가 발생하여야 하며(면책증권성), 채무자가 이중변제의 위험에서 벗어나도록 증권소지인에게 채무가 이행되기 위해 증권이 상환되어야 하며(상환증권성), 유가증권을 정상적인 유통방법으로 취득한 경우 양도인이 무권리자라 하더라도 선의로 취득한 자를 보호하여야 한다(유통증권성).

2) **공통적 성질** : 요식증권성이란 유가증권이 효력을 가지기 위해서 법률에 규정된 방식(기재사항, 형식 등)으로 발행되어야 한다는 성질이다.[10] 다음으로 지시증권성이란 증권상의 권리자가 권리를 양도할 경우 지시문구에 의해 권리자를 지정할 수 있는 성질이다(어음법 제11조 제1항). 제시증권성은 민법상 지참채무의 원칙과는 반대로 유가증권상의 채무는 추심채무화 되어 유가증권상의 채무는 제시증권성에 따라 채권자가 변제기에 증권에 의해 채무자에게 이행을 최고하여야만 채무자가 이행지체에 빠진다(민법 제517조)는 성질이다.[11] 상환증권성[12]이란 유가증권상의 채무를 이행할 경우 권리자에게 유가증권과의 상환을 요구할 수 있는 성질이다(어음법 제39조). 문언증권성이란 증권과 결합된 권리의 내용은 증권의 기재 만에 의해 결정된다는 성질이다. 유가증권을 발행하는 데는 원인되는 법률행위(운송계약·창고계약·매매계약 등)가 존재하고 원인된 법률행위로

---

[10] 다만 요건을 흠결한 경우 유가증권의 효력이 발생하지 않는가 하는 점은 모든 유가증권에 일률적으로 판단할 수는 없고 유가증권의 종류에 따라 달리 해석하여야 한다.
[11] 기명주권의 경우 주권을 제시하지 않더라도 주주권을 행사할 수 있으므로 제시증권성이 없다는 견해가 있으나, 기명주권의 명의개서에서는 반드시 주권의 제시가 요구되고, 다만 그 이후에는 주주명부에 의해 주권의 제시가 생략되었을 뿐이므로 제시증권성이 없다고 보기는 어렵다.
[12] 어음은 제시증권, 상환증권이므로(어음법 제38조, 제39조) 어음을 소지하지 않으면 어음상의 권리를 행사할 수 없는 것이 원칙이지만, 이와 같이 어음상의 권리행사에 어음의 소지가 요구되는 것은 어음채무자에게 채권자를 확지시키고 또 채무자로 하여금 이중지급의 위험을 회피·저지할 수 있게 하는 데 그 취지가 있는 것이므로, 어음이 어떤 이유로 이미 채무자의 점유에 귀속하는 경우에는 위와 같은 점을 고려할 필요가 없어 어음의 소지는 채무자에 대한 권리행사의 요건이 되지 아니하고, 채무자는 상환이행의 항변을 하지 못한다(대법원 2001. 6. 1. 선고 99다60948 판결).

인해 발생한 권리를 유가증권이 표창하는데, 문언증권성은 원인관계로부터 유가증권의 내용을 절연시켜 거래의 안전을 도모한다. 면책증권성이란 증권의 정당한 소지인으로 추정되는 자에게 변제하면 설사 그 자가 무권리자라도 변제를 한 의무자에게 악의(사기) 또는 중대한 과실이 없는 한 책임을 면하게 되는 성질이다(어음법 제40조 제3항).

3) **특별한 성질** : 유가증권이 일반적으로 가지는 위의 성질 외에 유통증권성에 따라 유가증권을 선의·무중과실로 취득한 자는 설사 무권리자로부터 취득하였다고 하더라도 증권상의 권리를 취득하고(선의취득, 어음법 제16조 제2항, 수표법 제21조), 양도인에 대한 채무자의 항변을 양수인에게 행사할 수 없게 함으로써(인적항변의 절단, 어음법 제17조 제1항) 양수인을 보호하고, 채무자 역시 증권의 양수인에게 선의로 변제하면 설사 그 자가 무권리자라 하더라도 채무자가 면책되게 함으로써(어음법 제40조 제3항), 증권에 의해 표창된 채무의 피지급성을 높여 결과적으로 증권의 유통보호에 기여한다. 그밖에도 문언성과 관련이 되면서도 구별되는 성질로 무인성(추상성)이 어음·수표의 경우 인정되는데, 이는 원인관계가 무효이거나 취소되더라도 원인관계상의 채무이행을 위해 발행된 어음이나 수표의 효력에는 영향이 없다는 성질을 의미한다.

4) **권리·증권 결합의 해소** : 유가증권은 권리와 증권이 결합되어 있지만 화폐 등과는 달리 증권 자체가 가치를 가지는 것은 아니다. 화폐의 경우 그 점유를 상실하게 되면 상실자는 화폐의 소유권을 잃게 되고 화폐가 표창하는 권리를 다시 회복하는 방법은 없다. 이는 화폐의 경우 점유와 소유가 일치하는 재화로 해석되기 때문이다. 만일 특정인이 법률상 원인 없이 자신의 화폐를 취득하였다면 그 자에게 화폐의 반환청구가 아니라 부당이득반환을 청구할 수 있을 뿐이다. 이에 반해 유가증권의 경우 점유를 상실하더라도 소유권을 바로 잃는 것은 아니므로 법률상 원인 없이 자신의 유

가증권을 점유하고 있는 자에게 소유권에 기해 유가증권의 반환을 청구할 수 있다. 그리고 증권을 분실하더라도 증권이 표창하는 권리를 완전히 잃는 것은 아니고 증권분실자가 공시최고를 하여 법원에서 제권판결을 받은 경우에는 증권은 무효가 되고 권리는 다시 무형적인 가치권이 되어 증권분실자(제권판결 취득자)는 증권 없이 권리를 행사할 수 있게 된다.

III. 유가증권에 관한 법체계

1. 유가증권에 관한 법제

1) 상법 제65조 : 상법상 유가증권(Negotiable Instrument, Wertpapier)의 개념은 상법 제65조에 나타난다. 동조는 금전의 지급청구권, 물건 또는 유가증권의 인도청구권이나 사원의 지위를 표시하는 유가증권에 대하여는 다른 법률에 특별한 규정이 없으며 민법 제508조부터 제525조까지의 규정을 적용하는 외에 어음법 제12조 제1항 및 제2항을 준용한다(제1항). 그리고 제2항에서는 유가증권은 (상법) 제356조의2 제1항의 전자등록기관의 전자등록부에 등록하여 발행할 수 있다고 정한다.[13] 제1항은 유가증권의 개념과 적용법규에 관해 규정하고, 제2항은 유가증권 전자화의 가능성을 열어 두고 있다. 동조는 유가증권의 개념에 관한 가장 기본적 규정으로서, 이는 몇 가지 의미를 가진다. 첫째, 유가증권은 금전지급청구권, 물건인도청구권, 사원권을 표시한다는 점(권리의 범위)이다. 둘째, 유가증권에 관해서는 민법의 지시채권·무기명채권에 관한 규정과 어음법의 배서의 요건에 관한 일부 규정을 적용·준용한다는 점(적용법규)이다. 셋째, 유가증권은 서면에의 발행을 원칙으로 하지만 전자등록기관의 전자등록부에의 등록발행도 가능하게 되

---

13) 동 조항은 2011년에 개정되었는데 '발달된 정보통신 기술을 주식 및 사채 제도에 반영하고, 세계적 추세인 유가증권의 무권화(無券化) 제도를 도입할 필요가 있음'을 이유로 동 조항이 주식·사채의 등록제도에 관한 법률조항과 별도로 개정법률에 포함되게 되었다(동 법률안 제안이유서 참조). 동 조항은 2016년에 다시 개정되었는데 2016년 개정시에는 등록적격이 요건으로 추가되었다.

었다는 점(전자발행)이다. 권리의 범위를 보면, 금전지급청구권, 물건인도청구권, 사원권 모두 무형적인 가치권이어서, 가치권을 표창하는 유가증권 본래의 개념에 충실하다. 다음으로 적용법규에 관해 보면, 동조가 규정하는 민법의 관련 규정과 어음법의 일부 규정이 매우 간단하게 되어 있어 그것만으로 각 유가증권의 법률관계를 규율하기에는 부족하다. 따라서 구체적인 유가증권에는 이들 규정 외에 특별한 규정[14]을 따로 마련하여야 할 필요성이 있으며, 어음법, 수표법은 매우 자세한 규정을 두고 있다.

2) **기타 유가증권** : 우리 법상 유가증권을 모두 포괄하는 법률은 존재하지 않고 유가증권에 관한 규정은 각 법률에 산재해 있다. 완전유가증권인 어음·수표에 관해서는 어음법·수표법이 있고, 상법에 화물상환증(상법 제128조~제133조), 창고증권(상법 제156조~제157조), 선하증권(상법 제813조~제820조), 주권(상법 제355조~제360조), 사채권(상법 제478조~제480조) 등 개별유가증권에 관한 규정을 두고 있으며, 유가증권에 관한 포괄적인 규정(상법 제65조)을 한 개 두고 있다. 상법 제65조는 앞서 언급한 바와 같이 민법 제508조 내지 제525조의 규정(지시채권과 무기명채권)과 어음법의 배서에 관한 조항인 어음법 제12조 제1항 및 제2항을 준용하고 있다. 하지만 지시채권과 무기명채권을 유가증권으로 볼 수는 없고 단지 유가증권에 동 채권의 법리가 일부 준용되고 있을 뿐이다.

3) **전자유가증권** : 상법 제65조 제2항은 유가증권의 발행방식에 관해 서면방식의 전통적인 틀을 벗어나 전자식 발행을 허용하고 있다. 주식이나 사채의 경우 상법에서 전자식 발행을 이미 도입하였고, 이는 「주식·사채 등의 전자등록에 관한 법률(이하 '주식·사채 전자등록법'이라고 한다)」에

---

[14] 후술하는 바와 같이 개별 유가증권에 관해서는 상법, 어음법, 수표법, 전자선하증권에 관한 규정, 전자금융거래법, 전자어음법 등 다양한 법률에서 각각의 유가증권에 적용되는 규정들을 두고 있다.

의해 구체적으로 규율되고 있다. 또한 선불전자지급수단 등 지급수단으로서의 전자유가증권에 관해서는 전자금융거래법에서 그에 관한 일부 규정을 두고 있다. 그리고 어음 관련 전자어음법에서 전자약속어음의 발행 및 유통에 관해 자세한 규정을 두고 있다. 상법 제65조가 개정되어 전자유가증권의 한 유형으로 주식의 전자발행에 관한 근거규정은 도입되었지만 다른 유가증권이 과연 전자적으로 발행될 수 있는가 하는 점은 여전히 명확하지 않다.

4) 문제점 : 동 조항은 주권의 전자식 발행에 관한 규정을 준용하고 있는데, 상법 제356조의2에서 규정하고 있는 전자식 주권의 발행은 전자등록방식이다. 따라서 상법 제65조 제2항에 의하면 유가증권은 전자등록방식에 의해서만 가능하고 기술적 중립성을 포기한 것인지 하는 점이 명확하지 않다. 뿐만 아니라 전자등록방식은 전자등록기관이 허가 또는 인가를 받아야 하는 신뢰할 수 있는 제3자에 해당하여야 하는데 그에 관한 절차적 규정 없이 전자유가증권이 발행, 유통될 수 있는지 의문이다. 입법론적으로는 동조는 유가증권은 전자화될 수 있다고만 선언하고 그 방식에 관해서는 규정하지 않는 것이 더 적절하다고 본다. 기술적 중립성[15]을 유지함으로써 다양한 유가증권의 전자화가 시도될 수 있고, 이 경우 필요한 경우 동 유가증권에 관한 법률이나 새로운 법령으로 전자유가증권의 특별 법리에 관해 규정하면 되리라 본다.

2. 유가증권 법정주의

1) 개념 : 유가증권은 그 유통성과 피지급성의 확보를 위해 법의 특별

---

[15] 상법은 등록방식에 의한 유가증권의 전자화를 예정하고 있는데, 전자양도성기록에 관한 모델법(MLETR)의 기술적 중립성에 반한다고 볼 수 있다. 즉 등록방식도 유가증권의 전자화의 하나의 방식이 될 수 있지만, 토큰방식이나 블록체인방식 등의 도입도 고려할 수 있어 기술적 중립성을 허용하는 입법으로의 전환을 고려해 볼 실익이 있다.

한 보호를 받고 있다. 유가증권법은 강행법적 성질을 갖고 있어 유가증권의 종류와 내용 등을 법에 의해 제한하여 그 남용을 방지하는데, 이를 유가증권법정주의라 한다. 우리나라의 다수 견해는 우리 법은 유가증권법정주의를 취하고 있다고 보고 있으나, 기명증권에 관해서는 유가증권법정주의가 적용되지 않는다고 한다.[16] 그 이유는 기명증권은 권리의 행사에 증권을 제시하여야 하는 외에는 유가증권의 권리이전 및 효력에 관한 특별규정이 거의 적용될 여지가 없기 때문이다. 이에 대하여 우리 법의 어디에도 유가증권은 반드시 법률의 규정에 의하여만 창안되어야 한다는 명시적인 규정이 없다는 점과 오히려 상법 제65조와 민법 제508조 내지 제525조의 지시채권과 무기명채권에 관한 규정은 법률상 명시적으로 허용된 유가증권 이외의 유가증권을 위한 것으로 볼 수 있으므로 채권을 표창하는 유가증권의 경우 일반적으로 지시식 또는 무기명식으로 발행할 수 있다고 하는 견해가 있다.[17] 생각건대 유가증권법정주의를 취하면서 승차권·상품권 등의 유가증권성을 학설상 인정함은 모순이라는 점을 감안할 때, 유가증권법정주의를 취하는 학설도 결국 채권을 표창하는 유가증권에 관하여는 엄격한 유가증권법정주의를 다소 완화하여 상법 제65조 및 민법 제508조 내지 제525조를 채권적 유가증권을 창설하는 근거로 해석하고 있는 것으로 이해된다.[18]

2) **관습법상의 유가증권** : 여행자수표는 수표나 약속어음으로 보기 어려운 점이 있어 관습법에 의한 유가증권으로 볼 수 있다. 그리고 우리 판례상 관습법상의 유가증권이 문제된 사례가 있는데, 지급보증서는 면책사유가 없는 한 그 보증서의 소지인에게 그 보증서에 표시된 금액을 지급하여야 할 의무가 있는 공신력 있는 상관습상 인정된 유가증권으로서 지시

---

16) 정동윤, 「어음·수표법」, 법문사, 2004, 40면.
17) 채이식, 「상법강의(하)」, 박영사, 2003, 19면.
18) 김창준, "복합운송주선업자의 법적 지위에 관한 연구," 경희대학교 박사학위논문, 2004, 221면; 정경영, 「상법학강의」, 박영사, 2009, 1056면(이하 '정경영, 앞의 책 1'이라고 한다).

증권이며, 이를 소지인출급식의 유가증권이라고 인정한 원심에 대해 대법원은 지급보증서를 상관습에 의한 유가증권으로 인정할 수 없다고 보았다.[19] 그 밖에 선하증권·화물상환증과 함께 유통될 수 있도록 지시식으로 발행된 적하보험증권도 실무상 유통이 허용되고 있어 관습법상 유가증권으로 볼 여지가 있다.[20]

3. 기타 유가증권 규정

1) 기타 **법률상 규정** : 다수의 법률에서 유가증권이라는 용어를 사용하고 있는데 유가증권에 관한 정의규정을 두고 있는 법제는 거의 없다. 형법 제214조는 '행사할 목적으로 대한민국 또는 외국의 공채증서 기타 유가증권을 위조 또는 변조한 자는 10년 이하의 징역에 처한다'고 규정한다. 형법은 유가증권에 관한 정의규정을 두고 있지 않은데, 판례는 '동조에서 정하는 유가증권이란 증권상에 표시된 재산상의 권리의 행사와 처분에 그 증권의 점유를 필요로 하는 것을 총칭하는 것으로서 그 명칭에 불구하고 재산권이 증권에 화체된다는 것과 그 권리의 행사와 처분에 증권의 점유를 필요로 한다는 두 가지 요소를 갖추면 족하고 반드시 유통성을 가질 필요도 없다'고 보고 있다(대법원 1995. 3. 14. 선고 95도20 판결). 한국은행법 제68조는 공개시장 조작에 관해 규정하는데 그 대상으로, 원리금 상환을 정부가 보증한 유가증권(제1항 제2호), 그 밖에 금융통화위원회가 정한 유가증권(동항 제3호)을 열거하면서 유가증권은 자유롭게 유통되고 발행조건이 완전히 이행되고 있는 것으로 한정한다고 정하고 있다(동조 제2항). 그밖에 보험업법이나 여신전문금융업법 등에서는 유가증권의 매입을 신용공여의 일종으로 정의하는 규정을 두고 있으며(각법 제2조), 방문판매 등에 관한 법률 제24조 제1항 제5호는 금지행위의 하나로 판매원에 대하여 상품권을 판매하는 행위를 정하면서, 상품권에 관해 그 명칭이나 형태

---

19) 대법원 1967. 5. 16. 선고 67다311 판결
20) 정경영, 앞의 책 1, 1056면.

와 상관없이 발행자가 일정한 금액이나 재화등의 수량이 기재된 무기명증표를 발행하고 그 소지자가 발행자 또는 발행자가 지정하는 자에게 이를 제시 또는 교부하거나 그 밖의 방법으로 사용함으로써 그 증표에 기재된 내용에 따라 발행자등으로부터 재화등을 제공받을 수 있는 유가증권을 말한다고 정하고 있다.

2) **자본시장법상 '증권'과의 구별** : 유가증권의 개념은 실무상 「자본시장과 금융투자업에 관한 법률(이하 '자본시장법'이라고 한다)」의 증권 개념과 혼동을 일으킨다. 자본시장법 제4조에는 증권을 개념 정의하고 있는데, 증권이란 내국인 또는 외국인이 발행한 금융투자상품으로서 투자자가 취득과 동시에 지급한 금전 등 외에 어떠한 명목으로든지 추가로 지급의무를 부담하지 아니하는 것으로 정의하고 있다. 그러면서 동조 제2항에서 증권을 채무증권, 지분증권, 수익증권, 투자계약증권, 파생결합증권, 증권예탁증권으로 구분하고 있다. 자본시장법상 증권 개념은 '이익을 얻거나 손실을 회피할 목적으로 현재 또는 장래의 특정 시점에 금전, 그 밖의 재산적 가치가 있는 것을 지급하기로 약정함으로 취득하는 권리로서 투자성이 있는 것(동법 제3조) 즉 투자성이 있는 권리(재산권)를 의미한다.

자본시장법상 증권은 권리의 실질에 따른 개념으로서 권리 중 투자성이 있는 경우가 '증권'에 해당할 수 있으므로 재산권의 표창이라는 형식에 따른 유가증권과는 개념 정의가 추구하는 방향이 다르다. 오히려 자본시장법 제4조 제9항은 '증권에 표시될 수 있거나 표시되어야 할 권리는 그 증권이 발행되지 아니한 경우에도 그 증권으로 본다'고 하여 실물증권의 발행은 자본시장법상 증권개념의 형성에 아무런 영향을 미치치 못한다. 요컨대 자본시장법상 증권의 개념은 상법상 유가증권의 개념과는 구별되고 단지 자본시장법상 증권 중 증권이 발행된 경우에는 유가증권이 될 수 있고, 상법상 유가증권 중 투자성이 있는 유가증권은 자본시장법상 증권에 해당할 수 있다.

제2장 유가증권의 전자화

Ⅰ. 전자화의 흐름[1]

1) 전자문서, 전자서명 : 유가증권은 유형의 증서에 무형의 권리를 화체시켜 권리의 발생·행사·이전을 용이하게 하여 거래를 보다 활성화 시키는 수단이다. 정보통신기술이 사법의 영역에 활용됨으로써 거래의 핵심인 의사표시가 전자화되고 의사표시의 전달이 저비용으로 신속하게 이뤄질 수 있게 되었다. 특히 유가증권은 일종의 유형화된 의사표시로서 그에 정형적인 법적 효과가 부여되어 있는 거래수단이라 할 수 있는데, 유가증권이 전자화됨으로써 유가증권을 통한 거래가 보다 신속·안전하고 저비용으로 가능하게 되었다. 의사표시를 전자화함에 있어 '문서성' 즉 서면요건과 서명요건이 요구되는데, 「전자문서 및 전자거래기본법(이하 '전자문서법'이라고 한다)」 제4조 제1항은 전자문서에 문서와 동일한 효력을 일반적으로 부여함으로써 서면요건을 해소하였다. 그리고 전자서명법 제3조 제1항은 서명·기명날인을 대신하여 전자서명을 사용할 수 있게 함으로써 서명요건을 해소하여, 의사표시의 전자화에 있어 '문서성'은 법률의 규정에 의해 더 이상 문제되지 않게 되었다.

2) 전자증권의 문서성 : 유가증권도 전자서명을 한 전자문서의 형태로 발행될 수 있는가? 전자문서법이나 전자서명법 모두 전자문서에 효력을 부여하는 규정에서 유가증권을 예외로 하여 유가증권의 전자화를 배제하는

---

[1] 이하의 내용은 정경영, "전자양도성기록(ETR)의 "증권성" 확보에 관한 연구," 「금융법연구」, 한국금융법학회, 제11권 제1호(2014), 135~167면(이하 '정경영, 앞의 논문 1'이라고 한다); 정경영, "UNCITRAL 전자양도성기록(ETR) 모델법에 관한 연구 -국내법에의 수용에 관한 검토를 포함하여-," 「비교사법」, 제24권 제4호(2017), 1597~1644면(이하 '정경영, 앞의 논문 2'라고 한다) 에서 수행한 연구의 내용을 이 글의 필요한 부분에서 인용하였으나 구체적인 인용표시는 생략한다.

규정2)을 따로 두지 않고 있다. 그리고 적용범위에 관한 규정에서는 다른 법률에 특별한 규정이 있는 경우를 제외하고 적용된다고 명시하고 있다. 다른 유가증권 관련법규에서는 유가증권의 전자화를 특별히 금지한 규정을 두고 있지 않아,3) 문리적으로 해석할 때 어떤 유가증권도 서면이 아닌 단순한 전자문서의 형태로 발행할 수 있다고 볼 여지가 없지 않다. 하지만 단순히 전자문서의 형태만을 가진 유가증권(예컨대, 어음과 동일한 양식의 전자문서) 또는 동일한 정보를 담고 있는 전자증권4)(electronic token)이 발행된다고 하더라도 이러한 유가증권이 유통될 정도로 시장의 신뢰를 얻기는 어렵다고 본다. 이는 이른바 새로운 전자유가증권에 관한 법률리스크가 너무 크기 때문이다. 즉 전자적으로 발행된 유가증권에 서면 유가증권과 같이 선의취득을 허용하고 항변의 절단을 부여할 정도로 시장의 신뢰, 법률에 의한 보호 가능성에 관해서는 부정적일 수밖에 없다.5) 이는 어음행위자의 공인전자서명에 의해 해당 전자문서를 작성한 자가 확인되고, 법률에 의해 전자문서의 무결성 추정(전자서명법 제3조 제2항), 부인 방지의 효력이6) 인정된다 하더라도, 단순히 전자문서화된 유가증권에는 권리표창 증서의 '유일성·단일성(uniqueness·singularity)'이 보장되지 않기 때문이다. 요컨

---

2) 우리 전자문서법과 달리 미국의 통일전자거래법(UETA, 자세한 내용은 후술함) 제3조 적용범위 규정에서 유언장, 유언보충서, 유언신탁, 일정한 조문을 제외한 UCC 전체, 통일정보거래법과 각 주가 정하는 법이 배제된다. 특히 UCC 규정의 적용이 배제되어 제3장의 유통증권(negotiable instrument), 제7장의 권리증서(document of title), 제9장에 포함되는 동산담보증서(chattel paper)는 UETA의 적용을 받지 않는다고 본다. 따라서 UETA에 따라 유가증권의 문서성(서면, 서명요건)은 충족되나 증권성은 인정되지 않는다고 볼 수 있다.
3) 전자어음법 제2조 제2호에서 약속어음만이 전자어음이 될 수 있도록 규정하고 있으나, 환어음이나 수표가 전자화될 수 없다는 규정을 두고 있지는 않다.
4) 전자증권이란 유가증권을 전자문서의 형태로 발행한 것 즉 유가증권의 형태를 전자문서의 형태로 구현한 것을 의미하며 이는 전자문서 그 자체이다.
5) UETA §16 Comment 1; 이런 관점에서 우리 전자문서에 관한 법제를 보면 앞서 소개한 전자문서법 제4조 제1항이나 그 적용범위에 관한 동법 제3조는 무리한 규정이라 볼 수 있다.
6) 전자서명법 제2조 제3호의 공인전자서명의 개념에 따르면, 공인전자서명이 있을 경우 전자서명생성정보가 가입자에게 유일하게 속하고, 가입자가 동 정보를 지배·관리한다는 것이 전제되어야 하므로 일단 공인전자서명이 거래관계에서 이용된 경우 그 거래상의 의사표시가 자신에 의해 이루어진 것으로 추정된다.

대 전자문서의 '문서성'은 전자문서법, 전자서명법 등에 의해 보장되지만, 전자문서는 그 잔류성으로 인해 동일한 전자문서가 여러 번 아니 무한 발행·유통될 수 있어[7] 유일성·단일성을 전제하는 '증권성'은 보장되지 않으므로, 단순히 전자화된 유가증권을 시장이 신뢰할 수 없게 된다.[8]

3) **전자증권의 증권성** : 유가증권을 전자화하기 위해서는 전자문서의 '문서성'을 넘어 '증권성' 즉 '단일한 증서라는 특성(singularity[9])'이 확보되어야 한다. 증권성이란 우리가 알고 있는 서면유가증권과 같이 권리를 표창하는 증서로서 단일(singular)하여야 하고 그 점유(possession)에 의해 권리가 표창(추정)되는 성질로서, 이를 바탕으로 유가증권은 안전하게 발행·유통·행사될 수 있다. 요컨대 유가증권의 전자화는 문서성의 확보 외에 증권성이 확보되어야 하는데, 문서성은 위에서 언급한 바와 같이 이미 관련 법에 의해 충족될 수 있게 되었지만, 증권성을 갖추기 위해 서면증권에서 인정되는 '단일성' 과 '증서의 점유' 를 어떠한 개념으로 대체할 것인가 하는 점이 문제된다. 이러한 논의에서 탄생한 개념이 '전자양도성기록(Electronic Transferable Records: ETR)'이다. 2011년부터 유엔을 중심으로 한 전자양도성기록에 관한 국제적 논의가 진행되어 모델법으로 완성되었다. 이하에서는 그 논의의 중심법리라 할 수 있는 전자양도성기록의 증권성의 확보에 관해 고찰하고자 한다. 이를 진행함에 있어 '양도성기록(transferable records)' 이라는 개념을 가장 먼저 도입한 미국법제를 참조하고, 이미 우

---

[7] 전자문서는 다른 사람에게 송부되더라도 복사에 의한 송부이므로 동일한 문서가 발신인에게 남는다는 특성(전자문서의 잔류성)으로 인해 전자문서의 점유가 서면의 점유와 달리 권리관계의 공시적 효력이 낮다.
[8] 다만 전자어음의 발행 및 유통에 관한 법률은 약속어음이 전자화될 수 있도록 정하고 있어 약속어음은 문서성 이외에도 동법에 의해 증권성이 확보된다고 볼 수 있다.
[9] 'singularity(단일성)'라는 용어 대신 'uniqueness(유일성)'라는 용어도 사용되고 있다. 유일성은 매체의 속성상 유사한 것이 생길 수 없다는 사실상의 개념이고, 단일성은 매체의 속성상 유사한 것이 생길 수는 있지만 법률상 하나만이 인정된다는 법률적 개념으로 이해된다. 따라서 전자증권을 포함하여 전자매체의 유통보호에서는 uniqueness 보다는 singularity가 더 문제된다고 볼 수 있다.

리 법제에 도입되어 있는 일부 전자유가증권의 개념과 새롭게 논의가 시작되는 전자양도성기록의 관계에 관해 살펴본다. 그리고 우리 법상 이미 도입되어 있는 전자어음, 전자선하증권, 선불전자지급수단이 전자양도성기록에 관한 모델법과 어떠한 관련을 가지고 있는가 하는 점을 고찰한다.

Ⅱ. 유엔 국제상거래법위원회에서의 논의[10]

1. 개 관

(1) 경과

1994년 유엔 국제상거래법위원회(UN Committee on International Trade Law; UNCITRAL, 이하 UNCITRAL이라 함) 제27차 회의에서 전자적 환경에서 상품에 관한 권리의 유통성과 양도성에 관한 준비작업이 이루어져야 한다는 Working Group(이하 실무단이라 함) Ⅳ의 권고안을 받아들인 바 있다. 그 후 여러 단계의 논의를 거쳐 2009년 제42차 회의에서 위원회는 사무국으로 하여금 동 회의에서 받아들여진 제안에 따라 전자양도성기록에 관한 연구를 준비하도록 하였다. 제44차 회의에서 위원회는 실무단 Ⅳ에 전자양도성기록의 영역에 관해 작업할 것을 위임하였고, 동 회의는 이러한 작업이 국제거래에서 전자통신의 일반적 증진뿐만 아니라 로테르담 규정[11]의 이행을 지원한다는 점에서도 유익하다고 본 바 있다.[12]

---

10) UNCITRAL WG Ⅳ는 2016년에 전자양도성 기록에 관한 모델법과 관련하여 논의를 종료하였고, UNCITRAL은 2017년 7월 13일에 모델법을 채택했다.
11) '전부 또는 일부의 국제해상물품운송에 관한 조약'(Convention on Contracts for the International Carriage of Goods Wholly or Partly by Sea, 2008)을 말한다. 이에 관한 간단한 소개는 최종현, 「해상법상론」, 박영사, 2009, 233면 참조.
12) UNCITRAL,Report of Working Group Ⅳ(Electronic Commerce) on the work of its 48th session (A/CN.9/797), p. 2; 동 위원회에서는 추가적으로 위원회는 전자양도성기록에 관한 작업은 동일성 관리(identity management), 전자상거래에서 모바일기기의 사용, 전자단일창구(electronic single window) 등과 같은 다른 주제의 일정한 부분을 포괄할 것에 합의하였다.

선하증권거래 등은 국제적 성질을 가지고 있고 증권의 신속한 이동과 결제를 위해 전자화될 필요성이 강한데, 선하증권이 전자화될 경우 발생하는 이중지급의 위험을 해소하고자 UNCITRAL이 국제적 규범의 논의를 주도했다. 동 논의는 국제간거래에서 유가증권의 전자적 활용이 논의의 동기였지만, 실상 유가증권 전자화의 문제는 그 이전부터 국내법적으로 주식·사채의 전자화(무권화)의 문제로 각국의 법제에 이미 대두되어 왔다. 특히 전자금융거래에 관한 세계 최초의 포괄적 법제인 전자금융거래법과 전자어음법을 가진 우리나라의 경우에는 선불전자지급수단, 전자화폐, 전자어음 등에서 이미 그 논의를 진행시켜 왔다. 우리나라를 중심으로 유가증권 전자화 입법의 경험 등을 참고하여 UNCITRAL의 전자양도성기록에 관한 논의는 6년여에 걸친 논의 끝에 2017년 제50차 위원회에서 전자양도성기록에 관한 모델법을 채택하였다.[13]

(2) 규정의 개요

전자양도성기록 모델법은 전체 4부분으로 구분되어 있다. 제1장 일반규정(Ⅰ. General Provision)에는 제1조 적용범위(Scope of application), 제2조 개념(Definitions), 제3조 해석(interpretations), 제4조 당사자자치(Party autonomy), 제5조 정보요건(Information requirements), 제6조 전자양도성기록의 부가정보(Additional information in electronic transferable record), 제7조 전자양도성기록의 법적 인정(Legal recognition of an electronic transferable record) 등이 규정되었다. 제2장 기능적 등가성 규정(Ⅱ. Provision on Functional Equivalence)에는 제8조 서면(Writing), 제9조 서명(Signature), 제10조 양도성 증서·증권(transferable document or instrument), 제11조 지배(Control) 등이 규정되고, 제3장 전자양도성기록의 사용(Ⅲ. Use of electronic transferable records)에는 제12조 일반적 신뢰기준(General reliability standard), 제13조 전자양도성기록의

---

[13] UNITED NATIONS, UNCITRAL Model Law on Electronic Transferable Records, New York, 2017, p. 4 (hereinafter 'MLETR, Explanatory Note').

시간, 장소 표시(Indication of time and place in electronic transferable records), 제14조 영업소(Place of business), 제15조 배서(Endorsement), 제16조 수정(Amendment), 제17조 양도성 증서·증권의 전자양도성기록으로의 대체(Replacement of a transferable document or instrument with an electronic transferable record), 제18조 전자양도성기록의 양도성 증서·증권으로의 대체(Replacement of an electronic transferable records with transferable document or instrument) 등이 규정되고, 제4장 전자양도성기록의 국제간 인정(Ⅳ. Cross-border recognition of electronic transferable records)에는 제19조 외국 전자양도성기록의 차별금지(Non-discrimination of foreign electronic transferable records)가 규정되어 있다.

(3) 모델법의 기본 원칙

1) 기능적 등가성 원칙 : 전자양도성기록에 관한 모델법의 취지는 새로운 거래수단을 창출하는 것이 아니라 기존의 유가증권을 전자화하기 위한 것이다. 이미 유가증권에 관해 실체법 규정과 원칙 및 그에 따른 해석과 판례가 있으므로, 모델법은 새로운 실체법적 규정을 두거나 준용규정[14] 등을 두지 않고 전자양도성기록의 발행, 이전, 행사 등에 관해 기존의 유가증권상의 개념과 규정을 기능적으로 대응시키고 있다.[15] 이와 같이 거래를 위한 새로운 매체가 등장할 경우 기존의 매체에 관한 법률관계의 중심개념(예컨대, 증권, 점유 등)을 매체변경에 따른 대응개념(기록, 지배 등)으로

---

[14] 일정한 요건을 충족하는 사항에 관해 법률규정에 따라야 하는지에 관해 법률의 적용, 준용, 유추적용 등의 개념이 등장하는데, 이들은 기능적 등가성 원칙에 따른 새로운 입법과는 구별된다. 후자는 새로운 매체를 사용한 법률관계에서 대응개념이 사용되어 기존 법률이 적용되기 어려우므로 기존 법률규정의 직접 '적용'과 구별되지만, 특별한 규정이 없으면 기존 법률의 원칙은 그대로 적용된다. 그리고 기존의 법률관계와 유사한 법률관계가 아니고 전혀 새로운 매체와 관련된 법률관계에 대한 새로운 입법이므로, 유사한 사실관계에 기존의 법률규정을 차용해서 입법하는 '준용'과도 구별되고, 유사한 사실관계에 대해 해석에 의해 규범을 적용하는 '유추적용'과도 구별된다.

[15] UNCITRAL, Draft Model Law on Electronic Transferable Records(A/CN.9/WG,Ⅳ/WP.135), para 51.

대체하여, 기존의 법리를 사용하면서 필요할 경우에만 최소한의 독자적인 규정을 두는 입법원칙을 기능적 등가성 원칙(functional equivalence)이라 한다. 이 경우 새롭게 발생하는 유사한 구조의 법률관계에 기존의 규범을 그대로 적용하기 위해 '차별금지규정'을 두는 경우도 있고,[16] 차별금지규정으로 부족할 경우 새로운 규범을 두는 경우도 있다.

유가증권의 법리는 '증권'을 기반으로 법률관계가 구성되어 증권의 점유를 통해 권리가 추정되고 증권의 이전에 의해 권리가 이전되며 권리의 행사를 증권에 의하도록 규정한다. 이러한 유가증권거래의 기반이 되는 증권이라는 매체가 전자정보, 전자문서, 전자기록에 의해 대체될 경우 유가증권의 법리가 그대로 적용되거나 유추적용 된다고 보는데 논란의 여지가 있고, 준용규정을 두기에는 일부 새로운 법률관계가 발생하여 문제가 있다. 결국 매체가 전자화된 유가증권의 법률관계를 규율하기 위해서는 새로운 법률을 제정하는 편이 법적 안정성을 위해 요구되지만, 이를 새롭게 규정하기에는 효율성, 편의성의 관점에서 적절하지 아니하고 이 경우 양 법체계의 충돌도 예상된다. 따라서 유가증권의 전자화를 위해 모델법은 기능적 등가성 원칙을 채택, 적용하여 유가증권의 중요한 개념, 법리에 관해 기능적 대응개념을 규정하는 입법 체계를 취하고 있다. 즉 서면증서, 증권의 법리가 일정한 유가증권의 기초개념을 중심으로 규정을 두고 있으므로, 전자양도성기록의 경우에도 그에 대응한 특정한 기초개념을 중심으로 규정한다. 기존의 법률관계가 매체변경(서면으로부터 전자문서로)으로 생긴

---

[16] 전자문서법 제4조 제1항, 전자서명법 제3조 제1항이 그 대표적인 예이다. 이러한 입법방식은 새로운 기술이 바탕이 되는 분야에도 기존의 법률이 적용됨을 선언함으로써 법적 안정성을 기할 수 있는 장점은 있지만 새로운 기술과 조화될 수 없는 예외적 현상에 관해 속수무책이다. 따라서 차별금지규정을 두기 위해서는 기존의 규정과 새로운 기술과의 관계를 면밀히 분석하여 문제가 발생할 여지가 있을 경우 그에 관한 예외규정을 두는 노력이 요구된다. 위의 양법의 규정에서 유가증권의 예외를 두지 않았기 때문에 유가증권을 전자적으로 발행하더라고 즉 단순한 전자문서에 의한 유가증권도 법적 효력을 차별하지 않게 되어 포괄적으로 유효라는 부적절한 결과가 발생한다. 이에 반해 미국의 통일전자거래법(UETA)은 우리법과 유사하게 차별금지규정을 입법하면서 이에 관해 자세한 예외규정을 두고 있어 (동법 제3조 참조), 심각한 법적 해석문제를 미연에 방지하고 있다.

규범의 변화를 새로운 형식 또는 개념을 중심으로 입법함으로써 효율성을 추구하고 법률 간의 모순, 저촉을 방지한다. 예를 들어 증서, 증권에 대응하여 전자기록, 증서·증권의 점유에 대응하여 전자기록에 대한 지배라는 개념을 중심으로 기존의 유가증권법리를 그대로 활용한다.

이러한 기능적 등가성의 원칙에 따른 규정을 모델법에서 보면, 서면증서, 증권의 개념 규정과 그에 대응한 전자양도성기록의 개념 규정을 두고 있으며(제2조, 제10조), 서면과 서명에 대한 기능적 등가성을 규정하며(제8조, 제9조), 서면증서, 증권의 점유에 대해 전자양도성기록의 지배를 중심으로 기능적 등가성을 구현하고 있다(제11조), 하지만 전자양도성기록에만 특유한 법적 현상으로서 전자양도성기록의 매체간의 전환(제17조, 제18조)에 관한 규정을 두고 있으며, 신뢰성 기준(제12조), 전자양도성기록의 시간, 장소 표시(제13조), 정보 관련 규정(제5조, 제6조), 수정(제16조), 외국 전자양도성기록의 무차별(제19조) 등도 전자양도성 기록에 특유한 규정으로 이해된다. 논의과정에서는 분할과 병합에 관한 규정안[17]도 제시된 바 있으나 최종안에서는 삭제되었다.

2) 기술적 중립성 원칙 : ICT(정보통신기술)와 관련되는 영역 등 새로운 과학기술이 활용되는 영역에서 기술의 발전 속도가 매우 빠르므로 특정기술을 기초로 입법하는 것을 지양할 뿐만 아니라 기술의 다양한 발전을 유도하기 위해 관련 입법시 특정기술을 고집하지 않는다는 원칙을 기술적 중립성 원칙(technological neutrality)이라 한다. 그 대표적인 입법경험이 우리 전자서명법을 제정함에 있어서 비대칭적 암호화방식을 공인전자서명의 방식으로 규정하였다가[18] 기술적 중립성에 문제가 있다는 지적이 있어 동법

---

17) UN Doc. A/CN.9/WG,Ⅳ/WP.135, para 51. 유가증권은 단일성을 중시하므로 이를 절대 분할할 수 없으나, 우리 전자어음법은 최근 개정을 통해 도입한 전자어음의 분할배서제도(동법 제7조의2)에 따라 전자양도성기록에 해당하는 전자어음의 분할이 가능하다.
18) 전자서명법 제3조가 제정될 당시 동조는 "공인인증기관이 제15조의 규정에 의하여 발급한 인증서에 포함된 전자서명 검증키에 합치하는 전자서명 생성키로 생성한 전자서명은 법령

을 개정한 사례이다. 특히 국제적 규범을 입법을 함에 있어서는 그 법률이 조약이든, 모델법이든 특정 기술을 고집하게 될 경우 기술발전을 저해할 뿐 아니라 특정 국가에 편리함은 다른 국가에는 불편함으로 작용할 수 있기 때문에 보편화된 기술이지 않을 경우에는 특히 기술적 중립성을 유지함이 더욱 중요하다. 전자양도성기록에 관한 모델법을 제정함에 있어서도 유가증권의 전자화가 어떠한 방식으로 전개될지 누구도 장담할 수 없으므로 기술의 발전을 방해하지 않도록 기술적 중립성 원칙을 채택하였다.

모델법을 제정함에서 기술적 중립성이 특히 부각된 부분은 등록방식과 증표방식 모두에 개방된 입법을 추구함에 있다. 전자양도성기록은 그 기록을 관리하는 등록기관을 두고 등록부에의 등록에 의해 권리의 발생, 이전, 행사라는 법률관계를 공시하는 '등록방식(registry system)'을 따를 수도 있고, 권리에 관한 정보를 증표화 하여 권리를 발생시키고 이를 네트워크를 통해 또는 현실의 점유의 이전을 통해 이전하거나 행사하게 하는 '증표방식(token system)'으로 구분될 수 있다. 인터넷이라는 정보공유의 기술이 발전된 현실에서 등록방식은 매우 안전하고 유용한 시스템이 될 수 있고 우리나라의 경우 전자어음이나 주식등록제도, 전자선하증권 모두 등록방식에 가까운 시스템을 채용하고 있다. 하지만 증표방식도 소액의 상거래에는 편리하므로 충분이 활용될 여지가 있으며 우리 전자금융거래법상 선불전자지급수단거래를 증표방식에 의한 거래로 볼 수 있다.[19)]

모델법의 모든 규정은 등록방식과 증표방식을 명시하거나 구별하지 않

이 정한 서명 또는 기명날인으로 본다."고 규정하였지만, 동 조항이 기술적 중립성에 반한다는 비판을 받아 2001년 현행 조문으로 개정되었다.

19) 전자금융거래의 지급수단을 지급지시형, 가치표창형, 가치소재형으로 분류할 수 있다. 지급지시형은 채권, 채무를 전제로 하는 시스템으로서 등록방식은 이에 해당한다. 그리고 가치표창형은 유가증권에 관한 법리가 그대로 적용되는 방식으로서 증표방식의 전자양도성기록이 이에 해당한다고 볼 수 있으며, 전자화폐와 같은 가치소재형 전자지급수단은 가치표창형과 유사하지만 효력면에서 더 강력하여 기존의 화폐에 상응하는 효력을 가진 전자지급수단을 의미한다(정경영, 「전자금융거래와 법」, 박영사 2007, 14면[이하 '정경영, 앞의 책 2'라고 한다.] 이하 참조).

고 양자 모두 전제하여 규정하고 있어 기술적 중립성이 반영되었다고 볼 수 있다. 특히 제2조에서 전자기록에 관한 개념을 확장하여 결합방식에 의한 전자기록(composite information)도 포함될 수 있도록 배려하고 있고[20], 제12조에서 신뢰성에 관한 기준을 특정하지 않고 일정한 요소들만 나열함으로써 이러한 요소들을 가진 경우 어떠한 기술을 사용하더라도 신뢰성이 있는 것으로 판단할 수 있게 한 것도 기술적 중립성 원칙의 구현이라 할 수 있다. 기술적 중립성 원칙은 앞서 소개한 기능적 등가성 원칙이나 후술하는 실체법 불간섭 원칙과 같이 입법의 편의에 기여하는 원칙이 아니어서 오히려 입법을 어렵게 하는 측면이 없지 않으나, 향후 기술의 발전을 유도한다는 점에서 입법정책적인 측면이 없지 않고 각국 기술수준의 상이함, 차별성 등을 고려한 입법원칙으로 볼 수 있다.

3) **실체법 불간섭 원칙**[21]: 유엔 국제상거래법위원회가 전자양도성기록에 관한 모델법을 제정하는 이유는 전자양도성기록에 관한 각국의 법률과 해석을 통일함으로써 전자양도성기록의 국제적 이용을 활성화하고자 함에 있다.[22] 이를 위해서는 통일적인 실체법 규정을 두는 것이 가장 확실한 방법이겠지만 이는 유가증권제도에 관한 각국의 법률이 상이하고 오랜 기간 지속되어온 유가증권에 관한 각국의 관습, 실무가 다르므로 통일적 실체법 규정은 거의 불가능하다. 이러한 한계를 인식하고 취할 수 있는 차선의 방

---

20) 전자기록(electronic record)을 전자적 수단에 의하여 형성, 통신, 수령, 또는 저장되는 정보를 의미하며, 적절할 경우 동시 형성 여부와 무관하게 기록의 일부가 되도록 논리적으로 관련되거나 기타 연결되는 모든 정보를 포함한다고 규정한다(제2조). 전자기록은 결합된 정보의 집합을 포함할 수 있지만, 반드시 결합될 것을 요구하지는 않는다(MLETR, Explanatory Note, p. 21(para 34)).
21) 모델법의 기본원칙에 실체법 불간섭의 원칙 대신 전자통신에 대한 차별금지원칙(non-discrimination of electronic communications)을 언급하기도 한다(Id. para 44). 하지만 동 원칙은 전자양도성기록에 관한 원칙이 아니라 전자기록 전반에 관한 원칙이고 전자양도성기록에서 특별한 의미를 가지지 않으므로 이 글에서는 그 대신 실체법 불간섭의 원칙을 모델법의 기본원칙으로 보고 고찰한다.
22) UN Doc. A/CN.9/WG.IV/WP.135, para 3.

법은 기존의 유가증권 법리가 가지고 있는 질서를 존중하면서 서면증권의 전자화라는 매체의 변경에 관한 사항만 규정하는 방법이다. 즉 모델법을 입법함에 있어 실체법적 규정을 최대한 배제하여 실체법과 관련됨으로써 발생하는 각 법률 간의 경쟁, 모순을 회피하고 매체변경에 따른 법리를 통일적으로 수용할 수 있도록 하고자 한다. 이와 같이 법률관계의 형식(방식) 변경에 따라 새로운 국제규범을 제정함에 있어 형식변경 부분만 규정하고 기타 요건이나 효과에 관한 규정은 각국의 법률에 위임함으로써 기존의 실체법에 간섭하지 않으려는 입법원칙을 실체법 불간섭의 원칙(non-interference with substantive law)이라 한다.

모델법도 실체법 불간섭의 원칙을 받아들여 최대한 매체변경과 관련된 규정만 두고 실체법적 규정을 배제하여 실체법에 영향을 미치지 않으려 하고 있다. 모델법은 제1조 제2항에서 "본 법에 규정이 있는 경우를 제외하고는 본 법의 어떠한 조항도 소비자보호법을 포함한 양도성 증서나 증권에 관한 법원칙이 전자양도성기록에 적용되는 것에 영향을 미치지 않는다."고 실체법 불간섭원칙을 선언하고 있다.[23] 예컨대, 모델법 제10조에서 일정한 정보요건과 신뢰성, 무결성 등 전자양도성기록의 요건을 정하면서 그 밖의 유가증권의 요건과 효과에 관한 규정은 규정하고 있지 않아, 결국 각국의 실체법 규정에 따라 전자양도성기록의 요건과 효과가 결정된다. 특히 모델법 제11조는 서면증서, 증권의 점유에 대응하여 전자양도성기록의 지배라는 새로운 개념을 도입하면서 지배의 요건에 관한 규정만 두고 지배요건을 충족한 경우 그 효과에 관해서는 규정을 두고 있지 않다. 따라서 전자양도성기록의 법적 효력은 기존 서면증서, 증권의 효과에 관한 각국의 실체법 규정의 적용을 예정하고 있다.

법률관계를 구성하는 개념에 대한 대응개념을 통해 입법의 효율성을 추

---

[23] 동조에 관한 설명에서 서면증서, 증권이나 전자양도성기록에 적용되는 실체법에 영향을 미치지 못한다는 취지로 해석하면서 더 나아가 실체법이 허용할 경우 예를 들어 무기명식의 전자양도성기록의 발행도 허용된다고 본다(Id. para 9).

구하는 기능적 등가성 원칙과 이에서 한 걸음 더 나아가 대응개념에 관계하는 법률요건의 최소한만을 규정하고 기타 요건과 효과는 각국의 실체법에 맡기는 실체법 불간섭의 원칙은 모두 국제 사법에서의 입법기술이자 입법의 효율성을 달성하기 위한 원칙이라 할 수 있다. 모델법도 양 원칙을 받아들여 대응개념을 중심으로 하는 최소한의 규정을 둠으로써 입법 효율성을 추구할 뿐만 아니라 입법과정의 불필요한 경쟁을 방지하고 있다.

2. 일반규정

(1) 적용범위(Scope of application)

1) 규정 : 모델법을 제정함에 있어서 선하증권에 관한 전자화의 필요성이 가장 강력하게 주장되었고, 기타 주권, 사채권, 어음, 수표 등의 모든 유가증권을 전자양도성기록 또는 모델법의 적용범위에 포함시킬 것인가 하는 점에 관해 많은 논의가 있었다. 모델법은 그 적용범위[24])에 관해, 전자양도성기록에 적용되며(제1조 제1항), 모델법이 소비자보호법을 포함한 양도성 증서·증권에 관한 실체법에 영향을 미치지 않는다고 규정한다(제2항). 그리고 모델법은 주식, 채권 그리고 기타 투자 증권에 적용되지 않으며, 모델법을 국내법으로 도입하여 입법하는 국가(이하에서 입법 국가라 함)가 모델법을 입법할 때 기타 일부 증권에 적용되지 않게 추가할 수 있도록 개방적 배제규정을 두고 있다(제3항). 그러면서 모델법은 제1조의 각주에서 개방적 배제규정에 (ⅰ) 양도성이 있다고 판단되지만 모델법의 적

---

24) 국제간 계약에서 전자통신의 사용에 관한 유엔협약(뉴욕, 2005; "Electronic Communications Convention" : 전자통신협약) 제2조 제2항은 모델법의 적용범위를 규정함에 있어 출발점이 되었다. 동 규정은 환어음, 약속어음, 위탁화물운송장(consignment note), 선하증권, 창고증권 또는 상품의 인도 또는 일정 금액의 지급을 청구할 수 있는 권한을 소지인 또는 수익자에게 부여하는 양도성 증서 또는 증권 등을 전자통신협약의 적용범위에서 배제한다. 그러한 배제조항은 협약의 채택시점에 [전자양도성기록의 법적 처리] 문제에 대한 해결책을 찾기 위해서는 당시 아직 개발되지도 시험되지도 않았던 법적 기술적 영업적 해결방안의 조화가 요구되었다는 사실에 기인한다(UNCITRAL, Draft Model Law on Electronic Transferable Records(A/CN.9/W.G.Ⅳ/WP.139), para 14).

용범위에 포함시킬 수 없는 증서·증권; (ⅱ) 환어음·약속어음에 관한 통일협약(제네바, 1930), 수표에 관한 통일협약(제네바, 1931)의 범위에 포함되는 증서·증권, (ⅲ) 전자적 형태로만 존재하는 전자양도성기록 등을 포함시킬 수 있다고 예시하고 있다.

2) **양도성 vs 유통성** : 모델법은 유가증권의 전자적 대체물을 규정하면서, 그 대상인 서면 유가증권을 '유통성'을 가진 유가증권으로 할 것인지 아니면 '양도성'을 가진 유가증권으로 할 것인지 논의한 바 있다. 실무단은 유통성(negotiability)은 증권 소지인의 권리가 실체법적 관련성을 가져 각국의 법률이 다르게 규정할 수 있다는 점을 고려하여 양도성(transferability)을 가지는 증권을 그 대상으로 하였다. 모델법은 우리법상 양도성을 가지는 유가증권에 해당하는 서면증권을 '양도성 증서·증권(transferable document or instrument)'이라는 용어로 표현하고 있으며(모델법 제2조, 이하 이 장에서 특별한 법명이 표시되지 않은 조문은 모델법 조문을 의미함), 이는 물론 서면기반으로 발행된 것을 의미한다.

유통성(negotiability)은 증권 소지인의 원인관계상의 권리와 관계하고 실체법과 관련된다고 보아, 모델법은 기록의 유통성이 아닌 양도성(transferability)에 집중한다.[25] 그리고 일반적으로 양도가 가능하지만 그 양도성이 합의 등에 의해 제한되는 일정한 증서·증권은 모델법에 포함된 "양도성 증서·증권"의 개념에 포함되지 않으며,[26] 모델법은 그러한 증서·증권에는 적용되지 않는다. 다만 후술하는 전자양도성기록 관리시스템이 그러한 증서·증권의 발행을 금지하는 것으로 해석되지는 않는다.[27]

우리법상 유가증권이 유통성을 가지는지 아니면 양도성을 가지는지에 관해 논의는 거의 없다. 왜냐하면 유통성 자체가 우리법상의 개념이 아니

---

25) Id. para 15.
26) Id. para 34.
27) Id. para 16.

고 특히 미국의 통일상법전(UCC)에서 나타나는 개념이기 때문이다. 통일상법전 §3-104는 유통증권(negotiable instrument)을 '일정한 금액을 지급하는 무조건적인 약속 또는 지시(unconditional promise of order)'로 정의하고 있어 우리법상 약속어음, 환어음, 수표 등 추상성(무인성)을 가지는 유가증권만 이에 해당한다고 볼 수 있다. 따라서 유인증권적 성질을 가지는 주권이나 선하증권 등은 유통성(negotiability)을 가지지 않고 양도성(transferability)을 가지는 증권으로 이해될 수 있다. 유통성을 가지는 증권은 당연히 양도성을 가지므로 유통성에는 양도성이라는 성질이 포함된다고 볼 수 있다. 모델법은 전자양도성기록에 관해 유통성이 아닌 양도성을 개념요소로 하고 있어 유통증권뿐만 아니라 양도증권인 선하증권, 화물상환증 등도 그 적용범위에 포함된다. 그리고 전자금융거래법상 전자채권(동법 제2조 제16호)은 우리법상 유가증권적 성질을 가진다고 보기 어렵지만 양도성은 가지고 있으므로 모델법상의 전자양도성기록에 포함될 수 있다고 본다.

3) **실체법(유가증권 규정)과의 관계** : 모델법은 기능적 등가성 원칙에 따라 전자양도성기록에 관해 실체법적 규정을 입법하지 않고 서면기반의 양도성 증서·증권에 적용되는 실체법의 원칙이 동일한 내용의 전자양도성기록에도 그대로 적용되도록 하고 있다. 그리고 모델법은 기술적 중립성원칙에 따라 전자양도성기록의 다양한 유형 즉 등록방식, 토큰방식, 분산원장방식 등 기타 기술에 근거한 모델의 사용을 가능하게 하는 시스템 중립적 접근을 채택하고 있다.[28] 그리고 모델법 제1조 제2항은 양도성 증서·증권에 적용 가능한 국제사법의 원칙과 실체법에 영향을 주지 않는다는 실체법 불간섭 원칙을 규정하고 있어, 양도성 증서·증권에 적용되는 실체법이 동일 정보를 포함하는 전자양도성기록의 모든 유통단계에 적용된다. 따라서 전자양도성기록에 관련되는 실체법상의 문제에 관해 특별규정

---

28) Id. para 11.

(dedicated provision)이 불필요한데, 그러한 사항에는 (a) "채무의 이행"에 관한 정의, (b) 전자양도성기록의 소지인출급식 발행(issuance to bearer), (c) 전자양도성기록을 소지인출급식에서 지시식(to the order of a named person)으로 유통 형식의 변경과 그 반대의 경우(백지 배서, blank endorsement) (d) 전자양도성기록의 재발행, (e) 전자양도성기록의 분할과 합체(division and consolidation), (f) 담보 목적 등이 이에 포함된다.[29] 다만 실체법 불간섭 원칙에 따라 모델법은 상응하는 양도성 증서·증권이 존재하지 않는 전자양도성기록에는 적용되지 않게 된다.[30]

4) **적용배제** : 모델법 제1조 제3항은 우선 주식, 사채, 기타 투자증권 등의 증권에 적용되지 않는다[31]는 점을 명확히 하고 있는데, "투자증권"에는 파생증권, 양도성예금증서(money market instrument)와 기타 투자용 금융상품을 포함하는 것으로 이해된다.[32] 투자증권은 예시이고, 동 조항의 목적은 각국의 판단에 따라 일정한 증서·증권을 모델법의 적용범위에서 배제하는 것을 허용함에 있다. 즉 개별 입법국가의 필요에 따라 모델법의 적용 여부 결정을 허용하는 개방적 배제목록(open-ended exclusion list)을 포함하고 있으며, 동 규정의 각주는 3가지의 배제가능 유형을 예시하지만 필요에 따라 기타 증서·증권을 추가하는 것도 허용하고 있다.[33] 배제가능 증권, 증서를 보면, 첫째, 신용장과 같은 일정한 증권, 증서는 법역에 따라 양도성이 동일하지 않아 개별국가의 실체법에 따라 포함 또는 배제할 수 있다. 둘째, 제네바 통일협약에 따른 환어음과 약속어음, 수표[34]는 그 서면

---

29) Id. para 19.
30) Id. para 18.
31) 주식, 사채 등이 전자양도성기록의 개념요소를 충족하지 않아서 적용이 제외되는 것인지, 아니면 개념요소를 충족하지만 이 조항에 따라서 적용이 제외되는 것인지는 명확하지 않다. 이에 관해서는 김정환, "전자양도성 기록에 관한 모델법의 수용에 대한 연구," 성균관대학교 박사학위논문, 2019, 141면(이하 '김정환, 앞의 박사학위논문'이라고 한다) 참조.
32) MLETR, Explanatory Note, p. 19(para 26).
33) UN Doc. A/CN.9/WG,Ⅳ/WP.139, para 23.

이라는 형식성에서 모델법과 충돌될 수 있어 개별 입법국가의 판단에 따라 배제할 수 있게 하였다. 셋째, 전자적 환경에서만 존재하는 전자양도성기록. 즉 순수 전자양도성기록(purely ETR)의 경우 모델법과 순수 전자양도성기록에 관한 규정이 충돌할 수 있고 이 경우 모델법이 우선하지 않도록 하기 위해 배제가능한 증권, 증서에 포함되었다.35)

(2) 개념 규정

1) **전자기록** : 전자기록의 개념은 전자상거래에 관한 유엔 모델법(UNCITRAL Model Law on Electronic Commerce)과 전자통신협약에 포함된 "데이터 메시지(data message)"의 개념에 근거한다. 전자기록은 예를 들어 배서에 관한 정보가 부가되는 경우와 같이 일련의 복합적 정보를 포함할 수 있으며, 메타데이터의 생성도 포함한다. 이러한 전자양도성기록의 복합적 성격은 특히 모델법 제10조 제2항에 포함된 "무결성(integrity)"의 개념과 관련된다.36) 즉 전자기록이 다른 전자기록과 결합될 경우 무결성을 상실하는지 여부가 문제될 수 있는바, 모델법의 제정 과정의 논의는 이러한 복합적 정보가 반드시 요구되는 것은 아니지만 복합적 정보를 포함할 수 있는 가능성을 열어두고 있어 무결성이 상실되지 않는다고 볼 수 있다.37)

---

34) 모델법을 준비하는 동안 모델법과 제네바 협약간의 상호작용에 관해 다른 견해가 표명되었다. 하나의 견해는 형식주의는 제네바협약을 떠받치는 기본적인 원칙이라는 것이어서 전자적 수단의 사용을 금지하고 따라서 협약의 적용범위에 포함되는 증권은 항상 모델법의 적용범위에서 배제되어야 한다는 견해이다. 그 견해를 수용하기 위해 모델법은 제네바협약의 적용범위에 포함되는 증서와 증권의 배제를 허용하고 있다. 그러한 견해에 집착하고 제네바협약의 적용범위에 포함되는 증서와 증권의 전자적 형태의 사용을 가능하게 할 것을 원하는 법역은 전자적 환경에서만 존재하는 전자양도성기록의 도입을 고려할 수 있는데, 이는 제네바협약의 적용범위에 포함되는 증서와 증권의 기능적 등가물은 아닐 것이고 모델법의 적용범위 하에 포함되지 않을 것이다. 표명된 다른 견해는 모델법의 적용범위는 제네바협약의 적용범위에 포함되는 증권을 포함하여야 한다는 것인데, 이 견해는 모델법이 일반적으로 서면기반의 양도성 증서·증권과 관련되는 형식적 요건으로부터 발생하는 전자적 수단의 사용에의 장애를 극복하는 것을 목표로 하고 있다는 이해에 근거한다(UN Doc. A/CN.9/WG.IV/WP.139, para 25-28).
35) MLETR, Explanatory Note, p. 19(para 28).
36) Id. p. 21(para 34).

전자양도성기록에 관해 다양한 유형이 존재할 수 있으므로 모델법은 기술적 중립성과 기능적 등가성 접근에 따라 전자양도성기록의 개념을 일반적으로 규정하고 있다. 기술적 중립성 원칙은 앞서 언급한 바와 같이 전자양도성기록이 등록방식(registry), 토큰방식(token), 분산원장방식(distributed leger), 기타 방식에 관계없이 다양한 방식의 사용을 가능하게 하는 시스템 중립적 접근(system-neutral approach)을 가능하게 한다.[38] 최근 블록체인기술(Distributed Ledge Technology: DLT)이 도입되어 전자양도성기록이 개인 간방식(P2P)으로 발행될 가능성이 높아졌고, 블록체인방식으로 발행된 유가증권에도 모델법이 적용된다.[39]

2) 전자양도성기록 : "전자양도성기록"이란 제10조의 요건(양도성 증서·증권)을 충족하는 전자기록을 의미한다(제2조). 즉 전자양도성기록이란 '전자기록의 형태로 된 양도성 증서·증권'을 의미한다. 그리고 모델법 제10조는 양도성 증서·증권을 규정하면서, 전자양도성기록도 양도성 증서·증권과 동일한 효력이 있음을 규정하고 동시에 그 요건을 규정하고 있다(제10조 제1항). 요건을 보면, (a) 전자기록이 양도성 증서·증권에 포함될 것이 요구되는 정보를 포함하고 있고, (b) ⅰ) 그 전자기록을 전자양도성기록으로 확인하고, ⅱ) 그 전자기록을 효력발생시점부터 효력종료시점까지 지배의 대상이 될

---

37) 더욱이, 전자기록의 개념에 관해 일정한 전자양도성기록 관리시스템에서 데이터 요소는 다른 요소와 함께 전자양도성기록을 구성하지만, 전자양도성기록을 구성하는 개별 기록이 전자양도성기록이 되는 것은 아니다(UN Doc. A/CN.9/WG,Ⅳ/WP.139, para 39).
38) MLETR, Explanatory Note, p. 17.
39) 블록체인기술은 네트워크 참여자에게 암호통화(비트코인, 이더리움 등)의 이중지급(double spending) 위험으로부터 안전한 네트워크를 제공한다. UETA(미국 통일전자거래법)는 UCC(통일상법전)의 유통성 있는 약속어음(제3장), 권원증서(제7장)의 디지털 버전을 효율적으로 허용하기 위해 양도성기록이라는 개념을 창조했다. 그리고 전자선하증권을 위해 UCC 제7장이 유사하게 개정되었다. 양 법률의 개정은 기술의 발전을 알 수 없는 상태에서 이뤄졌지만, 유일하고 확인가능하며 변조가 불가능한 단일한 권한있는 증서(single authoritative copy)의 개념을 포함하고 있다(Josias N. Dewey/ Michael D. Emerson, "Beyond Bitcoin: How Distributed Ledger Technology Has Evolved to Overcome Impediments Under the Uniform Commercial Code," UCC Law Jounal, Jul. 2017 (47 No.2 UCC L.J.ART1), Ⅳ. A. para 2)

수 있도록 할 수 있고, iii) 전자양도성기록의 무결성이 유지되도록, 신뢰할 수 있는 수단이 사용되어야 한다(제10조 제1항). 여기서 무결성을 판단하는 기준은 전자양도성기록에 포함된 정보가, 그 생성 시부터 효력종료 시까지 발생하는 일정한 정당한 변경을 포함하여 통신, 저장, 게시의 통상 과정에 발생하는 변경 외에 완전하고 변경 없이 유지되었는가 여부이다(제10조 제2항). 그리고 모델법 제2조는 양도성 증서·증권에 관한 개념 규정도 하고 있는데, 이는 소지인이 증서·증권에 표시된 채무의 이행을 청구할 권리(이행청구권)와 그 권리를 증서·증권의 이전을 통해 이전할 수 있는 권리(양도성)를 부여하는 서면으로 발행된 증서·증권을 의미한다고 정의한다.

모델법은 전자양도성기록의 개념에 관해 적극적으로 규정하지 않고 양도성 증서·증권의 개념을 그대로 차용하고 있다. 그러면서 기능적 등가성 원칙에 따라 전자기록 형태의 양도성 증서·증권(전자양도성기록)이 일정한 요건을 충족할 경우 양도성 증서·증권과 동일한 효력을 가진다는 입법방식을 취하고 있다. 양도성 증서·증권은 전자양도성기록 개념의 기초가 될 뿐 아니라 모델법의 기능적 등가성의 원칙에 따라 전자양도성기록에 실체법이 적용됨에 있어 연결고리 역할을 한다. 그리고 전자양도성기록의 효력에 양도성 증서·증권의 효력을 부여하는 것은 마치 전자문서에 관해 문서로서의 효력을 부여하는 전자문서법과 유사한 입법이라 이해된다.

전자양도성기록이 유효하기 위한 요건(효력요건)으로 모델법은 1) 정보요건, 2) 수단의 신뢰성을 규정하고 있다. 첫째, 정보요건이란 대응하는 양도성 증서·증권의 요건을 모두 갖추어야 한다. 예를 들어 선하증권이 전자양도성기록의 형태(전자선하증권)로 발행된다면 선하증권에 포함되어야 하는 사항들(상법 제853조)이 모두 전자선하증권에도 포함되어야 한다.[40] 둘째, 수단의 신뢰성은 일정한 기능 수행을 전제하고 있는 바, 전자양도성기록의 확인, 지배의 대상성, 전자양도성기록의 무결성 유지라는 기능을 수

---

40) 우리 상법 제862조는 전자선하증권에 관해 이와 동일한 취지에서 정보요건을 규정하고 있다(동조 제2항).

행할 수 있을 정도의 신뢰할 수 있는 수단이 전자양도성기록에 사용되어야 한다. 전자양도성기록의 '수단의 신뢰성'을 좀 더 구체적으로 보면, 1) 일반 전자기록과 구별되는 전자양도성기록으로 확인할 수 있는 수단을 가져야 하며(확인가능성), 2) 전자양도성기록에는 양도성 증서·증권의 점유에 대신하여 지배(control)의 대상이 될 수 있어야 하고(지배대상성), 3) 전자양도성기록이 위조 또는 변조될 경우 거래의 대상이 되기 어려우므로 다른 전자기록에서 요구되는 바와 같이 기본적으로 무결성(기록무결성)을 갖추어야 한다. 요컨대 전자양도성기록이 양도성 증서·증권과 같은 효력을 가지기 위해서는 양도성 증서·증권에 포함된 모든 정보를 가지고 있어야 하고(정보요건), 전자양도성기록은 확인가능성, 지배대상성, 기록무결성 등(수단의 신뢰성 요건)을 갖추어야 한다.

3) 양도성 증서·증권(유가증권) : 전자양도성기록의 기초 개념인 양도성 증서·증권에 관해 모델법은 양도성을 가진다는 점, 그리고 이행청구권을 표창한다는 점을 요구하고, 기타 특성 즉 누가 증권 등의 정당한 지배권자인지 여부는 실체법에 의해 결정되고 모델법이 이에 영향을 미치지 않는다고 본다.[41] 양도성 증서·증권에 관해 모델법 주석은 유엔 전자통신협약(UN Convention on the Electronic Communication)의 제2조 제2항을 참조하여 환어음, 수표, 약속어음, 위탁 화물운송장(항공), 선하증권, 창고증권, 적하보험증권과 항공 화물송장(air waybill) 등의 예시목록을 제시하고 있다.[42] 양도성 증서·증권이 전자적 방법으로 발행·유통·행사되는 것이 전자양도성기록이므로 전자양도성기록은 양도성 증서·증권의 개념을 전제하고 있다. 모델법 역시 새로운 전자양도성기록에 관한 실체법적 규정을 두지 않고 양도성 증서·증권에 관한 실체법적 규정을 전자양도성기록에 그대로 적용되도록 하고 있다.

---

41) UN Doc. A/CN.9/WG.IV/WP.139, para 36 참조.
42) MLETR, Explanatory Note, p. 21(para 38).

(3) 모델법의 해석(Interpretation)

모델법은 국제적 출처의 모델법에서 유래한다. 따라서 모델법을 해석함에 있어 그 국제적 출처와 적용상의 통일성 증진을 고려하여야 하고, 모델법이 명시적으로 정하지 않은 문제는 모델법이 근거하는 일반원칙에 합치하도록 해결되어야 한다(제3조[43]). 제3조는 모델법에 따라 제정된 국내 입법을 해석함에 있어 국제적 출처와 그 출처의 관점에서 통일적으로 해석될 수 있도록 법원이나 행정관청에 환기하고자 함이 목적이다. UNCITRAL 텍스트의 통일적 해석은 국제간 상거래에 적용 가능한 법률의 예측가능성을 보장하는 중요한 요소이다.[44] "본 법은 국제적 출처에서 유래한다"는 표현은 다소 독창성이 있지만 그 취지는 다른 UNCITRAL 텍스트에서도 나타나고 있다.[45] 모델법 제3조 제2항에서 언급하는 "일반원칙(general principles)"이라는 개념은 몇몇 UNCITRAL 텍스트에서 사용되어 왔으며, 국제동산매매계약에 관한 유엔협약(비엔나, 1980) 제7조는 판례에 의해 해석되는 개념을 포함한다.[46] 하지만 모델법에서 사용하는 일반원칙의 개념은 전자통신에 대한 차별금지원칙, 기술적 중립성, 기능적 등가성과 같은 UNCITRAL 텍스트에서 언급된 전자통신을 규율하는 법률의 일반원칙을 말한다.[47] 해석의 원칙이 명확하게 제시되는 것은 모델법이 적용될 때 예측가능성을 보장하는 확실한 요소가 될 수 있다.[48]

---

[43] 모델법 논의 과정에 "선의의 준수"를 포함시키려는 시도가 있었으나, 일반 국제법원칙으로서 선의의 원칙은 제2항의 일반 원칙에 포함될 수 있다고 보아 삭제되었다(UN Doc. A/CN.9/WG,Ⅳ/WP.139, para 40).
[44] Id. para 42.
[45] 유사한 표현이 전자상거래에 관한 UNCITRAL 모델법 제3조, 전자서명에 관한 UNCITRAL 모델법 제4조에 포함된 몇몇 UNCITRAL 텍스트에서 나타나며, 국제동산매매에서 시한에 관한 협약 제7조에서 처음으로 소개되었다(Id. para 43).
[46] Id. para 45.
[47] Id. para 46.
[48] 김정환, 앞의 박사학위논문, 143면.

(4) 당사자자치(Party autonomy and privity of contract)

모델법은 당사자의 계약에 의해 배제하거나 변경할 수 있으며, 그러한 계약은 당사자가 아닌 자의 권리에 영향을 미치지 아니한다(제4조). 모델법 논의 과정에 임의규정적 성질을 가진 조항을 모델법에 구별하여 규정하고자 하는 주장도 있었지만, 배제할 수 있는 규정을 개별 입법국가에 위임하기로 하였다.[49] 모델법의 어떤 규정이 배제되거나 변경될 수 있는지를 확정함에 있어 세심한 분석이 요구되어, 모델법은 법률시스템에서의 차이를 수용하기 위해 입법국가에 이를 맡기고 있다. 그러한 목적을 위하여 제1항은 괄호를 포함하고 있는데 이는 개별국가가 배제, 변경할 수 있는 규정(임의규정)을 확인할 수 있게 한다.[50] 당사자자치는 상법과 UNCITRAL 텍스트를 떠받치는 기본적인 원칙으로서, 당사자자치를 제한하는 것은 기술적 혁신과 영업적 관행의 개발을 방해할 수 있으므로 당사자자치는 모델법의 이행에 있어서 유연성을 제공할 수 있다.[51] 하지만 당사자자치의 원칙을 적용함에 있어 공공질서(public policy)와 같은 강행법규[52]와의 충돌을 피하기 위하여 전자상거래에서 일정한 제한이 있을 수 있다.[53] 모델법도 강행법규에 반하지 않고 제3자의 권리와 의무에 영향을 주지 않는 범위 내에서 광범위한 당사자자치를 규정하고 있다고 해석되며, 그러한 합의가 실체법 불간섭의 원칙에 영향을 주지 않는다는 일반 원칙에 일치하여야 하다.[54]

---

49) UN Doc. A/CN.9/WG.IV/WP.139, para 47.
50) Id. para 55.
51) Id. para 50.
52) 특히 UNCITRAL 전자상거래 모델법 제4조는 전자통신에 관한 규정의 합의에 의한 변경을 허용하지만, 기능적 등가성의 합의에 의한 변경과 강행규정의 탈법적인 형식요건의 회피를 제한한다. 더욱이 당사자자치는 제3자의 권리나 의무에 영향을 미치지 않는다. 더욱이 UNCITRAL 전자서명에 관한 모델법 제5조는 공공질서와 같은 강행규정에 영향을 미치는 것과 같이 실체법상 무효이지 않으면, 당사자는 모델법의 모든 조항을 배제할 수 있다는 점을 명시하고 있다. 동일한 접근이 전자통신협약 제3조에서 채택되어 있다(Id. para 52).
53) Id. para 51.
54) Id. para 54.

(5) 정보 요구(Information requirements)

모델법의 어떠한 사항도 특정인의 신원, 영업소 소재지 또는 기타 정보를 개시할 것을 요구하는 규정에 영향을 미치지 않으며, 특정인의 이에 관한 부정확하고 불완전하거나 잘못된 기술에 따른 법적 효과를 면제하지 않는다(제5조). 모델법 제5조는 전자통신협약 제7조를 참조하였는바, 다른 법률에 따라 요구될 수 있는 일정한 정보의 공시의무에 관한 규정이다. 그러한 정보 청구는 소비자보호법에 따라 규정되는 정보와 자금세탁과 기타 범죄행위를 방지하기 위한 정보를 포함한다.[55] 그러한 정보 청구에 따라야 할 의무는 모델법은 실체법에 영향을 미치지 않는다는 원칙(제1조 제2항)에서 나온다. 다만 동조는 다른 법률에 포함된 정보 청구를 위반한 경우에 따르는 법적 효과를 다루는 것이 아니다.[56] 실체법이 무기명식 전자양도성기록의 발행을 허용할 경우 모델법 제5조에 따른 정보 청구가 그 발행을 금지하지는 않는다.[57]

(6) 전자양도성기록의 부가정보

전자양도성기록의 부가정보(Additional information in ETR)에 관한 규정으로 제6조는 '본 법의 어떠한 규정도 양도성 증서·증권에 포함되는 것에 부가하여 전자양도성기록에의 정보 편입을 금지하지 않는다'고 규정한다. 전자양도성기록에 관한 입법을 함에 있어 특정 전자양도성기록의 특수성을 반영하여 일반 유가증권에 포함되지 않는 기재사항, 예를 들어 일련번호 등을 규정할 수 있다. 이는 전자양도성기록의 기재사항을 서면유가증권(양도성 증서·증권)과 동일하게 할 경우 전자적 특성을 반영할 수 없는 문제가 발생할 수 있으므로 필요에 따라 추가적 정보를 편입할 수 있도록

---

55) Id. para 56.
56) Id. para 57.
57) 전자양도성기록 관리시스템은 자금세탁방지 등 규제적 목적에 협조할 수 있지만 배상청구소송 등 상법적 목적을 위해 이에 협조하는 것은 허용되지 않는다. 다만 전자양도성기록의 지배권자를 확인하는 것을 허용하여야 할 것이다(Id. para 58).

하였다. 실체법에 따라 허용되지 않는 추가정보, 예컨대 유해적 기재사항과 같은 정보는 전자양도성기록에 포함되지 않도록 해야 한다.58)

(7) 전자양도성기록의 법적 인정(Legal Recognition)

1) 효력 : 전자양도성기록은 전자적 형태라는 이유만으로 법적 효력, 유효성 또는 집행가능성이 부인되지 않으며, 묵시적 동의를 포함하여 당사자의 동의 없이 전자양도성기록의 사용을 요하지 않는다(제7조). 전자양도성기록이란 제2조 개념 규정에서 언급된 바와 같이 기능적 등가성원칙에 따라 실체법에 규정된 양도성 증서·증권에 상응하는 전자기록이다. 그리고 전자양도성기록이 유가증권과 동일한 효력을 가지기 위해서는, 기존 유가증권에 기재된 사항이 포함되어야 하고(정보요건), 확인가능성, 지배가능성, 기록무결성을 갖추어야 한다(제10조). 모델법은 전자양도성기록을 지배(control)하는 자가 유가증권을 점유하는 자에 상응하는 권리를 가지게 된다는 원칙만 정하고 있을 뿐, 그 권리의 실체법적 내용, 정당한 지배권자인지 여부 등은 실체법이 결정할 문제이므로 모델법은 그러한 사실에 영향을 미치는 것을 목적으로 하지 않는다. 그리고 모델법은 전자양도성기록의 사용과 관련되는 모든 기능을 규정할 것을 목적으로 하지도 않는다. 예를 들어, 전자양도성기록은 증거적 가치를 가질 수 있지만, 그러한 기능의 수행은 실체법이 결정할 문제이고 모델법에 이를 규정할 사항은 아니라고 보았다.59) 모델법 논의 과정에서 전자양도성기록의 최소한의 기능에 관한 입법 필요성이 논의되었지만 최종안에서는 모두 삭제되고 실체법 불간섭 원칙에 따라 전자양도성기록의 효력에 관한 모든 문제는 실체법에 맡기고 있다.

2) 당사자의 동의 : 모델법 제7조 제2항은 전자 관련 법제에서 일반적으로 나타나는 조항으로서 당사자의 동의가 전제되어야 전자기록의 형태를 사

---

58) 김정환, 앞의 박사학위논문, 146면.
59) UN Doc. A/CN9/WG.IV/WP.139, 32.

용할 수 있도록 하기 위해, 당사자 동의 없이는 전자양도성기록의 사용이 요구되지 않음을 명확하게 규정한다. 또한 전자양도성기록의 사용에 관한 당사자의 동의는 당사자의 행위에 의해 추정될 수 있다고 규정한다(제3항). 제7조 제1항은 전자상거래에 관한 UNCITRAL 모델법 제5조와 전자통신협약 제8조 제1항에 포함된 전자적 수단의 사용에 대한 차별금지의 일반원칙을 규정하고 있고,[60] 제2항과 제3항은 전자통신협약 제8조 제2항을 참조하였다.[61] 동조 제2항, 제3항은 전자양도성기록의 효력이 인정되더라도 그 사용·수령이 강제되어서는 안 됨을 규정하고 있지만, 입법 국가는 최소한 정책적 목적을 위해 일정한 범주의 사용자에 관해 일정 유형의 전자양도성기록의 사용을 강제할 수 있다고 본다.[62] 전자양도성기록의 사용에 대한 동의는 명시적이거나 특정한 형태로 표현될 필요는 없고,[63] 당사자의 행위를 포함하여 모든 상황으로부터 추정될 수 있다. 동의의 방식을 시스템별로 보면, 등록기반시스템에서는 전자양도성기록의 사용에 대한 동의에 상응하는 시스템 규정에 대한 승낙을 요구할 수 있지만, 토큰기반 또는 분산원장 기반의 시스템에서는 계약 원칙의 사전 승낙을 요구하지 않고 오히려 전자양도성기록에 관한 지배권 실행이나 채무이행과 같은 상황에 의해 추정될 수 있다.[64] 그리고 전자양도성기록의 거래당사자간에 전자양도성기록의 사용에 관해 모델법과 달리 합의한 경우 그 합의가 효력을 가질 수는 있지만 이는 당사자간에 효력만 미칠 뿐이고 제3자를 구속하지는 않는다(제4조).

3) 순수 전자양도성기록(electronic transferable records only in electronic form) : 전자양도성기록의 개념은 전자적 환경에서만 존재하는 전자양도성

---

60) Id. para 63.
61) Id. para 65.
62) Id. para 66; 제6조의 '동의'의 요건은 일반적이어서 전자양도성기록이 모든 국면에 효력에서 모든 관련 당사자에 적용되므로 모델법의 다른 규정에는 동의의 요건이 명시되지 않았다(Id. para 67).
63) Id. para 68.
64) Id. para 69.

기록에 원칙적으로 적용되지 않는다.[65] 동 규정은 모델법이 기능적 등가성 원칙에 따른 접근을 원칙으로 하고 있어 서면 형태의 양도성 증권이 존재하지 않고 순수하게 전자적 환경에서 고안된 전자양도성기록은 기능적 등가성을 부여할 대상이 존재하지 않게 되어 모델법의 입법 틀에 맞지 않게 된다. 이에 관한 규정을 모델법의 적용범위에 관한 규정인 제2조에 포함시킬 것이 논의되기도 하였지만, 이는 제1조 제3항의 주석에 포함되었다.[66] 순수 전자양도성기록의 예로는 전자금융거래법상 선불전자지급수단,[67] 전자채권, 일본의 전자기록채권 등을 들 수 있다. 전자어음은 약속어음이라는 서면 기반의 양도성증권이 존재하여 기능적 등가성의 원칙에 따른 규율이 용이하지만, 선불전자지급수단은 그에 상응하는 서면 형태의 유가증권이 존재하지 않으므로 기능적 등가성 원칙에 따른 규율이 용이하지 않다. 하지만 모델법은 모델법이 적용되지 않는 순수 전자양도성기록 즉 상응하는 서면에 기반한 양도성 증서·증권을 가지지 않는 광의의 전자양도성기록의 개발이나 사용을 배제하지는 않는다.[68] 순수 전자양도성기록에 관해서는 모델법의 입법과 무관하게 독립된 입법에 의해 규율할 수 있으며 모델법 규정과의 충돌도 문제되지 않는다. 다만 동일한 기능을 수행하는 광의의 전자양도성기록에 관해 일부에는 모델법이 적용되고 일부에는 특별규정이 적용될 경우 규정의 상충문제는 발생하지 않지만 규율의 불균형(규제의 차익)이 발생할 여지가 있으므로 이를 고려하여 특별규정을 입법할 필요가 있다.

4) 양도제한 증서 : 전자양도성기록의 개념은 일반적으로 양도 가능하지만 그 양도성이 기타 합의에 의해 제한될 수 있는 그러한 증서·증권을

---

65) Id. para 31.
66) MLETR, Explanatory Note, p. 14 (para 10).
67) 선불전자지급수단의 경우 유형이 다양하고, 일부 유형은 전자양도성기록에 해당할 수 있다는 견해로 김정환, 앞의 박사학위논문, 165면.
68) UN Doc. A/CN.9/WG.Ⅳ/WP.139, para 33.

포함하지는 않는다.69) 그 예로 모델법 주석은 일정 법역에서의 기명식 선하증권(straight bill of lading)를 예시하고 있다. 그러면서 실체법에 따라 어떠한 증서·증권이 양도성을 가진 것인지 판단하고, 이러한 전자양도성기록의 개념의 한계가 전자양도성기록 관리시스템에서 그러한 증서·증권의 발행을 금지하는 것으로 해석되어서는 안 된다.70) 우리법상 기명증권 예를 들어 배서금지어음(어음법 제11조 제2항) 등은 양도는 가능하지만 지명채권 양도의 방식에 의해야 하므로 당사자의 합의에 의해 그 양도성이 제한된 증권으로 이해될 수 있다. 따라서 기명증권과 같은 합의에 의해 양도성이 제한되는 증권은 모델법의 적용을 받지 않게 되는데, 그렇다고 모델법이 이러한 증권의 발행을 금지하는 것은 아니다.71) 요컨대 모델법에서 규정하는 양도성이 제한될 수 있는 증서란 우리법상 기명증권에 해당한다고 볼 수 있고 따라서 기명증권은 모델법의 적용범위에서 배제된다고 본다.

3. 기능적 등가성 관련 규정

(1) 서면(Writing) 요건

법률이 정보가 서면일 것을 요구하는 경우, 전자양도성기록에 포함된 정보가 추후 참조에 사용될 수 있도록 접근 가능하다면 전자양도성기록은 그 요건을 충족한다(제8조). 모델법 제2조에서 전자양도성기록 개념에 서면의 기능적 등가성72)의 실현이 함축되어 있으므로 제8조는 불필요하다는

---

69) MLETR, Explanatory Note, p. 18 (para 21).
70) UN Doc. A/CN.9/WG.Ⅳ/WP.139, para 34.
71) MLETR, Explanatory Note, p. 18 (para 21).
72) 여타 전자상거래에 관한 UNCITRAL 문헌과 달리 전자양도성기록에 관한 모델법은 서면기반의 원본개념을 위한 기능적 등가성원칙을 포함하고 있지 않다. 예를 들어 전자상거래에 관한 UNCITRAL 모델법 제8조는 원본의 정태적 개념을 언급하지만, 이전의 UNCITRAL의 문헌과 달리 모델법은 전자양도성기록의 유통성을 고려하여 전자양도성기록의 무결성(integrity)을 양도성 증서·증권과 기능적 등가성을 실현하기 위해 이행될 필요가 있는 요건의 하나로서 언급한다. 즉 양도성 증서·증권의 원본 개념은 동일 채권에 대한 중복 청구를 방지하기 위한 기능과 관련되는데, 모델법 제정 과정에 이에 관한 많은 논의가 있었고 결국

지적이 있었지만, 서면요건에 관한 규정은 모델법 규정에 포함된 기능적 등가성에 관한 기타 규정의 관점에서 필요하다고 보았다.73) 동조는 전자양도성기록에 포함되거나 관련된 정보에 관해 기능적 등가성 요건을 규정한다.74)

(2) 서명(Signature) 요건

법률이 특정인의 서명을 요구하는 경우, 전자기록에 포함된 정보에 관해 특정인을 확인하고 특정인의 의사를 표시하는 신뢰할 수 있는 수단이 사용되었다면 그 요건이 충족된다(제9조). 동조는 UNCITRAL 전자상거래에 관한 모델법의 제7조를 참조하였으며, 전자통신협약 제9조 제3항의 규정을 더 강화하여 당사자의 의사(intention)를 규정하고 있으며, 수단의 신뢰성은 모델법 제12조에 포함된 일반적 신뢰성기준에 따라 판단된다.75) 동조는 전자양도성기록에만 적용되고 양도성을 가지지 않는 기타 전자기록에는 적용되지 않으므로 전자양도성기록의 서명에 대한 기능적 등가성 원칙을 규정한 것이다.76) 뿐만 아니라 기술적 중립성의 원칙도 표명한다.77) 그리고 제9조가 규정하는 당사자 확인에 가명의 사용이 문제될 수 있다.

중복 청구의 방지라는 목적을 원본 개념에 의존하지 않고 다른 방식으로 해결하도록 결정하였다. 즉 단일성(singularity)의 개념의 사용과 전자양도성기록이 표시하는 채무의 이행을 청구할 수 있는 권한을 가진 자와 그 대상(목적)을 일치하도록 하는 "지배(control)"라는 개념을 이용하여 원본 개념의 부재를 극복하고 있다(UN Doc. A/CN.9/WG,Ⅳ/WP.139, para 81).
73) Id. para 71.
74) 동 규정은 UNCITRAL 전자상거래 모델법 제6조 1항을 참조하였지만, 모든 정보가 통신이 요구되는 것은 아니므로 통신 대신 정보라는 개념을 사용한다(MLETR, Explanatory Note, p. 29 (para 73)). 서면의 요건으로는 정보에 대한 접근가능성, 사용가능성 및 추후 참조를 들 수 있다(김정환, 앞의 박사학위논문, 121-122면 참조).
75) MLETR, Explanatory Note, p. 30 (para 76).
76) Id. p.30 (para 77); 전자서명에 관한 법률상의 기능적 등가성에 관한 일반원칙은 양도될 수 없는 모든 전자기록에 관련되어 사용되는 서명에 적용되므로, 만일 전자양도성기록에 관한 모델법이 전자서명에 관한 UNCITRAL 모델법 또는 이와 유사한 법령의 입법과 통합하여 입법될 경우 기능적 등가성에 관한 단일 규정을 채택하는 것을 고려할 수 있으며 이는 양도성, 비양도성 전자기록 모두에 적용될 것이다.(UN Doc. A/CN.9/WG,Ⅳ/WP.139, para 80).
77) 김정환, 앞의 박사학위논문, 123면.

이에 관해 분산원장에 근거한 것과 같은 일정한 전자양도성기록 관리시스템은 성명보다는 가명을 사용할 수 있으며, 이 경우 서명자의 확인 요건은 가명과 성명을 연결함으로써 충족될 수 있다고 본다.[78]

(3) 양도성 증서·증권

1) 법률이 양도성 증서·증권의 이용을 요구하는 경우, 일정한 전자기록이 (ⅰ) 양도성 증서·증권에 요구되는 정보를 포함하고 (ⅱ) 그 전자기록이 전자양도성기록임을 확인하고, 지배의 대상이 될 수 있고, 무결성을 유지할 수 있는 신뢰할 수 있는 수단이 사용되었다면 그 요건이 충족된다(제10조 제1항). 무결성을 판단하는 기준은 전자양도성기록에 포함된 정보가, 그 생성 시부터 효력종료 시까지 발생하는 일정한 정당한 변경을 포함하여 통신, 저장, 게시의 통상 과정에 발생하는 변경 외에 완전하고 변경 없이 유지되었는가 여부이다(제2항).

2) 제10조는 양도성 증서·증권의 기능적 등가성을 구현하기 위해 전자기록의 요건을 규정하는데, 이는 "단일성(singularity)"과 "지배(control)"의 접근을 결합함으로써 동일한 의무이행을 중복 청구할 가능성을 방지하는 것을 목적으로 한다.[79] 실무단이 처음에는 "유일성(uniqueness)"이라는 개념으로부터 논의를 시작하였고 양도성 증서·증권의 유일성은 동일한 이행과 관련되는 복수의 증서·증권의 유통을 방지하고 그리하여 복수의 청구를 방지함을 목적으로 하였다.[80] 하지만 전자적 환경에서 복제방지의 절대적 보장이 기술적으로 불가능하기 때문에,[81] 전자양도성기록에 관하여 단일성

---

78) MLETR, Explanatory Note, p. 30 (para 78).
79) Id. p. 31 (para 83).
80) Id. pp. 30-31 (para 81).
81) 서면도 복제방지의 절대적 보장을 제공하는 것이 아니므로 유일성이라는 개념은 양도성 증서·증권에 관해 많은 문제를 제기한다. 그러나 상거래에서 서면을 사용한 오랜 기간은 그러한 매체의 사용에 관련된 위험의 판단을 위해 충분한 정보를 상거래 당사자에게 제공

(singularity)과 지배(control)의 개념에 의존하여 채무자를 복수의 이행청구의 위험에서 구제하였다.82) 이른바 단일성 접근은 소지인에게 표시된 채무의 이행을 청구할 수 있는 권한을 부여하는 전자양도성기록에 대한 신뢰할 수 있는 확인을 요구한다. 이를 통해 동일한 채무의 중복 청구는 방지되고, 지배 접근은 전자양도성기록의 지배권자를 확인하는 신뢰할 수 있는 수단의 사용에 집중한다.83) 모델법이 단일성과 지배라는 개념을 채택함으로써 얻는 효과의 하나는 시스템에 의한 전자양도성기록의 무권한 복제의 방지이다.84) 즉 기술적으로 유일성은 보장될 수 없지만 일정한 권한을 표창한 전자양도성기록의 확인을 통해 단일성이 확보되고, 지배의 대상이 될 수 있게 하여 배타성 확보를 통해 규범적으로 복수청구를 배제한다고 이해할 수 있다. 지배라는 개념과 단일성이라는 개념은 동일한 의무의 중복된 이행청구를 방지하는 것을 목적으로 하지만, 두 개념은 독립적으로 작용하고 구별되어야 한다.85)

3) 전자양도성기록은 양도성 증서·증권의 기능적 등가물로서 그것을 확인하는 정보86)를 포함하여야 하고 이는 전자양도성기록에 적용될 수 있는 실체법을 판단함에 있어서도 필요하다.87) 동조는 전자양도성기록으로 증명

하여 왔지만 전자양도성기록의 사용에 관한 관행은 아직 동일하게 잘 정착되지 않았다(Id. p. 31 (para 82)).
82) UN Doc. A/CN.9/WG,Ⅳ/WP.139/Add.1, para 9.
83) MLETR, Explanatory Note, p. 31 (para 84).
84) Id. p. 31 (para 85).
85) 예를 들어 복수의 기록 즉 단일성 요건을 충족하지 않는 기록에 관한 배타적인 지배는 가능하고, 역으로 단일한 기록에 관한 비배타적인 지배도 가능하다(Id. p. 36 (para 112)).
86) 양도성 증서·증권과 무관하게 전자적 환경에서만 존재하는 전자양도성기록은 제10조 제1항 (a)와 같은 규정을 두지 않고 직접 전자양도성기록에 포함되어야 하는 정보를 규정할 것이다(Id. p. 32 (para 91).) 따라서 전자적 환경에서만 존재하는 전자양도성기록은 제10조의 요건을 충족하지 못하고 따라서 제2조에 포함된 전자양도성기록의 개념에 포함되지 않는다. 즉 전자적 형태로만 존재하는 전자양도성기록은 모델법에 규정된 다른 요건을 충족하지만 그 기록은 자체적으로 정보요건을 정의할 것이고 그리하여 제10조의 요건을 충족하지 못할 것이다(Id. pp. 32-33 (para 92)).
87) 전자양도성기록은 동일한 유형의 양도성 증서·증권에 요구되는 것과 동일한 정보를 표시하

함에 필요한 정보를 요건을 규정하는데, 이는 단일성 접근을 수행한다고 본다.[88] 그리고 전자양도성기록은 특히 그 양도를 허용하기 위해 그것의 형성 시부터 유효성이 상실될 때까지 지배 가능하여야 한다는 요건은 지배접근을 수행한다.[89] 지배대상이 될 수 있는 가능성에 관한 신뢰할 수 있는 수단이란 전자양도성기록이 지배의 대상이 되도록 사용되는 시스템의 신뢰성을 말한다.[90] 전자양도성기록의 무결성(integrity) 여부는 객관적인 사실이라 할 수 있어 무결성[91]이라는 개념은 절대적이지만, 무결성을 위한 신뢰할 수 있는 수단은 상대적, 주관적이어서 그러한 수단의 판단은 제12조에 포함된 일반적 신뢰기준에 따른다.[92] 그리고 제10조에 언급된 수단의 신뢰성은 제12조에 포함된 일반적 신뢰성 기준에 따라 평가되어야 한다.[93]

(4) 지배(control)

1) 법률이 양도성 증서·증권의 점유를 요구할 경우, 전자양도성기록에 관해 특정인에 의한 전자양도성기록의 배타적 지배를 증명하고 특정인을 지배권자로 확인하는 신뢰할 수 있는 수단이 사용될 경우 동 요건이 충족된다(제11조 제1항). 법률이 양도성 증서·증권의 양도를 요구하거나 허용할 경우, 전자양도성기록에 관해서는 그 요건이 전자양도성기록에 관한 지배

여야 한다는(UN Doc. A/CN.9/WG.Ⅳ/WP.139/Add.1, para 16) 점을 감안하여, 등가적, 대응하는 또는 동일한 목적을 가진 등의 수식어를 포함하지 않는다(MLETR, Explanatory Note, p.33 (para 93)).
88) Id. p. 33 (para 94).
89) Id. p. 33 (para 98); 이는 전자양도성기록이 사실상 지배의 대상이 되지 않을 수 있는 가능성을 고려하고 있다. 예를 들어 토큰 기반의 전자양도성기록이 분실된 경우 이러한 현상이 발생한다(UN Doc. A/CN.9/WG.Ⅳ/WP.139/Add.1, para 21).
90) MLETR, Explanatory Note, p. 34 (para 99).
91) 동조 제2항은 무결성 판단에 관해 규정하는데 이는 UNCITRAL 전자상거래 모델법 제8조 제3항을 참조한 것이다. 전자상거래 모델법 제8조 제3항 (a)는 전자계약을 위해 보다 적절할 수 있는 원본의 개념의 사용과 관련하여 무결성의 개념을 언급하는데 반해, 모델법 제10조 제2항은 전자양도성기록의 유통 중 반영되어야 하는 변경을 포함하게 된다(MLETR, Explanatory Note, p. 34 (para 102)).
92) UN Doc. A/CN.9/WG.Ⅳ/WP.139/Add.1, para 23.
93) MLETR, Explanatory Note, p. 34 (para 100).

의 양도를 통해 충족된다(제2항).

2) 제11조는 양도성 증서·증권의 점유에 대한 기능적 등가성을 규정한다. 점유의 기능적 등가성은 신뢰할 수 있는 수단이 특정인에 의해 그 기록의 지배를 증명하고 지배권자를 확인하도록 채용된 경우 달성된다.[94] 지배[95]라는 개념은 제10조 제1항(b) (ⅱ)와 밀접하게 관련되며 전자양도성기록을 관리하는데 사용된 시스템에 의존한다. 이는 전자양도성기록과 관련된 정보의 지배("논리적 지배, logical control") 또는 그 정보를 포함하는 물리적 객체의 지배("물리적 지배, physical control")를 의미한다.[96] 모델법에 관한 실무단 논의에서 지배[97]가 규범적 개념인지 사실상의 개념인지에 관해 많은 논의가 진행되었으나, 최종적으로 지배와 점유는 사실상의 개념으로 정리되었다. 모델법이 실체법에 영향을 미치지 않는다는 일반원칙에 따라 지배개념은 점유로부터 발생하는 법적 효과에 영향을 미치거나 제한하지 않는다. 결과적으로 당사자는 점유의 실행을 위한 양식(형식성, modality)에 관해 합의할 수는 있지만 점유라는 개념 그 자체를 수정할 수는 없다고 본다.[98] 제11조에서 언급된 수단의 신뢰성 역시 제12조에 포함된 일반 신뢰성기준에 따라 판단되어야 한다.[99] 제11조 제1항 (a)는 지배라는 개념이 점유라는 개념과 유사하게 그 실행에서 배타성을 함축하므로 명확성을 이유로 "배타적" 지배라고 규정한다.[100] 지배는 배타적 속성을

---

[94] Id. p. 35 (para 105).
[95] 제11조의 표제는 점유가 아닌 지배로 되어 있어 모델법의 다른 조항의 표제스타일과 구별된다. 이는 지배의 개념이 모델법에서 특별히 관련되기 때문인데, 지배라는 개념은 국내법에서 존재할 수 있지만 제11조에 포함된 지배라는 개념은 모델법의 국제적 성격에 비추어 독립적으로 해석될 필요가 있다(Id p.36 (para 109)).
[96] UN Doc. A/CN.9/WG.Ⅳ/WP.139/Add.1, para 28.
[97] 미국은 UCC 제9편에서 전자동산담보증서(electronic chattel paper)에 준유통성(quasi-negotiability)을 부여하기 위해 동법은 동산담보증서의 점유에 대응하여 '지배(control)'라는 개념을 도입하였다(Thomas E. Plank, "Evolution of Chattel Paper Possession to Control," UCC Law Journal, Sep. 2014. (46 No.1 UCC L.J.ART1) Abstract.).
[98] MLETR, Explanatory Note, p. 35 (para 107).
[99] Id. p. 36 (para 110).

가지고 있어서 한 사람에게 이전하면서 동시에 다른 사람에게 이전할 수 없는 방식으로 구현되어야 한다.101)

3) 제11조 제1항 (b)는 전자양도성기록의 소지인으로서 지배권자를 신뢰할 수 있게 확인할 것을 요구하며, 전자양도성기록의 지배권자는 상응하는 양도성 증서·증권의 소지인과 동일한 법적 지위에 있다.102) 전자양도성기록의 지배권자에 관한 확인은 그 자가 그 기록의 정당한 지배권자라는 점을 의미하지는 않는데, 이는 실체법이 결정할 사항이기 때문이다. 더욱이, 지배권자에 관한 명시는 지배권을 행사하는 사람 이외의 자가 있을 가능성, 다른 주체에 귀속된 법적 권리에 근거하여 다수의 주체에 전자양도성기록에 관해 지배권을 선택적으로 귀속시키는 가능성을 배제하지 않는다.103) 지배권자는 자연인 또는 법인이거나 전자양도성기록을 실체법에 따라 소유할 수 있는 기타 주체일 수 있다. 배타적 지배를 실행하기 위해 제3당사자의 서비스의 사용은 지배의 배타성에 영향을 미치지 않고, 제3당사자 서비스 제공자 또는 기타 중계자가 지배권자임을 의미하지 않는다.104)

4) 지배권자 확인요건은 전자양도성기록 그 자체가 지배권자의 신원을 포함하여야 한다는 것을 의미하지는 않는다. 오히려, 그러한 요건은 지배를 위해 활용되는 수단 또는 시스템이 전체적으로 확인기능을 수행할 것을 요구한다. 더욱이, 확인은 지배권자를 기명하여야 하는 의무를 암시하는 것으로 이해할 수 없다. 왜냐하면 모델법은 무기명식 전자양도성기록의 발행을 허용하고 있으며 이는 익명이기 때문이다.105) 분산원장에 근거한

---

100) 그러나 점유와 같이 지배는 지배권자 한 사람 외에 다수에 의해 동시에 실행될 수도 있으며, 지배라는 개념은 실체법적 문제가 아니므로 합법적 지배를 말하는 것은 아니다(Id. p. 36 (para 111)).
101) 김정환, 앞의 박사학위논문, 118면.
102) MLETR, Explanatory Note, p. 36 (para 113).
103) Id. p. 37 (para 114).
104) Id. p. 37 (para 115).

일정한 전자양도성기록 관리시스템106)은 진정한 성명 대신 가명을 언급함으로써 지배권자를 확인할 수 있다. 그러한 확인과 가명과 진정한 성명을 연결할 가능성은 지배권자의 확인요건을 충족한다.107) 제11조는 역시 그 기록에 관한 지배를 표시할 것을 요구하는 전자양도성기록의 유통에서 발생하는 필요한 절차를 수행함에 있어서 조력할 것이다. 예를 들어 서면 환경에서 제시라는 개념은 그 중심요소로서 양도성 증서·증권의 점유의 표시에 의존하고 이를 통해 지배권자를 확인한다. 실무상, 전자양도성기록의 관리시스템은 기록의 제시를 함에 있어 제11조에 포함된 지배권자를 확인요건에 의존할 수 있으므로, 모델법은 제시에 관한 독립된 조항을 두지 않았다.108) 양도성 증서·증권과 전자양도성기록은 교부와 배서에 의해 유통될 수 있다. 제11조 제2항은 전자양도성기록에 관한 지배의 양도는 교부 즉 양도가능한 증서·증권의 점유의 이전의 기능적 등가성이라는 점을 규정한다.109)

---

105) Id. p. 37 (para 116).
106) 분산원장기술은 비트코인과 같은 암호통화(cryptocurrency)와 관련을 가지고 비트코인의 거래를 추적할 수 있지만 비트코인 등 전자화폐가 유일한 암호자산(cryptoasset)인 것은 아니다. 사실 가상세계에서는 금은 물론이고 CDS 등 모든 것이 암호자산으로 전환될 수 있기 때문이다. 만일 블록체인기술로 유통증권, 증서를 모방할 경우 유통성이 있는 법적 증서에 관해 유일성 원칙(unique rules)으로부터 생기는 장애를 극복하여야 한다(Josias N. Dewey/ Michael D. Emerson, op.cit., Ⅳ. A. para 1).
107) 어떤 경우에도 상법적 목적의 익명성은 법 집행과 같은 기타 목적으로 지배권자를 확인할 가능성을 배제할 수 없다(MLETR, Explanatory Note, p. 37 (para 117)).
108) Id. p. 37 (para 118).
109) Id. p. 38 (para 119); 제2항은 양도성 증서·증권의 점유의 이전을 요구하지 않는 경우에의 적용을 명확히 하기 위해 "또는 허용한다"라는 표현을 사용한다(UN Doc. A/CN.9/WG.Ⅳ/WP.139/Add.1, para 42). 양도성 증서·증권의 교부는 그러한 증서·증권의 유통에 필요한 단계일 것인데, 예를 들어 상품의 교부에 대한 청구는 전형적으로 선하증권의 제시(surrendering)를 요구한다. 모델법은 제2항이 교부의 기능적 등가성으로서 지배의 이전에서 그러한 경우에 적용되므로 제시에 관한 특별 규정을 두지 않는다(MLETR, Explanatory Note, p. 38 (para 120-121)).

4. 전자양도성기록의 사용

(1) 일반 신뢰성 기준

1) 일정 조항(모델법 제9조, 제10조, 제11조, 제13조, 제16조, 제17조, 제18조)의 목적을 위해 규정된 수단은 (a) (ⅰ) 시스템을 지배하는 신뢰성 판단에 적절한 운영규정, (ⅱ) 데이터의 무결성의 보장, (ⅲ) 시스템에의 무권한 접근과 사용을 방지할 수 있는 능력, (ⅳ) 하드웨어와 소프트웨어 시스템의 보안, (ⅴ) 독립적 기구에 의한 감사의 정규성과 범위, (ⅵ) 감독기구, 승인기구 또는 수단의 신뢰성에 관한 자발적 명시, (ⅶ) 적용가능한 산업기준 등을 포함하여 관련 상황에 비추어 그 수단이 이용되고 기능의 수행에 적합할 정도로 신뢰할 수 있거나 또는 (b) 그 자체 또는 다른 증거와 함께 그 기능을 달성하였다고 사실상 증명되어야 한다(제12조).

2) 모델법 제12조는 모델법이 특정 기능의 이행을 위해 신뢰할 수 있는 수단의 사용을 요구할 경우 신뢰성에 관한 판단에 있어 일관성 있고 기술적 중립적 일반 기준을 규정하는데,[110] 신뢰성 판단에 필요한 요소를 명시함으로써 법적 안정성을 증가시키고자 한다. 동조에 포함된 상황 목록은 제한적(exhaustive)이지 않으므로 당사자가 계약으로 책임을 분배하는 것을 금지하는 것은 아니다.[111] 동조는 당사자간 분쟁이 발생한 경우 전자양도기록의 관리시스템의 신뢰성 판단에 기여하지만 시스템 디자이너의 시스

---

110) MLETR, Explanatory Note, p. 38 (para 122).
111) Id. p. 39 (para 123). (a) 호는 신뢰성을 판단함에 고려할 사항(상황)을 망라하고 있는데, "포함하는"이라는 표현에서 보듯 그 목록(상황목록)은 제한적이 아니고 예시적 (illustrative not exhaustive) 성질을 가지며, 모든 관련된 사항(상황)이란 전자양도성기록에 포함된 정보가 형성되는 목적을 포함한다(Id. p. 39 (para 126)). 기타 고려할 수 있는 상황에는 직원의 자질, 충분한 재정적 자원과 책임보험, 보안위반에 대한 통지절차와 신뢰할 수 있는 감사추적(audit trail)의 존재 등이 있을 수 있다. 상황목록은 신뢰성의 판단을 안내한다는 점과 영업비용의 인상 등 전자상거래를 방해하고 복잡한 기술적 사항에 관한 소송을 증가하게 하는 점간의 균형을 목표로 한다(Id. p. 39 (para 127)).

텀 디자인에도 영향을 미친다.112) 그리고 신뢰할 수 있는 수단의 사용을 규정하는 모델법의 각각의 규정들은 서로 다른 기능의 수행을 목적으로 하므로, 개별 관련 수단의 신뢰성의 판단은 그 수단의 사용으로 특수하게 추구되는 기능의 관점에서 판단되어야 하고, 제12조 본문의 "조문의 목적"은 이를 명확히 한다. 이러한 접근은 시스템에 의해 수행되는 각각의 기능에 대한 신뢰성 평가를 개별화 하게 하고 실무에서 신뢰성기준의 적용을 평가함에 있어 유연성을 제공한다.113)

3) (a) (ⅰ)은 감시기구에 의해 그 적용이 감시될 수 있는 운영규정에 통상 포함되고 순수하게 계약적 성질을 가지는 것이 아닌 운영규정을 말한다.114) (a)(ⅱ)는 데이터 무결성 보장을 절대적 개념으로 언급한다. 왜냐하면 데이터 무결성은 일정 수준의 언급에 의해 표현될 수 없기 때문이다. 전자양도성기록의 무결성 개념은 이미 제10조에 포함되었지만 일반적 신뢰성 기준의 평가 요소로서 포함된다.115) 데이터 무결성을 보증하는 핵심은 충분한 기술적 수준과 적절한 내부통제를 갖추는 것이다.116) "시스템에의 무권한 접근과 사용의 방지"는 권한을 가지지 않는 제3자에 의한 시스템에의 접근과 사용을 방지하는 능력을 말하는데, 모델법은 무결성과 관련하여 권한 있는 변경을 허용한다는 점을 고려하여야 한다. 그리고 지배의 개념은 시스템에의 접근권한이 없는 제3자를 배제할 능력을 전제하는 배타성에 근거한다는 점에서 관련된다.117) 이것은 접근통제의 수립과 관련되

---

112) Id. p. 39 (para 124).
113) Id. p. 39 (para 125); 제12조의 조문 내용을 보면, 동조에서 언급하는 시스템이라는 용어가 전자양도성기록 관리기구를 의미하는지 명확하지 않으며, (a) (ⅵ)의 하드웨어와 소프트웨어 역시 시스템과 어떠한 관계가 있는지 명확하지 않다(UN Doc. A/CN.9/WG, Ⅳ/WP.139/Add.1, para 45).
114) "평가에 적합한"이라는 용어는 시스템의 신뢰성에 관한 선택적 규정만이 고려되어야 하고 일반적으로 선택적 규정이 아닌 것은 고려되어서는 안 된다는 점을 명확히 한다 (MLETR, Explanatory Note, pp. 39-40 (para 128)).
115) Id. p. 40 (para 129).
116) 김정환, 앞의 박사학위논문, 133면.

는 요건인데, 접근통제가 제대로 이루어지지 않는 시스템은 기본적으로 신뢰할 수 없다.118) "하드웨어와 소프트웨어 시스템의 보안"은 사용되는 수단의 신뢰성에 직접적인 영향을 미치므로 전자양도성기록에 관한 일반적 신뢰기준의 평가와 관련되며, 유사한 규정이 전자서명에 관한 모델법 제10조 (b)에서도 나타난다.119)

"독립적 기구에 의한 감사의 정규성과 범위"는 제3자에 의한 시스템의 신뢰성의 평가의 증거가 될 수 있으며, 이와 유사한 조항을 전자서명에 관한 모델법 제10조 (e)에서 찾을 수 있다.120) "수단의 신뢰성에 대한 감독기구, 승인기구 등에 의한 선언"은 사용된 수단의 신뢰성에 대한 평가에서 일정한 수준의 객관성을 보장할 수 있다.121) "적용가능한 모든 산업 표준"은 복잡한 기술 문제를 기반으로 한 소송의 증가를 피하고 기술 선택의 유연성을 허용하기 위한 하나의 표준이다. 이러한 표준은 "산업의 최고의 관행"에 비해 더 쉽게 확인될 수 있기 때문에 적절하다.122) 적용 가능한 산업표준이라고 하는 기준은 이른바 상업적 합리성(commercial reasonableness)을 고려한 것으로 보인다.123)

4) (b)호는 신뢰성 평가기준에도 불구하고 이미 신뢰성을 달성한 경우

---

117) 제10조에 포함된 무결성에 관한 언급은 무결성을 언급하지 않는 조문 그리고 궁극적으로 기능적 등가성의 달성에도 역시 적절하다(MLETR, Explanatory Note, p. 40 (para 129)).
118) 김정환, 앞의 박사학위논문, 133-134면. 접근통제는 identification, authentication, authorization, auditing, accountability의 단계로 구성된다.
119) 이는 어떤 시스템, 절차 그리고 확인서비스 제공자에 의해 활용되는 인력의 신뢰성을 판단하기 위해 고려되어야 하는 요소의 하나로서 "하드웨어와 소프트웨어 시스템의 품질"을 규정하고 있다. 모델법은 품질(quality)이라는 용어에 대신하여 보안(security)라는 개념을 사용하여 사용된 수단의 객관적 평가에 보다 쉽게 접근하고 있다(MLETR, Explanatory Note, p. 40 (para 131)).
120) Id. pp. 40-41 (para 132).
121) Id. p. 41 (para 133).
122) Id. p. 41 (para 135).
123) 김정환, 앞의 박사학위논문, 136면.

불필요한 소송의 방지를 위해 구제조항(safe clause)을 규정하고 있다.[124] 이와 유사한 구조가 전자서명의 기능적 등가성과 관련하여 전자통신협약 제9조에 포함되어 있다.[125] 실무상, 사용된 수단이 사실상 신뢰성의 기능을 달성하였을 경우 (b)호에 따라 신뢰성의 판단은 불필요하게 될 것이다.[126] 그리고 모델법은 제12조에서 신뢰성을 평가함에 있어서 당사자 합의를 허용하고 있지 않은데, 이는 객관적인 신뢰기준을 명시하고자 함에 기인하고, 결과적으로 당사자의 자치를 부인하고 있다.[127] 다만 당사자 합의의 적절성은 입법론적으로 검토될 여지가 있는데, 이는 폐쇄적 시스템이나 산업기준을 언급함에 있어 특히 중요할 수 있으며 합의는 종종 세부기술에 관한 유용한 가이드를 제공하고 강행법적 실체법의 제한 내에서 기술적 혁신을 촉진할 수 있다.[128]

(2) 전자양도성기록의 시간과 장소의 확인

모델법 제13조는 전자양도성기록의 시간과 장소(Indication of time and place of ETR)에 관해, '법률이 서면 기반의 양도성 증서·증권에 관해 시간과 장소의 명시를 요구하거나 허용할 경우 전자양도성기록에 관한 시간과 장소를 표시하기 위해 신뢰할 수 있는 수단이 사용되어야 한다'고 규정하여 전자양도성기록에 관한 시간과 장소 명시 수단의 신뢰성을 규정하고 있다. 시간과 장소의 표시가 법적 효과를 수반하는 경우가 있음을 고려한

---

124) 이는 분쟁 중 사건에서 기능 수행여부를 문제 삼을 뿐이고 미래의 신뢰성을 예측하는 것은 아니므로, 전자양도성기록의 사용으로 추구되는 일정한 기능에 관해 활용될 수 있다.
125) MLETR, Explanatory Note, p.41 (para 136).
126) Id. p.42 (para 137).
127) 특히, 당사자자치의 언급을 포함시키는 것은 (a) 그 적용이 관련 당사자에 의존하는 신뢰성판단을 위한 상이한 기준의 도입; (b) 전자양도성기록의 효력에 과한 일관성 없는 사례로의 연결, 그리고 (c) 실체법 특히 강행규정의 적용의 회피와 궁극적으로 제3자에게 영향을 미칠 수 있다. 따라서 신뢰성 평가에 관한 당사자 자치는 적용 가능한 법률에 규정된 한계에 따라 책임의 분배로 제한된다(Id. p. 42 (para 138)).
128) Id. p. 42 (para 139).

것이다. 예컨대 어음의 경우 만기의 기재나, 지급지, 발행일과 발행지의 기재를 어음요건으로 하고 있고, 상환청구의 경우에도 배서일의 기재가 법적 효과를 수반할 수 있다.129)

(3) 영업소

그리고 제14조에서는 영업소의 결정(Determination of place of business)에 관한 규정을 두고 있는데, 제1항에서 '(a) 전자양도성기록과 관련하여 당사자에 의해 이용된 정보시스템을 지원하는 설비와 기술이 위치하는 곳; (b) 정보시스템이 다른 당사자에 의해 접근될 수 있는 곳이라는 이유만으로 그 장소가 영업소인 것은 아니다'고 정하면서. 제2항에서 '당사자가 특정 국가와 관련된 전자주소 또는 기타 정보시스템의 요소를 이용한다는 사실만으로 그 영업소가 그 국가에 위치한다고 추정되지는 않는다'고 정한다.

(4) 배서(endorsement)

모델법 제15조에서 배서(Endorsement)에 관한 규정을 두고 있는데, '법률이 어떤 형태로든 양도성 증서·증권의 배서를 요구 또는 허용하는 경우, 배서를 위해 요구되는 정보가 그 전자양도성기록에 포함되고 그리고 그 정보가 제8조 및 제9조에서 규정된 요건을 충족하면, 전자양도성기록에 관해 그 요건은 충족된다'고 정한다. 이는 전자양도성기록이 배서의 기능적 등가성을 달성하기 위해 준수해야 하는 요건을 규정하는 것이다.130) 다른 유가증권행위에 관한 규정을 두고 있지 않는데 배서행위에 관해서는 별도의 규정을 두고 있는 점이 특이하다.

---

129) 김정환, 앞의 박사학위논문, 150면.
130) 김정환, 앞의 박사학위논문, 152면.

(5) 정정

모델법 제16조는 전자양도성기록의 정정(Amendment)에 관해, '법률이 양도성 증서·증권의 정정을 요구하거나 허용하는 경우 정정된 정보가 전자양도성기록에 반영되고 그것이 쉽게 식별될 수 있는 신뢰할만한 방법이 전자양도성기록의 정보의 정정을 위하여 사용된다면, 전자양도성기록에 관해 그 요건은 충족된다'고 규정하여 정보의 정정을 허용하면서 그 요건을 정하고 있다. 이 조항은 통신, 저장 및 게시의 과정에서 발생하는 모든 변경과 같은 순전히 기술적인 정정을 규율하는 것이 아니고, 당사자의 권한에서 비롯되는 일체의 정정을 규율한다.[131]

(6) 대체

그리고 제17조에서는 양도성 증서·증권의 전자양도성기록으로의 대체(Replacement of transferable document or instrument with an electronic transferable record)를 그리고 제18조에서는 전자양도성기록의 양도성 증서·증권으로의 대체(Replacement of an electronic transferable record with transferable document or instrument) 등 매체변경에 관한 규정을 두고 있다.[132] 양 조항은 전자양도성기록을 양도성 증서·증권으로 전환하거나 그 반대의 경우에 관한 규정이다. 규정의 구체적 내용은 제1항에서 대체가능성을 인정하면서 제2항에서 그 요건[133]에 관해 매체변경에 관한 언급이 있어야 한다는 점, 제3항에서는 전환시 원래의 매체는 효력을 상실한다는 점, 제4항에서는 매체변경은 당사자의 권리와 의무에 영향을 미치지 않는

---

131) 김정환, 앞의 박사학위논문, 154면.
132) 동조는 완전히 개정되었다. 특히 서면에서 전자로, 전자에서 서면으로의 변경을 별개로 조문화한 것이 특징이다.
133) 매체변경과 관련하여 '전자양도성기록은 양도성 증서·증권에 포함되었던 모든 정보를 포함하고 있어야 한다'는 조항 포함여부에 관해 논의하였으나, 최종 검토에서 수정되어 정보요건이 삭제되는 방향으로 결의되었다(UNCITRAL, Report of Working Group IV (Electronic Commerce) on the work of its fifty-fourth session(A/CN.9/897), para 100).

다는 점을 명시하고 있다. 대체는 매체의 변경을 나타내는 것으로 재발행과는 무관하다. 매체의 변경과 관련하여 제17조 및 제18조 제2항에서 언급되는 요건을 준수하지 않는 경우에는 매체변경은 무효라고 보아야 한다.134) 매체의 변경이 발생한 경우에는 종전의 매체는 즉시 그 효력을 상실한다. 다만, 종전의 매체는 양도 이외의 다른 기능, 예컨대 배서의 연속에 대한 증거를 제공하거나, 물품의 운송 및 수령에 대한 증거를 제시하는 등의 기능을 수행할 수 있고, 이는 매체변경으로 인해 효력이 상실되더라도 계속될 수 있다.135)

5. 전자양도성기록의 국제간 효력

모델법은 전자양도성기록의 법적 가치에 대한 불확실성이 국제 무역의 걸림돌이 되고, 전자상거래의 법적 확실성 및 상업적 예측가능성을 목적으로 하는 것인 만큼, 전자양도성기록의 국제적 승인에 관해서도 규정을 두고 있다.136) 제19조는 외국 전자양도성기록의 차별 금지(Non-discrimination of foreign electronic transferable records)에 관한 규정을 두고 있다. 제1항은 '전자양도성기록은 그것이 외국에서 발행되었거나 이용되었다는 이유만으로 법적 효력, 유효성 또는 강제성이 부인되어서는 안 된다'고 정하고, 제2항은 '본 법의 어떠한 규정도 양도성 증서·증권을 규율하는 국제 사법규정이 전자양도성기록에 적용되는 데에 영향을 미치지 아니한다'고 정하고 있다.

---

134) 김정환, 앞의 박사학위논문, 157면.
135) 김정환, 앞의 박사학위논문, 157면.
136) 김정환, 앞의 박사학위논문, 148면.

III. 미국법상 양도성기록(transferable records)[137]

1. 개념의 도입

미국에서는 1998년 미국법률협회(the American Law Institute, ALI)와 통일주법전국위원회(the National Conference of Commissioners on Uniform State Laws, NCCUSL)가 통일상법전(Uniform Commercial Code, UCC) 제9장을 개정[138]하면서 전자상거래에 관한 규범을 도입하기 시작하였다. 다른 국가의 경우와 흡사하게 서명과 문서 대신 전자문서나 증서에 포함되어 있는 인증(authentication)과 기록(record)의 개념으로 대체하였다.[139]

1999년에는 통일주법전국위원회는 통일전자거래법(Uniform Electronic Transactions Act, UETA[140])을 승인하였고, 2000년에는 연방법으로 전자서명법(Electronic Signatures in Global and National Commerce Act, 15 U.S.C.

---

137) 이하 내용은 본 연구를 수행하면서 발표한 논문, 정경영, 앞의 논문 1, 147~157면의 내용을 중심으로 보완, 서술하였으며, 개별 단락별 출처표시는 생략한다.
138) 동법은 미국의 50개 주와 워싱턴 DC가 채택하였다(http://www.uniformlaws.org/Act.aspx?title=UCC%20Article%209%20Amendments %20(2010)). 이와 관련하여 미국부동산전자기록법이 제정되어 e-Mortgage가 가능하게 되었다(Zakary Kessler, GETTING ONE STEP CLOSER TO A COMMERCIAL EMORTGAGE: U.S. LAW AND NOT TECHNOLOGY IS PREVENTING THE COMMERCIAL MORTGAGE MARKET FROM TRANSITIONING TO A PAPERLESS EMORTGAGE, Journal on Telecommunications & High Technology Law, Fall 2013, pp. 458-459). 그리고 저당채권등록법(National Mortgage Loan Registry Act)의 제정에 관한 논의도 진행되었는데, 동 법안에도 양도성 전자기록(transferable electronic record)에 관한 규정을 두고 있다. 이에 관해서는 Dale A. Whitman, A National Mortgage Registry: Why We Need It, And How To Do It, Uniform Commercial Code Law Journal, Volume 45, Issue 1, April 2013(45 No. 1 UCC L. J. ART 1 Appendix 참조.
139) Candace M. Jones,"Going Paperless: Transferable Records and Electronic Chattel Paper," Prac. Law, July 2002, pp. 37-38.
140) 이 법은 미국의 NCCUSL에 의해 1996년부터 준비되어 1999년 7월 콜로라도주 덴버에서 개최된 NCCUSL 정기총회에서 최종 승인되었다. 이법은 현재 최초로 채택한 캘리포니아주를 비롯한 47개 주와 워싱턴 DC에서 채택되어 있다. 워싱턴주, 일리노이주, 뉴욕주는 UETA를 채택하지는 않았지만, 전자거래를 규제하는 유사한 법률이 제정되어 있다. 각 주의 채택현황에 대해서는<https://www.uniformlaws.org/committees/community-home?CommunityKey=2c04b76c-2b7d-4399-977e-d5876ba7e034> 참조.

§7001 et seq., E-SIGN)이 제정되었다. 양법은 특히 양도성기록(transferable records)에 관한 규정을 두고 있는데, 연방법인 전자서명법은 이보다 먼저 제정된 UETA의 양도성기록에 관한 규정을 상당부분 중복적으로 도입하고 있다.141) 양 법률의 제정으로 이를 도입한 각 주에서는 서면계약에 대신하여 전자계약 특히 온라인계약이 효력을 가질 수 있게 되었다. 하지만 여전히 이러한 일반적 규정의 도입만으로 모든 계약이 전자화될 수는 없었고, 일부 특수한 문서의 경우 그 전자적 대응물에 서면과 동일한 효력을 부여하기에 한계가 있었다.

구매주문서와 같은 서면은 문서가 증명적 기능을 하므로 인증된 기록(authenticated record)으로 대체될 수 있지만, 전자문서와 전자서명에 효력을 부여하는 일반규정만으로 효력을 가질 수 없는 경우의 대표적인 예가 유가증권의 경우였다. 일정한 유가증권들은 문서의 점유에 의해 발생 또는 양도되는 권리를 문서가 표창하므로 인증된 기록만에 의해 대체되기 어렵기 때문이다.

유가증권(negotiable instruments)과 권원증서(documents of title)는 문서의 물리적 교부에 의해 이전하고 문서를 점유하고 있는 자에 의해 행사가능한 일정한 법적 권리를 화체(embody)하고 있다고 보고 이는 점유(possession), 교부(delivery), 서명(signature) 등의 개념에 의해 규율되어 왔다. 서명은 전자서명에 의해 대체될 수 있다고 하더라도, 점유와 교부의 개념은 전자문서에 적용하기 어려워 이를 대체할 수 있는 법적 개념이 요구되었다. 이러한 특수성을 반영하여, 특수한 문서의 전자적 대응물을 UCC 제9장에서는 전자동산담보증서(electronic chattel paper), UETA, E-SIGN에서는 양도성기록(transferable record)이라는 개념을 사용하여 일반문서와 구별하고 있다. 이들 특수한 문서142)의 전자적 대응물은 점유의 대

---

141) 전자서명법이 통일주법위원회가 제안한 통일전자거래법을 선택한 주에서 통일전자거래법에 우선하는 것은 아니나 동법 내에 통일적이지 않은 규정에 대해서는 전자서명법이 우선한다(Candace M. Jones, op. cit., pp. 37-38).

상이 될 수 있는 유형물이 아니므로 기존의 점유개념이 여기에 적용될 수 없어, 이를 대체하는 관념으로 지배(control)라는 개념을 사용하였다.143)

2. 양도성기록(transferable record)

(1) 의의

전자거래에 관한 일반법이라 할 수 있는 UETA는 전자기록, 전자서명 등 전자거래에 관한 기본적인 규정을 두고 있지만, 동법 제16조는 양도성기록에 관한 특별 규정을 두고 있다. 동조는 양도성기록이란 소지인에 의해 지배될 수 있는 전자기록을 의미한다고 보고, 양도성기록이라는 개념을 통해 이를 지배하는 자가 서면 유통증권의 정당한 소지인(holder in due course)과 동일한 지위를 가지고 양도성기록의 선의취득도 가능하도록 하기 위한 취지에서 도입된 개념이다.144)

'양도성기록'은 전자기록으로서,145) 다음의 요건을 갖추어야 한다. (1) 전자기록이 문서의 형태였다면 UCC 제3장의 약속어음 또는 UCC 제7장에서의 증서에 해당하고; 그리고 (2) 전자기록의 발행인이 양도성기록임에 동의하였어야 한다(UETA 제16조 (a)항). 그리고 동조 (b)항은 양도성기록의 지배(control)의 요건에 관해 규정하고 있는데, 양도성기록상의 권리의 이전을 증명하기 위해 활용된 시스템이 특정인을 양도성기록을 발행 또는 이전받은 자로 신뢰할 수 있게 증명하는 경우, 그 자는 양도성기록을 지배

---

142) 이들 증서를 포괄적으로 서면증표(Documentary Token)라 부르기도 하는데(The ABA Cyberspace Committee Working Group on Transferable Records, EMULATING DOCUMENTARY TOKENS IN AN ELECTRONIC ENVIRONMENT: PRACTICAL MODELS FOR CONTROL AND PRIORITY OF INTERESTS IN TRANSFERABLE RECORDS AND ELECTRONIC CHATTEL PAPER, Business Lawyer, 2003. 11.(59 Bus. Law. 379), p. 380), 이는 우리 법상 유가증권에 해당하는 개념이다.
143) Candace M. Jones, op. cit., pp. 37-39.
144) UETA §16 Comment 1.
145) 미국법에서는 양도성기록을 전자기록으로 한정하고 있어 결국 UNCITRAL 모델법의 전자양도성기록과 동일한 개념으로 볼 수 있다.

한다고 본다. 이를 정리하면 양도성기록이란 발행인의 양도성기록성에 대한 동의를 전제하여, 유가증권의 본질을 가지고 지배의 대상이 될 수 있는 전자기록을 의미한다고 볼 수 있다.

지배의 개념이 동조 (b)항에서 양도성기록의 요건으로 제시되어 있지만 그 내용은 불명확하다. UETA 제16조 (c)항은 (b)항의 지배의 성립에 관한 보완규정으로서 일종의 간주규정(safe harbor standard)을 두고 있다.

지배가 성립하기 위해서는, (b)항의 요건을 충족하고, 양도성기록이 구별·식별·변조방지 등 일정한 요건[146]을 갖추고, 양도성기록의 발행·양수를 확인할 수 있는 '단일한 정본(a single authoritative copy)'이 존재하고, 정본의 전달과 유지를 통해 정본의 지배, 지정보관이 가능한 방법으로 형성되고(create) 보관되고(store) 양도될(assign) 경우 그 자는 양도성기록을 지배하는 것으로 간주된다. 다만 정본의 확인된 양수인(identified assignee)을 추가하거나 변경하는 사본 또는 수정본은 지배를 주장하는 자의 동의를 받아 작성될 수 있고, 정본의 복사본과 사본은 쉽게 정본과 식별될 수 있어야 하고, 정본의 정정은 권한 유무를 쉽게 확인할 수 있어야 한다.

UETA와 유사한 규정을 두고 있는 E-SIGN 제201조(U.S.C.A. §7021)는 (a)(1)항에서 양도성기록의 개념을 다음과 같이 규정하고 있다.[147] (A) 만일 전자기록이 문서의 형태였다면 UCC 제3장의 기록에 해당하고; 그리고 (B) 전자기록의 발행인이 양도성기록임에 동의하였어야 한다. UETA와는 달리 'UCC 제7장에서의 기록'은 제외되어 있다는 점에서 구별된다. 그밖에도 (C)항에서 '부동산에 의해 담보된 대출과 관련되어야 한다'는 요건을 추가하면서, 양도성기록은 전자서명을 이용하여 집행될 수 있다고 정하고 있는 점에

---

146) 정본은 구별이 가능하여야 하고(unique) 식별할 수 있고(identifiable), 변경 불가능한 (unalterable) 단일한 정본이 존재하여야 한다.
147) 1999년 UETA가 제정되었지만 주법이라 채택에 많은 시간이 소요되므로 연방법으로 E-SIGN이 2000년에 제정되어 전자약속어음의 2차시장이 유지될 수 있게 하고 부동산에 의해 담보되는 약속어음에 적용될 수 있게 하였다(Warren E. Agin and Scott N. Kumis,"A FRAMEWORK FOR UNDERSTANDING ELECTRONIC INFORMATION TRANSACTIONS," Albany Law Journal of Science and Technology, 2005, p. 306).

서 UETA와 구별된다. 이와 같이 양도성기록의 적용범위에 관해 일부 차이점은 있으나 양도성기록의 지배에 관한 규정은 UETA와 거의 유사하다.

UETA는 전자양도성기록의 발행권한과 특정인이 지급할 의무를 부담한다는 점, 그리고 언제라도 특정인이 그 지급에 관해 권한을 가진다는 점을 보장하는 것, 즉 '지배'라는 메커니즘에 의해 충족되어야 하는 엄격한 요건을 규정하였다. 전자에 관해서는 동법이 약속어음과 권리증서에만 적용되고 기타 수표와 같은 상업어음에는 적용되지 않는다는 것을 명시하고, 전자양도성기록의 발행인은 명시적으로 특정 기록이 양도성기록이 되는 것에 동의하여야 한다는 점으로 보장하였다. 그리고 후자에 관해서는 양도성기록이 유일하여야 하고 식별가능하여야 하며, 일반적으로 변경이 불가능하여야 한다는 엄격한 요건을 강제함으로써 가능하게 하였다.[148]

(2) 적용범위

1) 수표(check) 등 : UETA 제3조 (a)항 (2)와 E-SIGN 제103조 (3)항은 동법의 적용범위를 정하면서 UCC §1-107, §1-206, 제2장, 제2A장에만 적용되고 기타 UCC 규정을 그 적용범위에서 제외하고 있다. 그러면서 UETA 제16조 (a)항은 UCC 제3장의 약속어음(note)과 제7장의 증서(document)에만 적용된다는 점을 명시하고 있어, 약속어음과 권리증서의 전자적 대응물만이 양도성기록이 될 수 있다. 이렇게 양도성기록의 적용범위를 제한하는 것은 약속어음이나 권리증서는 광범위한 지급메커니즘과 관련된 시스템에 영향을 주지 않기 때문이다. 수표에 관해서는 전자수표를 허용할 경우 추심절차 등에 미칠 파장은 UETA나 E-SIGN의 제정의도를 벗어난다고 볼 수 있다. 따라서 UCC 제4장이 적용되는 거래에 관해서는 위 법률들이 적용되지 않도록 하였다. 그리고 UETA, E-SIGN이 제3장과 제7장의 모든 규

---

[148] Richard A. Lord, "A PRIMER ON ELECTRONIC CONTRACTING AND TRANSACTIONS IN NORTH CAROLINA," Campbell Law Review, Fall 2007(30 Campbell L. Rev. 7), p. 72; Williston, Williston on Contracts (1 Williston on Contracts §4:5 (4th ed.)), Section 16 of UETA.

정을 구현하고 있지는 않다. 예를 들어 발행되지 않은 양도성기록상의 양수인의 권리, 백지 양도성기록, 후자인 소지인에 대한 배서인의 책임, 양도담보 또는 분실 또는 상실된 기록에 관한 권리와 의무 등에 관한 규정은 없다. 양도성기록에 관련되는 거래의 당사자는 이러한 규정상의 간극을 합의나 당사자가 채택한 기술의 시스템규칙에 의해 메울 수 있을 것이다.149)

2) 동산담보증서(chattel paper) : 전자증서와 관련되는 또 하나의 영역이 전자동산담보증서이다. 이는 서면동산담보증서와 동일한 방법으로 이전, 양도, 점유될 수 없으므로 '지배'라는 특별한 개념이 요구되며, 전자동산담보증서에 대한 지배는 서면동산담보증서의 점유의 기능적 등가물(functional equivalent)로 이해된다.150) 사실 양도성기록의 지배에 관한 UETA의 정의규정은 UCC §9-105에 포함된 동산담보증서의 지배의 개념에 근거한다.151) UCC 제9장에 따르면, 담보권자는 동산담보증서를 포괄하는 기록 또는 기록들이 일정한 방식으로 형성되고, 저장되고, 양도되면 전자동산담보증서를 지배한다. 그런데 동법이 규정하고 있는 일정한 방식152)은 UETA에서 양도성기록에 요구되는 형성, 저장, 양도방식과 완전하게 동일하다.

UCC §9-105는 UETA, E-SIGN과 달리 지배를 성립시키는 간주규정(safe-harbor) 방식으로 규정하고 있지 않다는 점에서 구별된다. 즉 제9장의 지배에 관한 개념 정의는 §9-105가 열거된 요소 모두를 가지지 않을 경우 설사 담보권자 또는 양수인의 신원을 신뢰할 수 있게 증명하는 시스템을

---

149) Candace M. Jones, op. cit., p. 45.
150) UCC §9-105, Official Comment 2.
151) Candace M. Jones, op. cit., p. 45.
152) (1) 식별가능하고(unique), 확인가능하고(identifiable), (4), (5), (6)항에 달리 규정된 경우를 제외하고, 변조가 불가능한 기록 또는 기록들의 유일한(single) 정본이 존재하고; (2) 정본이 담보권자를 기록 또는 기록들의 양수인으로 확인하고; (3) 정본이 담보권자 또는 그의 지정 보관자에게 전달되어 보관되고, (4) 사본, 정본의 확인가능한 양수인을 추가하거나 변경하는 정정이 담보권자의 참여에 따라서만 이루어져야 하고, (5) 각 정본의 복사본과 사본의 복사본은 쉽게 정본이 아닌 사본으로 확인될 수 있어야 하고, (6) 정본의 정정은 권한유무가 쉽게 확인될 수 있어야 한다.

갖춘 경우라도 허용하지 않는다는 점에서 UETA나 E-SIGN의 대응조항보다 더 제한적이다. 제9장은 전자동산담보증서를 직접 규정하고 있으므로 E-SIGN, UETA은 적용되지 않고, UETA와 E-SIGN 역시 UCC 제9장의 거래를 그 적용범위에서 배제하고 있다.153)

(3) 발행인의 동의

UETA나 E-SIGN에 의해 전자기록이 양도성기록이 되기 위해서는 발행인이 양도성기록임에 동의하여야 한다. 즉 전자기록의 발행인은 반드시 명시적으로 전자기록이 양도성기록으로 되는 데 동의하여야 하고, 이는 다툼의 여지는 있지만 전자기록 자체가 발행인의 동의를 명시한다고 해석된다.154) 결국 양도성기록은 발행인의 동의에 따라서만 발행될 수 있고, 처음부터 서면어음으로 발행된 경우 그 내용이 동일하더라고 이를 전자어음으로 전환하는 것은 허용되지 않는다고 본다. 왜냐하면 그 경우 서면어음의 발행인은 전자어음의 발행인이 아니고, 동조는 채무자에 의해 양도성기록이 발행될 수 있도록 하려는 취지이기 때문이다. 약속어음상의 채무는 조건부채무여서는 안되고 무조건적 지급약속이 되어야 하는데(추상성·무인성), 발행인의 동의가 전제된다는 점이 양도성기록상의 채무를 조건부채무로 만드는 것이 아닌가 하는 의문이 제기될 수 있다. 하지만 채무자가 전자기록에서 양도성기록으로 취급되는 데 명시적으로 동의하여야 한다는 요건에도 불구하고, 이는 채무자의 의무를 조건적으로 만드는 것은 아니라고 이해된다.155)

3. 양도성기록의 지배

UETA 제16조에 따르면, 전자기록에 대한 '지배'는 서면 유가증권의

---

153) UETA 3(b)(2), E-SIGN 103(a)(3) (15 U.S.C. §7003(a)(3)은 E-SIGN 동조와 동일한 내용임).
154) UETA §16, Comment 2.
155) Id.

'점유'에 대한 기능적 등가물(functional equivalence)이다. 즉 UETA 제16조에 따른 양도성기록의 지배는 약속어음과 권리증서의 교부, 배서와 점유의 대체물로서 기능한다.156) UETA 제16조 (b)항의 핵심은 제3의 등록시스템이든 기술적인 장치이든 지급을 받을 권리를 가진 자를 신뢰성 있게 확정할 수 있어야 지배가 성립한다는 점을 명시하고 있다. 그리고 동조 (c)항은 신뢰성이 인정되는 경우로서 시스템에 관한 엄격한 요건이 충족되는 경우 지배가 성립되도록 하는 간주규정을 명시하고 있다.157) 지배는 우리 법상 논의되지 않는 개념이고 유가증권의 전자화를 위해서는 도입될 수밖에 없는 개념이므로 UETA 상의 지배의 개념을 보다 정확히 이해하기 위해 이하에서 지배의 성립요건과 효과에 관한 규정을 자세히 살펴본다.

(1) 양도성기록의 지배의 요건

1) **권리자 확정** : 양도성기록의 운용시스템은 양도성기록을 발행 또는 이전받은 자 즉 양도성기록에 대한 권리자를 확정할 수 있어야 하고 확정하는 방법이 신뢰성을 가져야 한다. 양도싱기록이 형성되더라도 그 기록에 대한 권리자 즉 기록을 발행받는 자가 확정되어야 한다. 예를 들어 약속어음을 서면이 아닌 양도성기록의 형태로 발행하게 될 경우, 발행인인 기록상의 채무자가 채권자에게 발행하여야 하고 기록의 운영시스템은 누가 채권자인지를 확정할 수 있어야 한다. 그리고 동 기록이 양도 또는 상속되어 이전될 경우 이전을 받은 사람을 확정할 수 있어야 하고, 양도성기록을 발행받거나 이전받은 자는 양도성기록의 권리자라 할 수 있다. 다만 단순히 양도성기록의 권리자를 확정하는 것만으로 부족하고 이를 신뢰할 수 있는 방법으로 확정하여야 이른바 양도성기록에 대한 지배를 인정할 수 있게 된다. 어떠한 방법이 신뢰할 수 있는 권리자 확정방법인지는 동법은 명시하지 않고 기술중립적으로 신뢰성 요건만 정하고 있어 향후 기술의 진보에

---

156) UETA §16 Comment 3.
157) Id.

따라 또는 시스템을 침해하는 기술의 개발에 따라 유동적이라 할 수 있다.

2) 단일한 정본성 : UETA나 E-SIGN은 신뢰할 수 있는 방법에 의한 권리자 확정을 양도성기록에 대한 '지배'가 성립하기 위한 요건으로 규정하면서 일정한 경우 이를 인정하는 간주규정을 두고 있다. 즉 양도성기록의 단일한 정본을 전제하면서, 그 정본이 유일성, 식별가능성을 갖추고, 그 정본이 일정한 요건을 갖춘 방법으로 양도성기록이 관리(형성, 보관, 양도)되면 양도성기록에 대한 '지배'가 성립하는 것으로 간주한다. 양도성기록을 형성하고, 이를 저장하고, 다시 이를 양도하는 것을 양도성기록에 관한 권리관계에 영향을 미치는 중요한 관리행위라 볼 때, 적어도 이러한 관리행위가 일정한 방법으로 이루어져야 한다. 먼저 정본이 단일하다는 의미는 권리를 나타내는 하나(single)의 정본만이 존재하도록 양도성기록이 형성, 보관, 양도되어야 한다는 것이다. 다수의 정본이 성립할 수 있는 경우에는 양도성기록에 대한 지배는 성립하지 않게 되고 유가증권의 전자적인 기능적 대응물이 될 수 없게 된다. 단일한 정본성뿐만 아니라, 특정인이 양도성기록에 대한 지배를 가지기 위해서는 정본이 특정인을 양도성기록을 발행받은 자(예컨대, 수취인) 또는 양도성기록의 양도가 있었을 경우에는 양수인으로 확인(identify)하고, 그 자가 직접 또는 지정보관자를 통해 정본을 전달받아 유지하고 있어야 한다. 즉 양도성기록은 그 양도성기록에 대한 권리자라 할 수 있는 수취인, 양수인이 확인될 수 있어야 하고 정본의 전달과 유지를 통해 지정한 자가 양도성기록을 보관할 수 있어야 한다.

3) 양도성기록의 본질 : 서면증권의 경우 원본 서면증권의 점유는 증권에 표창되는 채권의 권리자(증권의 적법한 소지인)를 확인하는 신뢰가능한 방법이다. 서면증권은 수차례 양도될 수 있지만 '구별가능한(unique)' 원본을 통해 권리자를 확인하는 것이 용이하나,158) 전자기록의 경우 이를 양도하는 절차는 사실상 사본의 형성을 통해 이루어지므로 전자기록에 대한

점유는 더 이상 서면증권과 같이 권리자를 확인하는 신뢰가능한 방법이 될 수 없다. 다만 전자기록을 보관하는 정보시스템이 전자기록에 그 위치를 식별하는 관리번호와 같이 구별되는 특징을 부여할 경우 서면증권과 유사하게 '구별가능성(uniqueness)'이 확보될 수도 있다.159) 이러한 이유에서 양도성기록은 구별가능할 뿐만 아니라 식별가능하여야(identifiable) 하며 양도성기록의 단일한(single) 정본(authoritative copy)이 존재하여야 한다. 서면증권과 달리 양도성기록은 점유의 대상이 될 수 없어 점유를 통해 권리를 추정할 수는 없지만, 양도성기록의 단일한 정본(authoritative copy)이 전제될 수 있고160) 정본을 통해 양도성기록의 단일성(singularity)을 구현할 수 있다. 양도성기록의 본질은 동일한 표창매체를 가질 수 없이 단일하여야 하고, 다른 형태의 표창매체로부터 식별, 구별될 수 있어야 하며, 원칙적으로 변경이 불가능하여야 한다.

4) 무결성 : 만일 정본상의 양수인을 추가, 변경할 경우 그 사본 또는 수정본은 반드시 양도싱기록을 지배하는 자의 동의를 얻어야 하고, 정본은 당연히 사본과 식별이 가능해야 하며, 정본에 변경이 있을 경우 그 권한을 확인할 수 있어야 한다. 정본은 확인가능하며 노출 없이 변경이 불가능하여야 하므로, 만일 폐쇄적인 정보시스템에 저장된 정본이라면 정보시스템과 관련된 로그 또는 기타 기록을 참조함으로써 확인될 수 있다. 그러한 로그는 정보시스템 내에서 정본의 위치와 정본에 대한 당사자와 정본의

---

158) UETA §16, Comment 1.
159) Candace M. Jones, op. cit., p. 44.
160) 부동산대출담보의 등록에도 양도성전자기록(UNCITRAL의 논의에서는 전자양도성기록이라고 하고 있는 것과 달리 양도성전자기록이라는 용어를 사용함)을 수용하여야 하며, 서면어음에 대신하여 전자식 약속어음의 사용을 허용하기 위해 개발되었다고 본다. 이러한 양도성전자기록은 유일한 정본이 존재한다는 것을 전제한다고 이해하며, 정본이 양도되면 양수인이 보유한 것이 정본이 되고 양도인이 보유하고 있는 것은 정본성을 잃는다(Dale A. Whitman, "A PROPOSAL FOR A NATIONAL MORTGAGE REGISTRY: MERS DONE RIGHT," Missouri Law Review, Winter 2013 (78 Mo. L. Rev. 1), pp. 50-51).

처분을 지시할 권한이 있는 적법한 소지인 등을 확인할 수 있게 한다. 그리고 정본의 변경은 탐지가능하고, 권한유무를 판단할 수 있도록 추적될 수 있도록 만들어져야 한다. 정본의 사본은 행정적으로 또는 다른 목적으로 형성될 수 있지만, 정본의 어떠한 사본도 단순히 복사본이고 정본이 아닌 것으로 쉽게 확인될 수 있어야 한다. 이 때 실무상의 문제로서 양도성기록의 소지인은 간주규정 기준을 충족시키도록 기술, 시스템규칙, 영업관행을 조화롭게 사용하는 시스템을 통해 양도성기록을 지배할 수 있다.[161] 전자기록인 양도성기록은 물리적 형태를 기준으로 원본의 변경이 확인되지 않는다. 따라서 양도성기록의 무결성은 시스템적으로 구현되어야 하며 만일 양도성기록의 내용변경이 요구될 경우라면 양도성기록의 발행인의 동의가 전제되어야 하고, 양도성기록의 무권한 변경의 유무가 확인될 수 있어야 하며 무권한성이 판단될 수 있어야 한다.

(3) 양도성기록의 지배의 효과

1) 권리자의 권한 : UETA는 지배의 요건을 정하면서 양도성기록을 지배하는 자에 대한 효과를 제16조 (d)항에서 규정하고 있다. 즉 달리 합의한 경우를 제외하고는 양도성기록을 지배하는 자는 UCC §1-201(20)[162]에서 정의된 바에 따라 양도성기록의 소지인이고[163] UCC에 따른 상응한 기록이나 서면의 소지인과 동일한 권리와 항변권을 가진다. 그리고 이러한 권리와 항변권에는 UCC §3-302(a), §7-501, §9-308[164]에 따른 법정 요건을

---

161) Candace M. Jones, op. cit., p. 45.
162) 현행 UCC §1-201(b)(21)에 해당하고 동항에서 소지인(holder)에 유통증권의 점유자(A호), 권리증서의 점유자(B호) 외에 전자유통권리증서를 지배(control)하는 자(C호)도 포함시키고 있다.
163) 양도성기록을 지배하는 자는 서면어음의 소지인에 상응한 것이고 서면어음의 점유에 상응하는 것은 아니라고 본다(David Frisch, Electronic Signatures in Global and National Commerce Act, 201. Transferable Records. Commentary 201:4ES Control).
164) UCC §3-302(a)는 유통증권(negotiable instrument)의 정당한 소지인(HIDC)에 관한 규정이고, §7-501은 창고증권(warehouse receipts)과 선하증권(B/L)의 정당한 유통(due negotiation)에 관한 규정이며, §9-308은 담보부거래(secured transaction)에서 대항력 취득

충족할 경우 정당한 소지인, 권리증서가 정당하게 유통된 소지인, 양수인 각각의 권리와 항변권을 포함하고, 교부·점유·배서는 이 항에서의 권리를 취득하거나 실행함에 있어서 요구되지 않는다. 전자기록인 양도성기록은 점유의 대상이 될 수 없으므로 양도성기록에 대한 지배가 성립할 경우 유가증권의 점유와 동일한 효력이 부여되므로 유가증권의 교부·점유·배서 등은 양도성기록의 지배에 의해 기능적으로 대체된다.

2) **채무자의 항변권 등** : UETA 제16조 (e)항에서는, 달리 합의한 경우를 제외하고는 양도성기록의 채무자는 UCC에 따른 상응하는 기록이나 서면의 상응하는 채무자와 동일한 권리와 항변권을 가진다고 규정하고 있다. 그러면서 동조 (f)항에서는 양도성기록의 청구요건으로서 증명방법에 관해 규정하고 있다. 즉 이행청구를 받은 자가 요청할 경우, 양도성기록의 청구자는 자신이 양도성기록을 지배한다는 신뢰가능한 증거를 제시하여야 한다.165) 증거에는 양도성기록의 내용을 검토하고 양도성기록을 지배하는 자를 확정하기에 충분한 양도성기록의 정본에 대한 접근과 관련된 영업기록이 포함된다. 양도성기록에 대한 지배가 인정될 경우 양도성기록에 따른 채무자는 유가증권상의 채무자와 동일한 채무를 부담하고 동시에 동일한 항변권을 행사할 수 있다. 그리고 양도성기록의 권리자가 권리를 행사하기 위해서는 유가증권의 제시하는 것에 상응하게 자신이 양도성기록에 대한 지배를 증명하여야 한다. 양도성기록의 지배증명 방법에 관해 자세한 규정은 없지만 시스템의 신뢰성과 단일한 정본의 증명에 의해 가능하리라 본다.

3) **기능적 등가성** : UETA나 E-SIGN은 지배의 요건을 자세히 정하고는 있지만 양도성기록을 지배한 경우 그 효과에 관해서는 기능적 등가성에 입각하고 있다. 즉 양도성기록은 서면증권을 대체하는 것이고 양도성기록

과 유지에 관한 규정이다.
165) Good v. Wells Fargo Bank, N.A. 18N.E.3d618(2014) 참조.

의 지배는 서면증권의 점유에 대체하는 것이므로, 양도성기록을 지배할 경우 서면증권 점유의 효과와 동일하게 해석된다. 따라서 양도성기록을 지배하는 자는 적법한 권리자 즉 정당한 소지인(holder in due course, HIDC)의 권리를 가지게 되어 다른 권리나 항변에도 불구하고 채무자에 대해 양도성기록을 청구할 권리를 가지게 된다. 그러므로 선의취득이 성립할 수 있을 뿐만 아니라 선의지급의 효과 등도 발생한다고 본다. 만일 소지인이 양도성기록을 지배하고 있다는 것을 증명하지 못하면, 소지인은 정당한 소지인으로 취급될 수 없을 것이다. 그리하여 양도성기록에 의해 증명되는 채무를 집행할 권리는 추가적인 항변과 채무자의 잠재적 청구의 대항을 받게 된다. 그러나 지배가 없다고 해서 양도성기록이 무효이거나 집행할 수 없게 되는 것은 아니다.[166] 양도성기록의 채무자도 상응한 문서기록상의 채무자와 동일한 권리를 가진다는 점을 명시하고 있어, 전자기록에 항변포기의 의사가 나타나지 않거나 양수인이 정당한 소지인의 권리를 가지지 않는 한 채무자는 모든 권리와 항변권을 가지게 되므로 예컨대 채무를 변제할 경우 그 사실을 전자기록에 기재하도록 할 권리를 가진다.[167]

Ⅳ. 우리법상 유가증권의 전자화

1. 연혁

우리법상 유가증권은 과거 어음, 수표, 주권, 선하증권 등을 중심으로 활용되었고 그에 관한 논의도 전개되었다. 1990년대부터 정보통신기술의 발전에 힘입어 법학에서도 문서의 전자화에 관한 논의를 시작으로 문서 및 유가증권의 전자화에 관한 입법이 모색되었다. 이러한 논의가 반영되어 전자문서법과 전자서명법이 제정되었고 사법 영역에서 전자계약이 전통적인 계약과 어떻게 구별되고 입법적으로 구별의 필요성이 있는가 하는 점

---

166) Candace M. Jones, op. cit., p. 45.
167) UETA §16 Comment 7.

이 논의되어 왔다. 전자계약 등 사법에 전자화의 움직임은 본격적으로 유가증권의 영역에서도 나타나기 시작하였다. 전자주권에 관한 논의는 이미 탈증권화를 시도한 증권대체결제제도로 유가증권 중 전자화에 관한 논의가 가장 먼저 이뤄졌다. 왜냐하면 증권대체결제제도를 전자화하는 것은 어렵지 않았고 단지 주권의 발행부터 전자화하게 되면 자연스럽게 전자주권제도가 완성될 수 있기 때문이었다.[168]

주권, 사채권 이외에 지급수단으로 사용되던 유가증권의 전자화가 실무에서 요구되고 입법의 움직임을 끌어내었다. 전자금융거래에 관한 포괄적인 법률의 제정이 논의되기 시작하였는데, 동 법률의 내용 중에 어음의 전자화(법률안 제4조)[169], 전자금융사업자의 책임(법률안 제9조)[170]에 관한 논의가 학계에서 논란이 되어 입법이 지체되고 있는 상황에서 전자금융거래법의 한 축에 해당하는 전자어음이 의원입법의 형식으로 국회를 통과하였다.[171] 결과적으로 그 이후 2006년 4월에 제정된 전자금융거래법은 전자금융거래의 중요한 수단의 하나인 전자어음에 관한 규정을 배제한 채 나머지 전자지급수단을 대상으로 하여 제정되었다. 이후 주권·사채권의 전자화에 관한 근거규정 즉 주식의 전자등록제도(제356조의2), 사채권의 전자

---

168) 우리법상으로는 전자주권의 개념으로 논의되어 오던 중 전자적으로 발행된 주권은 유가증권성을 가지지 않게 되므로 전자주권이라는 개념은 부정확하다고 보고, 이후 전자등록제도라는 용어를 사용하였고 이는 우리 상법에 그대로 반영되었다(동법 제356조의2).
169) 당시 IMF 외환위기의 후유증이 가시지 않아 외환위기의 주범이 어음의 발행에 있다는 지적이 있었고 이를 이유로 어음의 전자화를 금지하려는 움직임이 있었다. 하지만 학계에서는 거래의 편의를 위해 오래전에 등장은 어음을 정책당국이 없애려고 하는 것은 부적절하다는 지적이 있어 전자금융거래법 제정에 뜨거운 감자가 되었다.
170) 당초 법률안에서는 전자금융사업자와 전자금융거래의 이용자 간의 거래상 위험부담에 관해 증명책임의 전환으로 제안되었으나, 소비자단체 등의 반대로 전자금융사업자의 무과실책임이 적절하다는 방향으로 움직임이 있었지만 양 주장이 타협한 것이 개정전 전자금융거래법 제9조의 모습이었다.
171) 동 법률은 전자어음의 발행 및 유통에 관한 법률이란 명칭으로 제정되었고 소관부서가 법무부가 되었으며, 전자금융거래법의 소관부서인 당시 재정경제부(현재 금융위원회)와 다르게 되었다. 전자어음에 관한 규정이 전자금융거래법에서 제외되게 된 것이 결과적으로 전자지급수단에 관한 법률의 소관부서가 법무부와 금융위원회로 나뉘게 된 배경이 되었다.

등록제도(제478조 제3항)가 상법에 도입되었고, 선하증권의 전자화를 위한 전자선하증권에 관한 규정[172]이 제정되었다. 주권·사채권의 전자화에 관한 근거규정이 상법에 도입되었지만 이에 관한 구체적인 시행령이 마련되지 않아 사실상 주식의 전자등록발행이 이뤄지지 않았으나, 2016년 3월 주식·사채 전자등록법이 제정되었다.

2. 전자유가증권의 유형

(1) 전자유가증권의 발행방식

유가증권의 전자화는 이론적으로 다섯 가지 방식으로 가능하다. 첫 번째 방식은 전통적인 유가증권의 증권 즉 서면을 전자문서로 발행하는 방식(전자문서방식)이다. 두 번째 방식은 전자등록부를 두고 전자등록부에 등록함으로써 발행되고(발행등록) 이를 유통하기 위해서도 다시 전자등록부에 유통등록을 하는 방식(전자등록방식)이다. 세 번째 방식은 유가증권의 기재사항을 전자정보화하여 일정한 매체(IC칩)에 담고 이를 접촉식으로 이전하거나 또는 네트워크를 통해 이전하는 방식(전자정보방식)이다. 네 번째 방식은 전자정보를 일정한 카드에 내장하고 카드를 교부함으로써 전자정보가 담고 있는 권리를 이전하는 방식(전자카드방식)이다. 위의 네 가지 방식은 모두 발행인이 존재하여 전자유가증권을 직접 발행하거나 중앙의 제3의 기관(trusted third party)에 발행을 위탁하여 발행한 후 이를 유통시킨 후 다시 발행인이 그 채무를 이행하는 방식이다. 그런데 다섯 번째 방식은 이와는 전혀 다른 방식으로 발행인이 따로 존재하지 않고 제한된 기술적 방식에 의해 신뢰할 수 있는 일정한 정보를 생산한 후 이를 개인 대 개인의 방식으로 이전하여 지급수단 등으로 활용하는 방식(분산정보방식)이다.

---

[172] 상법의 전자선하증권 규정의 시행에 관한 규정이 2013년 3월에 제정되었다.

(2) 전자문서방식

전자문서방식에 의한 전자유가증권의 발행이 가능한가 여부에 관해 논란이 있을 수 있지만 우리 전자문서법에 따르면 일응 전자문서방식의 전자유가증권의 발행도 가능한 것처럼 보인다. 왜냐하면 전자문서의 효력에 관한 규정인 전자문서법 제4조 제1항은 '전자문서는 다른 법률에 특별한 규정이 있는 경우를 제외하고는 전자적 형태로 되어 있다는 이유로 문서로서의 효력이 부인되지 아니한다'고 정하고 있고 상법, 어음법, 수표법 등에 전자문서에 의한 유가증권의 발행을 금지하는 규정을 두고 있지 않기 때문이다.

기존의 유가증권은 서면에 일정한 요건사항을 기재하고 발행인이 기명날인 또는 서명을 하여 발행된다. 물론 이 때 서면은 엄격하게 종이에 한정되지 않고 기재사항을 확인할 수 있도록 항상성을 가지고 있을 수 있다면 매체를 제한하지 않지만 육안으로 기재사항을 확인[173]할 수 있는 매체여야 한다고 본다. 하지만 전자문서는 전자정보에 지나지 않고 이는 디지털방식의 기록에 지나지 않기 때문에 육안으로 그 기재사항을 확인할 수 없으므로 전자문서를 전통적 유가증권의 매체로 보기는 어렵다. 유가증권이 전자문서의 방식으로 발행될 수 있는가 하는 점은 전자유가증권의 형식적 쟁점으로 앞서 살펴본 바 있다.

(3) 전자등록방식

전자등록방식에 의한 유가증권의 대표적인 예는 주식·사채의 전자등록제도를 들 수 있다. 전자적 방식에 의해 주식을 발행할 경우 발행회사는 전자등록기관의 전자등록부에 발행등록을 하여 발행한다. 이 과정에 주식을 표창하는 전자문서의 발행이 요구되는 것이 아니고 전자등록기관에 발

---

173) 왜냐하면 유가증권은 요식증권을 가지고 이를 흠결할 경우 유가증권의 효력에 하자가 발생하기 때문에 육안으로 확인할 수 있는 매체가 되어야 한다고 본다.

행 신청에 의해 발행이 되므로 전자문서방식과는 구별된다. 전자등록방식에 의해 발행된 주식을 양도할 경우에도 중앙의 전자등록기관에 양도등록을 함으로써 주식이 양도되게 되는데, 전자등록방식의 신뢰성은 전적으로 전자등록기관의 신뢰성에 의존하게 된다. 전자등록기관은 이른바 신뢰할 수 있는 제3의 당사자(trusted third party)로서 법령에서 정한 요건을 갖추고 관련 금융위원회와 법무부에 허가신청을 하여서 허가를 받아야 한다(주식·사채 전자등록법 제6조).

(4) 전자정보방식

전자정보방식은 일정한 채권 등 가치권을 전자정보화하여 이를 이전함으로써 그 채권 등의 가치가 이전되도록 하는 방식의 전자유가증권이다. 그 대표적인 예가 전자금융거래법상 선불전자지급수단에 해당한다. 동법은 선불전자지급수단을 이전 가능한 금전적 가치가 전자적 방법으로 저장되어 발행된 증표 또는 그 증표에 관한 정보로서 일정한 요건을 갖춘 것을 말하되, 전자화폐를 제외하는 개념이다(전자금융거래법 제2조 제14호). 전자정보방식은 가치권이 서면(증권)에 표창된 것이 아니라 정보에 표창된 것이고 서면의 교부가 아니라 정보의 이동에 의해 권리가 이전되도록 한다는 점에서 기존의 유가증권에 대응하는 전자유가증권이라 할 수 있다. 다만 정보의 이동방식은 전통적 유가증권의 이전방식과 유사하게 점유의 이전 즉 교부와 유사하게 접촉식에 의해 일정한 매체에 담겨있는 정보의 물리적 소재가 수취인 등 상대방에게 이동하는 방식도 있고, 지급인의 계좌에 있던 정보가 네트워크를 통해 수취인의 계좌에 이동되는 방식도 가능하다. 다만 후자의 방식을 활용할 경우 지급인의 계좌에서는 이동되는 정보만큼 차감되고 수취인의 계좌에는 이동되는 정보만큼 증가되는 시스템을 갖추게 된다.

(5) 전자카드방식

전자카드방식은 일정한 가치권에 관한 정보가 카드라는 매체에 입력되어 카드에 담긴 정보가 이동하는 것이 아니라 카드 자체가 상대방에게 교부되는 방식으로 이전되는 방식이다. 전자카드방식의 대표적인 예도 전자금융거래법상 선불전자지급수단을 들 수 있으며 동법 제2조 제14호에서 '이전 가능한 금전적 가치가 전자적 방법으로 저장되어 발행된 증표'가 전자카드에 해당하고 동항 후단의 '그 증표에 관한 정보'가 의미하는 전자정보방식과는 구별된다. 전자카드방식은 가치권을 표창하는 정보가 유형적인 매체에 다시 표창되게 되어 정보 자체를 가치로 본다면 정보가 매체에 표창되어 있어 현행법상의 유가증권의 개념에 거의 접근한다. 다만 그렇다 하더라도 정보의 가독성이 없어 현행법상 유가증권에 개념에 포섭되기는 어렵고 전자유가증권의 한 유형으로 보아야 한다.

(6) 분산정보방식

종전의 전자유가증권의 유형에서는 언급되지 않았지만 암호통화(cryptocurrency)가 활용된 이후에 블록체인을 활용한 가상화폐가 주목을 받고 있다. 암호통화의 실체에 관한 논의가 충분히 전개되고 있지 않아 아직 이를 전자유가증권의 개념에 포섭시키는 것이 쉽지는 않지만, 분산형 암호통화와 유사하게 분산형 전자유가증권의 발행도 개념적으로 가능하다고 본다. 다만 전자유가증권의 실체는 채권 등 기치권인데 분산형 암호통화에서는 채권에 상응하는 가치권이 전제되지 않아 전자유가증권이 분산형으로 활용될 수 있는지 의문이 없지 않다. 하지만 일정한 블록체인의 플랫폼에서 암호통화이든 아니면 일정한 가치를 인정받은 토큰이 있을 경우 이를 전통적 유가증권의 개념인 일정한 가치권이 매체에 표창된 것으로 볼 수 있는가 하는 점은 검토의 실익이 있으며, 만일 그러한 구조가 인정될 경우 동 전자유가증권은 분산정보방식의 전자유가증권이라 할 수 있다.

3. 전자유가증권의 구조

(1) 유형

전자유가증권의 구조는 크게 세 가지로 구분해 볼 수 있다. 발행인과 수취인 그리고 수취인으로부터 전자유가증권을 취득한 소지인 또는 그 소지인으로부터 계속 유통되어 현재 전자유가증권을 소지하고 있는 최종소지인간의 관계가 전개되는 유형(직접발행형)이 있다. 이는 기존의 유가증권의 구조와 동일하여 전통적인 유가증권에 관한 논의가 그 거래관계에 참고될 수 있다. 다음으로 발행인이 직접 전자유가증권을 발행하지 않고 신뢰할 수 있는 제3의 당사자, 예컨대 주식의 전자등록기관에 발행을 위탁하고 그 이후의 모든 유통, 권리행사절차 등이 전자등록기관을 통해 이뤄지는 구조(간접발행형)가 있다. 세 번째의 유형은 발행인 또는 그 위탁을 받은 전자등록기관도 존재하지 않고 개인과 개인간의 거래에서 활용되는 구조(P2P형)를 예상할 수 있다.

(2) 직접발행형

전통적 유가증권과 같이 일정한 채무를 부담하는 자 또는 발행을 통해서 일정한 채무를 부담하려고 하는 자가 발행인이 되어 일정한 채무(가치)를 전자정보화 하여 매체 또는 네트워크에 탑재를 한다. 이 때 전자정보의 내용은 전자정보를 소지하고 있는 자에게 일정한 채무의 이행이나 일정한 권리를 행사할 수 있도록 약속한다는 내용이다. 그리고 그 채권을 표창하는 전자정보를 수취인에게 이동시킴으로써 전자유가증권의 직접발행이 완성되고 발행인은 채무자적 지위, 수취인은 채권자적 지위에 서게 된다. 직접발행형에서 중요한 것은 발행인이 수취인에게 다시 수취인이 자신의 거래상대방에게 이동시키는 전자정보가 위조되지 않도록 하고 그 전자정보의 내용이 변조되지 않도록 하는 시스템의 보안성이 직접발행형 전자유가증권이 활용되는데 관건이 된다. 그리고 직접발행형에서는 전자유가증권과 그 대가로 지급되는 일정한 재화간의 동시이행항변이 침해되지 않도록 에스크로우기능174)의 도입도 요구된다.

(3) 간접발행형

직접발행형의 전자유가증권의 보안성에 대한 신뢰가 구축되기 쉽지 않으므로 전자유가증권이 가장 일반적으로 활용하는 방식이 간접발행형이다. 전자유가증권의 발행인이 전자정보를 직접 생산하지 않고 이를 신뢰할 수 있는 제3당사자(전자등록기관)에게 발행을 위탁하면서 그 이후 유통이나 그 권리행사에서도 중앙의 전자등록기관을 통해서 이뤄지도록 한다. 전자유가증권이 표창하는 가치권의 내용과 그 소유관계, 담보관계 등은 모두 중앙의 전자등록기관의 전자등록부를 통해서 공시되며 가치권의 유통 역시 전자등록부를 통해 이뤄지게 된다. 간접발행형에서 전자정보에 대한 신뢰와 상대방 급부의 불이행의 위험은 중앙등록기관이 에스크로우기능을 담당하므로 상대적으로 작다. 하지만 중앙등록기관의 전자등록부가 해킹 당한다든지 멸실될 가능성이 있어 중앙등록기관의 재무적·기술적 신뢰성 확보가 간접발행형에서는 중요한 문제로 등장한다.

(4) P2P형

블록체인에 기반한 분산형 가상통화가 등장한 후 개인과 개인 간의 결제가 암호통화에 의해 중앙기관의 개입 없이 이뤄질 수 있게 되었다. 뿐만 아니라 이더리움 플랫폼에서 블록체인에 기반한 스마트계약이 가능하게 되어 개인 간에 전자유가증권의 발행도 가능하게 되고 이는 다시 다른 당사자에게 유통하는 것도 가능하게 된다. 물론 그러한 스마트계약의 코드화

---

174) 전자유가증권은 이전되었는데 그에 대한 대가인 급부가 이행되지 않는다든지 반대로 상대방의 급부는 이행되었지만 전자유가증권이 이전되지 않아 일방에게 손해가 발생할 가능성이 전자거래에서는 상존한다. 이러한 위험을 방지하기 위해서는 양자의 급부교환에 관한 중립기관에의 거치가 요구되고 자신의 급부가 거치되어야만 상대방의 급부를 이행 받을 수 있도록 하는 시스템(에스크로우시스템)이 요구된다.

가 전통적인 유가증권과 유사한 내용으로 이뤄져야 한다는 전제는 있지만 그러한 코드화가 이루어진 경우 개인 간에 유가증권에 상응하는 가치권이 유가증권과 유사하게 이전할 수 있게 된다. 하지만 P2P형의 가장 큰 특징은 신뢰할 수 있는 제3의 당사자 예를 들어 간접발행형의 전자등록기관과 같은 중앙집중형 기관이 없어도 가능하다는 점이다. 참여당사자들은 중앙기관에의 신청 없이 상호간에 전자유가증권을 이전할 수 있게 되는데, 블록체인기술에 기반하고 있어 보안성이 매우 높고 중앙기관에 대한 해킹의 위험, 전자등록부의 멸실의 위험 등이 거의 없어 다른 유형보다 보안성이 뛰어나다.

(5) 소결

전자유가증권의 구조를 본 연구에서는 3가지로 분류하였지만 이는 현재 활용되고 있는 전자유가증권을 기준으로 분석한 것에 지나지 않는다. 이는 새로운 유가증권이 등장함에 따라 얼마든지 새로운 구조로 발전할 가능성이 있으며, P2P형 역시 얼마 전까지는 거래계에서 생각하지 못하던 구조였다는 사실이 이러한 발전 가능성을 간접적으로 증명한다고 할 수 있다. 따라서 전자유가증권의 영역에서는 기술적 중립성원칙에 따라 항상 열려 있는 법제도를 유지할 필요가 있고 특정 기술에 고착할 경우 그 비용부담은 소비자에게 넘겨질 가능성이 높다.

제 3 장 전자유가증권의 법률적 문제점

Ⅰ. 개요

　유가증권은 법률의 규정에 따라 서면에 일정한 기재사항을 기재하여야 하는 요식증권성을 가지고 있는데, 유가증권이 전자문서화된 경우에도 요식증권성을 충족할 수 있는가? 요식증권성이라 함은 증권의 형식이 법정되어 있어 일정한 사항이 증권상 기재될 것이 요구되는 성질로서 각종 유가증권은 해당 규정에서 엄격한 요건을 규정하고 있다.[1] 먼저 전자유가증권의 내용이라 할 수 있는 전자문서에 이들 요건사항을 기재할 경우 전자문서에의 기재만으로 요식성을 충족하느냐 하는 문제가 발생한다. 즉 기존의 유가증권과 달리 서면의 형태로 발행하는 것이 아니라 전자문서의 형태로 발행될 경우 이를 법률의 규정에 따른 유효한 유가증권으로 볼 수 있을 것인가?

　다음으로 유가증권을 발행함에 있어서 발행인의 기명날인 또는 서명이 요구되고 유가증권을 이전할 경우 배서가 요구되고 배서도 배서인의 기명날인 또는 서명을 요건으로 한다. 따라서 서면이 아닌 전자문서에서 기명날인 또는 서명은 어떠한 방식으로 가능하며 이를 전자적으로 대체할 경우 어떤 방식에 의한 전자서명만을 전자유가증권의 발행, 배서 등에서 유효한 기명날인 또는 서명으로 인정할 것인가 하는 점이 문제된다.[2]

　그리고 유가증권은 증권의 점유에 기초하여 증권에 대한 유일한 권리

---

1) 주권(상법 제356조), 화물상환증(상법 제128조 제2항), 창고증권(상법 제156조 제2항), 선하증권(상법 제814조 제1항), 환어음(어음법 제1조), 약속어음(어음법 제75조), 수표(수표법 제1조).
2) 그 밖에도 행사와 관련해서 전자유가증권을 통해서도 권리행사가 불가능하지는 않지만 기존의 결제시스템에 얼마만큼 전자유가증권이 적응할 수 있을지 하는 점도 문제가 된다. 예컨대 전자수표를 발행할 경우 기존의 은행 간 수표의 결제시스템이 전자수표의 경우에도 그대로 적용될 수 있을지 하는 점은 외국의 입법례에서도 문제 삼았던 바와 같이 신중하게 검토를 요하는 사항이라 보인다.

자가 결정되고 권리자로 추정되어 권리자로 추정되는 자에 의한 유통을 보호한다. 이와 같이 서면증권에서 유가증권의 권리보호의 출발점은 서면증권에 대한 점유라 할 수 있다. 그런데 전자문서는 무형의 전자정보를 실체로 하고 있어 서면증권의 점유에 해당하는 개념을 인정하기 쉽지 않으므로 전자유가증권에서 무엇을 이에 대체할 수 있는 개념으로 볼 것인가 하는 점이 문제된다. 아래에서는 전자유가증권을 유가증권의 법적 성질을 가지는 것으로 판단함에 있어 유가증권 법규에서 요구하는 서면성과 서명요건이라는 다소 기술적 요소를 먼저 검토한(형식적 쟁점) 후 서면증권의 점유에 상응하는 전자증권상의 개념을 도출하도록(실질적 쟁점) 한다. 특히 실질적 쟁점에 접근하기 위해 먼저 유가증권에 관한 우리의 규범체계를 일별한다.

II. 형식 관련 쟁점

1. 전자문서의 증권성

(1) 전자문서

유가증권을 전자화함에 있어 가장 먼저 부딪히는 문제는 문서의 전자화이다. 앞서본 전자유가증권의 발행방식 중 전자문서방식에 의한 발행이 가능한가 하는 문제이다. 예를 들어 어음법이 정하고 있는 어음요건(동법 제1조) 8가지를 전자문서에 그대로 기재할 경우 이를 유가증권으로 볼 수 있는가 하는 문제이다. 이를 논의하기 전에 전자문서가 무엇인가 하는 논의를 검토할 필요가 있다. 전자문서 및 전자거래의 법률관계를 명확히 하고 전자문서 및 전자거래의 안전성과 신뢰성을 확보하며 그 이용을 촉진할 수 있는 기반을 조성함으로써 국민경제의 발전에 이바지하기 위해 전자문서법이 제정된 바 있다. 동법에 의하면 전자문서란 정보처리시스템에 의하여 전자적 형태로 작성, 송신·수신 또는 저장된 정보(동법 제2조 제1

호, 전자서명법 제2조 제1호)이므로 컴퓨터에서 어음요건을 기재하면 전자문서에 기재한 것이 될 수 있다.

(2) 전자문서의 효력

동법 제4조는 전자문서의 효력에 관한 규정을 두고 있는데, 전자문서는 다른 법률에 특별한 규정이 있는 경우를 제외하고는 전자적 형태로 되어 있다는 이유로 문서로서의 효력이 부인되지 아니한다(동조 제1항). 그리고 보증인이 자기의 영업 또는 사업으로 작성한 보증의 의사가 표시된 전자문서는 민법 제428조의2 제1항 단서에도 불구하고 같은 항 본문에 따른 서면으로 보고(동조 제2항), 별표에서 정하고 있는 법률에 따른 기록·보고·보관·비치 또는 작성 등의 행위가 전자문서로 행하여진 경우 해당 법률에 따른 행위가 이루어진 것으로 본다(동조 제3항). 동조를 해석하면, 기존에 서면에 의해 작성되던 문서를 전자문서로 작성하더라도 효력은 인정되며 만일 전자문서에 의해 문서를 대체하는 것을 허용하지 않을 경우에는 특별한 규정이 요구된다고 판단된다. 예를 들어 보증의 의사표시는 전자문서에 의해 이뤄질 수 없다고 보고 민법 제428조의2에서 '보증의 의사가 전자적 형태로 표시된 경우에는 효력이 없다'는 규정을 특별히 두고 있다. 다만 보증보험계약과 같이 보증인이 자기의 영업 또는 사업으로 작성한 보증의 의사가 표시된 전자문서는 민법 제428조의2 제1항의 단서규정에도 불구하고 서면으로 효력이 인정된다고 본다.

(3) 전자문서방식의 유가증권

1) 문제점 : 전자문서법의 전자문서의 차별금지의 규정방식은 특히 유가증권과 관련해서 보면 문제가 많다. 왜냐하면 유가증권은 전자문서로 작성된 경우 유가증권으로서 기능을 할 수 없는데, 전자문서법에 따르면 유가증권이 전자문서로 작성되더라도 그 효력이 부인되지 않는다고 해석되

기 때문이다. 물론 유가증권이 서면으로 작성되어야 한다는 적극적인 규정이 없으므로 민법 제428조의2 제1항 단서와 유사한 규정이 요구되지 않는다고 해석할 여지도 있다. 하지만 유가증권의 서면성은 그 개념에 내재된 본질적 요소에 해당하므로 전자문서법의 논리에 충실하면 유가증권은 동법 제4조의 효력규정에 의해 전자문서로 발행될 수 있다고 해석된다. 그런데 유가증권은 발행이 이뤄지면 단일성·유일성(singularity·uniqueness)이 보장되어야 하여야 이를 신뢰하고 유통이 가능하게 된다. 그런데 전자문서가 전송되는 과정을 보면 이는 원본 자체의 전송이 아니라 복사방식에 의한 전송이므로 전송된 문서와 완전히 동일한 문서가 전송인의 컴퓨터에 남아 있어서(잔류성) 유가증권 유통성의 관건이던 단일성이 보장되지 않는다.[3]

2) 네거티브 입법의 문제점 : 전자문서법은 네거티브방식으로 전자문서의 효력을 부인하는 규정이 없을 경우 전자문서의 효력을 인정하고 있다. 그런데 이러한 입법방식은 최소한 유가증권과 관련해서 볼 때는 전자문서에 의한 유가증권에는 단일성을 보장할 수 없어 유가증권과 동일한 효력을 부여할 수 없다는 점에서 부적절한 규정이라 할 수 있다. 전자문서방식에 근거한 입법례로 전자어음법을 들 수 있다. 전자문서에 의한 발행, 배서 등을 규정하고 있어 그 유통에 문제가 될 가능성이 있지만 이를 시행령에서 전자문서가 전송된 후에 잔류하지 않도록 조치를 취하고 있어(시행령 제8조 제2항) 그 시스템상의 문제점을 보완하고 있다. 이러한 문제는 전자어음에서만 발생하는 것이 아니고 전자유가증권 전체에서 공통되므로 전자문서법 제4조를 제정함에 있어 미국의 통일전자거래법(Uniform Electronic Transaction Act: UETA)과 같이 전자문서의 차별금지 규정을 두면서 예외조항을 적극적으로 두고, 그 대표적 예로서 어음, 수표 등 유가

---

[3] 유가증권이나 전자문서에 단일성이 보장되지 않을 경우 채무자의 입장에서는 이중지급의 문제가 발생할 수 있고, 양수인의 입장에서는 이중양도의 문제가 해소되지 않게 되어 이해관계자 모두에게 유가증권이나 전자문서에 관한 법적 신뢰성이 확보되지 않는다.

증권을 포함시켜 전자문서에 효력을 부여하는 일반규정의 적용예외에 포함시켰어야 했다.

2. 전자문서에의 서명

(1) 전자식 서명

유가증권을 발행함에 있어서 요식증권성에 따라 필요적 기재사항을 증권에 기재하여야 하고 마지막으로 발행인의 기명날인 또는 서명이 요구된다. 발행인의 기명날인 또는 서명은 발행인이 누구인가를 알려주는 기능(행위자 확정), 다른 사람의 위조를 제한하는 기능(위조 방지)뿐만 아니라 발행인이 증권에서 표창되는 권리에 관해 자신이 채무 또는 책임을 부담한다는 사실을 증명하고 따라서 발행인이 행위를 신중하게 하는 기능(행위·책임증명, 행위제한), 행위 후 자신의 행위가 아니라고 부인할 수 없도록 하는 기능(부인방지)을 한다. 만일 유가증권의 전자화가 이뤄질 경우 기존의 서면에 이뤄지던 기명날인 또는 서명을 어떠한 방식으로 대체되어야 하는가? 기명날인 또는 서명이 전자식으로 구현되기 위해서는 '전자성'의 특성을 고려하여 그 기능이 구형될 수 있는 방식이 되어야 한다.[4] 이러한 관점에서 보면, 마치 전자문서에 의한 유가증권이 전자문서의 잔류성으로 인해 그 효력이 부인되듯이 전자서명도 전자문서 상의 단순한 그래픽으로 대체될 수 없음은 당연하다.

(2) 기명날인·서명의 전자화

1) **기술적 중립성** : 전통적 서면의 유가증권에서 기명날인 또는 서명이 담당하던 행위자 확정, 위조방지, 책임부담, 행위제한 등의 기능이 전자유가증권에서 이뤄질 수 있도록 하기 위해서는 특정한 방식을 고집하기 보

---

[4] 즉 전자유가증권에서는 전통적 서면의 유가증권에서 기명날인 또는 서명이 담당하던 기능인 행위자 확정, 위조방지, 책임증명·행위제한, 부인방지 등이 이뤄질 수 있도록 하여야 한다.

다는 이러한 기능을 수행할 수 있는 방식을 개방적으로 인정할 필요가 있다. 왜냐하면 기술의 발전방향은 예측이 용이하지 않고 특정한 방식으로 입법에서 정할 경우에는 새로운 기술이 등장하면 이를 개정하여야 하는 복잡한 문제가 발생하고 특정기술의 고정화로 기술의 발전을 막을 수 있기 때문이다. 우리 전자서명법도 이러한 취지를 존중하여 기술적 중립성에 따라 입법을 하고 있다.

2) **전자서명** : 전자서명의 방식에는 서면에 서명하는 것과 동일하게 전자펜으로 서명하는 방식(전자펜서명)을 먼저 생각할 수 있다. 하지만 이러한 방식은 복사에 의한 전송에 따른 전자문서의 잔류성으로 인해 기존의 기명날인·서명이 수행하던 기능을 거의 수행할 수 없다. 따라서 통상 전자서명이라 함은 이런 전자펜서명이 아닌 서명기능을 수행하는 전자적 방식을 의미한다. 하지만 전자서명 역시 다양한 기술을 사용할 수 있으므로 일부 전자서명은 서명기능의 일부만 수행할 수 있을 뿐이고 다른 전자서명은 서명기능을 거의 모두 구현하기도 하므로 전자서명의 범주 확정에 따른 서명의 효력부여라는 규범적 행위가 요구된다. 이러한 취지에서 제정된 법이 전자서명법이고 동법은 전자문서의 안전성과 신뢰성을 확보하고 그 이용을 활성화하기 위하여 전자서명에 관한 기본적인 사항을 정함으로써 국가사회의 정보화를 촉진하고 국민생활의 편익을 증진함을 목적으로 한다(동법 제1조).

전자서명법에서 "전자서명"이란 서명자를 확인하고 서명자가 당해 전자문서에 서명을 하였음을 나타내는데 이용하기 위하여 당해 전자문서에 첨부되거나 논리적으로 결합된 전자적 형태의 정보를 말한다(동법 제2조 제2호). 전자서명법에 의하면 기명날인은 일단 그 대상에서 배제하고 기명날인을 대체할 수 있는 서명에 관해 전자적 방식에 의한 서명을 규정하고 있다. 즉 확인기능, 증명기능, 전자성을 가질 경우 전자서명을 인정하고 있어 기명날인·서명의 기능 중 행위자 확정의 기능과 행위 증명의 기능만 담보될 뿐 기타 위조방지, 책임증명·부인방지, 행위제한의 기능은 담보하지 못하고 있다. 따라서 동법 제3조는 공인전자서명외의 전자서명은 당사자 간의 약정에 따른 서명, 서명날인 또는 기명날인으로서의 효력을 가진다고 하여(제3항), 서명의 일반적 효력을 부여하고 있지 않아 특별한 약정이 없을 경우 서면에의 기명날인 또는 서명을 대체하는 효력이 부여되지 않는다.

3) 공인전자서명 : "공인전자서명"이라 함은 공인인증서에 기초한 전자서명을 의미하면서, 1) 전자서명생성정보[5])가 가입자에게 유일하게 속할 것, 2) 서명 당시 가입자가 전자서명생성정보를 지배·관리하고 있을 것, 3) 전자서명이 있은 후에 당해 전자서명에 대한 변경여부를 확인할 수 있을 것, 4) 전자서명이 있은 후에 당해 전자문서의 변경여부를 확인할 수 있을 것 등의 요건을 갖춘 경우를 의미한다. 공인전자서명은 전자서명의 기능(행위자 확정, 행위증명, 전지성)에다 다시 유일성에 따른 책임증명(행위제한), 지배에 따른 부인방지기능, 서명·문서의 확인기능에 따른 위조방지기능을 요구함으로써 서면에의 기명날인·서명의 기능 모두가 구현되고 있다. 그리고 전자서명법 제3조는 전자서명의 효력에 관해, 다른 법령에서 문서 또는 서면에 서명, 서명날인 또는 기명날인을 요하는 경우 전자문서에 공인전자서명이 있는 때에는 이를 충족한 것으로 본다(제1항)고 하여 공인전자서명에 서명대체효력을 부여하고 있다. 그리고 동조 제2항은 여기서 한걸음 더 나아가 공인전자서명이 있는 경우에는 당해 전자서명이 서명자의 서명, 서명날인 또는 기명날인이고, 당해 전자문서가 전자서명 된 후 그 내용이 변경되지 아니하였다고 추정한다고 하여, 본인확인기능을 재확인하고 아울러 변조방지효력을 부여하고 있다.

---

5) "전자서명생성정보"라 함은 전자서명을 생성하기 위하여 이용하는 전자적 정보를 말한다(전자서명법 제2조 제4호).

(3) 공인인증

'인증'이라 함은 전자서명생성정보(전자서명을 생성하기 위하여 이용하는 전자적 정보)가 가입자에게 유일하게 속한다는 사실을 확인하고 이를 증명하는 행위이고, 이를 확인하고 증명하는 전자적 정보를 인증서라 하며, 공인인증기관이 발급하는 인증서를 공인인증서라 한다(전사서명법 제2조 제6호, 제7호, 제8호). '공인인증기관'이라 함은 공인인증역무를 제공하기 위하여 제4조의 규정에 의하여 지정된 자이고, '가입자'라 함은 공인인증기관으로부터 전자서명생성정보를 인증받은 자이고, '서명자'라 함은 전자서명생성정보를 보유하고 자신이 직접 또는 타인을 대리하여 서명을 하는 자를 말한다(동법 제2조 제10호, 제11호). 따라서 전자적 방법에 의해 서명의 효력이 발생하도록 하기 위해서는, 먼저 서명자는 공인인증기관의 서비스에 가입하여 가입자가 되어 전자서명생성정보를 보유한 후 이를 이용해서 공인전자서명을 하여야 한다.

전자유가증권을 발행 또는 유통하기 위해서는 기명날인 또는 서명에 대체하는 것이 요구되는데, 일반적 전자서명만으로는 기명날인·서명에 대체하는 효력이 부여되지 않으므로(전자서명법 제3조 제3항) 공인전자서명이 요구된다. 공인전자서명은 통상 공개키방식의 암호를 사용하지만 전자서명법은 그 방식을 제한하지 않고 공인전자서명이 되기 위한 요건만을 규정하고 있으므로 공개키방식을 사용하지 않더라도 공인전자서명으로서의 요건만 충족하면 공인전자서명이 될 수 있다. 따라서 공인인증기관이 발행하는 공인인증서에 따른 공인전자서명의 방식으로 유가증권을 발행 또는 유통하면 적어도 동 유가증권에는 서면증권에의 서명과 동일한 효력이 부여된다.

3. 기타 형식적 요소

(1) 전자서명의 한계

전자문서와 공인전자서명의 요건을 충족하면 전자유가증권이 되는가? 예를 들어 어음을 전자적으로 발행하기 위해 전자문서에 공인전자서명을 부착하면 전자어음으로서 효력을 가지는가? 전자문서법, 전자서명법에 따라 해석할 경우 공인전자서명을 부착하여 전자문서에 발행한 어음은 전자어음이 되고 전자문서법 제4조와 전자서명법 제3조에 따라 유효한 어음이 되고 어음법에 따른 효력을 가지게 된다. 하지만 실무에서 이러한 어음이 발행되고 유통되기는 어렵다. 왜냐하면 아무리 공인전자서명을 부착하였다고 하더라도 발행인이 확인되고 발행인의 책임이 증명되며 발행인이 자신의 행위가 아니라 부인할 수 없다 하더라도 그러한 전자문서어음을 전송할 경우 전자문서의 잔류성으로 인해 전자문서의 단일성이 확보되지 않기 때문이다.6)

(2) 단일성의 확보

1) **취지** : 공인전자서명은 행위자확정, 책임증명, 변조방지, 부인방지 등의 기능을 수행하지만 전자문서의 단일성, 종국적으로 권리에 대한 유일한 지배가능성을 확보하지 못한다. 따라서 전자문서의 단일성이 확보된 상태에서 공인전자서명이 부착되어야만 전통적인 서면에 의한 유가증권과 유사하게 기능을 발휘할 수 있게 된다. 전자문서의 단일성을 확보하는 방법은 앞서 전자유가증권의 발행방식에서 언급한 전자등록방식, 전자정보방식, 전자카드방식, 분산정보방식 등이 해당되고 전자문서방식은 이를 충족하지 못한다. 전자카드방식은 권리를 표창하는 전자정보가 전자카드에 기록된 후 카드의 점유가 이전되므로 기존의 유가증권과 동일하게 카드의

---

6) 즉 전자문서어음을 발행한 자가 이를 수취인에게 공인전자서명을 부착하여 전송하더라도 동일한 어음이 자신에게 잔류한다.

단일성을 통해 권리의 유일한 지배가 확보된다. 그리고 전자등록방식은 신뢰할 수 있는 제3자(trusted third party)에 의해 권리의 발생, 유통이 담보되고 전자등록부의 신뢰가 기술적으로 보증되므로 권리의 유일한 지배가능성이 확보된다. 하지만 전자정보방식, 분산정보방식은 카드 등의 유형적 매체가 존재하는 것도 아니고 신뢰할 수 있는 제3자가 개입하지도 않기 때문에 전자문서(정보)의 단일성과 권리의 유일한 지배가능성을 확보하기 위한 새로운 기술이 요구된다. 즉 전자정보가 복사기능에 의한 전송이 아니라 정보 자체가 이동하고 잔류하지 않거나 전자정보가 이동한 거래가 전제(확인)되어야만 다음 거래가 가능하게 되는 기술적 방식이 요구되어야 한다. 하지만 전자정보의 단일성 확보라는 기술적 요건을 규정하기는 용이하지 않으므로 이를 전자양도성기록에 관한 모델법과 같이 규범적으로 전자정보에 대한 지배에서 규정할 수도 있다.

2) 전자양도성기록 관련 논의 : UNCITRAL에서 논의되었던 전자양도성기록에서도 기록의 단일성, 그리고 권리의 유일한 지배가능성을 확보하기 위해 많은 노력이 경주되었다. 전자양도성기록의 대표적인 형태가 전자유가증권이어서 전자양도성기록에 관한 논의는 위에서 전개한 논의와 대응시킬 수 있다. 양자 모두 전자유가증권의 핵심이라 할 수 있는 기록(지배)의 단일성 확보를 목표로 하고 있다는 점은 동일한데, 전자양도성기록에 관한 논의에서 토큰(token)으로 논의하고 있는 사항이 전자정보방식에 해당하고 등록방식으로 논의되던 것은 전자등록방식에 해당한다. 그리고 모델법을 제정하는 과정에서는 분산정보방식도 검토되었고, 최종적으로는 전자양도성기록은 기술중립적으로 규정되었다.

(3) 기타 기재사항

1) 서면증권의 요건 : 전자유가증권은 대체로 기존의 유가증권이 전자

화되는 형태이기 때문에 전자유가증권에 관한 법률이라 하더라도 전자유가증권의 요건을 따로 정하지 않고 전자적 구현을 위한 요건만 규정하고 있다. 따라서 이러한 요건 이외에도 서면증권과 동일하게 서면증권에 요구되는 기재사항을 전자유가증권도 모두 충족하여야 전자유가증권이 효력을 가질 수 있다. 예를 들어 전자어음을 발행할 경우 전자어음법은 전자어음의 필요적 기재사항을 따로 정하지 않고 어음법의 요건을 준용하고 있어 어음법상의 요건 구비가 당연히 요구된다. 하지만 전자유가증권의 하나로 볼 수 있는 선불전자지급수단은 기존에 이에 해당하는 서면증권이 존재하지 않으므로 서면증권의 요건충족이 문제되지 않는다.

2) **전자식으로만 존재하는 유가증권** : 서면 유가증권의 형태로 존재하지 않다가 전자유가증권이 등장한 이후 새롭게 등장한 전자유가증권은 서면 유가증권에 관한 규정이 존재하지 않으므로 유가증권법정주의의 취지에 따라 그 유가증권성 인정에 관한 규정이 필요하다. 유통을 보호하기 위해서는 먼저 발행단계에서 기재사항이 엄격하게 정해져야 하고 유통을 위해 서면증권의 배서·교부에 상응하는 수단과 무권리자에 의한 양도시 취득자를 보호하기 위한 규정이 마련되어야 하며 권리행사에 관한 방법과 권리행사시 소지인을 보호하기 위한 항변권 절단에 관한 규정 등이 규정될 필요가 있다. 그 대표적인 예가 선불전자지급수단인데 전자금융거래법에는 동 지급수단의 발행과 유통에 관한 규정을 두고 있지 않다. 하지만 선불전자지급수단은 발행인이 금융회사, 전자금융사업자로 제한하면서(제19조) 전자금융사업자의 엄격책임(제9조)을 규정하고 있고 그 용도가 지급수단에 제한되고 있어 그 법적 성질이 유가증권성을 가지지만 어음이나 수표와 다르게 발행, 유통에 관한 규정을 따로 마련하고 있지 않은 것으로 이해된다.

III. 실질 관련 쟁점

1. 정보의 지배

(1) 정보의 단일성

유가증권은 증권의 점유에 기초하여 권리관계가 형성된다. 증권은 물건과 유사하게 그 점유자가 유일하게 존재하고 증권을 점유하는 자는 증권의 권리자로 추정된다. 그런데 유형적 증권이 무형적 정보로 전환된 전자유가증권에서 증권의 점유를 대체할 개념이 요구된다. 대체개념은 정보의 단일성(singularity)이 요구된다. 정보의 단일성이라 함은 마치 증권이 유일하게 존재하듯 정보가 복사에 의해 다수가 소지할 수 있어서는 안 되고 정보가 이동하더라도 단일성을 갖추어야 한다는 개념이다. 이메일 전송 등 통상의 메시지 전송시에는 동일한 메시지가 송신자의 컴퓨터에 남는데(전자문서의 잔류성) 이러한 방식으로는 정보의 단일성이 확보되지 않는다. 정보의 단일성이 확보되기 위해서는 전송자가 가지고 있던 정보를 수신자에게 보낼 경우 전송자의 컴퓨터에는 동 정보가 소멸하게 되어야 하고, 이는 전자유가증권이 서면유가증권을 대체하기 위해서는 필수적인 성질이다. 요컨대 전자유가증권에서 정보의 단일성을 요구하는 취지는 전자유가증권이 표창하는 동일한 권리가 다수 당사자에게 양도되어 권리간의 충돌이 발생하지 않도록 하려는데 있다.

(2) 정보의 배타적 지배

정보의 단일성은 물리적 개념이어서 법적 관점에서는 정보의 단일성이 존재여부보다는 정보에 대한 권리의 단일성이 확보된다면 굳이 정보의 단일성을 논할 실익은 없다. 즉 규범적 관점에서는 정보라는 물리적 요소의 단일성보다는 정보에 대한 배타적 지배가 성립할 수 있는가 하는 점이 더 현실적이다. 앞서 소개한 모델법에서도 처음에는 정보의 단일성에 착안을 하였다가 나중에는 지배로 논의의 중점이 옮겨간 것도 동일한 맥락이다. '지배(control)'라는 개념에 배타성이 내재되어 있어 동일한 권리가 수인에게 양도되는 것을 허용하지 않는다고 한다면 '정보의 지배'가 성립할 수 있다면 전자유가증권 즉 전자양도성기록의 법적 규율이 가능하게 된다. 이하에서는 전자유가증권의 성질이라 할 수 있는 전자양도성기록(ETR)의 지배에 관해 UNCITRAL의 논의를 중심으로 살펴본다.

2. ETR의 지배에 관한 논의[7]

(1) 서

모델법의 중심개념은 전자양도성기록의 지배이다. 전자양도성기록이 어떠한 개념이고 이에 대한 지배가 성립하기 위해서는 어떠한 요건이 요구되면 지배의 법적 성질이 무엇인가 하는 점은 모델법의 제정함에 있어서 가장 논의가 활발했던 쟁점이다. 이하에서는 전자양도성기록의 지배에 관한 검토를 하기 앞서 전자양도성기록이 시스템에 따라 어떻게 달리 나타날 수 있는가 하는 점을 먼저 살펴보는 것이 전자양도성기록의 지배에 관한 정확한 이해에 도움이 된다고 본다.

전자양도성기록에 대한 모델법은 앞서 언급한 바와 같이 기술적 중립성 원칙에 따라 특정 방식의 구현을 전제하지 않는다. 따라서 다양한 방식의 전자양도성기록이 개발되어 이용되리라 보며 이러한 점에서 전자양도성기록의 방식은 개방적이다.

(2) 전자양도성기록

1) 개념 : 전자양도성기록이란 전술한 바와 같이 모델법 제10조의 요건

---

[7] 이하 내용은 본 연구를 수행하면서 UNCITRAL WGⅣ회의에 수년간 참석하고 발표한 논문인, 정경영, "유가증권의 전자화 관련 최근 국제적 논의에 관한 연구," 「성균관법학」, 제27권 제3호, 200~209면(이하 '정경영, 앞의 논문 3'이라고 한다)을 인용하였다.

을 충족하는 전자기록이다. 모델법 제10조에 따르면 전자양도성기록의 요건은 전자기록에 양도성 증서·증권에 포함되어야 할 정보가 들어있고, 그 기록을 전자양도성 기록으로 식별하고 전자기록이 생성으로부터 유효성을 상실할 때까지 지배의 대상이 될 수 있어야 한다. 또한 전자기록의 무결성이 유지되도록 신뢰할 수 있는 수단을 사용하는 경우에 전자양도성기록의 요건이 충족된다.

모델법을 논의하는 과정에서는 전자양도성기록의 개념과 관련하여 실체적 접근법과 기능적 접근법에 따른 초안이 각각 제시되었지만, 최종적으로는 기능적 접근법을 간접적으로 채택하고 있다.[8] 기능적 접근법을 채택한 결과 전자양도성기록의 개념은 양도성 증서·증권의 개념에 의존할 수밖에 없고, 이에 따라 전자양도성기록은 채권증권성, 이전증권성을 가진다. 또한 전자기록의 형태를 가지고, 일정한 정보요건(요식증권성)과 신뢰성 및 지배가능성 또한 갖추어야 한다. 전자양도성기록의 개념을 파악하기 위해서는 제2조와 제10조를 동시에 고찰하여야 한다.

2) 요건 : 모델법의 규정에 따라 전자양도성기록이 효력을 가지기 위한 요건을 분석하면, 전자양도성기록은 첫째 채권증권의 성질을 가진다. 우리 법상 유가증권을 그 내용인 권리의 성질에 따라 채권증권, 물권증권, 사원권증권으로 구분하는데, 전자양도성기록은 채권(to claim the performance of the obligation)을 내용으로 하므로 채권증권에 해당한다. 따라서 우리법상 찾아보기 힘든 물권증권은 물론, 주권 등 사원권증권은 전자양도성기록에 포함되지 않는다. 특히 모델법 제1조 제3항에서 주식이나 사채와 같은 증권이나 기타 투자증권을 적용범위에서 배제하고 있어 주권과 같은 사원권증권은 전자화되더라도 전자양도성기록의 개념에는 포함되지 않는다.[9]

---

[8] 이에 관한 상세로 김정환, 앞의 박사학위논문, 103면 이하 참조.
[9] 다만 상법 제356조의2 주식전자등록제도의 구조나 법리는 등록방식의 전자양도성기록과 다르지 않다. 그리고 상법 제478조 제3항의 사채전자등록제도에 따른 등록사채는 주권과 달리

둘째, 이전증권성을 가진다. 전자양도성기록이 이전성을 가진다는 점에 관해서는 이견이 없었지만 실무단 회의의 초반에는 전자양도성기록에 이전성(transferability)을 넘어 유통성(negotiability)을 부여할 것인가에 관해 논의가 있었다.10) 그리고 실무단 회의는 전자양도성기록의 개념을 정립하는 과정에서 유통증권의 기능에 해당하는 전자기록의 발행, 이전, 행사 그리고 증명적 기능 모두를 전자양도성기록의 개념에 포함시키려는 논의도 하였지만11) 이후 논의를 거쳐 현재의 모델법과 같이 규정되었다. 요컨대 전자양도성기록은 채권의 이전을 실현시키기 위한 수단이고, 전자기록이 내용으로 하고 있는 채권의 이전은 전자양도성기록에 의해 이뤄진다. 전자양도성기록이 담고 있는 채권을 전자기록에 의하지 않고도 이전할 수 있는가 하는 점에 관해 구체적인 논의는 없었지만 이는 어음법, 수표법에서와 같이 각국의 입법과 해석에 맡겨져 있다고 볼 수 있다. 증권의 이전에 따른 항변의 문제, 선의취득문제 등 서면증서, 증권에서 발생하는 중요한 법적 쟁점 역시 각국의 실체법에 따라 해결되게 된다.

셋째, 전자기록성을 가진다. 전자기록이 무엇인가 하는 점은 이미 많은 입법을 통해 규정된 바 있지만 모델법은 전자양도성기록의 기초개념이라 할 수 있는 전자기록에 관한 개념규정을 두고 있다. 전자기록(electronic record)이란 전자적 수단에 의하여 생성, 통신, 수신, 또는 저장된 정보를 의미하며 결합정보의 형태이더라도 무방하다. 동 개념은 유엔 국제상거래법위원회의 전자상거래에 관한 모델법과 전자통신협약12)의 '데이터 메시

회사에 대한 채권을 권리의 내용으로 하므로 채권증권에 포함되지만 이 역시 투자증권적 성질을 가졌으므로 모델법 제1조 제3항에 따라 전자양도성기록에 관한 모델법이 적용되지 않는다고 본다.
10) 실무단 1차 회의에서 유통성과 양도성의 차이가 논의되었고 전자양도성기록에 관한 논의의 방향에 이견이 있었지만 좀 더 폭넓은 접근을 하자는 의견이 받아들여졌다(UNCITRAL, Report of Working Group Ⅳ(Electronic Commerce) on the work of its forth-fifth session(A/CN.9/737), para 23-26) 그 이후에는 양도성과 유통성의 차이에 관해서는 더 이상의 논의가 없었고 초안에 특별히 유통성에 관한 규정도 없어 결국 유통성을 가지지 못하였더라도 양도성이 있을 경우 전자양도성기록에 포함된다고 볼 수 있다.
11) 이에 관한 논의과정은 UN Doc. A/CN.9/797, para 23 참조.

지' 개념에 근거를 두고 있으며, 정보가 서버 내에 흩어져 있다가 조합되어 하나의 전자양도성기록이 될 수 있는 결합정보(composite information)도 포함하는 개념이다.13) 다만 전자기록에 전자서명이 포함되어야 하는지에 관해서는 별도의 규정을 두고 있지 않으므로 해당 전자양도성기록에 상응하는 서면 기반의 증서, 증권에 관한 실체법이 규율하는 바에 따라 전자서명이 요구될 수 있다. 다만 모델법 제9조는 전자서명에 관해 서명자와 그 자의 의사를 확인할 수 있어야 하고, 신뢰성에 관한 요건을 규정하고 있다.14)

넷째, 요식증권성을 가진다. 유가증권은 요식증권으로서 유가증권법정주의에 따라 법에서 정한 일정한 방식으로 발행되어야 그 효력을 가진다. 물론 법에서 정한 요건을 충족하지 못할 경우 유가증권이 항상 무효로 되는 것은 아니고 해당 유가증권의 성질에 따라 요건흠결의 효과를 다르게 해석하기도 한다.15) 전자양도성기록도 이전성을 가지기 위해서는 권리의 내용이 되는 채권의 구체적 내용을 포함해서 일정한 정보를 가지고 있어야 하고 그 정보의 명확성이 요구된다. 하지만 전자양도성기록에는 다양한 종류의 채권증권이 포함될 수 있으므로 그 요건을 미리 법정할 수는 없으므로, 모델법은 기능적 등가성, 실체법 불간섭의 원칙에 따라 상응하는 서면 기반의 증서, 증권이 정하고 있는 요건을 갖추도록 규정하고 있다. 다

---

12) UNCITRAL Model Law on Electronic Commerce(1996), UNCITRAL Electronic Communications Convention 을 의미한다.
13) MLETR, Explanatory Note, p. 21 (para 34).
14) 제9조는 서명(signature)에 관해 규정하는데, 법률이 특정인의 서명을 요구하는 경우, 전자기록에 포함된 정보에 관해 특정인을 확인하고 특정인의 의사를 표시하는 신뢰할 수 있는 수단이 사용되었다면 그 요건이 충족된다고 규정한다.
15) 어음법 제2조 제1항은 제1조의 어음요건을 흠결한 경우 어음은 절대무효임을 선언하고 있어 어음요건은 어음의 절대적 기재사항으로 해석된다. 다만 발행지의 경우 판례에 의해 발생지 기재를 흠결하더라도 국내어음의 경우 어음은 유효하다고 보아 판례를 통한 해석에 의해 어음법의 강행규정을 변경하였다고 볼 수 있다(대법원 1998. 4. 23. 선고, 95다36466 전원합의체 판결). 하지만 주권의 기재사항 중 일부를 흠결하더라도 주권의 본질적 사항이 아닐 경우 주권은 유효하다고 하는 입장이 통설이다.

만 유가증권의 경우 일반적으로 권리자가 표시되고 예외적으로 무기명증권의 발행이 입법에 의해 허용되기도 한다.16) 전자양도성기록이 무기명식으로 발행될 수 있는가 하는 점이 논의과정에서 다투어졌는데, 실체법 불간섭 원칙의 관점에서 이에 관한 적극적 규정을 두지는 않지만 무기명식 전자양도성기록(ETR to bearer)을 허용하는 것을 전제로 하고 있다.17)

다섯째, 신뢰성18)을 충족하여야 한다. 제10조 1항(b)에 따르면, 전자양도성기록이 사용하는 수단은 1) 그 전자기록을 전자양도성기록임을 확인하고 2) 전자양도성기록의 무결성(integrity)을 유지하기에 적절할 정도로 신뢰할 수 있어야 한다. 그러면서 동조 제2항에서 무결성을 판단하는 기준은 전자양도성기록에 포함된 정보가, 그 생성 시부터 효력종료 시까지 발생하는 정당한 변경을 제외하고 완전하고 변경19) 없이 유지되었는가 여부로 정하고 있다. 여기서 요구되는 신뢰성은 전자양도성기록에 포함되는 정보가 형성된 목적과 모든 관련 상황을 고려하여 판단된다고 그 기준을 정하고 있다. 요컨대 전자양도성기록의 신뢰성은 증권의 진정성에 대한 확인가능성과 변조방지 가능성으로 보고 이러한 신뢰성 판단은 그 목적을 고려하여 판단하도록 하고 있다. 논의과정에서는 증권의 확인가능성을 규정하면서 '진정한(authoritative)' 기록의 확인가능성으로 규정을 한 바 있다. 즉 종전의 서면증권과 달리 무한 복제가 가능한 전자기록의 특성을 가진 전자양도성기록의 이중 청구를 방지하기 위해 전자양도성기록의 핵심개념으로 단일성(singularity)에 관한 조항을 두고 있었으나20) 이를 전자양도성

---

16) 어음법 제1조에는 수취인의 성명이 어음의 절대적 기재사항에 포함되어 있으나, 수표법 제1조에는 수취인이 수표요건에 포함되어 있지 않다. 따라서 어음은 무기명식으로 발행될 수 없으나 수표는 무기명식(소지인출급식)으로 발행될 수 있다고 본다.
17) MLETR, Explanatory Note, p. 37 (para 116).
18) 모델법은 신뢰성에 관해 제12조에 일반규정을 두고 제10조와 같이 개별 규정에서도 정하고 있다. 양자는 취지를 달리하며 제10조는 전자양도성기록에 특유한 신뢰성요건을 정하고 있어 제12조와 구별할 필요가 있다(Id. p. 34 (para 99) 참조).
19) 동조에서 통신, 저장과 현시(display)의 통상 과정에서 발생하는 변경은 문제되지 않는다고 유보조항을 두고 있다.
20) UNCITRAL, Report of Working Group Ⅳ(Electronic Commerce) on the work of its forth-fifth

기록 또는 그 지배의 개념에 흡수하도록 논의가 진행되었다. 최종안에서는 '진정한'과 같은 수식어는 사용되지 않았다. 이러한 수식어를 사용하는 것은 해석의 불확실성으로 인해 소송을 조장할 수 있기 때문이다.21) 전자기록을 단일한 전자양도성 기록으로 식별하는데 신뢰할 수 있는 수단이 사용되어야 하고, 수단의 신뢰성에 대한 기준은 제12조의 기준이 적용된다.

3) 지배가능성 : 전자양도성기록의 마지막 요건은 지배(control)의 가능성이다. 전자양도성기록은 서면 기반의 증서, 증권의 전자적 대응물이지만 서면증서, 증권과는 달리 서면이 아닌 전자정보의 형태를 가지고 있어 무한복제가능성을 가진다는 점에서 결정적으로 구별된다. 어음이나 수표는 어음, 수표증서를 발행함으로써 채권이 표창되고 그 채권을 표창하는 유일한 증권이 되어, 이를 점유하는 자에게 채권이 귀속하는 것으로 추정하고 증서의 점유를 이전함으로써 권리를 이전하는 법리를 취하고 있다. 하지만 전자양도성기록은 전자기록의 형태를 가지고 있어 서면성이 가지는 유일성(uniqueness)을 가지지 못하고 점유(possession)의 대상이 될 수 없어 그 유통을 보장하기 위해서는 법률의 힘을 빌려 제도적으로 전자양도성기록의 유일성을 확보하고 점유에 상응한 일정한 '법률요건'을 확보해 줄 필요가 있다. 이러한 필요성에 따라 도입된 개념이 전자양도성기록에 대한 '지배(control)'이며 이를 통해 전자양도성기록의 단일성과 점유개념을 대체하고자 한다. 제10조 제1항(b)(ii)는 '그 전자기록을 효력발생시점부터 효력종료시점까지 지배의 대상이 될 수 있도록 할 수 있어야 함'을 다른 신뢰성 요건과 함께 규정하고 있다. '지배'라는 개념이 전자기록을 소지하고 있다는 사실상의 개념 즉 점유에 대응하는 개념인지 아니면 점유에 근거

---

session(A/CN.9/737), para 30; UNCITRAL, Report of Working Group Ⅳ(Electronic Commerce) on the work of its forth-seventh session(A/CN.9/768), para 51-52. 이에 관한 자세한 논의는 정경영, 앞의 논문 1, 142-144면 참조.
21) 김정환, 앞의 박사학위논문, 117면.

한 권리 즉 점유권에 대응한 개념인지 다툼이 있었으며 이에 관해서는 아래에서 살펴본다.

(3) 지배의 의의

1) **지배 개념** : 서면증서, 증권의 점유에 대응하여 전자양도성기록에 관해 사용되는 개념이 지배(control)이다. 전자양도성기록의 지배는 새로운 개념이어서 일부 국가[22]를 제외하고는 각국의 법제에 아직 도입되어 있지 않아 동 개념을 도입함에 있어서 다른 어떤 개념보다도 가장 치열하게 논의가 진행되었다. 초기에는 지배를 단순한 사실 개념으로 볼 것인지 아니면 권리 개념으로 파악할 것인지 아니면 양자를 절충할 것인지에 관해 각국 대표들의 견해가 대립했다.[23] 이후 지배가 규범적 문제가 아니라 사실적 문제라는 점에 대해 일반적 인식이 이루어졌고, 제7차 초안[24]부터는 지배에 관한 정의규정과 사실관념인 점유라는 표현을 삭제하고, 지배라는 용어를 사용하여 하나의 규정을 두었다.[25] 그 이후에도 전자양도성기록의 지배란 그 전자양도성기록을 관리하거나 처분할 수 있는 사실상의 권한(de facto power), 그 전자양도성기록을 사실상 관리하거나 처분하는 권한(power to) 또는 그 전자양도성기록에 대한 사실상의 지배(control in fact)를 의미한다고 정하면서 개념을 확정하지 못하다가 최종적으로는 현재와 같이 점유의 기능적 등가성의 관점에서 지배에 관하여 규정하게 되었다. 지

---

22) 미국의 경우 앞서 소개한 바와 같이 ETR을 비교적 광범위하게 입법에서 받아들이고 있다. 다만 ETR의 지배에 관해서는 정의를 찾아보기 어려운데, ETR은 아니지만 이와 유사한 전자동산담보증서(electronic chattel paper)의 지배에 관해 규정을 두고 있다. UCC §9-105는 동산담보증서를 포함하는 기록은 1) 기록의 단일한 정본(single authoritative copy) 또는 유일한 기록이 존재하도록 하면서 변조가 불가능한 방법으로 형성, 저장, 양도되어야 한다고 정하고 있다. 이에 관한 자세한 논의는 Alvin C. Harrell, The 2010 Amendment to the Uniform Text of Article 9, 65 Consumer Fin. L.Q. Rep. 138. p. 145.
23) 지배의 개념에 관한 논의는 매 회의마다 있었지만 특히 제4차 실무단 회의에서 장시간 진행된 바 있다. 동 논의에 관해서는 UN Doc. A/CN.9/737, para 74-90 참조.
24) UN Doc. A/CN.9.WG.IV/WP.137 and UN Doc. A/CN.9.WG.IV/WP.137/Add.1.
25) 김정환, 앞의 박사학위논문, 125면.

배의 개념은 지배의 가능성 즉 점유 대응성을 중심으로 지배의 의미를 살펴볼 필요가 있다.

2) 점유와의 관계 : 제11조 제1항은 법률이 양도성 증서 또는 증권의 점유를 요구하거나 허용하는 경우 그 요건은 (a) 당사자가 전자양도성 기록을 배타적으로 지배하게 하고, (b) 그 자를 지배권자로 확인하는데 신뢰할 수 있는 방법이 사용되는 경우에 충족된다고 규정한다. 점유를 요구하거나 허용하는 경우라는 규정을 둠으로써 지배는 점유에 대한 기능적 등가물임을 명백하게 하고 있다. 지배의 성립요건으로는 배타적 지배를 형성하는 사실에 대한 식별, 즉 권리관계 확인가능성을 들고 있고, 방법의 신뢰성도 요구하고 있다.

3) 배타성 : '권리관계의 확인가능성'이라 함은 지배의 속성이라 할 수 있는 배타적 귀속관계가 전제되고 누가 그 전자기록을 지배하고 있는지를 확인할 수 있음을 의미한다. 전자기록은 서면증권과 달리 완벽하게 복제가 가능할 뿐만 아니라 통신을 통해 송신하더라도 복제기능에 바탕을 둔 송신이어서 동일한 전자기록이 송신자에게 잔류하는 성질(전자기록의 잔류성)을 가지고 있어 물리적인 점유개념이 적용되기에 한계가 있다.[26] 논의 과정에서 유일성을 주장하는 견해[27]도 있지만 이를 대체할 새로운 개념이 필요하여 전자기록의 귀속관계를 법적으로 확인하고 보장하는 개념으로 '지배(control)'이라는 개념이 고안되었다고 볼 수 있어 유일성 개념은 극복되었다고 볼 수 있다.

4) 지배의 요건 : 이렇게 볼 때 전자기록 특히 재산적 가치가 있는 전

---

26) Thomas E. Plank, op. cit., p. 2.
27) Manuel Alba, Transferability in the Electronic Space at a Crossroads: Is it Really about the Document?, 5 Creighton Int'l & Comp. L.J 1, p. 24.

자양도성기록에 대한 지배가 성립하기 위해서는 첫째, 점유가 하는 기능에 상응할 정도로 권리의 대상을 명확히 할 수 있어야 한다. 이는 권리의 대상인 전자양도성기록의 단일성이 확보되어야 한다는 의미이고 이를 전제로 전자양도성기록에 대한 지배라는 개념이 성립된다. 둘째, 전자양도성기록에 대한 권리자 즉 지배권자가 누구인지 명확하게 밝힐 수 있어야 한다. 동일한 전자기록에 관해 다수자가 청구권을 가진다면 전자양도성기록은 기능을 할 수 없으므로 다수의 청구권을 배제할 수 있어야 한다는 점에서 점유와 유사하게 배타성을 속성으로 한다고 볼 수 있다. 셋째, 권리의 대상과 권리자의 확인하기 위한 수단의 신뢰성이 보장되어야 한다. 즉 전자양도성기록이 발행되고, 유통되는 목적에 비추어 적합할 정도의 신뢰성이 전제되어야 이는 타인에게 유통될 수 있고 법적 안정성을 가질 수 있게 된다. 모델법은 이러한 권리관계(대상과 권리자)의 확인가능성과 수단의 신뢰성, 이를 달리 표현하면 단일성, 배타성, 신뢰성이라는 세 가지 요건을 서면증서, 증권의 점유에 상응하는 전자양도성기록의 지배의 요건으로 규정하고 있다. 현재 모델법 규정이 전자양도성기록의 세 요건을 충족하고 있는지 여부는 아래의 쟁점에 관한 논의에서 살펴본다.

5) 지배의 이전 : 전자양도성기록을 이전할 경우 그 방법이 문제된다. 서면증서, 증권의 경우에는 어음, 수표거래에서 보는 바와 같이 어음이나 수표에 배서를 하여 교부하거나, 무기명수표의 경우 교부에 의해 이전된다. 서면증서, 증권의 이전은 배서보다는 증서, 증권의 점유의 이전 즉 교부에 의해 완벽하게 실현된다. 하지만 전자양도성기록의 경우 앞서 언급한 전자기록의 복제가능성, 잔류성으로 인해 점유의 이전으로는 불가능하고 이를 대신할 방법이 요구된다. 모델법은 전자양도성기록의 이전에 관해 제11조 제2항에서 "법률이 서면 기반의 증서, 증권의 점유의 이전을 요구할 경우 그러한 요건은 전자양도성기록에 대한 지배의 이전을 통해 충족된

다."고 규정하고 있다. 동조 제1항에서 '지배'의 요건을 정하고 제2항에서 지배의 이전을 통해 전자양도성기록이 이전될 수 있음을 정하고 있다.

Ⅳ. 기타 쟁점[28]

1. 서

UNCITRAL 실무단 Ⅳ는 전자양도성기록에 관한 모델법을 성안하는 과정에서 많은 쟁점을 제기하였고 그에 관한 논의를 진행해 왔다. 그 중 특히 모델법의 입법은 물론 해석에도 영향을 미칠 수 있는 쟁점이 다수 있었다. 앞서 먼저 소개한 바와 같이 전자양도성기록의 지배의 개념에 관해 치열하게 논의가 진행되었고 동 개념을 사실로 파악하여 현재와 같은 규정을 두고 있다. 그리고 전자양도성기록의 단일성에 관한 규정의 필요성과 전자양도성기록의 지배에 관한 규정의 관계는 서로 연관이 있다. 모델법의 적용범위에 관해서도 투자증권을 제외하는 것은 확정되었으나 지급증권인 어음과 수표의 경우에는 개방적 배제목록의 하나의 예시로 제시되고 있고, 동 배제목록에는 전자적 환경에서만 존재하는 전자양도성기록도 포함되어 있다. 이하에서는 실무단에서 논의된 주요 쟁점을 다시 한 번 살펴보고자 한다.

2. 지배의 특성(사실 vs 권리)

서면증서, 증권의 점유에 대응하여 도입된 전자양도성기록에 대한 지배의 개념은 실무단 회의의 전 회기를 통해 다투어져 왔다. 대부분의 국가가 물권의 한 종류로서 점유 또는 점유권에 관해서는 익숙하지만 무형적인 정보에 대한 지배라는 개념에 관해서는 생소하여 이를 점유라는 개념에

---

[28] 이하 내용은 정경영, 앞의 논문 3, 209~215면을 정리, 인용하였으며 단락별 인용 문구는 생략한다.

대응시키기가 쉽지 않기 때문이었다. 이미 전자양도성기록과 지배라는 개념을 자국법에서 사용하고 있는 미국[29])의 경우에서조차 지배의 개념에 관한 규정은 없고 그 개념이나 성질에 관한 논의를 발견하기는 쉽지 않다. 실무단 회의에서 대체로 대륙법계 국가 대표들은 지배의 개념을 점유와 유사하게 사실상의 개념으로 파악하려 하는데 반해, 영미법계 국가 대표들은 지배를 권리적 개념에 귀속시키려 하였다.[30]) 이러한 입장을 바탕으로 지배의 개념을 사실상의 개념으로 보는 견해, 권리로 보는 견해, 그리고 절충적 견해로 파악해 볼 수 있다.

서면증서, 증권의 점유는 사실상의 개념으로서 증서, 증권을 소지하는 것을 점유로 보고 그러한 점유에서 점유권이 발생할 여지가 없지 않다. 서면증서, 증권점유의 경우에는 사실상의 개념인 점유와 권리의 개념인 점유권이 병존하고 있어 이를 굳이 하나의 성질로 규정할 필요가 없다. 하지만 '지배'라는 개념은 존재하지만 '지배권'이라는 개념을 사용하고 있지 않는 전자양도성기록의 경우에는 어느 하나로 이해할 필요가 있다.[31]) 결국 지배라는 개념은 사실에 근거하면서도 권리로서의 성질이 부여될 필요가 있으

---

29) 미국의 통일전자거래법(Uniform Electronic Transactions Act, UETA) 제16조와 전자서명법(Electronic Signatures in Global and National Commerce Act, 15 U.S.C. §7001 et seq., E-SIGN) 제201조는 전자양도성기록에 관한 규정을 두고 있다. 그밖에도 통일상법전(Uniform Commercial Code, UCC) 제9장에도 전자양도성기록과 유사한 전자동산담보증서(electronic chattel paper)에 관한 규정을 두고 있고, 미국부동산전자기록법이 제정되어 e-Mortgage가 가능하게 되었다(Zakary Kessler, Getting One Step Closer to a Commercial Morgage: U.S. Law and not Technology is Preventing the Commercial Mortgage Market form Transitioning to a Paperless Mortgage, Journal on Telecommunications & High Technology Law, Fall, 2013., p. 458-459) 그리고 저당채권등록법(National Mortgage Loan Registry Act)의 제정에 관한 논의도 진행 중인데, 동 법안에도 양도성전자기록(transferable electronic record)에 관한 규정을 두고 있다. 이에 관해서는 Dale A. Whitman, A National Mortgage Registry: Why We Need It, And How To Do It, Uniform Commercial Code Law Journal, Volume 45, Issue 1, April 2013(45 No. 1 UCC L. J. ART 1 Appendix) 그밖에 자세한 내용에 관해 정경영, 앞의 논문 1, 147-157면 참조.
30) UN Doc. A/CN.9/797 para. 76-78.
31) 설사 '지배권'이라는 개념을 고안한다고 하더라도 전자양도성기록에는 지배만 문제되고 지배권은 거의 문제될 여지가 없으므로 지배와 구별되는 지배권의 개념은 실익이 없다고 본다.

며 그렇다고 절충적 견해로 가기에는 즉 '사실상의 지배'라는 개념이 너무 모호해질 우려가 없지 않다.

지배의 개념, 성질을 고찰하기 위해선 우린 기존의 점유, 점유권의 개념을 초월할 필요가 있다고 본다. 왜냐하면 전자양도성기록을 사실상 보유하고 있을 경우 보유한다는 사실만으로 권리를 가지지 않기 때문이다. 예를 들어 등록방식의 전자양도성기록은 등록기관이 보유하지만 등록기관이 지배한다고 볼 수 없고 해당 전자기록에 대한 권리자가 전자양도성기록을 지배한다고 본다. 그렇다고 한다면 '유지'[32]와 '지배'의 관계가 되고 지배는 결국 권리의 개념이 된다고 볼 수밖에 없는 측면이 있다.[33] 하지만 모델법 제10조는 지배를 전자양도성기록의 요건으로 규정함으로써 권리가 아닌 사실로서의 지배 개념을 받아들이고 있다고 본다.

3. 다수 청구권의 배제(기록의 단일성 vs 지배의 개념)

전자양도성기록에 관한 입법의 출발점은 기록의 단일성(singularity)[34]을

---

[32] 점유의 개념을 초월하기 위해 '점유'라는 용어의 사용을 배제하고 이와 구별되는 '유지'라는 개념을 편의상 사용한다.
[33] 즉 지배는 그 자체가 권리적 성격을 가질 수밖에 없으며 권리적 성격을 가지는 지배만이 전자양도성기록에 관한 입법에서 관심을 가지는 대상이라 볼 수 있다. 증표방식의 전자양도성기록의 경우 사정은 약간 다르게 나타날 수 있다. 이 경우에는 기존의 서면증서, 증권과 유사하게 점유와 유사한 모습이 나타날 수 있기 때문에 점유의 개념을 초월하기 쉽지 않다. 하지만 이 경우에도 점유의 개념을 배제하고 증표방식의 전자양도성기록에 대한 권리를 누가 가지는가 하는 관점에서 접근하면 네트워크 제공자 또는 단순 점유자가 전자양도성기록을 지배한다고 볼 필요가 없다. 따라서 이 경우에도 지배를 권리 개념으로 이해하여 지배권자가 지배하는 것으로 볼 수 있어 지배의 개념은 권리의 속성을 가진다는 입법안이 더 적절하다고 본다.
[34] 단일성과 관련하여 검토되어야 하는 것이 복본이다. 모델법의 논의과정에서는 복본에 관한 규정안도 제시된 바 있으나(UN Doc. A/CN.9/WG.IV/WP.139/Add.2, p. 4.), 채택 단계에서는 복본에 대한 규정을 따로 두지는 않았다. 복본에 관한 규정이 없다고 해서 모델법이 전자양도성 기록의 복본을 발행할 가능성을 차단하고 있는 것은 아니다. 복본 발행의 관행이 실체법에 따라 허용되는 경우에는 전자양도성기록의 복본발행도 허용된다고 보아야 하고, 이 경우 모델법 제10조 1항(a)에 포함된 정보요건이 준수되어야 한다(MLETR, Explanatory Note, pp. 52-53 (para 191-195)). 우리나라에서는 환어음, 수표, 선하증권에 복본제도가 인정되고 있다.

어떻게 유지하느냐이다. 이를 좀 더 정확하게 표현하면 동일한 전자양도성 기록을 통해 다수의 청구권이 발생하는 것을 어떻게 방지할 것이냐 하는 점이다. 전자양도성기록의 유일성(uniqueness)35) 확보가 UNCITRAL 실무단의 초반 논의의 중심이었다. 따라서 유일성에 관한 규정을 두었으며36) 동 규정은 유일성을 확보할 수 있는 수단을 요구하고 정본 유사 개념, 정본의 재생산을 방지하기 위한 요건을 충족하여야만 유일성을 확보하는 것으로 정하고 있었다. 그러나 전자양도성기록의 지배(control)에 관해 논의하는 과정에 지배의 대상물과 지배권자가 문제되었고 지배의 대상인 전자양도성 기록의 유일성은 지배에 관한 규정에서 함께 규정할 수 있다는 방향으로 논의가 전개되었다.37) 이러한 논의의 흐름에도 불구하고 아직 전자양도성 기록의 유일성에 관한 독립된 규정이 있어야 한다는 주장이 없지 않았으며38) 이는 전자양도성기록의 법률관계에선 가장 중요한 문제였다. 최종적으로는 유일성의 개념은 폐기되었고, 단일성 접근법과 지배접근법으로 유일성을 대체하게 되었다.

단일성 접근법은 전자기록에 표시된 권리의 이행을 청구할 수 있는 자격을 부여하는 전자양도성기록에 대하여 신뢰할 수 있는 수단의 식별을 요구하는 것이고, 지배접근법은 전자양도성기록을 지배하는 사람을 신뢰할 수 있는 수단을 통해 확인하는 것을 요구한다.39) 이러한 접근법을 통하여

---

35) 단일성과 유일성은 거의 유사하나 전자는 물리적으로 하나라는 개념인데 반해 후자는 결과적으로 유일한 권리가 존재한다는 의미로서 관념적 개념으로 이해할 수 있다.
36) UNCITRAL, Draft provisions on electronic transferable records(A/CN.9/WG.IV/WP.124), p. 12. §14.
37) 미국법에서 지배(control)를 규정하고 있는 입법례의 하나인 동산담보증서(chattel paper)에 관한 UCC 제9장도 전자동산담보증서(electronic chattel paper)에 관해 단일성, 유일성에 관한 규정을 두고 있었다. 전자문서의 특성상 단일성 자체가 유지되기 불가능한 것은 아니나 어렵다는 사실상의 어려움을 이유로 동 규정은 2010년에 보다 완화된 간주규정(safe harbor provision)으로 변경되었다(Thomas E. Plank, op. cit., p. 8).
38) UNCITRAL, Report of Working Group IV(Electronic Commerce) on the work of its fifth-first session(A/CN.9/834), para 86.
39) 김정환, 앞의 박사학위논문, 115면.

모델법은 이중양도나 동일한 권리에 대한 다수의 청구를 방지하고 있다. 모델법은 전자양도성기록이 사용하는 수단의 신뢰성에 관해 "그 전자기록을 전자양도성기록으로 식별할 수 있어야"함을 규정하고, 변조방지의 가능성도 규정한다. 또한 전자양도성 기록이 지배의 대상이 되도록 하는 한편, 점유의 대응개념으로 지배에 관해 규정하면서 지배의 속성을 배타적(exclusive)인 것으로 규정하고 특정인을 지배하는 자로 확인하는 가능성을 요구함으로써 하나의 전자양도성기록에 하나의 지배권자[40]가 대응하도록 규정한 것으로 이해될 수 있다.

배타성은 지배의 권리로서의 속성에 해당하고 권리의 행사와 관련된다. 따라서 권리의 배타성을 확보한다고 하여 권리의 발생을 제한한다고 볼 수는 없으므로 배타성을 규정하는 것만으로 기록의 유일성이 확보되지는 않는다고 본다. 다음으로 전자기록을 지배하는 자의 확인가능성 역시 이미 다수의 전자양도성기록이 형성되었다면 각 전자양도성기록은 이를 지배하는 자를 달리 확인할 것이므로 각 기록간의 우월관계가 다시 문제되므로 이 역시 전자양도성기록의 유일성을 확보하는 수단이 될 수는 없다고 본다. 전자양도성기록은 등록방식에 의하든 증표방식에 의하든 일정한 절차를 거쳐 채무자가 채권자에게 일정한 채무의 이행을 약속하는 것이다. 따라서 채무자에 의해서 또는 채무자의 동의를 거쳐 발행된 것만이 전자양도성기록이 되고 이를 복제하였거나 오류로 이중으로 발행되어 다수의 전자양도성기록의 실물이 존재하더라도 전자양도성기록으로 식별된 단일한 기록을 제외한 나머지는 전자양도성기록이 될 수 없다. 단일성의 기능은 동일한 자격을 부여하는 여러 개의 집행 가능한 증서가 유통될 가능성을 제거하는 것에 의해 단 하나의 권리자만이 증서에 화체된 의무의 이행에

---

[40] '지배권자(holder of ETR)'라는 용어는 지배권을 전제하는 것으로 오해할 수 있어 필요한 경우를 제외하고는 이 글에서는 지배하는 자라는 용어를 사용하였다. 지배권자라는 개념을 전자양도성기록에 관한 논의의 핵심으로 보는 견해도 있다(Manuel Alba, Order out of Chaos: Technology, Intermediation, Trust and Reliability as the basis for the recognition of Legal Effects in Electronic Transactions, 47 Creighton L. Rev. 387, p.393).

대한 권리를 주장할 수 있다는 것에 대한 적절한 보증을 제공하는 것이다.41) 이러한 단일성의 기능은 지배와 결합하여 하나의 진정한 청구권을 확보할 수 있다는 점에서 전자양도성기록의 유일성이 실질적으로 확보된다고 본다.

4. 물품증권 vs 지급증권

모델법을 논의하면서 유가증권의 범위에 포함되는 증권에 대해 선하증권 등 물품증권이 포함됨에 관해서는 이견이 없었다. 왜냐하면 전자양도성기록에 관한 모델법의 마련은 전자선하증권이 발행과 국제적 유통, 행사가 그 중요한 동기가 되었기 때문이다. 그리고 주식 등 투자증권에 관해서는 이미 주식등록제도가 각국에서 제도화되어 있어 이를 포함시켜 논의하기가 쉽지 않을 뿐만 아니라 거래관계가 복잡하고 유형에 따라서는 파생적 성질도 가지고 있어 투자증권은 다른 유가증권과 다른 특성을 가진다는 점에서 일찌감치 모델법의 적용범위에서 배제되었다. 문제는 지급증권이었다. 지급증권은 모델법 입법의 직접적 동기가 된 것은 아니므로 처음부터 포함여부가 불명확했지만, 이미 전자금융거래법을 통해 전자지급증권을 입법화하고 있는 한국을 포함한 대부분의 대표들은 이를 포함시키는데 암묵적으로 동의하고 있었다.

지급증권을 전자양도성기록의 범주에 포함시킬 경우 해결해야 하는 선결문제가 있다. 즉 지급증권의 근거법률이라 할 수 있는 어음법이나 수표법이 제네바 어음조약, 수표조약에 근거를 두고 있고 동 조약은 그 형식적 요건을 강행법적으로 선언하고 있어 모델법으로 전자어음, 전자수표를 규정할 경우 제네바어음조약, 수표조약과의 충돌이 문제되었다.42) 이에 관해

---

41) Abhinayan Basu Bal, Electronic Transport Records: An Opportunity for the Maritime and the Logistics Industries. Journal of Transportation Law, Logistics and Policy 81(1), 2014, pp. 28-29.
42) 제네바 협약과의 충돌에 관한 쟁점은 유엔 국제상거래법위원회 제3차 실무단 회의에서 처음 지적되었고(UN Doc. A/CN.9/768, para 20-21), 이후 치열한 논의과정을 거쳐 현재와 같이

선 우리나라의 경우 제네바 어음조약, 수표조약의 체약당사국이 아니므로 직접적인 영향을 받진 않으나 우리 어음법, 수표법이 동 조약에 근거하여 제정되었으므로 동 논의로부터 완전히 자유롭진 않다. 모델법은 제1조 3항에서 제네바 협약에 따른 어음 및 수표를 적용범위에서 배제할 수 있는 예시로 제시하고 있다. 제네바 협약의 체약당사국이라 하더라도 조약을 제정법에 우선하도록 하는 규범체계가 아니라면 모델법에 따라 새로운 법률을 제정할 경우 신법 우선의 원칙에 의해 큰 문제는 없으리라 본다. 그리고 전자양도성기록은 전자선하증권에서도 효용을 을 발휘하겠지만 오히려 전자지급증권의 형태로 더 많이 활용될 것으로 예상되므로 전자지급증권은 전자양도성기록의 모델법의 적용범위에 포함되어야 한다고 본다.

5. 유가증권의 전자화 vs 새로운 전자양도성기록

전자양도성기록에 관한 모델법을 제정함에 있어서 예상하지 않았던 하나의 쟁점이 전자적 환경에서만 존재하는 전자양도성기록에 관한 문제이다. 이러한 전자양도성기록에 모델법이 적용된다고 하는데 별 문제가 없어 보이지만 모델법이 기능적 등가성 원칙을 따르고 있어 문제가 된다. 즉 전자적 환경에서만 존재하는 전자양도성기록은 서면 방식의 유가증권 형태가 없이 새롭게 탄생한 것이므로 기능적 등가성에 근거한 모델법의 적용에 한계가 있을 수밖에 없다는 근본적인 문제 때문이다. 이러한 이유에서 모델법은 전자적 형식으로만 존재하는 전자양도성 기록을 배제목록의 하나로 예시하고 있다.

전자적 환경에서만 존재하는 전자양도성기록은 전자통신기술의 발전을 고려할 때 어느 특정 국가의 문제는 아니고 보편적 현상으로 나타날 가능성이 많다. 그렇다고 한다면 이러한 전자양도성기록도 국제적으로 통일될 필요성이 있으므로 모델법을 통한 통일의 유도가 요구됨은 일반 전자양도

모델법을 수용하는 국가에서 임의로 배제할 수 있는 형식을 갖추게 되었다.

성기록과 동일하다. 그리고 모델법은 그 자체가 구속력을 가지지 않으므로 이는 개별국가의 입법에 의해 규범력을 가지게 된다. 따라서 전자적 환경에서만 존재하는 전자양도성기록의 경우는 기존의 규범체계가 존재하지 않으므로 당연히 특별한 법률을 해당 국가가 제정하여야 새로운 규범체계에 의해 규율될 것이 예상된다. 이 경우 동 규범을 제정함에 있어서 기존의 유가증권에 대응하는 전자양도성기록과의 통일성을 유지하여야 수범자들의 사용상이 혼란을 예방할 수 있으므로 전자적 환경에서만 존재하는 전자양도성기록도 당연히 전자양도성기록의 모델법의 적용범위에 포함되어야 한다.

V. 전자유가증권의 법리

1. 전자양도성기록과의 관계

(1) 유사점

유가증권이 전자화한 경우 이를 전자유가증권이라 한다. 따라서 어떠한 유가증권이든 전자화되어 유통이 가능하다고 인정되면 전자유가증권의 범주에 포함된다. 전자양도성기록 역시 유가증권의 전자화를 위해 시도된 개념이고, 앞서 살펴본 미국의 UETA의 양도성기록도 UCC 상의 유가증권의 전자화를 위해 시도된 개념이고, 전자기록임을 전제하고 있어 전자양도성기록에 관한 모델법의 전자양도성기록과 거의 유사하다. 모델법이나 UETA가 정하고 있는 (전자)양도성기록의 요건은 전자유가증권의 경우에도 사실상 요구되는 요건이라고 볼 수 있어 차이점으로 보기 어렵다. 왜냐하면 전자유가증권도 단순한 점유의 대상이 될 수 있는 유형물이 없으므로 지배의 대상이 될 수밖에 없고 일정한 요건을 갖추어야만 유가증권으로서의 기능을 할 수 있기 때문이다.

(2) 차이점

유가증권의 전자화라는 취지와 지배를 중심개념으로 하는 점에서 전자유가증권과 (전자)양도성기록은 서로 유사하지만, (전자)양도성기록은 일정한 유가증권의 전자화를 그 개념에서 배제하고 있어 구별된다. 즉 전자양도성기록에 관한 모델법이 규정하는 바와 같이 전자화된 투자증권(주식, 채권) 등 일정한 전자유가증권을 그 범주에서 배제하고 있으며,[43] UETA도 전자수표 등의 개념을 배제하고 있다. 뿐만 아니라 모델법상의 전자양도성기록은 유통증권을 대상으로 하는 것이 아니라 양도증권 모두를 포함하고 있다. 따라서 기명증권은 선의취득 등이 인정되는 유통성을 가지지 않아 유가증권의 범주에 포함되지 않아 전자화되더라도 전자유가증권에는 포함될 수 없지만, 기명증권도 양도성은 인정되기 때문에 전자화될 경우 전자양도성기록의 범주에는 포함될 수 있게 된다. 그리고 유가증권의 대응물이 없이 전자적으로만 발행되는 전자양도성기록은 전자양도성기록에는 포함되지만 전자유가증권의 개념에는 포함될 수 없어 구별된다.

(3) 소결

전자유가증권과 전자양도성기록은 대체로 유사한 개념이고 지배의 대상이 된다는 점에서 기존의 유가증권과는 구별되는 개념이다. 하지만 전자화된 투자증권은 전자유가증권에만 포함되고, 전자화된 기명증권, 유가증권의 대응물이 없이 발생되는 전자양도성기록은 전자양도성기록에만 포함된다는 점에서 구별된다.

---

43) 전자양도성기록에 관한 모델법 제1조 제3항 참조.

2. 전자유가증권의 단일성 확보

(1) 전자기록의 단일성

서면유가증권과 비교할 때 전자유가증권의 가장 큰 특징은 전자기록의 잔류성이고 그로 인한 발생하는 다중양도 가능성을 어떻게 극복하느냐가 전자유가증권에 관한 법제의 핵심이 된다. 전자유가증권을 전자문서와 전자서명 등을 사용하여 유가증권의 요소를 모두 갖추더라도 전자유가증권을 양도한 후 양도인이 다시 전자유가증권을 이중양도 할 수 있다면 전자유가증권은 유통이 불가능하게 된다. 따라서 양도 등에서도 권리의 단일성이 확보되어야만 유가증권의 기능적 등가물로서 전자유가증권이 성립할 수 있다.

(2) 권리의 단일성

전자양도성기록에 관한 모델법은 전자기록의 유일성이 아닌 단일성을 요구하고 있다. 전자환경에서의 유일성은 기술적 과제를 제기하는 상대적인 개념이다. 이에 대해 단일성은 매체의 속성상 유사한 것이 생길 수는 있지만 법률상 하나만 인정된다는 법률적 개념으로 이해된다. 전자기록의 단일성을 확보하기는 사실상 어렵기도 할 뿐만 아니라 기록보다는 권리의 단일성이 더 문제된다고 볼 수 있다. 즉 전자기록에 의해 표창되는 권리의 단일성이 확보된다면 기록의 단일성은 크게 문제되지 않는다고 볼 수 있다. 전자증권시스템이 일정한 권리를 증명하는 유일한 정본만이 생성될 수 있는 시스템이라면 유일한 정본을 통해 권리자의 확인이 가능하여 권리의 양도가 이뤄질 수 있게 된다. 결국 전자기록의 단일성은 권리의 단일성에 의해 대체될 수 있고 다시 권리의 단일성은 유일한 권리자를 확인할 수 있는 시스템의 구축으로 구현될 수 있다.

3. 전자정보에 대한 지배

(1) 유일한 권리자

유일한 권리자가 확인될 수 있는 시스템에서 전자증권 또는 전자양도성기록의 권리자는 결국 권리를 표창하는 전자정보를 소유하게 된다. 하지만 전자정보는 소유 또는 점유의 객체가 되기에는 유형적이지 않으므로 정자정보에 대한 권리를 가지는 상태를 나타내기 위해 유형물에 대한 소유 또는 지배를 대체할 수 있는 개념이 요구된다. 이러한 필요에 의해 등장한 개념이 이른바 지배(control)이며 앞서 언급한 바와 같이 UETA, E-SIGN 등에서 이러한 개념을 사용하기 시작하여 전자양도성기록 모델법에서도 전자양도성기록에 대한 지배의 개념을 동 모델법의 핵심개념으로 사용하고 있다.

(2) 지배의 요건

1) 전자정보에 대한 지배가 성립하기 위해서는 첫째, 유가증권에 상응하는 전자정보를 포함하여야 하고(모델법 제10조 제1항 (a)), 둘째 전자정보의 무결성이 확보되어야 하며(모델법 제10조 제2항), 셋째, 배타적 권리자를 확인할 수 있어야 하고(모델법 제11조)[44], 넷째, 전자정보관리 시스템의 신뢰성이 구축되어야 한다(제10조 제1항 (b)). 이러한 요건이 충족될 경우 전자정보에 대한 지배가 성립하며 이를 기초로 전자정보를 지배하고 있는 자는 실체법의 규정에 따라 권리를 행사할 수 있게 된다.

2) 전자유가증권에 대한 지배가 성립하여 양도성을 가지기 위해서는 당연히 유가증권에 포함된 정보를 모두 포함하고 있어야 한다. 이는 전자유

---

[44] UETA에서는 권리자의 확인가능성을 요건으로 정하고 있고, 전자양도성기록에 관한 모델법 논의과정에서 전자양도성기록의 단일성(singularity) 등이 논의되다가 최종적으로 배타적 지배권자의 확인가능성을 요건으로 정하였다(동법 제10조).

가증권이 유가증권과 구별되는 별도의 전자증권을 창조한 것이 아니라 유가증권의 기능적 등가성에 입각하고 있기 때문이다. 다음으로 전자정보로서 기능을 하기 위해서는 일반 전자문서에서도 요구되는 무결성을 갖추어야 한다. 따라서 발행자(채무자)의 동일성이 확인되어야 하고 위조나 변조 등으로부터 보호될 수 있어야 한다.45) 다음으로 배타적 지배가 허용되어야 하므로 점유권과 소유권과 유사하게 타인의 지배를 배척하는 권리의 단일성이 확보되어야 한다. 즉 동일한 권리가 복제될 수 없고 동일한 권리에 관해서 권리자가 그 권리를 배타적으로 행사할 수 있어야 한다. 마지막으로 배타적 지배가 가능한 전자유가증권임을 신뢰할 수 있는 수단(시스템)이 사용되어야 한다. 이는 전자유가증권이 되기 위한 기술적 요건으로 이해할 수 있으며 신뢰성에 관한 요건은 법률에서 정할 필요가 있다.46)

(3) 지배의 성질

1) **사실성** : 전자유가증권에서 도입된 '지배'라는 개념의 법적 성질이 무엇인가 하는 점이 문제된다. 지배라는 개념이 서면 유가증권의 점유를 대체하는 전자정보에 대한 개념인데, 이를 사실의 개념으로 볼 것인가 아니면 권리의 개념으로 볼 것인가 명확하지 않다. 이는 전자양도성기록에 관한 모델법을 제정하는 과정에서도 논란이 된 개념인데, 모델법을 기초로 판단할 때 사실상의 개념으로 이해하는 것이 적절하다고 본다. 왜냐하면 지배는 점유권이 아닌 점유를 대신하는 개념이고(모델법 제11조 제1항),

---

45) 하지만 전자유가증권은 권리의 대상이지 행위 그 자체가 아니므로 행위자의 부인봉쇄기능까지 요구할 필요는 없다고 본다. 따라서 서명자의 부인봉쇄의 효력이 부여되는 공인전자서명(전자서명법 제3조 제2항)이 반드시 전자유가증권의 성립에 요구되는 것은 아니라고 본다.
46) 전자양도성기록에 관한 모델법은 (ⅰ) 신뢰성 판단에 적합한 운영규정, (ⅱ) 데이터 무결성의 보장, (ⅲ) 시스템에의 무권한 접근과 사용을 방지할 수 있는 능력, (ⅳ) 하드웨어와 소프트웨어의 보안, (ⅴ) 독립적 기구에 의한 감사의 정규성과 범위, (ⅵ) 수단의 신뢰성에 관한 감독기구, 승인기구 또는 임의기구에 의한 선언의 존재, (ⅶ) 적용가능한 산업기준 등을 포함하여 모든 관련 상황을 고려하여 그 수단이 사용된 기능을 달성하기에 적합할 정도로 신뢰할 수 있어야 할 것을 요구하고 있다(모델법 제12조).

지배의 요건이 일정한 권리를 발생시키는 것이 아니라 일정한 상태 즉 전자양도성기록이 성립하기 위한 요건의 성질을 가지고 있기 때문이다.

   2) 배타성 : 전자양도성기록(전자유가증권)에 대한 지배가 성립하기 위해서는 '전자양도성기록의 배타적 지배'가 가능하여야 하므로 '지배'는 배타성을 가지는 개념이라 할 수 있다. 즉 동일한 전자유가증권에 대해 A가 기재하고 있을 경우에는 B는 동시에 이를 지배할 수 없게 된다. 하지만 점유와 유사하게 A가 전자유가증권을 배타적으로 지배하고 있더라도 B가 사실상 지배하고(직접 지배) A는 관념상 지배하는(간접지배) 경우도 예상할 수 있다. 이 경우 A는 B를 통해 전자유가증권을 배타적으로 지배한다고 볼 수 있으므로 전자유가증권의 요건을 충족하고 있다고 볼 수 있기 때문이다.

   3) 지배권자 : 전자유가증권은 지배하고 있을 경우 그에게 일정한 권리를 취득하거나 행사할 수 있는 권리가 부여되게 되는 것은 일반 유가증권에서의 점유와 유사하다. 따라서 지배는 항구적인 권리인 소유 또는 소유권과는 구별되고 전자정보인 전자유가증권을 보유하고 있는 상태를 나타낼 뿐 그에 따른 권리나 효과는 실체법이 정하고 있는 바에 따르게 된다. 따라서 지배 그 자체는 소멸시효에 걸리지도 않고 전자정보를 배타적으로 보유하고 있으면 그 자가 지배권자(person in control)[47]가 되고 이를 상실하여 타인이 지배하게 되면 타인이 지배권자가 된다.

  (4) 지배의 효과

   지배는 특정한 권리가 아니라 요건사실적 성질을 가진다고 볼 수 있다. 따라서 전자유가증권을 지배하게 되면 권리가 성립하거나, 권리를 취득하

---

[47] 모델법 제11조 제1항 (b)호에서 전자양도성기록의 지배권자라는 개념을 사용하고 있다.

게 된다. 따라서 전자유가증권에 대한 지배는 권리 성립·이전·행사의 요건이 되어 전자유가증권의 지배권자는 권리를 양도하거나 행사할 수 있게 된다. 뿐만 아니라 전자유가증권에 대한 권리를 가지지 않은 자가 전자유가증권을 지배하더라고 유가증권을 점유하고 있는 것과 마찬가지로 적법한 권리가 추정되게 된다. 따라서 전자유가증권을 지배하고 있는 무권리자로부터 그 자를 적법한 권리자로 신뢰하고 전자유가증권을 취득할 경우 선의취득이 성립할 수 있는가 하는 문제가 발생한다. 우리법상으로는 유가증권의 점유에 권리추정력이 부여되므로 유가증권의 점유에 대해 기능적 등가성을 가진 전자유가증권의 지배에도 동일한 효력이 부여되는 것으로 해석해야 한다.[48]

4. 소결

전자유가증권은 서면 유가증권과 달리 단일성이 물리적으로 확보되기 어렵다. 하지만 전자유가증권의 단일성을 포기할 경우 이중양도 등의 위험으로 인해 전자유가증권의 신뢰성은 붕괴된다. 따라서 전자유가증권의 단일성을 실질적으로 확보하기 위한 개념이 전자유가증권의 지배 개념이고 이를 통해 전자유가증권에 대한 배타적 지배를 규범적으로 보장할 수 있게 된다. 전자유가증권을 배타적으로 지배할 경우 서면 유가증권을 점유하는 경우와 마찬가지로 유가증권상의 권리가 성립·이전·행사될 수 있는 요건이 충족되어 전자유가증권의 지배권자는 유가증권상의 권리를 향유하게 된다.

---

[48] 전자유가증권이나 전자양도성기록에도 선의취득이 인정될 경우 이는 결국 양도성(transferability)을 넘어 유통성(negotiability)을 보장한 것이 된다.

제 4 장 각종 전자유가증권

Ⅰ. 전자어음[1)

1. 전자어음법

(1) 제정 취지

전자금융거래법의 제정을 위해 개별조문이 논의되고 있을 즈음에 "전자어음의 발행 및 유통에 관한 법률안"이 의원입법의 형식으로 발의되어 2004년 3월 22일 공포된다. 사실 전자어음은 전자금융거래의 중요한 전자지급수단으로서 전자금융거래법에 포함되어야 할 내용이었고 동법 초안에 포함시킬 필요가 있었다. 하지만 외환위기 이후 어음을 외환위기의 원인으로 생각하는 견해들이 있었고 그 영향으로 전자금융거래법에 전자어음을 포함시키는 데는 논란이 있었다. 이러한 논란 와중에 전자어음법이 제정되어 전자금융거래의 주요한 지급수단이라 할 수 있는 전자어음은 별도의 법률로 그리고 동 법률은 전자금융거래법의 주관부서와 다른 법무부 소관 법률이 되었다.

이렇게 탄생한 전자어음법은 인터넷 등을 전자상거래에 실물어음의 사

---

1) 전자어음에 학술논문으로는, 정경영, "전자어음제도의 법률적 문제점 : 전자어음법상의 유통제도를 중심으로," 「인터넷법률」, 통권 제24호(2004)[이하 '정경영, 앞의 논문 4'라고 한다]; 이철송, "電子어음의 어음性," 「인터넷법률」, 통권 제24호(2004); 권종호, "전자어음제도의 도입과 법리적 과제," 「비교사법」, 제10권 제1호(2003); 황현영, "전자어음제도의 운영현황과 입법과제," 「法曹」, 제65권 제8호(2016); 안수현, "전자어음제도의 현황과 법제도적 과제-한국의 전자어음법과 일본의 전자채권기록법의 비교에 기초하여-," 「상사법연구」, 제35권 제4호(2017); 하순원, "일본 전자기록채권제도에 관한 소고 - 우리나라 전자채권제도 및 전자어음제도에 대한 시사점을 포함하여-," 「法曹」, 제65권 제8호(2016); 정완용, "전자어음법에 관한 고찰," 「인터넷법률」, 통권 제24호(2004)[이하 '정완용, 앞의 논문 1'이라고 한다]; 정찬형, "電子어음법의 問題點에 관한 小考," 「인터넷법률」, 통권 제24호(2004); 김홍기, "경제환경의 변화와 어음만기 제도의 개선방안 -최근 입법예고된 전자어음법 개정(안)과 관련하여-," 「연세법학」, 제26권(2015); 양석완, "전자어음의 전자문서성과 증거법상의 문제," 「동아시아연구논총」, 제15권 제1호(2004) 등이 있다.

용이 용이하지 않아 어음의 기능을 살리면서도 전자상거래에서 활용하기 위한 방안으로 개발되었다. 즉 디지털 경제에 맞는 전자결제방법의 하나로[2] 약속어음의 전자화가 동법에 의해 실현되었다. 어음을 전자화할 경우 ① 조세정의 실현 ② 금융질서 확립 ③ 물류비용 절감 ④ 디지털 경제환경 효과 등의 이점이 예상된다고 보았으며, 전자어음은 고액의 어음을 소액으로 분할하여 배서할 수 있어 기업 간 결제에 혁신적인 편리성을 제공할 수 있다고 보았다.[3] 이러한 취지에서 전자어음법은 전자적 방식으로 약속어음을 발행·유통하고 어음상의 권리를 행사할 수 있도록 하기 위해 제정되었다(동법 제1조).

(2) 법률 체제

전자어음법은 총칙, 전자어음의 등록 및 어음행위, 전자어음거래의 안전성 확보 및 이용자 보호, 전자어음관리업무의 감독, 벌칙 등 5개 장 24 조문으로 구성되어 있다. 제1장은 공통규정이며 제2장은 거래법적 규정인데 반해 제3장, 제4장, 세5장은 감녹법적 규정이라 할 수 있어 거래법과 감독법이 구분되어 있지 않아 전자어음법은 전자금융거래법 등과 유사한 일종의 통합법이라 할 수 있다.

거래법적 규정인 제2장은 어음법상의 어음행위와 유사하게 전자어음의 발행, 배서, 보증 등 전자어음행위를 중심으로 하고 있다. 그리고 전자어음상의 권리 행사에 관련되는 지급제시, 지급거절, 어음의 상환, 상환청구 등의 절차에 관해서 규정하고 있어 어음법의 체제에 대응하고 있다. 서면어음과는 달리 전자어음을 발행하기 위해서는 발행인의 어음(전자문서)의 작성, 교부만으로 부족하고 전자어음관리기관에의 등록을 요구하고 있어 전

---

[2] 당시 어음에 의한 대금결제를 대신하는 구매전용카드, 구매자금대출제도, 전자방식에 의한 외상매출채권담보대출 등의 새로운 금융상품에 대하여 여러 가지 인센티브를 제공하여 어음에 의한 외상거래를 은행대출에 의한 현금결제방법으로 대체하는 제도를 시행하고 있었다.
[3] 전자어음의 발행 및 유통에 관한 법률안의 제안원문 참조.

자문서방식과 전자등록방식이 혼재되어 있다. 기타 어음행위에도 등록을 부분적으로 요구하고 있어 이러한 혼재성이 나타나고 있다.

감독법적 규정인 제3장 이하의 규정들은 전자어음거래의 안정성 확보 및 이용자 보호에 관한 규정, 전자어음관리업무의 감독법적 규정, 벌칙 규정으로 구성되어 있다. 감독법적 규정에서 서면어음과 달리 전자어음거래의 중심에는 전자어음관리기관이 있으며 이 기관을 중심으로 안전성이 확보되고 모든 전자어음거래가 이루어지도록 규정하고 있다. 당사자 보호를 위해 결제정보제공의무와 약관 명시·통지의무를 전자어음관리기관에 부여하고 전자어음 관련 분쟁처리도 할 수 있도록 규정하고 있다. 전자어음거래제도의 독점적 운영자라 할 수 있는 전자어음관리기관에 대한 감독은 법무부장관에 의해 지정, 감독 필요한 경우 검사되도록 정하고 있으며 일정한 사유가 있을 경우 지정이 취소될 수 있다.

(3) 어음법과의 관계

전자어음법은 전자어음의 발행 및 유통에 관한 사항을 규율하고 있지만 기존의 어음법과의 관계가 문제된다. 즉 전자어음을 서면어음의 전자화로 보아 전자어음법을 어음법의 전자화에 관한 법률(대응법률[4])로 볼 것인가 아니면 전자어음법을 전자어음이라는 별개의 유가증권의 발행과 유통에 관한 법률로 이해하고 어음법의 일부 규정만 적용되고 다른 규정은 적용되지 않는 전자어음에 관한 특별한 법률(특별법률)로 이해할 것인가? 이러한 논의는 전자어음법이 어음법과 달리 환어음의 전자화를 배제하고 있으면서 어음법의 중요 발행·유통구조를 명문의 준용규정 없이 그대로 전제하고 있어 어음법과 전자어음법 관계의 이해를 혼란스럽게 하고 있어 발생하는 문제이다.

---

4) 대응법률이란 UNCITRAL의 ETR 모델법에서 살펴본 바와 같이 기능적 등가성(functional equivalence)에 근거한 입법을 의미한다. 실체법적 규정은 규정하지 않고 기존의 법률을 준용하면서 전자화에 관련된 규정만 입법하는 방식이다.

대응법률로 이해할 경우 어음법이 전자어음의 모법이고 단지 전자화되는 과정에서 발생하는 법적 문제점을 해결하기 위해 전자어음법이 탄생한 것으로 이해될 수 있다. 따라서 어음법이 그대로 적용되고 의사표시의 전자화와 관련되는 부분만을 전자어음법이 규율하게 된다. 전자어음법을 특별법률로 이해할 경우 전자어음은 서면어음과 별개의 어음으로서 효력을 가지므로, 유가증권의 종류와 내용을 제한하고 유가증권법제에 강행법적 효력을 부여된다는 유가증권법정주의[5])의 취지상 전자어음의 효력의 근거는 전자어음법에서 찾게 된다. 전자등록방식이 아닌 전자문서에 의한 환어음의 발행의 효력, 전자어음법과 구별되는 전자문서에 의한 약속어음의 발행의 효력 등이 문제되고 이러한 문제는 어음법과 전자어음법의 관계에서 그 해결점을 찾아야 한다.

최근 전자어음법이 개정되어 전자어음의 분할에 관한 규정(제7조의2)이 포함되었다. 어음의 분할은 서면어음에서는 상상하기 어려운 제도이다. 왜냐하면 서면어음은 그 증권의 점유 자체가 권리의 권원이 되는 바 금액을 분할한다는 것은 곧 증권의 분할의 의미하게 되어 분할은 불가능하기 때문이다. 하지만 전자어음의 경우 서면증권의 점유가 권리의 권원이 아니라 전자어음관리기관의 등록된 전자어음이 권원이 되므로 전자어음은 분할이 가능하게 된다. 전자어음의 분할에 관한 규정은 서면어음에 관한 어음법에서 허용하지 않는 규정[6])이 된다. 따라서 전자어음법은 (서면)어음법의 '기능적 등가성(functional equivalence)'의 원칙을 벗어나 전자어음만을 위한 새로운 입법을 시도하였다는 해석이 힘을 얻게 된다. 뿐만 아니라 전자어음

---

5) 유가증권법정주의는 대부분의 학자들이 소개하고 있지만 우리법상 엄격하게 적용하고 있지는 않은 것으로 이해된다. 즉 유가증권의 유통성, 피지급성을 확보하기 위해 유가증권법은 강행법적 성질을 가지며 유가증권의 종류와 내용은 법에 의해 제한하여 그 남용을 방지한다는 유가증권법정주의를 소개하면서 법률의 근거를 가지지 않는 새로운 증권들의 유가증권성을 부분적으로 인정하고 있는 실정이다.
6) 제네바 어음협약에 따른 어음법규정은 이를 수정할 경우 협약의 일탈이라는 문제가 발생할 여지가 있어(물론 우리나라는 협약의 당사국은 아니다) 전자어음법은 더욱 새로운 입법이라는 주장을 더 강력하게 한다.

법 제6조의2는 「주식회사의 외부감사에 관한 법률」 제2조에 따른 외부감사대상 주식회사 및 직전 사업연도 말의 자산총액 등이 대통령령으로 정하는 기준에 해당하는 법인사업자는 약속어음을 발행할 경우 전자어음으로 발행하여야 한다는 일종의 이용강제에 관한 규정을 두고 있어 이 역시 (서면)어음법이 알지 못하던 조항이며 앞서 언급한 해석론을 강화시킨다고 볼 수 있다.

2. 전자어음의 의의

(1) 전자약속어음

서면어음에는 어음의 발행인이 만기에 일정한 금액(어음금액)을 수취인 또는 수취인이 지시하는 자에게 지급할 것을 무조건으로 약속하는 증권인 약속어음과 어음의 발행인이 만기에 일정한 금액(어음금액)을 수취인이나 수취인이 지시하는 자에게 지급할 것을 지급인에게 무조건으로 위탁한 증권인 환어음이 포함된다. 전자어음법은 전자어음을 전자문서로 작성되고 제5조 제1항에 의하여 등록된 약속어음만을 의미한다고 하여, 전자환어음을 배제하고 전자약속어음만으로 한정하고 있다.[7] 따라서 환어음이 전자문서 형태로 발행되거나 등록 없이 전자약속어음이 발행될 경우 효력이 문제될 수 있다.[8]

(2) 전자환어음

전자어음법에서는 전자환어음과 무등록 전자약속어음(광의의 전자어음)

---

[7] 환어음이 배제되는 데 대해 의문을 제기하며 전자어음법에서는 전자어음이라는 용어보다는 전자약속어음이라는 용어를 사용함이 타당하다는 견해가 있다(정찬형, "전자어음법의 제정 필요한가?," 「고려법학」, 제41권(2003), 58면).

[8] 전자어음법이 제정되지 않더라도 어음이 전자문서 형태를 가질 경우 그 효력에 관해서는 논란이 있으나 전자문서법 제4조 전자문서의 효력규정에 따라 일응 전자어음도 유효하다고 보아야 한다(상세한 내용은 정경영, "어음의 전자화에 따른 법적 문제점 고찰," 「비교사법」, 제10권 제1호(2003), 133-138면 참조).

의 사법적 효력을 배제하는 규정을 두고 있지 않지만, 전자어음관리기관에 등록하지 아니하고 전자어음을 발행한 자를 처벌하는 규정을 두고 있어 간접적으로 효력을 부인하고 있다.9) 이는 전자어음법을 어음법의 특별법으로 이해하는 입장인데, 전자어음법의 규정방식은 아래에서 보는 바와 같이 문서의 전자화 즉 특별한 의사표시방식을 채용한 것으로 볼 수 있고어 다소 의문의 여지는 남는다. 그리고 전자문서법은 전자문서의 차별금지 규정을 두고 있어 어떠한 문서도 전자화될 수 있다고 규정하고 있고, 전자어음법도 전자등록방식에 따라 전자어음의 발행, 유통을 근간으로 한 것이 아니라 전자문서방식으로 어음의 전자화를 근간으로 하고 있어 이러한 의문이 더 증폭된다.

(3) 소결

전자어음법은 어음법의 적용을 전제하고 있어 제한적이기는 하지만 발행요건을 달리 정하고, 전자어음관리기관을 도입하고 있어 전자환어음의 효력을 부정히는 입징에 서서 입법한 섯으로 생각된다. 따라서 만일 전자어음에 포함되는 전자식 어음(전자환어음, 등록되지 않은 전자약속어음 등)이 발행된 경우 이들 전자어음이 효력을 가질 수 있는가 하는 점이 명확하지 않다. 생각건대 전자식 어음의 효력을 부인할 것인가 하는 입법정책적 문제는 별론으로 하더라도 전자어음법이 전자어음의 개념을 제한하고 있는 이상 전자식 어음(광의의 전자어음)을 발행할 경우에 대한 처벌규정만 둘 것이 아니라 효력을 부인하는 규정을 둘 필요가 있다. 왜냐하면 전자문서법은 전자문서 차별금지에 관한 규정(동법 제4조)을 두어 특별한 규정이 없으면 모든 문서는 전자화되더라도 효력이 부인되지 않기 때문이다.

---

9) 전자어음법 제22조 제2항 제1호. 그러나 이 규정은 후술하는 바와 같이 전자어음관리기관에 등록하지 않은 어음은 전자어음법상의 전자어음이 아님에도 불구하고 전자어음이라는 용어를 사용하고 있어 규정 자체가 모순을 내포하고 있다.

3. 전자어음의 특성

1) **전자성** : 전자어음을 기존의 서면어음과 비교할 때 증권 위에 권리를 표창시킨 서면어음과 달리 전자문서의 형태를 가진다는 점이 특징적이다. 서면성을 탈피하였다는 점이 전자어음의 유통속도를 더 증대시킬 수 있는 장점으로 작용하면서도 기존의 서면어음을 위해 제정되었던 어음법을 비롯하여 유가증권에 관한 법규의 적용에 한계가 있게 된다. 따라서 전자문서법상 전자문서의 효력규정을 이용하든지 또는 전자어음의 효력을 인정하는 특별규정이 요구되게 된다. 다음으로 전자어음은 증권의 점유를 이전함으로써 증권상의 권리를 이전하는 것이 아니라 전자적인 방식으로 이전된다는 점이 특징이다. 대부분의 유가증권이 표창하는 권리는 채권 등 이른바 가치권이지만 물권 특히 동산물권의 법리를 차용하여 증권의 점유에 권리를 추정하고 이를 바탕으로 유통질서를 확립하고 있다. 그런데 전자문서를 통해 권리가 이전되는 전자어음에도 과연 이러한 채권과 물권의 절충적 결합이라는 유가증권의 특징이 나타날 수 있는가 하는 점은 일률적으로 말할 수는 없고 후술하는 바와 같이 유통의 방식에 따라 다르게 보아야 한다.

2) **혼합성**[10] : 전자유가증권의 하나인 전자어음의 발행방식을 보면 전자등록방식과 전자문서방식이 혼합되어 있음을 알 수 있다.[11] 대부분의 전자유가증권이 전자등록방식을 취하고 있는데 반해 전자어음은 전자문서방

---

[10] 전자어음의 발행방식에 관해 전자증권방식, 전자등록방식으로 분류하여 언급하고 있는 견해도 있는데, 전자증권방식은 전자문서방식을 의미한다(정완용, 앞의 논문 1, 37면 이하 참조).

[11] 전자어음의 발행방식에 관해 전자등록방식과 전자문서방식 이외에 증표방식을 언급하기도 한다. 증표방식이라 권리에 관한 정보를 증표화하여 권리를 발생시키고 이를 네트워크를 통하거나 현실의 점유 이전을 통해 이전 내지 행사하게 하는 것을 의미한다고 본다(안수현, 앞의 논문, 178면). 증표방식은 UNCITRAL에서 전자양도성기록이 이용될 수 있는 방식의 하나로 거론되었지만, 우리 전자어음법에서는 이를 채용하고 있지 않다. 만일 증표방식의 전자어음이 발행된다면 이는 종전의 유가증권적 속성을 거의 전부 가지게 된다고 본다.

식을 취하고 있어 특징적이다. 예컨대 주식의 전자등록제도를 보면 전자등록기관에 전자등록부를 두고 이에 등록함으로써 주식의 발행, 유통에 효력이 발생하는 것으로 규정하고 있다(상법 제356조의2). 이와 달리 전자어음법에서는 각종 전자어음행위의 효력은 관련 전자문서를 수신한 때에 어음행위의 효력이 발생한 것으로 보고 있어 마치 법률행위의 의사표시의 효력에 관한 도달주의를 그대로 따르고 있다. 예컨대, 전자어음을 발행하는 경우 발행인이 타인에게 전자어음을 송신하고 그 타인이 수신한 때에 전자어음을 발행한 것으로 본다(전자어음법 제6조 제4항).

전자어음법은 전자어음관리기관을 중앙에 두고 모든 어음행위는 동 기관에 등록하도록 하고 어음상의 권리 행사도 동 기관을 통해 이뤄지도록 함으로써 전자등록방식을 채용하고 있지만, 실제 전자문서 형태의 '전자어음'이 발행되어 이를 어음행위의 상대방에게 교부하여야 어음행위의 효력이 발생한다고 규정함으로써 전자문서방식을 채용하고 있다고도 볼 수 있다. 앞서 언급한 바와 같이 전자문서의 잔류성으로 인해 전자문서방식은 한계가 있다. 전자등록방식이 보편적인 유가증권의 전사화 방식임에도 전자어음법이 전자문서방식을 채용하고 있는 것은 동법이 입법되던 상황을 고려할 때 유가증권의 전자화방식에 관한 이해부족이었다고 생각된다. 이 문제를 해결하기 위해 시행령에서 특이한 조항[12]을 채용하고 있다. 요컨대 전자어음법은 전자문서방식과 전자등록방식이 혼합된 특이한 방식이라 할 수 있고 혼합성으로 인해 생기는 문제점을 해결하기 위해서는 시행령을 통한 모호한 방식이 아니라 전자등록방식으로 동법을 개정함으로써 해소될 필요가 있다고 본다.

---

[12] 동 시행령 제7조는 정보처리조직의 관리에 관한 규정을 두고 있는 바, 동조 제1항은 관리기관은 전자어음의 발행인등록 또는 수취인등록을 한 자 외의 자가 권한 없이 등록한 자의 명의를 이용하여 전자어음행위를 할 수 없도록 등록한 자가 등록의 종류에 따라 전자어음행위를 배타적으로 할 수 있는 장치를 제공하여야 한다고 규정하고 있다.

(3) 기초 개념

1) **전자어음행위** : 어음행위의 성질을 어떻게 파악할 것인가에 관해 실질설과 형식설이 대립된다. 다수설이라 할 수 있는 형식설에 따를 경우 전자어음법상 전자어음행위의 개념은 공인전자서명을 요건으로 하는 전자문서에 의한 행위라고 정의할 수 있다. 전자어음은 약속어음에 국한되므로 인수나 참가인수는 있을 수 없고 전자어음에 관해서는 발행, 배서, 보증만 가능하다고 할 수 있다. 전자어음의 발행행위는 약속어음기재사항 및 전자어음 특유의 기재사항 즉 전자어음의 지급을 청구할 금융기관, 전자어음의 동일성을 표시하는 정보, 사업자고유정보 등을 기재하도록 규정되어 있다(제6조). 그리고 전자어음의 배서는 배서의 뜻을 기재한 배서전자문서 첨부하는 방식으로 이루어지며 이후의 배서에도 역시 배서전자문서와 이전에 이미 첨부된 배서전자문서를 함께 피배서인에게 송신하여야 한다. 전자어음의 보증도 배서와 유사하게 보증의 뜻을 기재한 보증전자문서를 첨부하는 방식으로 이루어진다. 이렇게 볼 때 기본적 어음행위라 할 수 있는 전자어음의 발행행위가 성립되면 그 이후의 전자어음에 대한 어음행위는 발행된 전자어음과 이미 부착된 전자어음행위문서와 각 어음행위 고유의 전자문서를 첨부함으로써 이루어진다고 볼 수 있다.

2) **전자어음행위자** : 전자어음법에는 전자어음의 발행인, 배서인, 보증인의 개념이 각각의 전자어음행위의 주체로서 나타나지만, 수취인의 개념은 명시되어 있지 않고 전자어음 발행 시 기재사항의 하나로서 규정되어 있다(제6조 제1항 제1호). 즉 전자어음을 발행함에 있어서 그 상대방은 수취인으로 명시되어 있지 않고 '타인'이라 규정되어 있으며(제6조 제4항) 이는 전자어음의 배서의 상대방에서도 동일하다(제7조 제3항). 여기서 수취인 또는 피배서인이라는 개념 대신 어음법과 달리 '타인'이라는 용어를 사용한 정확한 취지를 짐작하기 쉽지 않다. 다만 동법 제6조 제4항에서 전

자어음의 발행을 규정하면서 '타인에게 -- 송신하고 --수신한 때 -- 발행으로 본다'고 하고 있어 '타인'이 아닌 자기에 대한 어음 발행이라 할 수 있는 자기지시약속어음의 발행은 불가능하게 될 것이다.

3) **법적 성질** : '타인'에 대한 발행, 배서를 규정하고 있는 전자어음법의 규정을 전자어음행위론과 관련시키면 논의는 좀 더 복잡해질 수 있다. 가령 예정된 수취인, 피배서인이 아닌 자에 대해 전자어음이 발행, 배서되더라도 전자어음을 수령한 '타인'에 대해 어음행위는 적법하게 완성되고 단지 부적법하게 전자어음을 소지하고 있는 자('타인')에 대한 전자어음의 반환만 문제될 뿐이다. 여기서 한 걸음 더 나아가면 어음행위의 법적 성질과 관련하여 단독행위설, 교부계약설, 발행설, 권리외관설이 주장되고 있지만[13], 전자어음법은 타인이라는 용어를 사용하고 있어 교부계약설이나 권리외관설을 취하기는 어렵다고 볼 여지가 있다. 왜냐하면 교부계약설이나 권리외관설은 적법한 권리자에 대한 어음의 교부계약이 요구되는데 전자어음법에서는 다인이라 명시하고 있어 적법한 권리자가 아니더라도 전자어음행위가 유효하게 완성될 수 있는 것으로 볼 수 있기 때문이다. 다만 전자어음의 발행, 배서 모두 타인이 수신한 때 이들 어음행위가 완성되는 것으로 규정하고 있어(제7조 제3항) 단독행위설도 취하기는 어렵다고 보인다. 따라서 전자어음법의 규정은 발행설에 따라 규정된 것으로 일응 해석되며, 전자어음법이 '타인'이라는 용어를 사용하여 결과적으로 발행설의 입장을 취하게 된 것은 전자어음거래의 유통보호라는 특성이 작용하였다고 추측해 본다. 즉 전자의사표시가 상대방에게 수신되어야 효력이 발생한다는 전자문서법의 규정에 따를 때 단독행위설을 취하기는 어렵고, 전자어음거래는 서면어음거래와 비교할 때 비대면거래로서 유통의 법적 안정성이 보다 더 요구되어 설혹 교부계약 없이 어음이 발행되거나 배서되더라

---

13) 정찬형, 「어음수표법강의」, 박영사, 2004. 112-117면; 이철송, 「상법강의」, 박영사, 2004. 834-836면.

도 어음행위의 효력이 유지되도록 할 필요가 있어 교부계약설을 취하지 않고 발행설에 따르게 된 것으로 보인다.

4) 거래의 상대방 : 전자어음거래의 상대방에 해당하는 자로서 전자어음법에는 전자어음 수신자라는 지위가 나타난다. 전자어음의 수령을 거부하고자 하는 경우 전자어음의 수신자는 전자어음관리기관에 그 뜻을 통지하여야 한다는 규정(제14조 제3항)을 두고 있는 것으로 보아 전자어음거래의 당사자가 되길 거절한 자이므로 전자어음의 수신자라는 용어를 사용한 것으로 보인다. 따라서 전자어음거래의 당사자가 아닌 자이므로 전자어음이라는 전자문서를 수신한 자에 지나지 않으며 따라서 전자어음상의 권리나 의무를 부담하지 않는 자로 이해된다. 전자어음거래를 위하여 전자어음관리기관에 등록을 하고 전자어음관리기관의 시스템을 이용하여 전자어음거래를 하는 자를 이용자라 한다(제2조 제8호). 그런데 전자어음법에는 이용자가 되기 위한 등록절차를 정하고 있지도 않으며 시행령에 위임하고 있지도 않아 이용자의 개념이 모호하다. 뿐만 아니라 전자어음의 수취인이나 전자어음의 피배서인도 등록하여야 즉 이용자가 되어야 하는지 아니면 수취인, 피배서인이 되면 자동적으로 등록되는 것인지 그도 아니면 이용자와 수취인, 피배서인과 무관한 개념인지 모호하다.

5) 권리행사의 상대방 : 전자어음은 발행인에게 직접 지급제시하는 것이 아니라 '전자어음의 지급을 청구할 금융기관'(이하에서는 지급금융기관이라 함)에게 하여야 한다. 지급금융기관은 환어음의 지급인 또는 인수인과 같이 어음금지급채무를 부담하는 자는 아니며 전자어음에 대한 어음금지급채무를 부담하는 발행인의 지급사무를 담당하는 자로서 우리 어음법상 지급담당자에 해당한다고 보인다. 다만 우리 어음법상 지급담당자는 유익적 기재사항에 지나지 않으나(어음법 제4조) 전자어음법에서 지급금융기

관은 전자어음 발행의 필요적 기재사항으로서 이를 기재하지 않으면 전자어음이 효력을 가질 수 없다고 판단된다. 그밖에 전자어음관계자로서 전자어음관리기관이 등장하는데 이에 관해서는 후술한다.

(4) 전자어음관리기관

1) **전자등록** : 서면어음과 전자어음의 형태적 차이점을 제외하고 양자의 가장 큰 차이점은 서면어음에 관해서는 관리기관이 별도로 존재하지 않는데 반해 전자어음에는 관리기관이 별도로 존재한다는 점이다. 이른바 전자어음관리기관이라 함은 법무부장관의 지정을 받은 자로서 전자어음법상 전자어음의 발행, 유통, 결제를 관리하는 기관이라 할 수 있다. 이는 전자어음행위의 상대방은 아니나 전자어음의 발행시 등록기관으로서 지급금융기관, 신용조사기관의 의견을 참고하여 전자어음의 등록을 거부할 권한을 가지고 있다(전자어음법 제5조 제2항).

2) **기능** : 전자어음법에서 명시하고 있는 전자어음관리기관의 기능을 보면 전자어음의 발행등록기관으로서 기능 이외에 전자어음거래를 하고자 하는 자는 전자어음관리기관에 이용자 등록하여야 하며(법 제2조 제8호), 원칙적으로 지급금융기관이 지급제시의 상대방이지만 예외적으로 전자어음의 제시(지급제시)의 상대방이 될 수 있으며(법 제9조 제1항), 전자어음을 지급하는 금융기관이 지급사실을 통지하는 상대방이 된다(법 제9조 제4항). 그리고 전자어음 자동지급결제기관의 기능을 하며(법 제9조 제1항, 제10조), 지급거절 전자문서의 통보 상대방이며(법 제12조 제2항), 상환의무 이행사실 통지 상대방이다(법 제13조 제2항). 뿐만 아니라 전자어음 발행, 배서를 취소할 경우 어음반환청구 상대방이며(법 제14조 제1항), 전자어음 수령거부 사실 증명문서 발급권자(법 제14조 제3항)인 동시에 거부사실 통지의 상대방이기도 하다(법 제14조 제3항).

3) 거래상의 지위 : 전자어음관리기관은 전자어음행위 중 발행의 경우 사전통지의 상대방으로서 지위를 가질 뿐 다른 전자어음행위 즉 배서, 보증의 경우에는 개입하지 않는다. 단지 전자어음법 제16조 제1항에서 '전자어음관리기관은 전자어음의 발행, 배서, 보증 및 권리행사 등이 자신의 전자정보처리조직을 통하여 이루어지도록 하여야 한다'고 규정하나, 유통 당사자에게 유통에 관한 정보를 전자어음관리기관에 통지할 의무를 적극적으로 부과하거나 유통의 효력을 관리기관에의 등록과 관련시키고 있지는 않다. 발행의 경우에도 사전 통지만 받을 뿐이므로 전자어음관리기관에의 발행등록을 발행의 효력발생요건으로 볼 수 있을 지는 의문이다. 이렇게 볼 때 전자어음관리기관은 전자어음이 발행될 경우 이를 파악하고 있다가 유통에는 관여하지 않고 지급제시, 지급, 지급거절, 상환청구 등 전자어음 결제절차에 개입하여 전자어음 채무의 이행사실을 파악하게 된다. 즉 전자어음채무의 발생과 소멸에만 관여하게 되는 데 유통을 제외한 발생, 소멸에 전자어음관리기관을 개입시키는 취지는 무엇인지 의문이다. 원래 전자유가증권 등록기관[14])은 유가증권의 유통을 보호하기 위해 고안된 장치인데 전자어음법은 유통절차에서 배제시키고 있어 문제이며, 이에 관해서는 전자어음의 유통보호에 관한 문제로서 아래에서 자세히 살펴본다.

4. 전자어음의 발행[15])

(1) 기재사항

1) 필요적 기재사항 : 어음법은 약속어음의 절대적 기재사항으로 7가지 사항을 정하고 있고, 발행인의 기명날인 또는 서명이 있어야 하며(어음법 제75조) 수취인에게 교부됨으로써 어음의 발행은 완결된다. 어음법에서 정

---

14) Borelo 전자선하증권에서는 BTR(Borelo Title Registry)이 중앙등록기관으로서 역할을 하며 현재 논의중인 전자증권제도에서도 중앙등록기관에 의한 전자증권등록이 논의되고 있는 실정이다.
15) 이하 내용은 정경영, 앞의 논문 4를 보완, 재정리하였다.

하고 있는 기재사항과 전자어음법상의 기재사항을 비교해 보면, 약속어음 문구, 어음금액 및 지급약속문구, 만기, 수취인, 발행일과 발행지는 공통되나, 어음법상의 기재사항인 지급지는 전자어음법에서는 기재사항이 아니고 지급담당금융기관의 소재지를 지급지로 간주하고 있다(전자어음법 제6조 제2항). 그리고 전자어음법은 어음법상의 절대적 기재사항 이외에 지급담당 금융기관, 전자어음의 동일성정보, 사업자고유정보를 요건으로 하고 있다.

2) **지급청구 금융기관** : 전자어음법은 전자어음의 지급을 청구할 금융기관을 전자어음의 요건으로 하고 있는데 동법 제9조 제1항에서 전자어음의 지급제시가 동 금융기관에 이루어진다는 점을 감안할 때 때 이는 지급담당자로서 금융기관을 의미한다고 본다. 서면어음에서는 지급담당자 또는 지급장소가 유익적 기재사항에 지나지 않으나 전자어음에서는 어음요건으로서 절대적 기재사항이 되었다. 이는 전자어음을 발행인에게 직접 제시할 경우 비대면거래인 전자어음거래에서 생길 수 있는 지급제시시점의 불명확성과 지급제시 유무에 관한 입증의 곤란함과 그로 인한 법적 분쟁의 가능성을 염두에 두고 입법한 것으로 판단된다.[16] 결과적으로 전자어음은 금융기관을 지급장소로 하는 이른바 은행도어음의 발행만 허용되게 되었다. 그러나 전자어음관리기관이 전자어음에 관한 정보를 집중관리하고 있고 전자어음의 발행인 역시 만기를 인식하고 있으며 전자어음의 현재 소지인에 관한 정보도 알 수 있어 권리자를 확인할 수 있다. 이렇게 볼 때 전자어음은 은행도전자어음이겠지만 어음 이용의 편리성이란 점에서 볼 때 반드시 은행도전자어음만 허용하여야 하는지는 입법론적으로 재검토할 여지가 있다고 본다.

3) **전자어음의 동일성 정보** : 전자어음의 동일성 정보도 전자어음의 요

---

16) 이철송, 앞의 논문, 6면.

건으로 규정하고 있는데 어음의 일련번호나 어음의 단일성을 증명하는 암호 등의 정보를 의미한다고 한다.17) 이 견해는 서면어음은 그 물리적 존재 자체로 동일성을 표현하지만 전자어음은 복사가 가능하고 다른 기재사항이 동일한 경우에는 서로 구분이 불가능할 수 있어 어음의 동일성을 증명하는 방법으로 고유정보를 기재하게 한 것으로 이해한다. 이 역시 전자어음관리기관의 존재를 전제할 때 과연 어음요건화될 사항인가 하는 점은 의문이다. 전자어음관리기관은 어음을 관리하는 업무의 하나로서 발행된 어음에 관해 고유번호 등 동일성 확인지표를 부여하리라 예상되지만 이를 전자어음의 발행요건화할 이유는 없다고 생각된다. 앞의 견해가 우려하는 예로 들고 있는 것처럼 동일인에게 동일한 금액의 동일한 만기의 어음을 수매 발행한 경우에도 이는 전자어음관리기관에 등록되는 과정에서 기관 자체의 동일성 확인지표에 의해 차별화된다. 어음요건은 발행인이 기재하는 사항으로서 어음에 기재되지 않을 경우 어음이 무효하게 되는 최소한의 사항에 한정하여야 한다는 점에서 볼 때 전자어음의 동일성 정보의 요건성에 의문이 있다.

4) 사업자고유정보 : 사업자고유정보가 또 다른 어음요건의 하나로 규정되어 있는데 이는 발행인의 고유정보의 기재로 본다.18) 서면어음의 경우 발행인의 기명 또는 서명이 반드시 포함되는데 전자어음의 경우 발행인의 기명날인 또는 서명이 전자서명으로 대체되어 전자어음면의 어디에도 발행인을 확인할 수 있는 정보가 없다는 점을 감안한 규정으로 이해된다. 그러나 발행인의 사업자고유정보라고 하지 않아 규정이 모호하다는 점도 입법상 지적하지 않을 수 없고, 전자어음의 발행인을 사업자에 한정하는 듯한 점도 문제점으로 생각된다. 과거 어음의 발행이 절대적 상행위였던 적이 있었지만 지금은 어음은 상인의 전유물이 아니어서 일반인도 얼마든지

---

17) 이철송, 앞의 논문, 6면.
18) 이철송, 앞의 논문, 6면.

어음을 발행할 수 있다. 물론 은행도전자어음만 발행되므로 대부분의 경우 사업자가 전자어음을 발행하겠지만 비영리법인의 전자어음 발행도 예상되고 개인도 은행예금을 담보로 전자어음을 발행하려는 수요도 예상되므로 사업자고유정보라는 표현은 부적절하게 생각된다. 전자어음을 발행하기 위해서는 전자어음을 등록신청하는 과정에서 전자어음관리기관이 등록을 거부할 수 있으므로 발행인의 기명을 전자어음요건으로 하더라도 사실상 신용이 없는 개인은 전자어음의 발행이 불가능하게 되어 제도의 취지는 달성되리라 본다.

(2) 교부

1) 의의 : 발행, 배서, 보증 등 어음행위는 기명날인 또는 서명을 요건으로 하는 요식행위로서 일정한 사항을 기재하도록 어음법은 규정하고 있다. 하지만 이러한 서면행위만으로 어음행위는 완성되는 것이 아니고 요식행위를 마친 후 거래상대방에게 교부하여야 완성된다고 보는 견해가 다수설직 견해이나. 서면어음의 경우 증권이라는 물리적 형태를 가지고 있어 증권의 점유의 이전에 의해 교부되지만 전자적 방식으로 공시되는 전자어음의 경우 무형적 표상뿐이므로 교부는 사실상 불가능하다. 다만 전자문서 형태를 가질 경우 전자문서의 송신과 수신이라는 행위를 통해 증권의 교부와 동일한 효력을 부여할 수 있을 것이다.

2) **전자문서의 교부** : 이러한 관점에서 전자어음법은 전자어음의 발행과 관련하여 발행인이 전자어음요건을 기재한 전자문서(전자어음)를 수취인에게 송신하고 수취인이 수신한 때에 전자어음을 발행한 것으로 본다. 여기서 송신, 수신 시점은 전자문서법 규정에 따른다(전자어음법 제6조 제4항). 전자어음의 배서에 관해서도 발행과 유사한 규정을 두고 있으며, 전자어음의 보증에도 규정을 준용하고 있다(동법 제7조 제3항). 따라서 서면어음의

교부는 전자어음행위에서 전자문서의 송신, 수신에 의해 갈음되고 언제 전자어음이 송신되고 수신되는가 하는 점은 전자문서법에 의존하고 있다.

3) 송·수신시점 : 전자문서법 제6조는 전자문서의 송신, 수신시점을 정하고 있는데, 전자문서는 수신자 또는 그 대리인이 당해 전자문서를 수신할 수 있는 정보처리시스템에 입력된 때에 송신된 것으로 본다. 그리고 수신시스템을 지정한 경우에는 당해 시스템에 수신된 시점이나 지정시스템 이외에 입력된 경우에는 수신자가 출력한 시점이 되고, 수신시스템을 지정하지 않은 경우에는 수신자가 관리하는 시스템에 입력된 때가 수신시점이 된다. 그리고 전자문서는 작성자 또는 수신자의 영업소 소재지에서 각각 송신 또는 수신된 것으로 본다.[19] 전자어음에서는 특히 수신시점이 중요한데 거래상대방의 지정시스템에 수신되거나 거래상대방이 전자어음을 출력한 시점이 어음의 교부시점과 동일한 의미를 지니게 된다. 다만 전자문서법은 제9조에서 수신확인제도를 두고 있어 작성자가 수신확인을 조건으로 하여 전자문서를 송신한 경우 작성자가 수신확인통지를 받기 전까지는 그 전자문서는 송신되지 아니한 것으로 본다. 그리고 작성자가 수신확인을 조건으로 명시하지 아니하고 수신확인통지를 요구한 경우 상당한 기간[20] 내에 작성자가 수신확인통지를 받지 못한 때에는 작성자는 그 전자문서의 송신을 철회할 수 있다고 규정하고 있다. 전자어음에도 동조가 적용될 것인가 전자어음법은 규정하고 있지 않아 명확하지 않지만 당사자가 수신확인을 요구한 경우 수신확인의사를 무시할 적극적 이유가 없고 전자어음도 전자문서의 일종으로서 전자문서법의 적용대상이라는 점에서 동조가 적용된다고 본다.

---

19) 이 경우 영업소가 2 이상인 때에는 당해 전자문서의 주된 관리가 이루어지는 영업소 소재지에서 송신·수신된 것으로 본다. 다만, 작성자 또는 수신자가 영업소를 가지고 있지 아니한 경우에는 그의 상거소(常居所)에서 송신·수신된 것으로 본다.
20) 작성자가 지정한 기간 또는 작성자와 수신자간에 약정한 기간이 있는 경우에는 그 기간을 말한다.

(3) 등록

1) **의의** : 서면어음과 달리 전자어음을 발행하기 위해서는 발행인은 전자어음관리기관에 전자어음을 등록하여야 한다. 이 경우 전자어음관리기관은 지급담당금융기관이나 신용조사기관 등의 의견을 참고하여 전자어음의 등록을 거부하거나 전자어음의 연간 총 발행금액 등을 제한할 수 있다.(전자어음법 제5조 제1항, 제2항) 그리고 동법 제16조에서 전자어음관리기관은 전자어음의 발행, 배서, 보증 및 권리행사 등이 자신의 전자정보처리조직을 통하여 이루어지도록 하여야 한다는 규정을 두고 있다.

2) **기능** : 전자어음의 등록은 후술하는 바와 같이 단순히 사실증명의 수단의 하나로서 역할을 하는 것이 아니라 시스템에 따라서는 거래의 성립요건 또는 효력발생요건으로 기능하여야 할 필요성도 존재한다. 즉 전자어음거래시 가장 문제가 되는 것은 해킹이나 시스템의 안정성보다도 이중양도로부터의 거래 보호이다. 재산권이 표창된 전자문서가 발행되어 유통되는데 이를 일반 전자문서와 같이 복사 후 전송이라는 본질을 가진 송신기능만으로 이중양도를 막을 수 없기 때문이다. 전자문서의 유일한 정본성을 확보할 기술적 어려움 때문에 대부분의 전자유가증권이 등록증권화의 길을 가고 있는 것이다. 그런데 우리의 전자어음법은 등록을 요건화하면서도 등록이 가진 법적 효력에 관해서는 침묵하고 있으며, 동법 시행령에서는 전자어음에는 복본 또는 사본의 제작이 불가능한 장치를 하여야 하고 발행, 배서된 때에는 발행인 또는 배서인의 정보처리조직에는 전자어음이 소멸하거나 전자어음에 이미 발행 또는 배서되었음을 표시하는 문언이 기재되도록 하여야 한다는 규정을 두고 있다(동법 시행령 제8조 제2항).

3) **검토** : 시행령에서 규정하고 있는 복본, 사본의 제작이 불가능하도록 시스템을 개발하는 것은 용이하고 PDF파일 등의 사용은 제한적이나마 그

러한 목적에 부합할 것이다. 하지만 전자어음을 발행하거나 소지하고 있는 전자어음을 피배서인에게 배서할 경우와 같이 이른바 전자어음의 교부가 요구될 경우 본질적으로 전자어음인 전자문서의 송신이 문제되고 송신시 전자문서의 잔류성으로 원본이 송신자의 컴퓨터에 남게 된다. 이를 해결할 기술도 언젠가는 개발되겠지만 현재는 이렇다 할 기술적 진전은 없는 것으로 알고 있다. 만일 이러한 기술이 개발된다면 이미 개발된 전자투자증권, 전자선하증권도 당연히 이러한 기술에 따라 입법되어야 할 것인데 이러한 유통방식에 관해서는 아직 아는 바가 없다. 그렇다면 전자어음의 이중양도를 막을 수 있는 유일한 방법은 전자어음관리기관에의 등록을 통한 방식이며 등록을 발행, 유통의 효력요건화하여 등록부를 통한 권리의 관리가 되어야 한다.

4) **입법론** : 전자어음법은 숱한 입법상 문제를 가지고 있지만 이에 관해 언급하는 것이 이 글의 목적이 아니므로 논의와 관련되는 부분에서의 문제점 지적에 그친다. 하지만 전자어음을 기존의 서면어음과 같이 어음이 전전 유통되는 것으로 파악하고 발행, 유통구조를 설계한 점은 매우 중대한 입법상 오류임을 지적하지 않을 수 없고 전자어음거래가 실행될 경우 혼란이 예상된다. 전자어음법에도 전자어음의 발행, 유통에 관해 전자어음관리기관에 등록할 것을 요구하고 있지만 전자어음관리기관에의 등록이 발행행위, 배서행위, 지급제시에 어떠한 법적 의미를 가지는가 하는 점에 관해서는 침묵하고 있다. 따라서 등록을 결여한 발행, 배서, 지급제시가 효력을 가질 수 있는가 하는 점, 이중의 배서가 있을 경우 등록순서에 따라 효력이 결정될 것인가 하는 점, 전자어음 또는 전자배서문서가 수취인 또는 피배서인에게 도달한 시점에 발행 또는 배서의 효력이 발생하는지 등록시점에 발생하는지 하는 점 등이 불분명하므로 이에 관한 전자어음법의 개정이 요구된다.

5. 전자어음의 유통

(1) 유통구조

1) **전자어음의 배서** : 전자어음법은 전자어음의 유통과 관련하여 기본적으로 전자어음의 배서와 보증의 두 조항을 두고 있다. 동법이 규정하고 있는 배서의 방식은 전자어음에 배서전자문서를 첨부하여 송신·수신하는 방식이다. 여기서 배서전자문서라 함은 특정 전자어음을 배서한다는 뜻을 기재한 전자문서를 의미하는데(동법 제7조 제1항) 배서가 계속적으로 이루어질 경우 이전의 배서에 관한 배서전자문서 전부를 첨부하여야 유효한 배서가 된다(동조 제4항). 서면어음의 배서에 요구되는 기명날인 또는 서명은 공인전자서명으로 대체되어야 하며(동조 제6항) 배서회수를 총 20회로 제한하고 있다(동조 제5항).[21]

2) **전자어음의 보증** : 전자어음법은 전자어음의 보증에 관한 규정도 두고 있는데 보증도 배서와 유사하게 전자어음에 보증하는 자는 전자어음에 전자보증문서를 첨부함으로써 이루어진다(동법 제8조 제1항). 보증전자문서라 함은 전자어음에 보증의 뜻을 기재한 전자문서를 의미하며 여기에는 피보증인이 명시되나 피보증인이 명시되지 않을 경우 발행인을 위하여 보증한 것으로 간주된다(어음법 제31조 제4항). 그리고 보증인 역시 다른 전자어음행위자와 동일하게 기명날인이나 서명 대신 공인전자서명을 하여야 전자보증이 효력을 가진다.[22]

3) **제도의 한계** : 서면어음의 배서, 보증을 위해서는 서면어음에 배서·보증문구를 기재하고 기명날인 또는 서명을 한 후 어음의 교부가 요구되는데 전자어음에서는 이들 절차가 배서·보증전자문서와 공인전자서명 그리

---

21) 정경영, 앞의 책 2, 426면.
22) 정경영, 앞의 책 2, 426면.

고 전자어음 및 배서·보증전자문서의 송·수신에 의해 대체된다. 여기서 전자어음법이 규정하는 배서나 보증의 방식을 따를 경우 배서·보증의 진정성 확보는 공인전자서명에 의해 달성될 수 있다. 공인전자서명을 함으로써 이른바 거래의 진정성, 무결성, 부인방지, 기밀성은 유지될 수 있지만, 배서인이 전자어음을 배서한 후 전자어음을 이중으로 제3자에게 양도하는 이른바 전자어음의 이중양도는 공인전자서명만으로 해결될 수 없다. 왜냐하면 공인전자서명은 배서인의 배서의 의사표시의 진정성을 보장하고 전달되는 전자어음 기타 전자문서가 변조되지 않았다는 사실 그리고 배서인이 한 배서의 의사표시를 나중에 자신의 의사표시가 아니라고 부인할 수 없도록 하는 효력만 가지기 때문이다.

4) 문제점 : 전자문서의 전달과정은 앞서 언급한 바와 같이 전자문서의 송신, 수신이 원본인 전자문서 자체가 통신회선을 통해 전달되는 것이 아니라 컴퓨터상의 복제기능이 활용되어 카피되는 것에 지나지 않기 때문에 가치를 지니는 문서, 특히 전자유가증권의 경우 '전자문서의 잔류성'으로 인해 이중양도에 취약하다. 즉 원본인 전자어음문서는 여전히 배서인의 컴퓨터에 저장되기 때문에 배서인이 악의적으로 이를 이중 유통시키거나 또는 배서인의 컴퓨터를 허락 없이 로그온 한 타인에 의해 부당하게 유통될 가능성이 존재한다. 타인의 무권한 유통은 배서에 요구되는 배서인의 공인전자서명을 얻기가 용이하지 않기 때문에 어느 정도는 제한되리라 생각되지만 배서인에 의한 악의적인 이중양도 가능성은 언제나 열려 있다고 볼 수 있다. 전자어음의 이중양도의 위험성은 서면어음의 배타적 점유를 이전하여야 어음양도가 효력을 가지는 실물 어음과는 달리 전자문서의 잔류성으로 인해 전자어음의 유통에서 발생하는 특유한 문제라 할 수 있다.

(2) 전자유가증권의 유통방식

1) 권리의 무형화 : 전자어음을 발행하기 위해서 전자문서에 서면어음

의 발행사항을 기재하여야 할 뿐만 아니라 전자어음관리기관에 등록되어야 하므로 서면어음과 비교할 때 전자어음을 발행함에 있어서 안전성이 특별히 문제되지 않는다. 그러나 전자어음의 배서 등 유통에 있어서는 실물 증권이 존재하지 않으므로 무엇을 기준으로 권리를 추정할 것이며 언제부터 권리가 양수인에게 이전될 것인가 하는 점이 문제이다. 뿐만 아니라 전자문서화된 어음이 양수인에게 송신·수신되더라도 원본 전자어음문서가 양도인에게 남아 있게 되어 이중양도 가능성이 훨씬 높아진다는 점에서 어떻게 이중양도를 방지할 것인가 등의 과제를 안고 있으므로 실물어음에 비해 전자어음의 유통방식은 보다 복잡하게 전개된다. 전자어음의 등장은 가치권으로서의 채권이 실물어음에 표창됨으로써 유형화되었다가 전자화됨으로써 다시 실질적으로 무형화된 것으로 이해할 수 있다. 따라서 전자어음이 안정적으로 양도되기 위해서는 민법상 채권양도에서 요구되는 제3자 대항요건을 다시 활용하든지 아니면 이중양도를 방지할 수 있는 특별한 양도방식을 고안하여야 한다.

2) **전자등록방식** : 전자어음 뿐만 아니라 전자유가증권 일반론으로서 유가증권의 전자화는 실제 두 가지 가지 유형으로 나타날 수 있다.[23] 그 하나는 권리를 표창하는 증서를 아예 없애고 증서가 담당하던 권리공시기능을 등록기관의 전자등록부가 담당하는 방식이다. 이 방식에서는 권리의 발생, 행사, 이전에 증권의 소지는 더 이상 요구되지 않고 등록부상 등록에 따라

---

[23] Evelyn A. Ashley/ Patricia J. Rogers, "E-RECORDS - STRATEGIES FOR A PAPERLESS WORLD," 683 PLI/Pat 947, p. 1047 에서는 두 가지 유형을 제시하고 있다. 이와 유사하게 정본이 발행되어 안전한 전자적 환경("E-Vault")에 보관되어 접근제한을 통해 관리되는 유형(E-Vault Model)과 등록기관을 이용하여 관리하는 유형(Registry Model)로 구별하는 견해도 있다(The ABA Cyberspace Committee Working Group on Transferable Records, "EMULATING DOCUMENTARY TOKENS IN AN ELECTRONIC ENVIRONMENT: PRACTICAL MODELS FOR CONTROL AND PRIORITY OF INTERESTS IN TRANSFERABLE RECORDS AND ELECTRONIC CHATTEL PAPER," Business Lawyer November, 2003, pp. 385-388).

이루어진다. 증권이 표창하는 권리에 관해 권리자, 권리내용 그리고 권리의 양도·담보설정 및 권리행사가 권리등록부를 중심으로 인정되는 제도를 의미하며 이는 권리의 성립, 행사, 이전에 등록을 요한다는 점에서 '전자등록방식'이라 할 수 있다.24) 이 방식은 각국에서 전자증권(주권)을 도입함에 있어서 주로 사용되는 방식이다. 다만 다른 전자유가증권과 달리 전자어음이 전자등록방식에 의해 발행, 유통될 경우 권리자가 전자등록부에 의해 결정된다는 점이 추상성을 지닌 전자어음의 특성상 문제될 수 있다.25)

3) 전자문서방식 : 유가증권 전자화의 또 다른 유형은 전자등록부를 이용함이 없이 현재의 실물증권을 전자문서화 함으로써 권리를 전자문서에 표창시키는 방법으로서 전자문서가 증권의 기능을 그대로 대체한다는 점에서 전자문서방식이라 할 수 있다. 이 유형의 전자유가증권은 중앙등록기관이 존재하고 이를 통해 유통이 보장되는 전자등록방식과는 달리 권리 자체가 전자문서로 표창되어 유통된다는 점이 특징이다. 권리를 표창하는 전자문서증권의 소지에 실물 유가증권 소지인과 동일한 권리를 부여하고 기존의 유가증권이론을 그대로 적용하는 방법이다. 전자문서증권은 유가증권의 개념에서 크게 이탈하지 않아 현행 유가증권 관련 법률을 그대로 적용할 수 있다는 편리성은 있으나 전자유가증권을 유통시킴에 있어서 전자문서의 잔류성에도 불구하고 '정본인 전자문서에 대한 유일한 권리자'를 확정할 수 있어야26) 한다는 점에서 시스템의 고도의 신뢰성과 기술적인

---

24) 전자등록방식에 관한 자세한 내용은 정경영, "전자증권의 법적 성질과 전자등록제도에 관한 고찰," 「상사법연구」, 제22권 제3호(2003)[이하 '정경영, 앞의 논문 5'라고 한다] 참조.
25) 어음법 제75조에서 약속어음은 무조건의 지급약속이어야 할 것으로 정하고 있으며 이 규정은 강행법적 성질을 가지는데 전자등록부상 권리자로 기재될 것을 조건으로 한다는 점에서 검토를 요한다. 생각건대 전자등록부상에 권리자로 기재될 것을 요구하는 것은 어음상의 채무를 조건부로 만든다고 하기 보다는 전자어음의 특성상 배서에 대신하여 권리자를 정하는 방법이라 볼 수 있으므로 어음법 제75조에 반하지 않는다고 판단된다.
26) 정본은 유일하고 확인가능하고 변조 불가능하여야 하는데 여기서 유일한(unique)의 의미는 다른 사본으로부터 정본이 구별되어야 한다는 점을 의미하며 이는 기술적으로 또는 절차적으로 또는 합의를 통해 달성될 수 있다(The ABA Cyberspace Committee Working Group on

여건의 확보가 보다 중요하다.

4) 비교 검토 : 양자를 비교컨대, 실물유가증권세계에서는 문서의 배타적 점유를 통한 권리자 확정이 효율적인 방법이었으나 전자유가증권세계에서는 컴퓨터통신을 통해 등록절차가 손쉽게 이루어지고 등록부의 엄정한 관리를 통해 권리자의 확정이 용이하게 되어 전자등록증권제도가 보다 일반화될 가능성이 높다. 즉 중앙에 거래를 관리하는 기관을 두고 모든 전자증권거래를 이 관리기관을 통해 이루어지게 한다면 유통보호가 쉽게 이루어질 수 있어 복잡한 어음법 규정 및 이를 둘러싸고 진행되어온 수많은 논쟁을 쉽게 해결할 수 있다는 장점이 있는 방식이다. 일단 등록이 된 권리의 양도, 이전에는 전자식 권리등록부가 매우 유용한 수단이나 전자유가증권의 발행 단계에서는 발행자가 등록기관에 가입하여야 하고, 등록제도의 본질상 대상이 제한될 수밖에 없다는 특성으로 인해 일정한 유가증권에 한해 이용될 수밖에 없다고 본다(이용의 폐쇄성). 따라서 전자문서에 의한 유가증권 발생 가능성을 입법적으로 봉쇄하지 않는 한 전자문서증권이 발행될 가능성이 있고(이용의 개방성) 보안절차의 강화로 권리를 표창하는 전자문서에 대한 유일한 권리자의 개념이 기술적으로 용이하게 확보될 경우 전자문서방식은 이용의 편의성이라는 점에서 장점을 가질 수 있다.

(3) 전자어음법의 유통보호

1) 전자화방식의 선택 : 전자어음법상 전자어음의 유통은 전자유가증권유통의 두 방식 중 어느 방식에 해당하는가? 결론적으로 볼 때 전자어음법은 위의 두 방식 중 어느 한 방식을 취하지 않고 절충적인 방식[27]을 취

Transferable Records, op. cit., p. 383).
27) 앞서 본 두 방식 이외에도 계약법적 방식을 활용한 전자유가증권이 있다. 이는 전자문서인 전자유가증권을 발행하고 이를 중앙등록기관이 관리하면서도 채무자와 새로운 권리의 양수인 즉 신채권자의 관계는 경개계약의 법리를 이용하여 새로운 채무를 성립시키는 방식이다. 이는 Borelo선하증권의 유통에서 활용하고 있는 방식으로서 국제적인 거래에 사용되는

하고 있다. 전자어음관리기관은 전자어음의 발행, 결제에 개입하나 전자어음의 유통은 전자문서어음을 송신·수신함으로써 이루어지고 전자어음관리기관이 개입하지 않는다는 점에서 전자등록방식과 전자문서방식이 혼합되어 있다고 볼 수 있다.

2) **전자동록방식의 제한** : 전자어음법은 전자어음관리기관을 두고 있으며 전자어음이 발행될 경우 전자어음을 관리기관에 등록하도록 함으로써 전자어음거래와 관련하여 등록부를 운영할 것을 예상하고 있다. 즉 전자어음의 발행이나 권리행사에 관해서는 '발행하고자 하는 자는 -- 등록하여야'(동법 제5조 제1항), 그리고 '전자어음관리기관에 지급사실을 통지하여야'(동법 제9조 제4항) 하는 등 등록과 통지를 강제하는 규정을 두고 있다. 특히 전자어음의 발행에 있어 전자어음관리기관에의 등록은 전자어음 발행의 효력요건 또는 대항요건 등으로 해석될 여지가 있다.

전자등록방식에도 불구하고 전자어음을 배서함에 있어서는 아무런 등록을 요하지 않고 배서인과 피배서인(전자어음법에서는 '타인'이라 규정함) 간의 전자어음문서 및 전자배서문서의 송·수신에 의해 배서가 완결되도록 하고 있어 유통에 관해서는 전자어음관리기관의 등록을 요구하고 있지 않다. 다만 전자어음법 제16조 제1항에서 '전자어음관리기관은 전자어음의 발행, 배서, 보증 및 권리행사 등이 자신의 전자정보처리조직을 통하여 이루어지도록 하여야 한다'는 규정을 두어 발행이나 권리행사 뿐만 아니라 배서, 보증 등도 전자어음관리기관을 통해서 이루어지도록 유도하고 있을 뿐이다. 요컨대 전자어음의 배서나 보증에 있어서는 아무런 규정이 없고 전자어음관리기관의 의무조항만으로 전자어음의 배서나 보증이 관리기관

특징을 가진 선하증권이 전자화된 경우 각국이 전자선하증권에 관해 특유한 통일적인 법률을 마련하기는 요원하다는 현실적 이유에서 유통을 보호하기 위해 계약법적 법리를 받아들인 것으로 이해된다(이에 관한 자세한 내용은 정경영, "전자선하증권의 도입에 관한 법적 검토," 「상사판례연구」, 제15집(2003), 참조).

에 통지되도록 강제할 수 없으며 이를 결여하였다고 하여 거래의 효력을 부인할 수는 없다고 본다. 현재의 전자어음법 규정만으로는 결국 등록된 전자어음이지만 전자어음관리기관이 인식하지 못하는 유통이 있을 수 있고 이는 이중의 유통에 대해서는 아무런 통제수단을 갖지 못한다고 이해된다.

(4) 전자서명의 기능

1) 이중양도 : 이중 유통의 위험을 제거하기 위해서는 중앙관리기구의 개입이 있어야 한다고 하면서 전자어음을 배서해서 양도하면 동일인이 재차 전자서면에 배서를 해서 제3의 상대방에게 이전하더라도 인증서에 의한 전자서명이 불가능하도록 프로그램을 만드는 방식에 의해 가능하다고 보는 견해가 있다.[28] 전자어음법안도 원안에서는 이러한 취지에서 '배서 후 재차 타인에게 배서하는 경우에 이에 인증서에 의한 전자서명이 불가능하고 그 밖에 이중으로 유통되는 것을 방지할 수 있는 장치를 갖추어야 한다'는 이중유통방지를 위한 규정을 두었으나 법 제정과정에서 삭제되었다.[29]

2) 공인전자서명 : 공인전자서명에 의해 이중유통을 방지하려는 전자어음법의 입장은 몇 가지 점에서 문제가 있다고 생각된다. 첫째 전자서명을 부여하는 공인인증기관과 전자어음관리기관은 별개의 기관이라는 점이다. 따라서 공인인증기관이 이중의 배서가 있었는지 여부를 알 수 있는 방법이 없다. 둘째 전자서명은 문서의 진정성을 확보하기 위한 수단적 절차에 지나지 않으며 실질적으로 누구에게 유가증권상의 권리가 귀속되는지를 규명해주는 제도가 아니라는 점이다. 공인전자서명은 기명날인이나 서명의 기능과 같이 행위자의 법률행위라는 것을 밝히고 더 나아가 문서에 변조

---

[28] 이철송, 연구보고서 「전자어음법의 제정에 관한 연구」, 2001, 제45면.
[29] 이철송, 앞의 연구보고서, 54면. 전자어음법시안 제8조.

가 없었다는 사실을 증명하는 기능으로서 이러한 요청이 있을 경우 누구에게나 부여되는 서비스이다. 따라서 불법한 문서이든 이중의 유통이든 내용에 무관하게 문서의 진정성과 무결성을 제공할 뿐이다.

3) 제도적 한계 : 이러한 기능의 독립성에도 불구하고 양 기능을 동일 기관에 집중시킬 경우 즉 전자어음관리기관을 전자서명을 부여하는 공인인증기관으로 지정할 경우 공인전자서명을 부여하면서 어음의 배서사실을 알게 될 것으로 전자어음법은 이해하는 듯하다. 그러나 이는 전혀 다른 기능이 하나의 기관에 의해 수행될 뿐이므로 위에서 지적한 문제점들이 완전하게 해소된다고 볼 수 없을 것이다. 뿐만 아니라 이 경우에도 현재의 전자어음법 규정만으로 배서인이 전자어음관리기관인 공인인증기관의 전자서명을 받도록 강제할 수 있는 근거는 여전히 발견할 수 없다. 전자어음법에는 배서를 위해 공인전자서명만 요구할 뿐 전자어음관리기관의 공인전자서명을 요구하고 있지 않기 때문이다. 그리고 전자어음관리기관에 전자서명기능을 부여함으로써 전자어음의 이중유통을 방지할 수 있다면 전자어음법에서 규정하고 있는 바, 전자어음의 발행, 권리행사, 상환청구에도 굳이 별도의 등록, 통지가 요구되지 않을 것이다. 왜냐하면 전자어음의 발행, 권리행사, 상환청구에도 전자문서가 작성되고 여기에 공인전자서명이 부착되기 때문에 배서에서와 마찬가지로 중복적 기능을 수행하는 전자어음관리기관이 어음에 관한 정보를 파악할 수 있기 때문이다. 따라서 중복적 기능을 인정할 것을 예상하고 입법되었다고 보는 입장도 전자어음법의 다른 규정을 논리적으로 설명하기에는 한계가 있다고 판단된다.

(5) 검토

1) 문제점 : 전자어음법은 특히 약속어음만을 대상으로 하기 때문에 국내어음만이 주로 문제되어 전자선하증권에서처럼 각국의 전자어음법제 간

의 충돌도 우려할 필요가 없다. 따라서 절충적인 입법보다는 유일한 정본을 확인할 수 있고 이를 입증할 수 있는 기술적 시스템이 확보되었다면 전자문서방식으로 입법하면 기존의 어음법 규정을 활용할 수 있어 편리할 것이다. 그러나 이를 보장한 기술적 시스템이 확보되기까지는 전자등록방식을 따를 수밖에 없고 유통에 등록을 요구하도록 입법하여야 전자어음의 유통을 보호할 수 있을 것이다. 그런데 전자어음법은 전자등록방식을 따르고 있으면서도 정작 전자어음의 배서와 보증에 있어서는 등록방식을 활용하지 않고 당사자 간의 전자어음문서의 송·수신만으로 거래가 완결되는 전자문서방식을 취하고 있어 입법의 타당성에 대해 의문이 크다.30)

  2) 이중유통의 방지 : 전자어음법은 제16조에서 전자어음관리기관에 전자어음 관련정보의 관리의무규정만 둘 뿐 전자어음의 이중유통을 방지하기 위한 아무런 규정을 두지 않았다고 볼 수 있다. 이는 이중유통방지가 전자어음제도를 비롯하여 전자유가증권제도의 도입 가능성을 판단하는 가장 중요한 요소라는 점에서 납득하기 어렵다. 설혹 공인전자서명제도를 통해 이중의 유통을 방지할 가능성이 없는 것은 아니지만 전자문서 자체의 형식적 진정성을 입증하는 전자서명의 수단적 성질을 고려할 때 거래의 실체와 관련되는 이중유통을 방지하는 기능을 부여하기에는 전자서명제도가 왜곡될 가능성이 크다. 즉 전자서명을 부여하기 위해 당사자만 확인하는 형식적 판단으로 부족하고 권리가 이중으로 양도되지 않았는가 하는 실체적 판단을 하여야 하기 때문이다. 설혹 억지로 공인인증기관을 전자어음관리기관으로 지정한다고 하더라도 현행 전자어음법의 규정만으로 전자어음관리기관에 의한 공인전자서명을 강제하는 규정이 없어 이중양도방지의 목적을 달성하기는 어려우며, 그렇게 될 경우 전자어음의 발행 등록, 권리행사 및 상환청구 등의 전자어음관리기관에 대한 통지 규정은 중복적

---

30) 정경영, 앞의 책 2, 434면.

인 규정이 되게 되어 부당하게 될 것이다.

3) **등록부에 의한 권리** : 전자어음의 유통과정에서 문제가 되는 전자어음의 잔류성을 해소하고자 전자어음법시행령에서는 앞서 언급한 바와 같이 특이한 조항을 두고 있다. 전자어음에는 복복 또는 사본의 제작이 불가능한 장치를 하여야 하고 발행, 배서된 때에는 발행인 또는 배서인의 정보처리조직에는 전자어음이 소멸하거나 전자어음에 이미 발행 또는 배서되었음을 표시하는 문언이 기재되도록 하여야 한다는 규정을 두고 있다(동법 시행령 제8조 제2항). 하지만 이러한 기술이 개발되어 있지도 않으므로 실무상 전자어음관리기관에 전자어음의 원본을 두고 관리기관의 시스템을 통해 전자어음이 송신, 수신되도록 하고 있다.[31] 즉 전자어음관리기관을 경유하지 않은 전자어음의 송신, 수신은 전자어음의 유통으로 보호받지 못하고 전자어음관리기관을 경유한 이중의 전자어음거래는 사실상 불가능하겠지만 시스템 하자로 발생한다면 전자어음관리기관상의 로그장부 등 일정한 등록장부 등에 의해 권리의 우선권이 결정될 것이다.

4) **등록방식으로의 개정** : 어떠한 기술적 방식과 법적 수단으로 이중양도를 제도적으로 방지할 수 있을지 현재 전자어음법 규정만으로 판단하기 어렵다. 기왕 전자어음관리기관을 설치하여 운영할 것이라면 전자어음 배서나 보증에도 외국의 전자증권제도나 우리나라에 이미 도입된 전자외상매출채권에서처럼 중앙등록기관 즉 전자어음관리기관에 등록하도록 하여야 하며 등록부상의 기재를 통해 거래의 효력을 부여하는 시스템으로 갈 수 밖에 없다고 본다. 이를 위해서는 전자어음법상 전자어음의 발행에서와 같

---

[31] 전자어음관리기관이 발행인, 배서인 등의 고객과 직접 연결되는 것에 일부 은행이 반발하여 은행을 통해 어음거래당사자가 의사표시를 하도록 시스템을 수정하였다고는 하나 이 자체는 법률적 관점에서는 그다지 의미가 없고 결국 전자어음관리기관이 어음의 발행, 유통상의 정보의 중심이 되고 개인 간 송·수신되는 전자문서로서의 전자어음은 법적 효력을 가지지 못하게 된다.

이 배서, 보증에도 등록을 의무화하는 규정을 두어야 하며, 이들 규정은 거래의 효력과 관련되는 중요한 조항으로서 시행령에 규정할 성질의 것은 아니어서 전자어음법의 개정이 요구된다.[32] 다만 ETR 모델법에 따라 특정방식이라 할 수 있는 전자등록방식을 취할 것인지 아니면 블록체인기술 등에도 개방적인 기술적 중립성을 요구할 것인지 하는 점은 검토를 요한다.

6. 기타 제도

(1) 전자어음의 선의취득

1) 배서의 효력 : 어음이 배서되면 배서에는 어음상의 권리가 이전되는 권리이전적 효력, 어음상의 채무가 이행될 것을 담보하는 담보적 효력, 일정한 요건을 갖출 경우 어음소지인의 권리의 적법성이 추정되는 자격수여적 효력이 부여된다. 전자어음이 발행되어 배서된 경우에도 이들 효력이 동일하게 부여될 것인가 하는 점이 문제되는데 전자어음법은 동법에 규정이 있는 경우를 제외하고는 어음법이 정하는 비에 의한다고 규정하고 있어(동법 제4조) 어음법에 명시되어 있는 배서의 효력이 그대로 적용될 것을 예상하고 있다. 전자어음의 배서에 권리이전적 효력과 담보적 효력이 부여됨에는 별다른 의문이 없지만 자격수여적 효력이 부여될 수 있는가 하는 점은 의문이다.

2) 추정 요건 : 현행 전자어음법 규정에 따를 경우 어음법 제16조가 당연히 전자어음에도 적용되게 되고 전자어음의 점유자가 배서의 연속에 의해 그 권리를 증명하는 때에는 이를 적법한 소지인으로 추정한다. 적법한 권리가 추정되는 자로부터 전자어음을 선의로 취득한 자는 전자어음의 선의취득이 성립되어 사유의 여하를 불문하고 전자어음의 점유를 잃은 자가 있더라도 전자어음을 반환할 의무는 없다. 적법한 권리가 추정되고 선의취

---

[32] 이와 유사한 주장으로 황현영, 앞의 논문, 185면 이하 참조

득이 성립하기 위해서는 그 전제가 어음을 소지하고 있어야 한다는 점과 배서가 연속되어야 한다는 점이다.

　3) **배서의 연속** : 전자어음의 배서의 연속은 서면어음과 동일하게 형식적으로 수취인의 배서로부터 현재의 전자어음 소지인에 이르기까지 배서가 중단됨이 없는 상태를 의미하므로 이는 배서에 첨부되는 전자배서문서에 의해 용이하게 그리고 충분히 확인될 수 있다. 그런데 전자어음에서 첨부된 전자배서문서와 전자어음을 소지하고 있다는 사실만으로 권리의 적법성을 인정하고 이 자로부터 취득한 자는 선의취득을 인정할 수 있는가 하는 점은 의문이다. 반복적으로 언급되는 바이지만 우리 전자어음법에 따른 전자어음은 이를 소지하고 있는 자가 유일한 정본이라는 사실을 확인할 수 있는 방법도 마련되어 있지 않으며 이를 확인해 주는 전자등록부도 마련되어 있지 않다. 따라서 전자문서의 잔류성으로 인해 서면어음에 비해 훨씬 간단하게 이중양도, 삼중양도 또는 극단적인 다중양도가 발생할 가능성이 있으므로 이러한 위험성이 내재되어 있는 유통방식에 권리의 적법성 추정이라든가 선의취득을 인정하는 것은 전자어음의 유통을 극도로 혼란스럽게 만들 우려가 있다.[33]

　4) **해석의 한계** : 현재의 유통체제를 유지하는 이상은 배서에 권리이전적 효력과 담보적 효력을 부여할 수는 있어도 자격수여적 효력을 부여할 수는 없다고 보여진다. 전자어음의 배서에 자격수여적 효력을 부여하기 위해서는 적어도 전자어음의 이전에 서면어음에서처럼 유일한 어음 그 자체에 대한 점유가 이전(교부)되어야 하고 어느 것이 정본인지 확인될 수 없는, 동일 어음이 다수 유통될 수 있는 상황은 극복되어야 한다. 전자어음의 유일한 정본에 대한 배타적 점유가 전제될 경우 유일한 정본을 소지하고 있는 자가 배서의 연속을 증명할 경우 적법한 권리가 추정될 것이며

---

[33] 전자어음의 선의취득에서 발생하는 문제점에 관해서, 황현영, 앞의 논문, 187면 참조.

이 자로부터 어음을 취득한 자는 권리의 유통에 흠결이 있었더라도 선의취득자로서 보호를 받을 수 있을 것이다. 앞서 언급한 바와 같이 만일 전자어음의 배서나 보증을 위해서 전자어음관리기관에 등록을 요하는 방향으로 전자어음법이 개정될 경우에는 전자어음의 소지가 아닌 전자어음의 등록부상의 전자어음의 권리자 기재에 권리추정력이 부여될 수 있고 등록부상의 기재를 신뢰하고 취득한 자는 등록부의 공신력에 의해 보호될 수 있을 것이다.[34]

(2) 전자어음의 분할배서

1) **법률의 개정** : 전자어음의 이용을 보다 활성화하기 위하여 전자어음의 의무발행 대상자[35]를 '외부감사대상 주식회사'에서 '직전 사업연도 말의 자산총액이 대통령령으로 정하는 기준에 해당하는 법인사업자'로 확대하고, 기업의 결제 편리성과 금융비용 절감을 위하여 어음금액을 일부금액으로 나누어서 배서할 수 있는 '분할배서제도'를 도입하려는 취지에서 전자어음법이 2013년 4월 개정되었다. 이로써 전자어음의 의무발행 대상자가 크게 확대될 수 있게 되었고, 서면어음에서는 존재하지 않던 분할배서가 가능하게 되었다.

2) **분할배서의 의의** : 어음은 어음증권의 유일성에 기초하여 어음이 발행, 유통되므로 어음의 분할은 법이 허용하지 않고 있다. 어음법 제12조

---

34) 등록부상의 기재를 신뢰하고 권리를 취득한 자가 선의취득제도에 의해 보호되는지 등록부의 공신력에 의해 보호되는지가 문제될 수 있다.
35) 2009년 5월 전자어음 이용을 활성화하기 위해 외부감사대상 주식회사가 약속어음을 발행할 경우 전자어음의 이용을 강제함과 동시에, 전자어음 이용의무를 위반한 경우 500만원 이하의 과태료를 부과할 수 있도록 전자어음법을 개정하였다. 이러한 입법적 노력에 힘입어 전자어음의 이용은 증가하게 되었고, 전자어음은 서면어음을 대체하는 수단으로 발전해가고 있는 실정이다. 최근의 전자어음법 개정은 전자어음의 의무발행 대상자를 자산총액을 기준으로 대통령령으로 정할 수 있게 하여 전자어음의 이용을 시행령의 규정에 따라 보다 확대할 수 있게 하였다는 점이 특징이다.

제2항은 어음의 일부 배서는 무효로 한다는 규정을 두어 배서에 의한 어음분할은 어음법상 금지되어 있다고 볼 수 있다. 전자어음은 증서에 의한 표창이 아니라 등록제도에 기반한 권리관계를 내용으로 하므로 기술적인 측면에서 어음의 분할이 가능할 뿐만 아니라 법적 측면에서도 분할배서가 불가능하지도 않다. 분할배서란 어음의 동일성을 유지하면서 어음금액을 분할하여 분할된 어음을 배서하는 행위를 의미한다.

3) **분할배서의 제한** : 전자어음법은 어음을 분할배서할 수 있는 자를 최초의 배서인으로 한정하고 있다. 즉 전자어음을 발행받아 최초로 배서하는 자에 한하여 분할 배서할 수 있음을 정하고 있어 통상 수취인만이 분할배서할 수 있고 수취인으로부터 어음을 배서받은 자는 분할배서가 불가능하다. 분할된 어음을 최초로 배서받은 자는 분할배서가 어음의 발행에 해당하지는 않으므로 분할배서권한을 가지지 않는다고 본다. 발행어음을 최초로 배서하는 자로 분할회수는 5회 미만으로 제한된다. 분할배서 회수가 아닌 분할회수를 5회 미만(최고 4회)으로 제한하고 있어 하나의 어음이 5개의 어음으로 분할배서될 수 있다고 본다. 총 5회 미만으로 어음금을 분할하여 그 일부에 관하여 각각 배서할 수 있다. 이 경우 분할된 각각의 전자어음은 제7조에 따른 배서의 방법을 갖추어야 한다. 이에 따라 배서를 하는 자는 배서하는 전자어음이 분할 전의 전자어음으로부터 분할된 것임을 표시하여야 한다. 그리고 전자어음의 발행인이 전자어음면에 분할금지 또는 이와 동일한 뜻의 기재를 한 때에는 제1항을 적용하지 아니한다.

4) **분할배서의 법률관계** : 분할 후의 전자어음은 그 기재된 금액의 범위에서 분할 전의 전자어음과 동일한 전자어음으로 본다. 분할된 전자어음에 대한 법률행위의 효과는 분할된 다른 전자어음의 법률관계에 영향을 미치지 아니하며, 배서인은 분할 후의 수개의 전자어음이 구별되도록 다른 번호를 붙여야 한다. 번호 부여의 구체적인 방법은 대통령령으로 정한다.

분할 후의 어느 전자어음상의 권리가 소멸한 때에는 분할 전의 전자어음은 그 잔액에 관하여 존속하는 것으로 본다.

(3) 전자어음의 행사

1) **지급제시** : 약속어음의 소지인은 어음의 만기가 되면 어음상의 주채무자인 약속어음의 발행인에게 어음금을 지급청구하게 된다. 전자어음의 경우에는 만기에 주채무자에 대해 청구하는 것이 아니라 지급금융기관에 대해 청구를 하도록 규정되어 있으며 구두에 의한 지급청구만으로 부족하고 전자문서에 의해 지급청구의 의사표시를 하여야 한다는 점이 특징이다. 즉 전자어음과 배서전자문서를 첨부하여 지급청구의 뜻이 기재된 전자문서에 어음금을 수령할 금융기관의 계좌를 기재하여 지급금융기관에 송신하고 당해 금융기관이 이를 수신한 때에는 어음법상의 지급제시가 있는 것으로 본다.(동법 제9조 제1항 제1문, 제3항)[36]

2) **일부 상환 등** : 어음법에는 어음금을 지급함에 있어서 일부 상환도 가능한 것으로 규정하고 있으나 전자어음법은 이를 수정하여 어음의 상환과 일부지급의 영수를 정한 어음법 제39조 제1항 내지 제3항의 규정은 전자어음에 적용하지 않는다고 규정하고 있다(전자어음법 제11조). 그리고 지급제시를 받은 금융기관이 어음금을 지급할 때에는 전자어음관리기관에 지급사실을 통지하여야 하는데(동조 제4항) 지급사실이 통지된 때에 어음채무자가 당해 어음을 환수한 것으로 본다(동법 제10조). 이상과 같이 지급금융기관에 대한 제시를 원칙으로 하면서도 전자어음관리기관에 대한 전자어음의 제시 역시 지급을 위한 제시의 효력이 있다고 본다(동법 제9조 제1항 제2문). 이에 관해 전자어음의 소지인은 만기에 지급금융기관에 대한 지급제시나 전자어음관리기관에 의한 지급제시를 선택적으로 할 수 있는 것인

---

[36] 정경영, 앞의 책 2, 437면.

지 그리고 후자의 경우 지급금융기관에 지급청구의 뜻이 어떤 경로로 전달되며, 언제부터 지급금융기관이 이행지체에 빠지는지 불명확하다.

   3) **자동지급제시** : 전자어음관리기관이 운영하는 정보처리조직에 의하여 전자어음의 만기일 이전에 자동으로 지급제시 되도록 할 수 있다(동법 제9조 제1항 제3문). 자동지급제시 되는 것으로 할 경우에는 전자어음채권은 더 이상 추심채권으로서의 성질을 가지지 않고 일종의 지참채무의 성질을 가지게 된다. 다만 전자어음이 배서되어 갈 경우 누가 최종적인 어음 소지인인가를 지급금융기관으로서는 알 수 없기 때문에 자동지급제시를 정한 동 조항이 실질적으로 어떠한 의미를 가질 수 있을 것인가 하는 점은 의문이다. 만일 지급제시를 받은 금융기관이 지급을 거절할 경우에는 지급거절의 의사표시만으로 부족하고 전자문서에 의해 거절의 의사를 표시하여야 하는데 이를 지급거절 전자문서라 한다(동법 제12조 제1항). 지급금융기관이 지급거절할 경우 그 전자문서를 전자어음관리기관에 통보하여야 하고 동 기관이 이를 확인하면 지급거절 전자문서는 공정증서로 간주된다(동조 제2항). 따라서 서면어음이 지급거절될 경우 지급제시를 한 약속어음의 소지인이 지급거절의 공정증서를 작성하여 이를 근거로 상환청구절차에 들어가게 되는데 전자어음법에서는 지급거절을 전자문서로 하고 전자어음관리기관의 확인을 받으면 공정증서로서의 효력이 인정되어 이를 이용하여 상환청구절차를 밟을 수 있게 되어 상환청구절차가 서면어음과 비교할 때 훨씬 간편해졌다.37)

   4) **상환청구절차** : 전자어음의 소지인이 상환청구할 때에는 전자어음과 배서전자문서, 지급거절 전자문서를 첨부하여 상환청구의 뜻을 기재한 전자문서를 상환의무자에게 송신하여야 한다.(전자어음법 제13조 제1항) 상

---

37) 정경영, 앞의 책 2, 438면.

환의무자가 상환금액을 지급한 때에는 전자어음관리기관에 지급사실을 통지하여야 하며(동조 제2항), 이러한 통지가 있으면 상환의무자가 전자어음을 환수한 것으로 본다(동조 제3항). 서면어음의 상환청구절차에서처럼 상환의무자의 상환금액 지급만으로 전자어음을 환수한 것으로 되지 않고 전자어음관리기관에의 통지가 있어야 환수의 효과가 생기므로 동 통지는 어음 환수의 효력발생요건으로 볼 수 있을 것이다.

(4) 기타 제도

1) 이용 강제 : 「주식회사의 외부감사에 관한 법률」 제2조에 따른 외부감사대상 주식회사 및 직전 사업연도 말의 자산총액 등이 대통령령으로 정하는 기준에 해당하는 법인사업자는 약속어음을 발행할 경우 전자어음으로 발행하여야 한다(전자어음법 제6조의2). 법 제6조의2에서 "직전 사업연도 말의 자산총액 등이 대통령령으로 정하는 기준에 해당하는 법인사업자"란 직전 사업연도 말의 자산총액이 10억원 이상인 법인사업자를 말한다(동법 시행령 제8조의2). 동 조항은 초기 자산총액 100억원 이상의 기업에 적용되다가 시행령의 개정을 통해 10억원 이상으로 기준이 인하되어 전자어음 강제이용 대상기업의 범위가 확대되었다. 전자어음을 포함하여 어음거래의 사법질서를 이루고 그 지급수단인 어음은 계약자유의 원칙에 따라 이용되어 왔다. 그런데 어음이 전자적으로 발행된 경우에는 일정 규모의 기업은 서면어음을 이용할 수 없고 반드시 전자어음을 선택하도록 강요하여 계약자유의 원칙에 반하는 측면이 없지 않다.

2) 만기 단축 : 전자어음법은 전자어음의 반기는 발행일로부터 1년을 초과할 수 없었으나 현행법은 3개월을 초과할 수 없다고 정하고 있다(제6조 제5항). 중소기업중앙회는 대기업으로부터 결제자금을 현금이 아닌 어음으로 받는 경우가 아직 많은데 어음의 만기가 장기간이어서 현금화에 소요되는 시간과 비용이 기업운영에 어려움이 있음을 이유로 어음의 만기

를 단축할 것을 법무부에 건의한 바 있다. 법무부는 어음의 만기단축에 관해 논의한 끝에 비록 우리나라가 제네바 어음조약에 가입하고 있지는 않지만 어음법은 제네바 어음조약에 근거하고 있어 이를 개별국가에서 수정하는 것은 협약의 성질, 어음의 국제성 등에 비추어 부적절하다고 보고, 전자어음의 만기단축으로 방향을 잡았다. 다만 전자어음의 만기가 단축될 경우 미치는 영향을 고려하여 개정법안 공포 후 2년이 경과한 날부터 시행하는 것으로 정하였다. 개정 조문에 의하면, 1년차에는 만기를 6개월로, 2년차에는 5개월로, 3년차에는 4개월로 그 이후에는 3개월로 연차적으로 단축하도록 유예규정을 두었다.

7. 입법론

(1) 기존 논의

1) 어음제도에 대한 몰이해에서 비롯하여 일부에서 주장되던 어음폐지론에도 불구하고 어음의 전자화를 위해 제정된 전자어음법은 전자거래의 결제수단으로서 어음을 전자화하였다는 점에서 상거래 결제비용의 절약은 물론 전자거래의 활성화에 중요한 역할을 하리라 기대된다. 전자어음에 관한 개별 규정의 입법은 외국에도 있지만, 전자어음법은 전자어음제도 전반을 규율하는 세계적으로 최초의 입법이라는 점에서 의의가 크다고 생각된다.

2) 전자어음법을 살펴보면, 전자어음의 개념에 관해 전자약속어음만 해당된다고 하여 협의의 전자어음개념을 취하고 있다. 전자어음의 발행, 배서, 보증 등 전자어음행위를 규정하면서 발행에 관해서는 전자어음관리기관에 등록을 요구하나 기타 어음행위에는 등록을 요건화 하지 않았다. 전자어음상의 권리 행사 즉 지급제시, 지급거절, 상환청구 등의 절차를 모두 전자문서에 의하도록 하고 이에 관한 정보가 전자어음관리기관에 집중되도록 한 점은 전자어음법이 가진 특색이다.

3) 전자어음도 전자유가증권의 하나인데 그 유통에 관해서는 대체로 전자등록방식과 전자문서방식 양자가 논의되었다. 전자어음법은 전자어음관리기관을 도입함으로써 유통과 관련하여 전자문서방식이 아닌 전자등록방식을 취하고 있으면서도 정작 전자어음의 배서에 관해서는 전자등록방식의 장점을 활용하고 있지 않은 점이 문제이다. 공인전자서명 기능을 통해 이중유통을 방지하는 것은 전자서명의 기능에 비추어 정상적인 방법이 아니므로 전자어음의 배서나 보증을 위해서도 전자어음관리기관에 등록하도록 하고 이로써 어음거래가 효력 또는 대항력을 가지게 함으로써 등록을 강제하는 명확한 규정을 두어야 한다.

4) 전자어음법은 어음법의 보충적 적용을 예정하고 있는데 실상 어음법상 적용될 수 없는 조항이 상당수 있다고 생각되며 이는 입법을 함에 있어서 면밀한 검토가 이루어졌어야 할 사항이다. 예를 들어 전자어음배서에 자격수여적 효력을 부여하는 문제라든지, 전자어음의 백지식 배서는 허용하더라도 백지식 배서된 전자어음의 양도방식이라든지 선의지급의 요건 등이 그 예이다. 그리고 전자어음법은 전자어음행위의 취소에 관해서 규정하고 있는데 이는 어음법상 이론적으로 다툼이 있는 어려운 문제에 관해 의미가 불명확하게 규율하고 있어 해석상 다툼이 예상되므로 아예 삭제되어야 한다고 본다.

(2) ETR 모델법의 반영[38]

1) **전자화방식** : 전자어음은 전자유가증권으로서 전자양도성기록에 포함된다. 전자양도성기록에 관한 모델법은 전자등록방식, 전자문서방식,[39]

---

[38] 전자어음법에 대한 모델법의 수용의 필요성과 수용방안에 대하여 김정환, 앞의 박사학위논문, 171면 이하 참조.
[39] 모델법은 전자양도성기록에 관해 전자등록, 토큰, 블록체인의 기술을 고려하고 있지만 전자문서방식은 고려하고 있지 않다. 하지만 기술적으로 전자양도성기록의 요건을 충족할 수 있다면 전자문서방식도 배제되지는 않는다고 본다.

토큰방식, 블록체인방식 등 특정방식을 고집하지 않고 기술적 중립성을 표방하고 있다. 따라서 전자어음법의 전자등록방식도 기술적으로 모델법과 상충하지는 않지만 문제는 전자등록방식을 그대로 반영하지 않고 전자문서방식을 혼용함으로써 과연 전자어음에 관한 지배가 성립할 수 있는가 하는 점이 문제된다.

2) **배타적 지배** : 전자어음법은 전자어음의 발행을 위해서는 전자어음의 송신과 수신을 요구하고 있고(동법 제6조 제4항), 전자어음의 배서를 위해서도 배서전자문서의 송신과 수신을 요구하고 있어(동법 제7조 제3항), 송수신된 전자어음에 지배(control)가 성립하는지 아니면 전자어음관리기관의 등록부상에 등록될 경우 전자어음에 관한 지배가 성립하는지 문제된다. 등록부에 등록된 권리는 배타적 지배의 대상이 될 수 있지만 송수신된 전자어음은 전자문서의 특성상 배타적 지배의 대상이 될 수 없다. 다만 동법 시행령 제8조 제2항에서 '발행인 또는 배서인의 정보처리조직에는 전자어음이 소멸하거나 전자어음에 이미 발행 또는 배서되었음을 표시하는 문언이 기재되도록 하여야 한다'고 정하고 있어 동 조항에 의해 전자어음에 대한 배타적 지배가능성이 논의될 수도 있다. 하지만 이는 발행인이나 배서인이 선의일 경우 전자어음에 대한 배타적 지배가 성립된다는 것이지 배타적 지배가 보장되는 시스템이라고 볼 수는 없어, 모델법에 따라 전자어음에 대한 배타적 지배가 가능하도록 법률의 개정이 요구된다.

3) **신뢰성 확보** : 전자어음법에서 전자어음의 신뢰성 확보를 위해 제16조는 전자어음관리기관이 전자어음거래를 추적·검색하고 오류가 발생할 경우 그 오류를 확인·정정할 수 있는 기록의 생성 및 보존하도록 정하고 있으며, 동법 시행령 제8조 제2항은 전자어음에는 복본이나 사본의 제작이 불가능한 장치를 하여야 하도록(데이터 무결성의 보장에 해당) 정하고 있다. 그리고 시행령 제3조는 전자어음관리기관의 지정요건으로 기술능력,[40]

100억원 이상의 순자산이 충족되어야 하는 재정능력, 시설·장비요건,[41] 시설·장비의 관리·운영 절차·방법을 정한 관리기관의 규정 등을 정하고 있다. 이를 ETR 모델법 제12조의 신뢰기준과 비교해 보면, 신뢰성 판단에 적합한 운영규정, 시스템에의 무권한 접근과 사용을 방지할 수 있는 능력, 하드웨어와 소프트웨어의 보안, 독립적 기구에 의한 감사의 정규성과 범위, 수단의 신뢰성에 관한 감독기구, 승인기구 또는 임의기구에 의한 선언의 존재, 적용가능한 산업기준 등에 관한 규정이 요구된다고 본다.

II. 전자수표

1. 의의

(1) 수표제도

수표란 은행에 자금을 예치한 자가 일정한 금액의 지급을 은행에 무조건으로 위탁하는 지급위탁증권이다. 약속어음과 달리 수표를 발행하는 데에는 발행인, 지급인, 수취인의 3당사자가 요구된다는 점은 환어음과 동일

---

[40] 동조 제1호의 기술능력으로 기술인력을 합한 수가 10명 이상일 것을 요구하고 있다 기술인력에는 가. 정보통신기사·정보처리기사 및 전자계산기조직응용기사 이상의 국가기술자격 또는 이와 같은 수준 이상의 자격이 있다고 미래창조과학부장관이 인정하는 자격을 갖춘 사람 1명 이상, 나. 미래창조과학부장관이 정하여 고시하는 정보보호 또는 정보통신운영·관리 분야에서 2년 이상 근무한 경력이 있는 사람 1명 이상, 다. 「정보통신망 이용촉진 및 정보보호 등에 관한 법률」 제52조에 따른 한국인터넷진흥원에서 실시하는 인증업무에 관한 시설 및 장비의 운영, 비상복구 대책 및 침해사고의 대응 등에 관한 교육과정을 마친 사람 1명 이상, 라. 공인회계사 또는 금융업무나 신용분석업무에 3년 이상 종사한 사람 1명 이상 등이 포함된다.

[41] 동조 제3호의 시설 및 장비요건으로 가. 이용자가 전자어음의 등록, 발행, 배서, 보증, 지급제시, 지급, 지급거절 및 지급거절증서의 확인 등 권리행사를 할 수 있는 시설 및 장비, 나. 전자어음의 상환청구, 반환 및 수령 거부 등을 할 수 있는 시설 및 장비, 다. 전자어음의 송수신 일시를 확인하고 전자어음거래 기록을 생성하고 보존할 수 있는 시설 및 장비, 라. 전자어음의 발행·유통 관련 시설 및 장비를 안전하게 운영하기 위하여 필요한 보호시설 및 장비, 마. 그 밖에 전자어음거래를 원활하고 안전하게 하기 위하여 법무부장관이 필요하다고 인정하여 고시한 시설 및 장비 등이 평가의 대상이 된다.

하지만 지급인을 은행에 제한한다는 점에서 구별된다. 수표는 어음과 달리 만기제도가 없어 일람출급성을 가지므로 발행 즉시 지급인인 은행에 지급제시할 수 있어 이는 은행에 일정한 수표자금을 보관하고 있는 자가 인출해서 지급하는 대신 은행에 지급을 위탁하는 지급증권적 성질을 가지고 신용증권적 성질은 가지지 않는다.42)

(2) 전자수표에 관한 논의

전자수표는 새로운 기술 기준과 암호기술을 사용하여 만들어진 서면에 의한 수표의 대체물이다.43) 미국에서 15개의 은행, 정부기관, 기술전문가, 전자상거래기업이 협력하여 만든 전자수표(e-check)는 모든 전자거래의 안전성, 속도, 처리의 효율성을 서면에 의한 수표와 관련하여 발달된 법적 기반 등과 연결해 주는 새로운 지급수단으로 개발된 바 있다.44) 1998년 7월 미국 정부가 GTE에게 미화 32,000불을 공군기지에서의 공사 대금 지급을 위하여 이메일로 echeck를 작성하여 발신한 것이 최초의 형태였다.45)

(3) 전자수표의 개념

전자수표란 전자적 방식으로 지급은행에 수표금의 지급을 무조건적으로 위탁한 지급위탁증권이라 정의할 수 있다. 전자수표도 전자어음과 동일하게 유가증권성이 먼저 문제될 수 있으며 전자수표의 유통시스템이 매우 중요할 것이다. 그러나 전자어음과 달리 만기가 존재하지 않아 즉시 지급된다는 점에서 기능면에서 전자자금이체와 거의 동일하다. 따라서 전자수

---

42) 정경영, 앞의 책 2, 443면.
43) Jane Kaufman Winn, "CLASH OF THE TITANS: REGULATING THE COMPETITION BETWEEN ESTABLISHED AND EMERGING ELECTRONIC PAYMENT SYSTEMS," Berkeley Technology Law Journal Spring 1999 Symposium(14 Berkeley Tech. L.J. 675), p. 698.
44) echeck 프로젝트는 1995년 후술하는 바와 같이 Financial Services Technology Consortium(FSTC)에 의해 비영리적인 목적으로 시작되어 정부와 50여개의 계약당사자와 시범계약이 체결된 바 있다<http://www.wired.com/news/business/0,1367,13366, 00.html>.
45) 정경영, 앞의 책 2, 444면.

표제도를 도입함에 있어서는 전자자금이체제도와의 구별 가능성과 구별 실익을 검토할 필요가 있다.

2. 전자자금이체거래와의 비교

(1) 유사성

전자수표는 전자자금이체와 그 구조가 흡사하다. 전자자금이체거래에서는 지급인이 자신의 계좌에서 일정금액을 인출하여 수취인의 계좌에 이체시키라는 지급지시를 거래은행에 전송하고 지급은행은 직접 또는 다른 은행과 협력하여 이를 실행한다. 전자수표거래에서는 지급인이 전자식 수표를 발행하여 전자수표의 소지인에게 지급을 위탁하지만 지급위탁을 지급은행이 아닌 수취인에게 하고 수취인은 전자지급위탁증권(전자수표)을 제3자에게 양도하거나 은행에 지급제시하게 된다.

(2) 차별성

양자는 전자적 방식으로 지급인의 지급위탁(또는 지급지시)이 전달된다는 점에서 동일하나 다음과 같이 몇 가지 점에서 구별된다. 첫째, 전자자금이체의 경우 지급인이 지급은행에 직접 지급위탁하는데 반해 전자수표는 수취인 또는 전자수표의 최종 소지인이 지급제시하게 되어 간접적으로 지급위탁된다(간접성). 둘째 전자수표거래에서 수취인은 수표를 직접 지급제시하지 않고 이를 제3자게 양도할 수 있다(양도가능성). 셋째 전자자금이체에서 지급은행이 지급지시를 실행함으로써 확정적으로 자금이 수취인에게 이전되나 전자수표를 발행한 경우에는 수취인 또는 최종 소지인이 지급제시하기까지는 수표자금이 지급인의 계좌에 머물러 있게 된다(비즉시성). 넷째 전자자금이체에서는 지급인의 계좌에 이체자금이 부족할 경우에는 자금이체의 실행이 불가능한데 전자수표의 경우에는 수표자금이 부족한 상태에서 발행될 수도 있고 충분하였던 수표자금이 지급제시시점에 부족하게 될 수도 있다(부도 가능성). 다섯째 전자자금이체는 지급은행 이외의 은행을 수취은행으로 지정하여 자금을 이체할 수 있으나(타행간이체) 전자수표는 지급은행에 전자수표를 제시하여 수표금을 수령한다는 점에서 구별된다(자금의 비이동성). 여섯째 전자자금이체거래는 입금기장에 의해 완료되는데 반해 전자수표거래는 전자수표의 수취인(또는 소지인)이 지급은행에 계좌를 가지고 있을 경우 입금처리될 수 있지만 그렇지 않은 경우 현금으로 지급받음으로써 전자수표거래는 완료된다(현금지급성).

3. 추심절차의 전자화[46]

(1) 수표 추심절차의 문제점

수표의 전자화는 서면에 의한 수표가 전자식으로 발행된 전자수표(e-check, digital check)를 의미하기보다는 오히려 수표유통, 수표추심절차의 전자화를 포함하는 포괄적인 개념으로 사용되고 있다. 특히 서면에 의한 수표가 많이 이용되고 있는 미국에서는 연방준비은행의 자료에 따르면 매년 680억장의 수표가 발행되며 그 중 1-2%가 지급거절되며 그 액수는 110억불 정도에 이른다.[47] 이러한 서면에 의한 수표의 과다한 처리비용을 절감하기 위해 수표처리절차의 전자화가 논의되기 시작하였으며 대체로 크레디트카드 또는 직불카드 등 다른 지급수단에 의한 수표의 대체, 당사자간의 합의에 의해 ACH거래와 같은 다른 지급시스템으로의 전환, 전자적 수단을 사용함으로써 수표추심절차의 효율성제고 등 3가지 방법이 이에 속한다.[48]

---

[46] 정경영, 앞의 책 2, 446면 이하 참조.
[47] Glen R. McCluskey, ELECTRONIC CHECK TRANSACTION: WHAT LAW GOVERNS?, 58-OCT Bench & B. Minn. 25, p. 26.
[48] Alvin C. Harrell, ELECTRONIC CHECKS, 55 Consumer Fin. L.Q. Rep. p.283.

(2) 수표 전자정보교환(Truncation)

은행에서 수납한 각종 장표를 표준화하여 업부처리를 전산화하고 수납장표의 교환결제를 위하여 장표 실물을 어음교환소나 처리센터로 이동하지 않고 전산망을 통하여 전자정보의 형태로 교환결제함으로써 장표 처리과정의 특정 단계를 줄이는 것을 수납장표 전자정보교환제도라 한다. 수납장표 전자정보교환제도의 대상 장표는 은행이 수납하는 각종 장표가 대상이 될 수 있는데 수표를 대상으로 하면 수표 전자정보교환제도라고 하고 지로장표를 대상으로 하면 지로 전자정보교환제도라고 한다.[49] 현재 우리나라는 자기앞수표 전자정보교환제도와 4대 징수기관이 발행하는 표준 OCR지로장표 및 일반 지로장표의 전자정보교환제도가 실시되고 있고, 해외 국가들도 수납장표 전자정보교환제도의 하나로 수표 전자정보교환제도를 실시하고 있다.[50]

(3) 수표법과의 관계

1) **문제점** : 현재 수표 전자정보교환제도가 실시되고 있는데 수표의 지급제시에 관한 수표법 제28조와 어음교환소에 있어서의 제시를 정한 수표법 제31조와의 관계에서 제도의 효력이 문제된다. 수표의 일람출급성을 정한 동법 제28조나 어음교환소에서 수표를 제시할 것을 요구하는 동법 제31조에서 말하는 일람, 수표의 제시는 모두 실물인 수표의 제시를 의미한다고 해석되기 때문이다. 만일 이를 전자문서의 형태로 제시할 경우 적법한 제시로 볼 수 있는가 하는 점은 검토를 요한다.

2) **자기앞수표** : 수표의 지급은 수표의 추심을 위탁받은 은행(제시은행)이 수표의 지급은행에 수표를 지급제시하게 된다. 자기앞수표의 경우에는

---

49) 백미연, "국내외 수표 전자정보교환((Truncation)제도 도입 현황," 「지급결제와 정보기술」, 제22호(2005), 61면.
50) 백미연, 앞의 논문, 62면.

발행인도 은행이고 제시은행도 은행이며 이들 은행은 어음교환업무규약에 따르고 있으므로 이미 전자정보에 의한 지급제시는 관습법적 효력을 가질 수 있다고 볼 때 전자정보에 의한 지급제시가 법적으로 유효하다고 판단된다. 그리고 지급은행은 규약에 의한 전자정보교환제도 참여자이므로 전자정보교환에 의한 지급제시의 무효를 주장할 수도 없다. 만약 지급은행이 어음교환업무규약에도 불구하고 수표법에 근거하여 적법한 지급제시가 없었음을 주장하면서 지급을 거절하는 경우, 당사자간에 유효한 규약을 위반한 데 따른 손해배상책임을 면하기는 어려울 것으로 본다.

3) 당좌수표 : 당좌수표나 약속어음의 경우에는 사정이 다르다. 당좌수표의 경우 발행인과 지급은행이 일치하지 않고 약속어음에서는 발행인과 지급담당은행이 다르며, 발행인이 모두 은행이 아닌 일반인이어서 어음교환업무규약의 참여자가 아니다. 따라서 수표의 발행인이 대금의 지급이 어려운 경우 수표의 제시증권성, 상환증권성 등을 내세워 전자정보에 의한 지급제시는 적법한 지급제시가 아니라고 주장할 수 있으며 배서인의 경우에도 동일하다. 따라서 전자적 지급제시가 수표법상의 적법한 지급제시가 되기 위해서는 법적 근거가 필요했고, 이 문제에 대해 수표법 제31조 제2항을 신설함으로써 입법적으로 해결하였다.

4. 입법론

(1) 기존 논의

1) 전자자금이체와의 관계 : 전자수표제도는 앞서 본 바와 같이 기능적인 면에서 볼 때 전자자금이체제도와 일치한다. 신용증권적 성격도 가지고 있는 어음과 달리 지급증권적 성격만 가진 수표제도를 전자화시키면 바로 전자자금이체가 된다는 것이다. 물론 전자수표제도가 도입될 경우 간접성, 양도가능성, 비즉시성, 부도가능성, 자금의 비이동성, 현금지급성 등에서

전자자금이체와 구별될 가능성은 있다. 하지만 이러한 성질들 중 기능적인 면에서 전자자금이체와 구별되어 전자수표제도의 독자적 영역을 확보하게 하는 성질로 볼 수 있는 것은 양도가능성과 비즉시성 정도라 생각된다.

2) 전자수표의 실익 : 전자수표제도를 이용할 경우 은행에 대한 지급수령권한이 표창되어 양도될 수 있어 자금이동 없이 수령권한만의 양도에 의해 지급이 이루어질 수 있게 된다. 예를 들어 위탁매매의 경우와 같이 최종적인 자금의 수취인에 따로 있을 경우 위탁매매인은 전자자금이체를 받는 것보다는 전자수표를 수령하고 이를 최종 권리자에게 다시 양도하여 최종 권리자가 자금을 확정적으로 수령하는 것이 당사자간의 법률관계에 보다 부합하는 면이 있다. 특히 고액의 자금을 거래할 경우 수회 있어야 하는 전자자금이체를 생략할 수 있어 전자자금이체에서 발생하는 수수료[51]가 절약되는 점도 있을 수 있다. 전자수표제도를 이용할 경우 수표자금은 이동하지 않고 발행인의 계좌에 머무른다. 발행인의 경우에 수표자금에 대한 이자수입이 발생할 수 있고 지급은행의 경우에도 타행간이체에 비해 자행내에 일정기간 유동성을 확보할 수 있어 장점이 있을 수 있다.

3) 도입 비용 : 전자수표제도를 도입할 경우 편리함에도 불구하고 전자수표제도를 도입함에 있어서 지급되어야 할 비용을 고려할 때 도입실익은 의문시된다. 전자수표제도 역시 전자어음제도와 동일하게 전자문서의 잔류성으로 인해 전자수표만의 유통으로 유통이 완성될 수는 없고 전자수표의 유통을 관리하는 전자수표관리기관이 등장할 수밖에 없다. 그리고 전자수표의 발행, 유통, 지급을 원활하게 하기 위해 전자어음의 경우와 동일한 정도의 시스템 구축이 요구된다. 이렇게 볼 때 전자수표제도는 약간의 수수료 절약 가능성과 은행으로서 수표자금 상당의 유동성이 일시적으로 잔

---

51) 우리 전자금융거래법과 같이 전자금융사업자에게 일종의 무과실책임을 부담시킬 경우 전자금융사업자는 위험을 고객에게 전가시키는 방법으로 수수료의 증액이 예상된다.

류한다는 경제적 이점이 발생하나 이에 대해서 지급하여야 할 비용은 전자수표관리기구를 설립, 관리하고 전자수표 발행, 유통, 지급시스템을 구축, 관리하여야 할 비용을 지급해야 한다는 점에서 제도도입의 경제적 유인이 없다고 본다.

(2) 블록체인기술과 ETR 모델법의 고려

1) 개별 금융기관으로서는 전자금융의 활성화라는 트렌드에서 볼 때 일정한 비용을 지급하더라도 새로운 제도도입으로 인한 군소 금융기관의 차별성을 부각시키고 금융기관의 브랜드파워를 높이기 위해 도입하려 할 수 있을 것이다. 그리고 전자수표의 유통에 있어 전자화폐 유통시스템과 유사하게 앞서 언급한 바와 같이 UETA에서 명시하고 있는 전자수표의 유일한 정본성을 확보할 수 있는 기술이 개발될 경우에는 전자수표관리기구도 불필요하게 되어 비용이 대폭적으로 절감되어 도입의 경제적 관점에서 재고될 가능성은 있을 것이다. 최근 등장한 블록체인은 전자수표관리기구도 불필요하고 분산발행의 방식으로 활용될 가능성을 제시하였다. 그리고 전자수표는 기능상 전자자금이체와 유사하지만 블록체인방식으로 전자수표가 발행될 경우 기존의 금융기관을 활용하는 전자자금이체와는 달리 P2P 금융기능을 할 수 있다는 점에서 실익이 생겨난다.

2) ETR 모델법의 반영 : 전자수표의 활용가능성을 전제할 경우 전자수표에 관한 법률의 제정도 고려할 수 있다. 하지만 블록체인기술은 금융의 각 영역에서 활용될 수 있어 전자수표에 관한 독립된 개별법의 제정은 법경제적 관점에서 효율적이라 보기 어렵다. 오히려 전자금융거래법 등에 블록체인기술을 반영하고 그 구체적 전자지급수단의 하나로 전자수표를 포함시키는 방법이 더욱 효과적이라 본다. 다만 전자금융거래법에 전자수표를 규정하더라도 전자수표의 신뢰성 확보를 위해 데이터 무결성의 보장을 포함하여 ETR 모델법 제12조에서 정하고 있는 신뢰성 기준, 즉 신뢰성 판

단에 적합한 운영규정, 시스템에의 무권한 접근과 사용을 방지할 수 있는 능력, 하드웨어와 소프트웨어의 보안, 독립적 기구에 의한 감사의 정규성과 범위, 수단의 신뢰성에 관한 감독기구, 승인기구 또는 임의기구에 의한 선언의 존재, 적용가능한 산업기준 등에 관한 고려가 요구된다.

III. 전자외상매출채권[52]

1. 도입 연혁

(1) 도입의 필요성

전자상거래의 한 형태로서 기업간거래 이른바 B2B거래에서 결제수단은 B2C거래에서만큼 다양하게 발전하고 있다고 보기는 어렵다. 왜냐하면 기업간거래는 거래회수가 소비자거래에 비해 적고 금액도 다액이므로 비대면결제제도의 편리성보다는 대면결제수단의 안전성, 확실성을 선호하는 경향이 있기 때문이다. 따라서 시장에서 전자결제수단에 대한 신뢰성을 확보하기 위해서는 결제수단의 편리성은 물론 안정성 확보가 강조되어야 한다. 기업간 거래의 결제수단으로 어음·수표가 많이 이용되었지만, IMF 구제금융시기를 거치면서 외환위기와 그에 따른 기업의 연쇄부도사태의 원인에는 어음이 있다는 지적과 함께 어음폐지론이 거론되기 시작하였다. 그리고 어음을 대체할 수 있는 결제수단을 도입하는 것에 대한 논의가 시작되었다.

(2) 도입 과정

2000년 10월에 한국은행과 15개 은행, 금융결제원은 전자금융분야의 전문가가 참여하는 Working Group을 구성하여 B2B 지급결제시스템에 대한 구축방안 및 결제수단에 대하여 논의하였으며 전자외상매출채권을 B2B

---

[52] 전자외상매출채권에 관한 논의는 2002년 8월 22일 한국전산원에서 개최되었던 'e-비즈니스 활성화를 위한 법제 토론회'에서 필자가 발표한 내용을 보완, 재정리하였다.

지급결제수단의 하나로서 추진키로 하였다. 2001년 2월에는 B2B 지급결제 시스템 구축안이 금융정보화추진 은행소위원회에서 의결되어 금융결제원으로 사업이 위탁되었으며 그 후 5월까지 전자외상매출채권 상품에 관한 기본적인 사항을 금융기관 Working Group에서 협의하였다. 이어 6월에 실무작업반이 구성되었으며, 10월에는 전자외상매출채권 공동약관 실무작업반을 구성하여 전자외상매출채권 이용기업과 은행간에 적용되는 전자채권 공동약관 및 약정서를 작성하였으며 12월에는 금융감독원의 약관심사를 마쳤다.[53] 2002년 초에는 전자채권시스템 운영에 관한 규약 및 세칙을 제정하였고 은행과 금융결제원간 전산테스트를 거쳐 3월 4일 전자채권 결제시스템을 가동하였다. 이로써 한국은행과 국내 전은행 그리고 금융결제원이 1년 이상 각고의 노력을 기울여 국가정보화 사업으로 추진해온 전자외상매출채권이 시장에 첫 선을 보이게 되었다.[54]

(3) 전자금융거래법

전자금융거래법은 제2조 제16호에서 전자외상매출채권이 포함되는 전자채권에 관한 개념규정을 두고 있다.[55] 동호에 의하면 전자채권이란 일정 요건(ⅰ) 채무자의 채권자 지정, ⅱ) 채무내용의 기재, ⅲ) 공인전자서명, ⅳ) 금융회사를 거쳐 전자채권관리기관에의 등록, ⅴ) 채무자가 채권자에게 전자문서의 송수신)을 갖춘 전자문서에 기재된 채권자의 금전채권을

---

53) 김형민, "전자외상매출채권의 이해," 「지급결제와 정보기술」, 제6호(2002), 54면; 손희성, "B2B에 있어서 기업간 전자외상매출채권의 현황과 과제," 「전자금융의 법적 과제(Ⅰ)」, 한국법제연구원, 2002, 40~42면.
54) 2002년 3월 4일에 기업, 외환, 조흥, 한빛, 신한, 하나은행이 4월 3일에 제일은행이 5월 20일에는 농협이 각각 전자채권서비스를 개시하였다. 2018년 현재 14개 시중은행(산업, 기업, 국민, 농협, 우리, 신한, 하나, 스탠다드차타드, 씨티, 대구, 부산, 광주, 전북, 경남)에서 전자외상매출채권을 취급하고 있다.
55) 우리의 전자외상매출채권과 이글에서 후술하는 일본의 전자기록채권을 비교한 논문으로는, 김지환, "전자채권제도에 관한 비교법적 고찰 -우리와 일본의 전자어음,채권법제도를 중심으로-," 「상사판례연구」, 제24권 제2호 (2011), 373-410면(이하 '김지환, 앞의 논문 1' 이라고 한다) 참조.

의미한다. 그리고 동법 제20조는 전자채권이 양도되는 경우의 대항요건에 관해 정하고 있는데, 전자채권의 양도는 일정 요건(ⅰ) 양도인의 채권양도의 통지 또는 채무자의 승낙이 공인전자서명을 한 전자문서에 의하여 이루어질 것, ⅱ) 통지 또는 승낙이 기재된 전자문서가 전자채권관리기관에 등록될 것)을 모두 갖춘 때에 민법 제450조 제1항의 규정에 따른 대항요건을 갖춘 것으로 본다. 그리고 이에 따른 통지 또는 승낙이 기재된 전자문서에 전자서명법 제20조의 규정에 따른 시점확인이 있고 제1항의 요건을 모두 갖춘 때에 민법 제450조 제2항의 규정에 따른 대항요건을 갖춘 것으로 본다.

2. 전자외상매출채권의 의의

1) 전자외상매출채권거래기본약관 제2조 제1호에서 전자채권(즉 전자외상매출채권)이라 함은 '구매기업이 상거래를 통하여 판매기업으로부터 재화 및 용역(이하 "물품"이라 한다)의 구매계약을 체결함으로써 발생한 물품대금채권을, 구매기업이 본 약관에서 정한 변경권에 기하여 전자채권발행대행은행(이하 "발행은행"이라 한다)을 통한 전자적 수단에 의하여 본 약관에서 정한 절차와 방법에 따라 채권의 결제, 행사방법, 결제시기 등을 변경하기로 하는 의사표시를 함으로써 변경되는 채권을 말한다' 정하고 있다.

2) 전자외상매출채권의 개념에 관한 논의를 살펴보면, 기업간 상거래에서 사용되고 있는 어음의 분실, 위조 등 단점을 보완하면서 미래의 현금을 현재화하는 신용창조기능을 가진 새로운 전자적 결제수단으로서 은행과 전자외상매출채권거래계약을 체결한 기업(법인, 개인업체)이 상거래를 통하여 물품을 구매한 후 물품판매자를 채권자로 지정하여 일정 금액을 일정 시기에 지급하겠다고 발행하는 채권이라고 보는 견해가 있다.[56] 그리고

전자외상매출채권은 기업간 거래에서 발행하는 외상매출채권을 전자적으로 구현한 것으로 은행과 사전약정을 체결한 기업이 온라인 또는 오프라인 상거래를 통하여 물품을 구매한 후 물품판매자를 채권자로 지정하여 구매대금을 일정시점에 지급하겠다고 발행하는 채권으로 정의한 견해도 있다.57) 그밖에 기업간 물품의 상거래에서 발생한 외상매출채권을 전자적 방식을 취한 금전채권이라고 단순히 정의하는 견해도 있다.58)

3) 신용창조기능, 외상채권의 전자적 구현 등 특징을 가진 전자외상매출채권의 개념에 관해 약관은 물품대금채권을 변경한 것으로 보는 반면 위에 소개한 견해들은 물품 구매와 동시에 발행되는 채권으로 정의하고 있다. 후자의 견해들에 의하면 동 채권을 마치 어음과 유사하게 물품을 구매하고 발행하는 것으로 파악하여 동 채권이 발행되면 구매계약상의 대금채권이 변제된 것으로 되는지 아니면 병존하는지 등 양 채권간의 관계가 문제될 수 있다. 그러나 약관은 기존의 대금채권이 존속하다가 발행인의 선택에 따라 동 채권으로 변경되는 것으로 규정하고 있어 후술하는 발행행위의 법적 성질에 관한 논의에서 살펴보는 바와 같이 대금채권은 발행인의 변경권 행사로 전자외상매출채권으로 변경된다는 점에서 위의 견해들은 동 채권의 개념에 관해 정확하게 정의하고 있다고 보기 어렵다.

4) 약관상의 개념규정을 간단히 정리하면, 전자외상매출채권이란 기업간 물품구매계약상의 대금채권을 변경한다는 구매기업의 의사표시에 의해 성립하는 전자식 채권으로 파악할 수 있다. 동 채권의 개념을 분설하면, 먼저 기업간거래에서 이용된다는 점에서 B2B의 지급결제수단이라는 점을 확인할 수 있다. 따라서 기업 이외의 소비자거래는 비슷한 구조를 띠더라도 전

---

56) 한국전자거래진흥원, 앞의 보고서, 41면.
57) 김형민, 앞의 글, 52면.
58) 김지환, 앞의 논문 1, 381면.

자외상매출채권의 범주에는 포함될 수 없다. 다음으로 거래의 대상은 재화 및 용역이라고 규정하고 있어 사실상 모든 구매거래가 포함되나 성격상 금융거래 등은 제외된다고 본다.[59] 구매거래에서 발생한 채권을 전제하고 있어 구매계약의 유효성을 요건으로 한다고 볼 수 있으나 구매계약상의 대금채무의 반대 급부(재화 인도·용역 제공 의무)의 선이행 여부는 전자외상매출채권의 성립에 영향을 미치지 못한다.[60] 무엇보다도 전자외상매출채권의 특징이 나타나는 부분은 변경권이 존재한다는 점이며 변경권은 동 약관 제3조에서 정하고 있는 바와 같이 물품대금채권을 전자외상매출채권으로 변경한다는 의사표시를 내용으로 하고 있으며 최종적으로 발행은행이 금융결제원에 의뢰하여 발행등록됨으로써 전자채권으로 변경된다.[61]

5) 위에서 본 개념조항 이외에 약관은 등록이 요건이며 등록기관이 정해져 있는 점, 결제 시기·방법이 특정되어 있는 점 등을 규정하고 있다. 이를 고려할 때 전자외상매출채권이란 기업간 물품구매거래에서 발생한 대금채권을 구매기업이 만기를 정한 전자식 채권으로 변경하여 금융결제원에 등록함으로써 효력이 발생하는 채권을 의미한다고 정의할 수 있다. 그리고 전자외상매출채권이라는 용어를 살펴보면 이를 사용하게 된 경위는 정확히 알 수 없으나 추측컨대 '외상[62]'이라는 용어는 대금채권이 본질이고 채권의 발행인이 채무자라는 점을 나타내고 '매출'이라는 용어는 전자외상매출채권 발행의 원인은 구매계약이어야 한다는 점을 나타낸 것으로 보인다. 그러나 어음·수표 모두 비슷한 거래를 원인으로 하고 있다는 점을 감안할 때 필요한 사항은 법규 혹은 약관 내용으로 정하면 족하고 용어에

---

[59] 이에 관해서는 동 약관 제6조 제3항에서 '전자채권은 정상적인 상거래에 의해 지급하여야 할 구매대금 결제용으로만 발행하기로 한다'고 규정하고 있다.
[60] 매매보호거래에서 발행되는 위탁전자채권은 후술하는 바와 같이 물품매매계약이 이행되었음을 조건으로 전자외상매출채권을 행사할 수 있다(동 약관 제2조 제14호, 제16호 참조).
[61] 동 약관 제3조 제3항.
[62] 외상은 漢字로 外上이라고 명기하는 경우가 있으나 이는 取音의 일종이라 한다.

이들 특징을 표현할 이유는 없다고 보이고 오히려 전자외상매출채권의 특징은 금융결제원에의 등록에서 나타난다고 하는 점에서 '전자등록채권'이라는 용어가 보다 적절하다고 생각한다.63)

3. 전자외상매출채권의 법적 성질

(1) 서

구매기업은 판매기업으로부터 일정한 물품을 구입한 후 발행은행에 전자외상매출채권 발행을 요청하고 발행은행이 구매기업의 신청을 받아들여 금융결제원에 등록함과 동시에 물품대금채권은 동 채권으로 변경된다. 이렇게 발행되는 전자외상매출채권의 실체가 무엇이며 어떠한 법적 성질을 가졌는가 하는 점은 동 채권의 법률관계를 해석함에 있어서 중요한 문제이다. 채권은 특정인에게 일정한 급부를 청구할 수 있는 권리로서 물권과는 달리 관념적이며 무형적 권리이다. 하지만 전자외상매출채권은 이러한 채권을 실체로 하면서 그 채권을 담고 있는 그릇으로서 일정한 양식으로 작성된 전자문서라는 외형을 가지고 있다. 따라서 전자외상매출채권의 본질을 파악하기 위해서는 동 채권의 내용이라 할 수 있는 대금채권이 변경된 권리의 실체와 동 채권의 형식이라 할 수 있는 전자문서(전자증권)의 실체를 파악할 필요가 있다.

(2) 금액채권성

1) **금전급부** : 전자외상매출채권은 구매계약의 효력으로서 발생한 금전급부를 목적으로 하는 판매기업의 금전채권을 내용으로 하고 있다. 채권의

---

63) 동 약관에서 전자외상매출채권을 전자채권으로 생략해서 사용하고 있으며 동 채권을 설명하고 있는 대부분의 글에서 전자채권과 혼용하고 있다. 하지만 전자외상매출채권이 전자채권의 일종이기는 하나 제한된 유통만을 허용한 전자채권의 특수한 형태라는 점에서 이 글에서는 통상적인 전자채권과 구별하기 위해 전자외상매출채권이라는 용어를 그대로 사용하면서 반복될 경우 '동 채권'이라고 간략하게 표시한다.

목적이라는 점에서 보면 채권액이 확정되므로 동 채권의 실체는 금전채권 중 일정금액의 금전의 인도를 목적으로 하는 금액채권이라 할 수 있다. 이는 물품구매계약상의 대금채권이 발행인의 발행행위에 의해 변경되어 전자문서에 의해 표창된다. 물품구매계약상의 대금채권과 전자외상매출채권이 표창하는 금액채권은 본질을 같이 하므로 후술하는 바와 같이 변경 전후 채권의 효력은 동일한 것으로 보아야 하나 일단 전자외상매출채권으로 변경된 이후에는 동 채권을 통해서만 권리를 행사할 수 있다고 본다. 그런데 동 채권에 의해 표창되는 금전채권을 양도하려고 할 경우에는 어떠한 절차가 필요한가 하는 점은 동 채권이 지명채권인지 아니면 증권적 채권인지를 먼저 고찰해야 한다.

2) **양도방법** : 채권은 그 양도방법에 따라 지명채권과 증권적 채권으로 구별될 수 있다. 지명채권이라 함은 채권자가 특정되어 있는 채권으로서 증권적 채권에 속하지 않는 채권을 의미한다. 비록 채권증서가 작성되는 일이 있더라도 그것은 하나의 단순한 증거방법에 지나지 않는다. 채권증서는 변제자가 채무전부를 변제한 때에는 채권증서의 반환을 청구할 수 있지만 채권을 양도하거나 담보제공할 경우 채권증서가 양도계약이나 담보제공계약의 성립·효력요건이거나 대항요건이 된다고는 보기 어렵고 민법 제475조상의 채권증서 반환의무를 이행하기 위하여 양도인은 채권증서를 양수인에게 인도할 의무를 부담할 뿐이다.[64] 이에 반해 증권적 채권(또는 증권채권)이라 함은 채권의 성립·존속·양도·행사 등을 그 채권을 표창하는 증권에 의해 하여야 하는 채권을 의미하며 채권을 표창하는 증권(증서)을 채권증권이라 일컬으며 유가증권의 일종이다. 이 증권적 채권은 채권자를 결정하는 방법에 의하여 기명채권·지시채권·지명소지인출급채권·무기명채권의 4종으로 구별된다. 증권적 채권은 양도성을 그 본질로 하나, 기명채권은 유통성이 적을 뿐만 아니라 양도금지의 특약을 붙일 수도 있다.[65]

---

64) 곽윤직, 「채권총론」, 박영사, 1999. 287면(이하 '곽윤직, 앞의 책 1'이라고 한다..

(3) 유가증권성

1) **지명채권** : 유가증권이란 사권을 표창한 증권으로서 권리의 행사나 이전에 증권의 소지를 요하는 것이다.[66] 여기서 사권이라 함은 채권, 물권, 사원권 등을 포함한 모든 재산권을 의미하며 표창한다는 의미는 권리의 존부나 내용을 증명하는 증거증권, 증권의 소지인에게 채무자가 채무를 이행하면 면책되는 면책증권(자격증권)을 배제하는 개념이다.[67] 그리고 이러한 유가증권에는 대체로 요식증권성, 지시증권성, 제시증권성, 상환증권성, 문언증권성, 면책증권성 등 특수한 성질을 인정하고 있다. 전자외상매출채권의 성질에 관해 대체로 지명채권적 성질을 가지고 있는 것으로 이해하고 있다.[68] 현행의 유가증권 및 채권법 체계하에서는 전자문서에 의해 어음·수표와 같은 지시채권 또는 무기명채권을 만들 수 없으므로 전자채권은 단지 지명채권에 불과하고, 이에 관한 전자문서는 차용증서와 같이 채권의 증거수단에 불과하다고 한다.[69] 지명채권으로 보는 근거는 어음에서 일반적인 인정되는 유통성 요소[70]를 거의 전부 결하고 있을 정도로 유통성이 열후하므로 전자채권을 지명채권으로 이해하고 있다.[71] 하지만 유통성이란 개념이 모호할 뿐만 아니라,[72] 어음과 같은 유통성을 결여하고 있다고 모

---

65) 곽윤직, 앞의 책 1, 303면.
66) 유가증권의 개념에 관해서는 학설이 복잡하게 대립되고 있다. 양승규, 「어음법·수표법」, 삼지원, 1994, 36~38면; 최기원, 「어음·수표법」, 박영사, 2001. 13~16면; 정찬형, 「상법강의(하)」, 박영사, 2002, 4-7면(이하 '정찬형, 앞의 책 1'이라고 한다); 이범찬·최준선, 「상법(하)」, 삼영사, 2001, 46~47면.
67) 정찬형, 앞의 책 1, 4면.
68) 한국전자거래진흥원, 앞의 보고서, 41면.
69) 이철송, 앞의 연구보고서, 20면.
70) 어음법상 유통성을 보장하기 위한 제도로서 동 보고서에서는 다음의 11가지 성질을 열거하고 있다. 1) 어음의 요식성, 2) 문언성, 3) 어음채권의 무인성, 4) 지시증권성, 5) 공시와 대항력의 확실성, 6) 항변의 절단, 7) 어음소지의 적법성의 추정과 선의취득, 8) 추심채무성과 지급제시의 필요, 9) 배서인의 담보책임, 10) 어음채무의 면책의 확실성(상환증권성), 11) 어음채무 소멸의 신속성(이철송, 앞의 연구보고서, 12~ 19쪽).
71) 이철송, 앞의 연구보고서, 19면.
72) 어음의 유통성은 우리 어음법상의 개념이라기보다는 영미 어음법상의 negotiability에서 유래된 개념으로 보아야 한다. 영미 어음법에서는 정당한 소지인(holder in due course)의 어음

두 지명채권으로 해석하는 것은 기명채권 역시 어음의 유통성을 결여하고 있다는 점을 고려할 때 부당하다.

2) **유가증권성 검토** : 전자외상매출채권은 금전채권이라는 실체가 전자증권이라는 전자문서의 형태로 나타난다고 볼 수 있다. 여기서 전자외상매출채권을 담은 그릇이라 할 수 있는 전자증권을 단순한 채권증서(전자증서)로 볼 것인가 아니면 금전채권을 표창한 전자유가증권[73]으로 볼 것인가 하는 점을 검토할 필요가 있다. 전자외상매출채권의 실체라 할 수 있는 금전채권(대금채권)은 재산권임에는 이견이 있을 수 없다. 그리고 동 채권이 발행된 후에는 구매기업이 대금채권을 제3자에게 양도할 수 없고 판매기업에 대한 결제요청도 약관에 규정된 전자외상매출채권의 지급제시절차를 통하도록 규정하고 있으며 대금채권을 담보제공(양도의 방식을 취함)할 경우에도 반드시 동 채권의 형태로 약관에 정해진 방법에 따라 금융결제원에 등록하도록 규정하고 있다. 전자외상매출채권의 실체라 할 수 있는 금전채권을 양도, 행사할 경우 반드시 증권(전자증권)을 소지하여야 한다는 점에서 전자외상매출채권은 단순한 증거증권이나 면책증권의 기능을 넘어 실체인 금전채권을 표창하고 있다고 볼 수 있다. 뿐만 아니라 전자증권이 증권성(서면성)을 가지느냐 하는 점에 관해서는 우리 전자문서법 제4조 전자문서의 효력조항에 따라 문제가 없다고 본다.

3) **소결** : 유가증권에는 앞서 본 바와 같이 다양한 성질을 가진 증권들이 포함된다. 유가증권으로서의 속성을 모두 완벽하게 갖추고 있는 어음·

취득을 보호하고 있으며 이를 유통성이라는 개념으로 파악하고 있다. 이렇게 볼 때 유통성이란 앞서 든 개념의 전부를 유통성이라는 개념에 포함시키기는 어렵다. 다만 앞의 견해에서 든 유통성의 요소는 유통보호를 위해 우리 어음법에 두고 있는 제도를 나열한 것으로 이해할 수는 있다.

73) 전자유가증권의 개념 및 법률관계에 관해서는 정경영, "전자유가증권의 법적 문제점," 「전자금융의 법적 과제(Ⅰ)」, 한국법제연구원, 2002, 13-36면 참조.

수표와 같은 완전유가증권도 있지만 권리 이전에만 증권의 소지를 요하는 기명주권과 같이 유가증권의 속성이 희박한 불완전유가증권도 있다.74) 전자외상매출채권은 현재 약관상 보관은행에 대한 양도만 허용될 뿐 양도가 제한되는 듯하나,75) 재산권을 표창하고 재산권의 양도·행사가 증권에 의해 이루어진다는 점에서 불완전유가증권의 개념에 포함될 수 있다고 본다.

(4) 기명채권(기명증권)성

1) 증권의 분류 : 유가증권은 표창하는 권리의 성질에 따라 채권적 유가증권, 물권적 유가증권, 사원권적 유가증권으로 구별되는데 우리법상 물권적 유가증권은 인정되고 있지 않으므로 주권과 같은 사원권적 유가증권을 제외하면 대개의 유가증권은 채권적 유가증권으로 볼 수 있으며76) 전자외상매출채권 역시 채권적 유가증권의 일종으로 볼 수 있다. 상법상 유가증권은 증권상의 권리자를 지정하는 방법에 따라 기명증권, 지시증권, 무기명증권, 선택무기명증권으로 구별되며 이는 앞서 언급한 민법상 증권채권의 분류방식으로 기명채권, 지시채권, 소지인출급식채권, 지명소지인출급식채권에 대응하는 분류이다. 후3자가 배서라는 간단한 방식을 통해 증권상의 권리를 양도할 수 있는데 반해 기명증권(기명채권)은 민법상의 일반 지명채권양도의 방법에 따라서만 양도할 수 있고 지명채권양도의 효력

---

74) 양승규, 앞의 책, 44면; 정찬형, 앞의 책 1, 18-19면.
75) 전자외상매출채권의 제도 도입 당시 입안자의 의도는 양도를 제한하려는 것으로 알려져 있으나 사실 약관 규정상 양도를 제한하는 규정은 찾아 볼 수 없다. 그렇다면 채권은 재산권의 일종으로서 양도를 제한하는 것은 법률의 규정이나 당사자의 동의가 없을 경우 재산권에 대한 침해행위로 볼 여지도 있다. 다만 등록채권으로서의 실질을 가지는 전자외상매출채권을 보관은행 이외의 자에게 양도하려고 하더라도 금융결제원에 대한 등록이 불가능하다는 점 등 양도절차를 약관에서 정하고 있지 않아 사실상 양도는 불가능하다고 보여진다. 하지만 원인계약인 구매계약상의 대금채권을 제3자에게 양도하고 채무자에게 통지할 경우 대금채권과 전자외상매출채권이 이중양도의 형태로 충돌하는 등 복잡한 법률문제가 발생할 소지도 있으나, 약관상 대금채권은 전자채권으로 변되어 실체가 소멸하는 것으로 보아 대금채권의 양도행위는 원인무효의 거래가 될 수 있다고 본다.
76) 최기원, 앞의 책, 23-29면; 정찬형, 앞의 책 1, 19-20면.

만 발생하는 증권을 의미한다.77) 즉 기명채권이란 증권상에 특정되어 있는 채권자에게 변제하여야 하는 증권적 채권이나, 민법에는 지시채권과 무기명채권에 관해서는 규정을 두고 있고 기명채권에 관해서는 별도의 규정을 두고 있지 않아 기명채권의 양도는 결국 지명채권의 양도방법에 의하게 된다. 그러나 기명채권은 지명채권과는 달라서 채권이 증권에 표창되어 있는 까닭에 권리이전의 요건으로서 증권을 양수인에게 교부하여야 한다고 해석하는 것이 타당하다.78)

2) **기명증권성 검토** : 기명증권에 관해서는 유가증권법상 유가증권성 여부에 대한 다툼이 없는 것은 아니나,79) 배서가 금지된 어음·수표, 마찬가지로 배서가 금지된 화물상환증·창고증권·선하증권 등이 포함된다고 본다. 기명증권에서 권리의 행사에 증권의 소지를 요하게 하는 것은 단순히 공허한 형식에 불과한 것이 아니고 증거증권과는 다른 특별한 법률상 의의를 갖는다는 점 등에서 볼 때 기명증권도 유가증권으로 보아야 한다는 입장에서 무기명증권과 지시증권을 협의의 유가증권, 기명증권을 광의의 유가증권으로 보는 견해가 있다.80) 그밖에도 기명증권도 권리의 행사를 위하여는 증권을 제시하여야 하며 채권자는 증권 없이 다른 방법으로 권리를 증명하여 권리를 행사할 수 없다는 점이 단순한 자격증권과 다르다고 보고 있다.81) 전자외상매출채권은 앞서 본 바와 같이 유가증권의 개념에 포

---

77) 정찬형, 앞의 책 1, 20면; 이범찬·최준선, 앞의 책, 51-52면.
78) 곽윤직, 앞의 책 1, 304면.
79) 기명증권은 지명채권의 양도에 관한 방식과 그 효력으로써만 양도할 수 있으므로 유가증권에 고유한 간편한 양도방법(배서 또는 교부)에 따른 유통을 목적으로 한 증권이라고 볼 수 없어 유가증권성을 부인하는 견해도 있다: Ulmer, S.20 참조(정찬형, 앞의 책 1, 7면 재인용).
80) 정찬형, 앞의 책 1, 7면.
81) 최기원, 앞의 책, 22-23면. 기명증권은 양도방법이 특수할 뿐만 아니라 선의취득자의 보호나 항변의 제한에 관한 규정은 적용되지 않으며 또한 공시최고에 의한 제권판결의 대상이 되지 않는다. 즉 기명증권의경우는 소지인출급식증권의 경우와는 반대로 증권에 대한 권리는 증권상의 권리에 따른다(Das Recht am Papier folgt dem Recht aus dem Papier). 그러므로 기명증권의 채무자는 단순한 증권의 소지인이 아닌 증권에 기재된 특정인인 권리자에게 이행하

함되기는 하나 배서나 교부에 의한 양도를 허용하고 있지 않다. 그리고 전자문서의 형태를 지닌 증권에 권리자의 명칭이 기재되고 동 채권은 권리의 증명수단일 뿐만 아니라 권리자인 판매기업은 증권과 상환으로 채권을 행사할 수 있는 점 등을 고려할 때 전자외상매출채권은 유가증권 중 기명증권(기명채권)에 가장 가깝다고 볼 수 있다. 따라서 단순한 지명채권과는 달리 권리의 행사는 전자증권을 통해서만 이루어질 수 있고 양도시 지명채권양도의 방식을 따르나 전자증권의 교부가 요구된다고 본다. 다만 전자증권의 교부는 후술하는 바와 같이 금융결제원에의 등록제도에 의해 대체되어 있다고 볼 수 있다.

(5) 등록채권(등록증권)성

1) **등록증권** : 유가증권은 대체로 지시증권성을 가져 배서나 교부 등 간편한 양도방법에 의해 채권양도의 효력(권리이전적 효력, 자격수여적 효력, 담보적 효력)이 완전하게 발생한다. 그러나 일부 유가증권에 관해 관리의 필요성 혹은 증권 발행의 편의, 권리보전의 확실성 등을 위하여 일정한 장부(예컨대 주식회사의 주주명부, 사채원부, 공사채등록부 등)를 비치하고 증권의 양도시 이들 장부상에 기재를 하여야 양도의 효력이 완전하게 되도록 규정하고 있는 경우가 있다. 예컨대 기명주권의 경우 주권의 교부만으로 당사자간에는 양도의 효력이 발생하나(상법 제336조) 회사에 대해 대항하기 위해서는 주주명부상 명의개서를 요한다(상법 제337조 제1항). 이와 같이 등록부를 두고 관리되는 증권(채권)은 양도, 담보설정 등에서 등록부에 대한 등록을 요한다는 점에서 특징이 있으므로 이들을 등록채권(등록증권)이라 이름할 수 있을 것이다.

2) **전자증권** : 전자외상매출채권도 발행이나 담보설정을 위해서도 금융

여야만 면책된다.

결제원에 등록을 요한다는 점에서 등록채권으로서의 성질을 가진다고 할 수 있다. 등록채권은 독일법에서 개념이 정립된 가치권제도(Wertrecht)와 유사한 면이 있다. 가치권이란 권리를 증권화하지 않고 증권화한 권리와 마찬가지로 권리를 유통시키고 행사할 수 있는 제도를 의미한다.[82] 이는 독일에서 국채를 현물 없이 발행한 데서 유래되어 채무원부에 채권자를 등록하는 방법에 의해 국채를 발행한다.[83] 가치권제도는 증권의 인쇄비용, 보관비용을 절감하고 상환절차를 단순하게 하는 장점은 있으나 채권양도의 절차와 관련하여 복잡한 문제가 제기된 바 있고, 이는 이후 관련 법규를 제정함으로써 어느 정도 해소되었다.[84] 우리법에서도 공사채등록법에 의해 등록기관에 등록된 공사채를 이전하거나 담보권의 목적 혹은 신탁재산으로 위탁할 경우 등록이 공사채 발행자나 제3자에 대한 대항요건으로 동법은 규정하고 있다(공사채등록법 제6조 제1항, 제2항). 이와 같이 가치권제도는 등록채권의 형태를 지닌다는 점에서 전자외상매출채권과 유사한 면이 있으나 전자외상매출채권은 가치권처럼 무권화되는 것이 아니고 공인인증을 받은 전자문서의 형태로 발행인이 전자증권을 작성한다는 점에서 본질을 달리한다고 본다.

3) 발행방식 : 발행이나 양도, 담보설정시 금융결제원의 등록이 어떠한 효력을 가지는지 즉 발행인의 발행만으로 유효한 전자외상매출채권이 발행되는 것인지 아니면 등록을 하여야 효력을 가지는지는 약관의 해석상 명확하지 않다. 유효하게 발행된 전자외상매출채권을 양도하거나 담보설정하고자 할 때에도 금융결제원의 등록을 요하는데 이때의 등록은 발행을 위한 등록과 반드시 동일한 법적 성질을 가진다고 해석할 이유는 없다. 왜

---

[82] 최기원, 앞의 책, 8면.
[83] 독일제국채무원부법(Reichsschuldbuchgesetz)이 제정되어 채권을 발행하는 대신에 채권자의 신청에 의하여 독일제국채구관리국이 관장하는 동일제국채무원부에 채권자를 등록하는 방법에 의하여 국채를 발행할 수 있게 하였다.
[84] 최기원, 앞의 책, 9-11면 참조.

냐하면 발행절차는 전자외상매출채권의 성립과 관련되므로 등록제도가 반드시 요구되는 절차이나 일반적으로 등록증권의 양도나 담보설정시 요구되는 절차는 당사자 간에 반드시 필요한 절차라고 보기보다는 제3자와의 관계에서 요구되는 절차일 경우가 많기 때문이다. 전자문서의 형식으로 발행되어 금융결제원에 보관되고 보관은행이나 판매기업에는 발행사실이 통지될 뿐인 전자외상매출채권의 거래는 등록제도에 의해 극도로 형식화되어 대체되었다고 볼 수 있다.[85] 혹은 등록제도에 의한 전자문서 이동의 대체현상을 굳이 법리적으로 설명한다면 금융결제원에 보관되어 있는 전자증권(전자문서)에 대한 간접점유가 양수인에게 이전된 것으로 해석할 수도 있다고 본다.[86]

4) 소결 : 이러한 관점에서 전자외상매출채권의 양도시 양도인과 양수인간의 동 채권의 양도의 합의만으로 양도계약은 효력이 발생하고 전자증권의 교부는 불필요하고 금융결제원에의 등록은 당사자의 양도의 합의와 마찬가지로 양도계약의 성립 혹은 효력 요건의 하나로 볼 수 있다. 이러한 법리 구성은 등록제도를 통해 유가증권의 무권화가 시도되고 있는 주권에서도 찾아 볼 수 있다.[87] 기명주식을 가진 주주는 주권을 소지하지 않겠다는 뜻을 회사에 신고할 수 있는 주권불소지제도는 무권화의 출발점으로

---

[85] 일반적인 기명주권, 회사채나 공사채에서 양도시 권리의 징표로서 증권의 교부가 요구되고 증권을 점유하고 있는 자가 권리자로 추정되는 효력이 부여된다. 이에 반해 전자외상매출채권은 전자증권(전자문서)의 점유에서 권리의 추정력이 발생하는 것이 아니라 금융결제원의 등록원부상의 기재에서 권리의 추정력이 발생한다고 보아야 한다. 다만 등록제도에 의해 증권의 교부를 대체하기 위해서는 법률의 규정이 필요하지 않은가 하는 의문은 남아 있다.

[86] 금융결제원이 보관하고 있는 전자문서에 대한 양도인의 반환청구권을 양수인에게 양도하며 (이른바 목적물반환청구권의 양도) 이는 전자외상매출채권의 양도의 합의와 동시에 이루어진다고 본다(곽윤직, 「물권법」, 박영사, 1996. 213면[이하 '곽윤직, 앞의 책 2'라고 한다]).

[87] 정찬형, "전자증권제도 도입에 따른 법적 문제 및 해결방안," 「증권예탁」, 제40호(2000) [이하 '정찬형, 앞의 논문 1'이라고 한다]; 정승화, "전자투자증권의 법적 과제," 「전자금융의 법적 과제(Ⅰ)」, 한국법제연구원, 2002, 79-112면 참조.

볼 수 있으며,88) 증권예탁결제제도에 의하면 증권예탁원이 관리하는 계좌 간의 주권 양도시 주권의 교부는 생략되고 동 계좌부상의 대체기재에 증권교부의 효력을 부여하고 있다. 이렇게 볼 때 등록증권은 등록부 기재에 의해 증권의 교부를 대체할 수 있다는 특징을 가지는 경우가 있다고 본다.

(6) 기타 법적 성질

1) **증거·요식증권성** : 전자외상매출채권은 앞서 본 바와 같이 기명채권으로서 성질을 가지고 있어 권리의 존재와 내용을 증명하는 효력(증거증권성)도 당연히 가진다. 그밖에 유가증권의 속성으로 언급되는 요식증권성, 지시증권성, 제시증권성, 상환증권성, 문언증권성, 면책증권성 등을 전자외상매출채권에도 인정할 수 있는가 하는 점을 고찰할 필요가 있다. 우선 전자외상매출채권도 동 약관이나 시행세칙 등에서 엄격하게 발행시 기재사항을 정하고 있고(동 시행세칙 제2편 제1항 1. 가. 참조) 이를 위반한 경우 전자채권의 효력이 부인된다고 하는 점에서 요식증권성을 가지고 있다고 본다. 다만 어음, 수표와 같이 유통을 목적으로 하지 않으므로 엄격한 요식증권성이라기 보다는 상품증권과 유사한 정도의 완화된 요식증권성을 가졌다고 볼 수 있다.89)

2) **지시·제시증권성** : 지시증권성이란 배서 혹은 교부에 의해 증권상의

---

88) 이 경우 회사는 지체없이 주권을 발행하지 아니한다는 뜻을 주주명부와 그 복본에 기재하고 그 사실을 주주에게 통지하여야 하며 회사는 주권을 발행할 수 없다. 이미 발행된 주권이 있을 경우 회사에 제출하여야 하며 회사는 제출된 주권을 무효로 하거나 명의개서대리인에 임치하여야 한다(상법 제358조의2 제1항-제3항) 다만 주권불소지하고 있는 주주가 주식을 양도하거나 입질하고자 할 경우에는 주권의 발행을 회사에 신청하여야 하고 발행된 주권을 통해 주식을 양도할 수 있다(상법 제358조의2 제4항). 이런 의미에서 주권불소지제도는 무권화가 제한적으로 나타난 것으로 보며 현재 주권을 둘러싸고 완전한 의미에서 무권화를 위한 방안들이 외국에서는 도입되고 있으며 우리나라에서도 주식·사채 전자등록법이 2019년에 시행될 예정이다.
89) 하지만 전자문서의 형태로 발행되는 특징을 감안할 때, 요구되는 방식에 따르지 않을 경우 입력이 되지 않아 자동적으로 요식성이 달성될 수 있다고 보여진다.

권리가 양도될 수 있는 성질을 의미하는데, 금전채권을 표창하는 어음이 전자화되었을 경우 이른바 전자어음의 개념에 이르면 당연히 지시증권성을 가질 것이다. 그러나 동 채권은 전자기명채권을 실체로 하고 있고 유통이 제한적으로 허용되는 점을 고려할 때 지시증권성은 인정되지 않는다. 제시증권성에 관해 보면, 판매기업은 만기에 즈음하여 전자채권을 약관에 정해진 방법에 따라 제시하여야 권리를 행사할 수 있도록 정했으나(동 약관 제8조 제1항 참조) 동 조항을 변경하여 전자외상매출채권의 제시가 없어도 구매기업은 채무를 이행하도록 하였다. 이는 추심채무에서 통상적인 지참채무로 변경하는 중대한 변화이며 현행 약관에 의할 경우 전자외상매출채권에 제시증권성을 인정하기 어렵게 되었다. 증권과 상환하지 않고는 채무의 이행을 하지 않아도 되어 채무자의 이중변제위험을 방지하는 상환증권성에 관해 보면, 판매기업은 보관은행을 통해 전자채권을 제시하고 구매기업이 채무를 이행하면 금융결제원의 등록원장에 입금기재 됨으로써 증권의 부당유통에 따른 채무자의 이중지급의 위험이 소멸된다는 점에서 등록제도에 의해 대체되었기는 하지만 전자외상매출채권에도 상환증권성이 인정된다고 보여진다.

  3) 문언·면책증권성 : 문언증권성을 보면, 문언증권성이란 유통을 목적으로 하는 증권의 특성으로 설사 증권 발행의 원인된 법률관계와 달리 증권이 발행되더라도 유통을 보호하기 위해 원인된 법률관계 보다는 발행된 증권의 문언에 따라 권리의 내용을 결정하는 효력으로서 유통을 배제하고 있는 전자외상매출채권에는 적용되지 않는다고 본다. 끝으로 면책증권성 즉 전자증서를 제시하는 자에게 변제할 경우 면책의 효력이 발생하는가 하는 점을 살펴보면, 우선 전자채권이 기명증권이고 양도가 허용되지 않고 있어 변제시 권리자 확인이 용이할 뿐만 아니라 권리자를 확인하지 않고 전자문서의 제시자에게 변제를 하더라도 이는 넓은 의미의 비채변제로서 채무변제의 효과가 발생한다고 보기 어렵다. 요컨대 전자외상매출채권은

유가증권으로서의 속성 중 유통과 관련되는 지시증권성, 제시증권성, 문언증권성, 면책증권성은 가지지 못하고 권리자와 의무자간의 권리 실행과 관련되는 요식증권성, 상환증권성 등은 가진다고 볼 수 있다.

4. 전자외상매출채권의 발행관계

(1) 물품구매기본계약

1) 개념 : 전자외상매출채권거래 기본약관에서는 구매기업과 판매기업 간에 물품(재화 또는 용역)의 구매계약을 체결하면서 당사자 간에 본 약관의 적용을 받기로 합의한 경우 이를 물품구매기본계약이라 보고 있다(동 약관 제3조 제1항). 구매기업과 판매기업이 물품의 구매계약을 체결함과 동시에 혹은 구매계약 성립 전후에 대금결제 방법에 관해 합의할 수 있다. 현금, 어음·수표, 자금이체에 의한 결제 등은 물론 전자외상매출채권에 의한 결제도 합의할 수 있는데, 물품구매기본계약이란 전자외상매출채권에 의한 대금지급을 합의한 구매계약을 의미한다. 물품구매기본계약은 주된 계약으로 구매계약을 그리고 결제방법에 관한 부수적 합의로서 결제방식 합의를 요소로 하고 있다.

2) 법적 성질 : 구매계약은 재화를 목적물로 할 경우에는 대체로 매매계약적 성질을 가지나 용역을 구매계약의 목적물로 할 경우에는 용역의 내용에 따라 고용계약, 위임계약, 도급계약 혹은 임치계약적 성질을 가질 수 있다. 결제방식합의에 관해 구체적으로 살펴보면, 동 약관은 물품구매기본계약 체결시의 결제방식합의 외에 실제 전자외상매출채권을 발행함에 있어서 또 다른 합의(발행계약)가 있어야 하는 것으로 규정하고 있다. 즉 구매계약을 체결하면서 동 채권을 결제방법으로 선택하기로 합의한 후, 그에 따라 동 채권을 발행할 경우 구매기업(발행인)이 물품구매계약상의 대금채무를 전자외상매출채권으로 변경한다는 의사표시와 이에 대한 판매기

업의 승낙이 요구되는 것으로 규정하고 있다(동 약관 제3조 제1항, 제2항). 동 채권의 발행과 관련하여 두 개의 합의가 연속되고 뒤의 합의는 앞의 합의의 내용을 실현시키는 의미를 가졌고 두 개의 합의를 거쳐 하나의 효과(전자외상매출채권의 발행)가 발생한다. 이렇게 볼 때 후자(발행계약)는 전자외상매출채권 발행의 본계약이라 할 수 있고 전자인 결제방식합의는 전자외상매출채권 발행의 예약적 성질을 가지고 있다고 보여진다.

3) 소결 : 약관의 규정에 따를 때 구매기업과 판매기업은 물품의 구매계약을 체결하면서 전자외상매출채권 발행계약의 예약을 부수적으로 체결한다고 볼 수 있고 동 예약에 근거하여 구매기업(발행인)은 변경권을 행사하고(청약) 약관에 의해 의제되어 있는 이에 대한 승낙과 합치하여 발행계약이 체결된다고 보여진다. 즉 동 약관은 '구매기업이 --- 전자채권으로 변경하겠다는 변경의사를 표시한 것으로 보고 이와 동시에 판매기업은 구매기업의 이러한 변경권 행사에 승낙한 것으로 본다'고 규정하고 있어 구매기업이 변경권을 행사할 경우 판매기업은 이에 대해 이의를 제기하지 못하고 승낙이 의제된다고 보여지므로 결과적으로 구매기업의 변경권은 일종의 예약완결권적 성질을 지니고 있다. 이렇게 볼 때 결제방식합의는 예약권리자의 계약을 성립시키려는 의사표시가 있는 경우에 상대방의 승낙을 기다리지 않고서 계약이 성립하며 일방 당사자만 이러한 예약완결권을 가진다는 점에서 일방예약적 성질[90]을 가지고 있다.

(2) 발행행위

1) **법적 성질** : 전자채권의 발행은 앞서 설명한 구매기업과 판매기업간

---

[90] 곽윤직, 「채권각론」, 박영사, 2000. 37면, 155-157면(이하 '곽윤직, 앞의 책 3'이라고 한다); 일방예약(혹은 쌍방예약)과 달리 편무예약·쌍무예약이 있으며 전자는 낙성계약(諾成契約)의 예약이고, 후자는 요물계약(要物契約)의 예약이라 본다. 전자외상매출채권에 의한 결제방식합의는 諾成契約이므로 결제방식합의에 근거한 예약완결권 개념이 가능하고 결론적으로 결제방식합의는 일방예약의 성질을 가지고 있다고 볼 수 있다.

에 결제방법에 관한 합의(결제방식합의)가 포함된 물품구매기본계약에 근거하여 발행되며 발행행위 역시 계약적 성질을 가지는 것으로 동 약관은 규정하고 있다. 이러한 계약적 구성은 어음, 수표의 법리와 사뭇 다르며 어음·수표제도에서는 발행행위의 법적 성질에 관해 단독행위설과 계약설로 견해가 대립되고 있다.[91] 그러나 전자외상매출채권은 동 약관을 통해 발행행위가 당사자 간의 합의에 의해 성립하는 것으로 명확하게 밝히고 있어 계약적 성질에 관한 다툼은 없으리라 본다. 동 약관에 따라 발행행위를 구체적으로 고찰하면, 기존의 채권이라 할 수 있는 대금채권과 밀접한 관련이 있으므로 발행인의 발행의 청약을 기존채권에 대한 변경권의 행사로 보고 판매기업의 승낙은 약관에 의해 의제하여 합의가 성립하는 것으로 보고 있다. 다만 동 채권 발행의 청약을 함에 있어서는 구두로 하는 것은 불가능하고 일정한 방식 즉 전자적인 방식으로 일정한 사항을 기재한 전자문서의 형태로 청약하여야 한다는 점에서 발행계약은 요식계약적 성질을 가지고 있다고 볼 수 있다.

2) 발행계약의 효력 : 발행계약이 성립하면 전자외상매출채권의 효력이 발생하는가? 동 약관의 규정에 의하면 구매기업(발행인)과 판매기업간의 발행의 합의만으로 전자채권이 효력을 가지는 것으로는 볼 수 없고 발행은행이 구매기업의 신청을 받아들여 금융결제원에 등록함과 동시에 전자채권으로 변경된다고 정하고 있고(동 약관 제3조 제3항), 금융결제원의 기업간전자상거래 지급결제업무규약 시행세칙에서는 금융결제원의 '전자채권등록원장에 전자채권 등록이 이루어지는 시점을 발행시점으로 본다'고

---

91) 계약설은 어음채무도 일반채무와 같이 당사자간의 계약에 의하여 성립하는데, 이 계약은 어음의 수수가 따르는 요식행위로서 어음이 상대방에 교부되어 도달하는 외에 상대방의 수령능력과 승낙의 의사표시를 요하는 交付契約에 의해 성립한다고 한다. 이에 반해 단독행위설은 어음채무는 어음행위자가 불특정다수인에 대하여 채무부담의 의사표시를 하는 것만으로 성립하는 단독행위라 한다(정찬형, 앞의 책 1, 74~75면: 최기원, 앞의 책, 134~144면).

정하여(동 시행세칙 제2편 제2장 1-가) 금융결제원의 등록을 전자채권의 성립요건으로 보고 있는 듯하다. 금융결제원의 발행등록은 발행행위가 성립 혹은 효력을 발생하기 위해 필요한 요건인가 혹은 대항요건인가 아니면 거래상의 효력과는 무관한 별개의 등록절차인가 하는 점을 고찰할 필요가 있다. 앞서 살펴 본 바와 같이 동 시행세칙에서는 발행시점을 등록시점으로 보고 있어 마치 발행계약의 성립요건으로도 볼 수 있고 효력발생 요건으로 볼 수도 있으나 약관상의 전자외상매출채권의 개념정의에서 '--의사표시를 함으로써 변경되는 채권'이라 명시하고 등록요건을 삽입하지 않은 것으로 보아 발행계약으로 동 채권은 성립하고 다만 효력은 금융결제원에의 등록시점에 발생한다고 보는 것이 타당하다고 본다. 동 채권의 발행뿐만 아니라 양도, 담보설정에도 금융결제원의 등록이 요구되는데 이러한 등록의 법적 성질 및 효력에 관해 후술한다.

(3) 변경권 행사

1) 의의 : 물품구매계약상의 대금채권을 근거로 하여 전자외상매출채권을 발행하게 되는데 약관은 대금채권이 존속하고 별개의 채권을 발행하는 것으로 보지 않고 대금채권을 동 채권으로 변경하는 것으로 보고 있다. 이는 어음·수표의 발행과 비교할 때 현저히 다른 점으로서 어음·수표는 원인계약상의 권리는 그대로 존속하는 상태에서 어음·수표상의 권리가 새로이 성립하여 양 권리가 병존하는데 반해 전자외상매출채권이 발행되면 원인채권은 소멸하게 된다. 대금채권을 전자외상매출채권으로 변경하는 의사표시로서 발행인의 변경권 행사와 이에 대한 승낙이 결국 전자외상매출채권의 발행계약이 되는데, 여기서 물품대금채권을 전자채권으로 구매기업이 변경할 경우 변경행위의 법적 성질을 어떻게 보아야 할 것인가? 앞서 살펴 본 바와 같이 전자외상매출채권의 법적 성질에 관해 지명채권으로 보는 견해가 일반적이나 이 글에서는 기명채권(증권)으로서 양도성이 제한된 유가증권으로 보았다. 따라서 발행인의 변경권의 행사는 전술한 바와 같이

발행계약이라는 측면에서 보면 결제방식합의라는 일방예약에서 성립한 예약완결권의 행사로 볼 수 있으며 그 효과로서 지명채권의 성질을 가진 대금채권은 소멸하고 전자외상매출채권이 성립하며 양자는 본질을 같이 한다고 볼 수 있다.

2) 법적 성질 : 구채권(대금채권)이 소멸하고 새로운 채권(전자외상매출채권)이 성립한다는 관점에서 보면 변경권의 행사 및 발행행위가 경개계약의 성질(민법 제500조)을 가진 것으로 볼 여지가 있다. 구채권의 소멸과 신채권의 성립은 서로 인과관계를 가지며 구채권이 소멸하지 않는 때에는 신채권이 성립하는 일이 없고 신채권이 성립하지 않는 때에는 구채권은 소멸하지 않는 유인계약[92]이라는 점에서 대금채권과 전자외상매출채권의 관계와 일치한다고 보여진다. 그러나 경개계약의 효력은 구채권이 소멸할 뿐만 아니라 구채권에 관하여 존재하였던 담보권, 보증채무, 위약금 기타의 권리는 모두 소멸하는데[93] 과연 전자외상매출채권에 이러한 효력을 인정할 수 있는가 하는 점에 대해서는 의문이다. 뿐만 아니라 경개계약이 성립하기 위해서는 채권(채무)의 중요한 부분이 변경되어야 하는데 채무가 지명채권에서 기명채권으로 변경된다는 것은 경개계약의 주된 유형인 당사자변경도 아니고 목적변경에도 포함되기 어렵다. 즉 당사자와 채무의 목적도 동일하나 지명채권에서 기명채권으로 변경되는 것에 지나지 않는 것으로 보아야 하므로 대금채권 소멸과 전자외상매출채권의 성립시키는 행위(변경권의 행사)를 경개계약의 성질을 가진 것으로 보기는 어렵다. 뿐만 아니라 채무의 형태가 바뀌었을 뿐이지 채권의 만족이 있는 것은 아니라는 점에서 이를 대물변제의 일종으로 보기도 어렵다.

3) 소결 : 변경행위는 경개계약적 요소를 일부 가지고 있으나 민법상

---

[92] 곽윤직, 앞의 책 1, 388면.
[93] 곽윤직, 앞의 책 1, 391면.

경개계약으로 볼 수는 없고 대금채권이라는 지명채권을 전자외상매출채권이라는 기명채권으로 변경하는 특수한 계약(일부변경계약)으로 보아야 하고 일부변경계약을 성립시키는 변경권 행사는 채무변경예약의 예약완결권 행사로 해석할 수 있다. 따라서 양채무(채권)는 본질을 같이 하므로 기존의 대금채권에 항변권이 존재할 경우 항변권이 그대로 부착된 채로 전자채권이 성립하고 소멸시효 역시 대금채권의 소멸시효가 중단 없이 그대로 계속 진행된다고 보아야 한다. 뿐만 아니라 구매계약에 하자가 있을 경우 이를 이유로 전자채권의 지급을 거절할 수 있으며 구매계약상의 물품인도와 여전히 동시이행의 관계에 있다. 전자외상매출채권은 독립된 추상적인 결제수단이 아니므로 동 채권으로의 변경만으로 결제의 효과가 발생하는 것은 아니므로 전자외상매출채권이 변제될 때 구매기업의 구매계약상의 채무는 이행한 것이 된다.

(4) 등록

1) 개념 : 전자외상매출채권은 기본적으로 당사자의 합의 즉 물품구매기본계약에 따른 구매기업의 변경권 행사로 성립하나 즉시 효력이 발생하는 것은 아니고 발행은행이 금융결제원에 발행등록을 의뢰하여 금융결제원이 전자채권 등록원장을 작성(동 약관 제2조 제10호)한 시점에 효력이 발생한다고 볼 수 있고 금융결제원은 이를 즉시 발행은행과 보관은행에 등록결과를 통지하여야 한다(동 약관 제7조 제6호). 금융결제원의 전자채권 등록원장에 등록이 된 이후에는 동 전자채권의 모든 법률관계는 등록원장상의 기재가 요구된다는 점에서 전자채권은 일종의 등록채권으로 볼 수 있고 등록행위에 의해 모든 법률관계의 효력이 발생한다고 볼 수 있다. 따라서 양도행위와 담보설정행위라는 당사자의 법률행위와 금융결제원의 등록행위와의 관계가 문제될 수 있는데 금융결제원의 등록을 어떻게 보느냐에 따라 관계가 달라질 수 있다.

2) **법적 성질** : 등록행위를 마치 부동산 등기 유사 행위로 볼 경우 성립 혹은 효력요건이 되어 전자채권에 관해 발생하는 모든 법률행위는 금융결제원의 등록에 의해 효력이 발생하게 될 것이다. 그러나 이를 주식회사의 기명주식에 관한 회사 주주명부상의 명의개서와 유사하게 볼 경우 당사자의 법률행위만으로 효력이 발생하고 주주명부상의 명의개서는 단순히 대항요건에 지나지 않게 된다. 물론 전자외상매출채권의 경우 양도를 엄격히 금지시키고 있어 주식양도에서처럼 이를 대항요건으로 보느냐 성립·효력요건으로 보느냐에 따른 논쟁에 비해 논의의 실익은 적으나 동 채권 관련 담보권의 소멸시효, 변제의 시점 등을 결정함에 있어 여전히 중요한 의의를 지니고 있다.

3) **소결** : 전자외상매출채권은 아무나 발행할 수 있는 일반적 의미의 전자채권이 아니고 발행절차를 엄격히 제한하고 발행 이후에도 관리가 철저하다는 의미에서 보면, 적어도 일종의 등록채권으로서의 전자외상매출채권의 성질을 감안할 때 동 채권의 발행은 금융결제원의 등록이 있어야 효력이 발생한다고 보아야 한다. 하지만 전자외상매출채권이 발행된 이후에는 동 채권의 담보설정, 변제행위 등은 금융결제원의 등록은 대항요건에 지나지 않는 것으로 보는 것이 타당할 수 있다. 왜냐하면 금융결제원은 제3자 기관으로서 당사자의 의사를 더욱 존중할 필요가 있으며 금융결제원의 등록은 전자외상매출채권의 관리를 목적으로 한 것에 지나지 않기 때문이다. 하지만 금융결제원에의 등록은 기명증권적 성질을 가진 전자외상매출채권의 양도요건으로서 증권의 교부를 대체하는 절차이므로 증권의 교부가 기명증권 양도의 효력발생요건이듯이 금융결제원의 등록은 담보설정, 양도의 효력발생요건으로 보아야 한다.

(5) 발행인과 발행은행간의 관계

1) **약관 규정** : 발행인은 전자외상매출채권을 직접 발행하는 것이 아니

라 발행인의 의뢰를 받아 발행은행이 대행하는 것으로 약관은 정하고 있다(동 약관 제3조 제2항). 금액, 변제기 등 전자채권의 내용은 발행인이 직접 결정하고 발행은행은 발행절차를 대행하는데 지나지 않으며 전자채권에 대한 책임 역시 발행인이 부담한다는 점에서 볼 때 발행인이 전자외상매출채권 발행의 당사자로서의 지위에 있다고 볼 수 있다. 발행인(구매기업)이 발행은행에 전자외상매출채권의 발행을 의뢰하기 위해서는 양자간에 전자채권의 발행한도를 정하여 전자채권발행에 관한 약정(동 약관 제7조 제1항 제1호)(전자채권약정: 동 시행세칙 제2편 제2장 1. 다)이 체결되어 있어야 한다.

2) **법률관계** : 전자채권의 발행한도[94]는 금융결제원에 전송되어 전자채권등록원장에 등록된다. 전자채권약정은 일정기간, 일정한도 내에서 구매기업이 수차례 전자외상매출채권을 발행할 수 있도록 동 채권발행업무를 거래은행인 발행은행에 의뢰하는 기본계약으로서 구체적으로 동 채권을 발행할 필요가 있으면 구매기업은 채권의 구체적인 내용을 기재하여 발행은행에 발행을 의뢰하게 된다. 발행은행은 발행인을 보조하여 발행을 대행하는 자로서 발행인과 발행은행의 관계는 다양하게 해석될 수 있지만 위임관계에 준하는 것으로 보는 것이 타당하다고 생각된다. 다만 발행인은 발행은행에 전자외상매출채권용 계좌를 개설해야 하므로 계좌 개설은 위임계약에 근거한 위임인의 의무 이행으로 보아야 하고 이는 독립된 소비임치계약으로 볼 수 있다.

(6) 원인관계(물품구매계약)와 발행계약의 관련성

1) **유인성** : 어음·수표거래에서와 마찬가지로 전자외상매출채권도 원인

---

[94] 전자외상매출채권의 발행한도는 해당기업의 전년도 매출액 및 전자채권등록원장에 등록된 타행과의 동 채권 발행한도 등을 참고하여 참가은행이 자율적으로 설정한다(동 시행세칙 제2편 제2장 1. 다.).

관계라 할 수 있는 구매기업과 판매기업간의 구매계약에 기초하여 발행된다. 어음에는 추상성, 독립성 등이 인정되어 원인관계인 매매계약이 무효하더라도 어음은 유효하며[95] 각각의 어음행위는 원칙적으로 독립적으로 효력을 가진다(어음법 제7조). 이에 반해 전자외상매출채권은 그 원인 된 구매계약이 무효하게 되면 이를 기초로 발행된 동 채권도 무효하게 된다. 왜냐하면 전자외상매출채권은 물품대금채권을 변경한 것에 지나지 않아 본질은 물품대금채권과 동일하므로 양자간의 추상성(무인성)은 인정될 여지가 없다. 전자외상매출채권은 물품대금채권과 본질을 같이 하지만 발행인의 변경권 행사로 물품대금채권은 변경되어 전자외상매출채권만 남게 되므로 채권자인 판매기업은 물품대금권을 행사할 수 없고 동 채권을 행사하여야 한다. 즉 판매기업이 전자외상매출채권을 행사하지 않고 물품대금채권을 행사할 경우 구매기업인 동 채권의 발행인은 전자외상매출채권으로 변경되었음을 이유로 구매채권의 이행을 거절할 수 있는 항변권을 가진다고 본다. 따라서 전자외상매출채권이 발행된 이후에는 양채권이 병존한다기보다는 본질은 동일하지만 전자외상매출채권으로 변경되어 동 채권만 존재한다고 보아야 한다.

  2) **항변권 문제** : 판매기업이 원인관계인 구매계약상의 채무 즉 물품의 인도·제공의무를 이행하지 않을 경우 구매기업은 전자외상매출채권의 이행을 거절할 수 있는가? 즉 원인관계상의 항변권으로 전자채권의 효력을 제지할 수 있는가 하는 문제인데 양자 관계를 어음과 같이 추상적인 관계로 해석하지 않는 이상 구매기업은 동 채권의 이행을 거절할 수 있다고 본다. 하지만 실무적으로 특별한 조치를 취하지 않으면 발행은행, 보관은행에 의해 판매기업의 채무가 이행되기 전에 전자외상매출채권이 변제될 수도 있으므로 약관에서는 구매기업을 보호하기 위해서 매매보호거래라는 규정을

---

95) 어음법 제1조 제2호에서의 '무조건성'이 어음관계의 추상성을 규정하고 있다.

두고 있다. 매매보호거래에서는 위탁전자채권이 발행되는데 이는 구매기업으로부터 물품매매계약이 이행되었음을 통지받는 것을 조건으로 판매기업이 전자채권상의 권리를 행사할 수 있는 전자외상매출채권을 의미한다(동 약관 제2조 제14호, 제16호). 매매보호거래는 특별한 전자외상매출채권을 규정하였다기보다는 구매계약상의 구매기업의 항변권(동시이행항변권)을 제도화하여 전자채권 지급결제의 조건으로 정함으로써 판매기업의 물품 인도·제공이라는 급부의 선이행의무를 정한 것으로 볼 수 있다.

5. 전자외상매출채권의 담보대출

(1) 의의

1) 당사자관계 : 전자외상매출채권이 발행되어도 동 채권이 이전되어 판매기업의 점유 하에 있는 것은 아니고 판매기업은 금융결제원으로부터 등록결과를 통지받는데 지나지 않는다. 판매기업은 구매기업과 마찬가지로 직접 동 채권을 행사하는 것은 아니고 보관은행을 통해 지급제시 등 채권을 행사할 수 있다. 보관은행은 금융결제원으로부터 전자채권 발행통지를 받아 판매기업에 전자채권 발행통지를 하고 동 채권 보관[96] 및 추심 등의 서비스를 제공하는 은행이다(동 약관 제2조 제9호). 구매기업과 발행은행의 법률관계를 앞에서 살펴보았듯이 판매기업과 보관은행의 관계도 살펴볼 필요가 있다. 판매기업이 전자외상매출채권을 추심하기 위해서는 보관은행을 이용하여야 하고 그러기 위해서는 판매기업과 보관은행 사이에는 전자외상매출채권의 추심에 관한 계약이 체결되어 있어야 하고 동 계약의

---

[96] 동 약관에는 보관서비스를 보관은행이 제공하는 서비스로 정의하고 있으나 실질적으로 금전채권을 표창하고 있는 전자외상매출채권(전자문서)은 보관은행에 보관되는 것이 아니라 금융결제원에 등록되어 보관된다고 보아야 한다. 다만 판매기업에 보관은행이 담보대출을 신청할 경우 동 전자문서는 보관은행에 간접적으로 보관된다고 볼 여지가 있다. 이렇게 볼 때 보관은행의 주된 업무는 판매기업을 대신해서 전자외상매출채권을 추심하고 담보대출 하는 것으로 볼 수 있으며 따라서 보관은행이라는 용어보다는 추심은행이라는 용어가 더 적절하다고 생각된다.

법적 성질은 발행인과 발행은행간의 계약과 동일하게 위임계약으로 보아야 한다.

2) **금융결제원의 지위** : 발행은행이나 보관은행 모두 금융결제원을 통해 연결되고 발행, 담보대출, 결제 모두 금융결제원을 통해 이루어진다는 점에서 은행과 금융결제원의 관계도 문제된다. 전자외상매출채권은 앞서 본 바와 같이 일종의 등록채권으로서 발행시점부터 금융결제원에 등록되어 이후 법률관계는 금융결제원의 등록을 요건으로 하고 있다. 금융결제원은 은행의 결제업무를 대행하는 기관으로서 은행과 금융결제원간의 관계는 결제행위에 관한 위임관계라 보여진다. 따라서 전자외상매출채권의 발행등록, 담보설정등록, 결제등록 등의 업무는 은행의 위임사무로서 금융결제원은 이를 실행하게 된다. 고객인 구매기업·판매기업과 금융결제원은 직접적인 법률관계가 없으며 발행은행, 보관은행을 통하여 금융결제원과 간접적으로 관련된다. 금융결제원은 발행은행, 보관은행이 전자외상매출채권의 발행, 보관, 결제를 함에 있이시 업무를 보조하는 지위에 있어 이들 은행의 이행보조자로 볼 수 있다.

3) **법적 성질** : 판매기업은 보관은행이 보관 중인 전자외상매출채권을 만기에 추심할 수도 있지만 만기 전에 자금이 필요할 경우 동 채권을 담보로 은행에 대출을 신청할 수 있다. 구매기업에서 발행한 전자채권을 담보로 판매기업이 담보를 설정하기 위해서는 전자방식 외상매출채권담보대출제도를 이용할 수 있다. 전자외상매출채권금액 한도 내에서 대출할 수 있으며, 대출을 위해서는 판매기업은 보관은행에 동 채권을 담보로 제공하기 위해 채권양도의 형식을 갖추어야 한다. 따라서 판매기업과 보관은행은 채권양도의 합의와 함께 양도인인 채무자에 대한 통지(혹은 채무자의 승낙)를 하게 된다. 실무상 대출 신청시 구매기업(채무자)에 대한 통지를 위해 채권

양도 통지대행권한을 위임하여야 하며 이에 따라 보관은행은 전자외상매출채권 양도사실을 확정일자 있는 증서에 의해 구매기업에 통지한다.[97]

(2) 소비대차계약성

1) **담보 방법** : 전자외상매출채권은 채권의 일종으로서 채권을 담보로 활용할 경우 채권질권을 이용할 수 있으며, 그 밖에 채권양도의 외관을 가지면서 실질적으로 담보권을 설정하는 채권의 양도담보도 가능하다. 대출은행인 보관은행이 판매기업에 대출을 함에 있어서 동 채권이 보관은행에 단순히 담보물로서 제공되느냐 아니면 양도의 목적물로서 제공되느냐 하는 점에 관해 논란이 있을 수 있다. 이는 어음을 할인함에 있어서 어음이 담보로 제공된 것인지 아니면 어음의 매매가 있었던 것으로 보아야 할 것인지에 관해 논란이 있는 것[98]과 동일한 맥락에서 이해할 수 있다. 그 법적 성격에 따라 담보대출금의 성격이 대여금일 수도 있고 채권매각대금이 될 수도 있다.

2) **약관 해석** : 동 약관은 담보대출에 관해 전자채권을 담보로 은행에 대출을 신청할 수 있다는 간단한 규정만 두고 있으며 대출신청방법, 약정 및 절차를 은행이 별도 정하는 바에 따른다고 구체적인 규정을 생략하고 있어[99] 약관 규정에 근거한 해석이 용이하지 않다. 하지만 동 약관상의 다른 규정을 기초로 담보대출의 법률관계를 살펴보면, 담보로 제공된 전자채권이 불이행된 경우 즉 미결제시 상환청구권을 행사할 수 있음을 정하고

---

97) 한국전자거래진흥원, 앞의 보고서, 57-58면 참조.
98) 어음할인의 법적 성질에 관해 소비대차설과 매매설이 대립되고 있으며 판례의 입장은 매매설에 따르고 있다(대법원 2000. 12. 12. 선고, 99다13669판결 참조).
99) 이는 전자외상매출채권의 담보대출이 동 채권 도입전부터 은행내부에서 이용되던 전자방식 외상매출채권담보대출을 은행간의 담보대출이 가능하도록 변경하였다는 연혁적인 이유에 근거한 것으로 보인다. 하지만 전자외상매출채권은 금융결제원의 등록을 요하는 일종의 등록채권으로서 기존의 전자방식의 외상매출채권의 담보대출과는 차이가 있다는 점에서 동 약관에 절차에 관한 규정(특히 금융결제원에의 등록 관련)이 필요하다고 본다.

있어 이는 마치 어음법에서 배서에 의해 어음이 양도된 경우 피배서인이 전자에 관해 상환청구권을 가지는 이치와 동일한 점에서 담보제공이 아니라 양도로 볼 여지도 없지 않다. 뿐만 아니라 담보제공시 양도의 통지를 요구하고 있는 점도 이를 채권양도로 볼 수 있게 한다. 물론 채권질권을 설정함에 있어서도 채무자에 대한 통지나 채무자의 승낙이 요구되나 약관에서 사용하고 있는 용어가 질권설정의 통지가 아니라 '양도의 통지'를 요구하고 있어 문리적으로 해석할 때 채권양도로 볼 여지가 있다.

3) 소결 : 약관에서 만기 전에 채권 금액 내에서 금원을 제공하는 것을 담보대출이라 명시하고 있고 대출금에 대해 이자를 지급하여야 한다는 점 등을 고려할 때 전자채권의 양도라기보다는 담보제공으로 보는 편이 타당하리라 생각된다.[100] 따라서 보관은행의 대출행위는 전자외상매출채권의 매매에 따른 대금지급이 아니고 금전을 대여하는 소비대차계약으로 보아야 한다. 그리고 소비대차계약에 따른 금전대여에 대해 전자외상매출채권을 담보로 제공하는 행위는 채권매매가 아닌 채권질권의 설정행위로 보아야 한다. 대출행위의 법적 성질을 둘러싸고 생길 수 있는 법률적 다툼을 미연에 방지하기 위해서는 채권매매와 혼동을 일으킬 수 있는 약관 규정을 정리할 필요가 있다고 본다.

(3) 대항력

1) **대항요건** : 담보대출을 질권설정으로 보든 채권양도로 보든 채권자는 채무자의 승낙을 얻든지 아니면 채무자에게 통지하여야 한다. 왜냐하면

---

[100] 채권양도로 보지 않고 담보제공으로 보더라도 이를 질권설정으로 볼 것인지 채권의 양도담보로 볼 것인지 다툼이 있을 수 있다. 채권양도의 외관을 가진 실질적 담보제공이라는 점에서 채권의 양도담보로 해석할 여지가 있으나 양도담보가 성립하기 위해서는 제3자와의 관계에서는 채권양도의 효과가 발생하게 되는데 전자외상매출채권 담보대출 당사자 간에는 양도는 담보확보의 방식일 뿐 당사자 간이나 제3자와의 관계에 있어서나 모두 담보로서 효력만 가진다는 점에서 질권설정에 가깝다고 보인다.

권리질권의 설정 역시 법률의 규정이 없으면 그 권리의 양도에 관한 방법에 의하여야 하기 때문이다(민법 제346조). 이러한 통지, 승낙은 채권양도 혹은 질권설정의 성립, 효력요건이라기 보다는 일반적으로 대항요건으로 해석된다. 채권양도에서 대항요건주의는 채무자 기타 제3자에 대항하기 위해서는 일정한 요건이 필요하다는 의미이다. 그러나 채무자에게 대항하지 못한다는 의미는 양수인이 채무자에 대하여 양수한 채권을 주장하는 요건이 된다는 것을 의미하고, 기타 제3자에게 대항할 수 있다는 것은 그 채권을 2중으로 양수하거나 또는 압류한 자들 사이에서 그 우열을 결정하는 표준이 된다는 것을 의미한다.[101] 따라서 제3자에 대한 대항요건은 사회질서에 관계되는 것이므로 특약으로 배제하지 못하나, 채무자에 대한 대항요건은 채무자의 이익만을 보호하는 것이므로 채무자가 이 이익을 포기하여 채권자와의 특약으로 대항요건 없이 대항할 수 있음을 약정하는 것은 상관없다고 해석된다.[102] 특히 제3자에의 대항요건으로서 채무자에의 통지나 채무자의 승낙은 확정일자 있는 증서에 의하여야 한다(민법 제450조 제2항). 그리고 확정일자에 관해 민법 부칙은 공증인 또는 법원서기의 확정일자인 있는 사문서는 그 작성일자에 대한 공증력이 있으며, 공정증서에 기입한 일자 또는 공무소에서 사문서에 어느 사항을 증명하고 기입한 일자는 확정일자로 한다고 규정하고 있다(민법 부칙 제3조 제1항, 제4항).

2) 확정일자 : 확정일자라 함은 당사자가 후에 변경하지 못하는 확정한 일자이며, 특정일자와는 다른 개념이다. 양도의 통지·승낙을 확정일자 있는 증서로써 하게 하는 것은 채권양도의 일자를 명확하게 하고 그러함으로써 채권자와 채무자가 통정하여 양도의 일자를 소급케 하여 제3자의 권리를 해하는 것을 막으려는 데에 그 목적이 있다. 판례에서도 확정일자란 증서에 대하여 그 작성한 일자에 관한 완전한 증거가 될 수 있는 것으로 법률

---

101) 곽윤직, 앞의 책 1, 293면.
102) 곽윤직, 앞의 책 1, 293면.

상 인정되는 일자를 말하며 당사자가 나중에 변경하는 것이 불가능한 확정된 일자를 가리킨다고 보고 있다.[103] 그리고 판례상으로 해군통제소가 기입한 일자를 확정일자로 본 오래된 판결이 있으며, 대체로 우체국의 내용증명우편상의 일자를 확정일자의 대표적인 예로 보고 있다.[104] 그 밖에 공무소의 개념에 관한 최근 판례의 경향을 고찰하면 공법인으로 해석하고 있는 것으로 판단된다. 구체적인 사례를 보면, 농지개량조합,[105] 한국토지공사,[106] 법원의 확정판결,[107] 토지개량조합,[108] 수리조합[109]이 기입한 일자를 확정일자로 보고 있다.

3) 문제점 : 전자외상매출채권은 제3자에의 양도가 제한되고 단지 담보대출을 목적으로 동 채권을 양도할 수 있는 것이 고작이다. 따라서 채권양도를 위해서는 채권자인 판매기업과 양수인인 보관은행이 채권양도의 합의를 하고 채무자인 구매기업(발행인)의 승낙이나 구매기업에 대한 통지를 하여야만 채무자인 구매기업이나 제3자에게 대항할 수 있다. 그런데 앞서 본 바와 같이 확정일자 있는 승낙 통지는 제3자에게 이중양도될 위험성을 방지하기 위한 제도로서 양도를 근본적으로 제한하고 있는 전자외상매출채권에서는 문제가 될 여지가 거의 없다. 즉 제3자에 대한 대항요건으로서 확정일자가 요구되고 채무자에 대한 대항요건으로서 확정일자가 요구되는 것은 아니므로 전자외상매출채권이 현행 제도의 틀 속에 있는 이상 확정일자는 거의 문제가 되지 않는다. 다만 전자외상매출채권을 제3채권자가 압류할 경우 이에 대항하기 위해 동 채권 양도시 대항요건이 요구된다는

---

103) 대법원 2000. 4. 11. 선고, 2000다2627판결; 대법원 1998. 10. 2. 선고, 98다28879판결; 대법원 1988. 4. 12. 선고, 87다카2429판결.
104) 곽윤직, 앞의 책 1, 299~300면.
105) 대법원 1999. 12. 28. 선고, 99다8834판결; 대법원1999. 6. 11. 선고, 98다52995판결
106) 대법원1999. 6. 11. 선고, 98다52995판결.
107) 대법원1999. 3. 26. 선고, 97다30622판결.
108) 대법원1966. 12. 6. 선고, 66다2015판결.
109) 대법원1962. 6. 7. 선고, 4294민상1591.

점이 지적될 수 있으나 동 채권의 압류 방식이 어떠할 지는 실무상 아직 정리되지 않아 반드시 채권 양도당사자가 대항요건을 갖추어야 하는지는 확실하지 않다. 그러나 압류란 금전채권의 만족을 얻기 위해 채무자의 특정 재산에 대하여 사실상 또는 법률상의 처분을 금지하는 국가의 집행기관의 강제적 행위로서 유체물에 대한 금전집행에서 압류의 방식은 권리이전의 성립요건(등기, 등록, 점유)을 강제적으로 실행하는 형태임을 감안할 때 전자외상매출채권의 압류는 등록기관(금융결제원)의 등록부에 기입 등기함으로써 실행되리라 예상된다. 따라서 담보대출을 위해 전자외상매출채권을 양도할 경우 채무자에 대한 통지를 전자문서의 형태로 하면 족하고 여기에 민법이 요구하는 확정일자가 없더라도 채무자에 대한 대항력을 갖추는 데는 아무런 문제가 없다.

4) 소결 : 실무상 채무자에 대한 확정일자 있는 통지·승낙을 행하기 위해 오프라인 방식의 대출절차를 거치고 있으며 판매기업이 담보대출을 신청한 후 실제 담보대출이 이루어지기까지는 약 3-4일이 소요되는 불편을 겪고 있는 듯하다.[110] 그러나 이는 채권양도에서 확정일자가 요구되는 통지·승낙의 정확한 개념을 이해하지 못한데서 비롯된 것으로 보이며 양도가 제한되는 전자외상매출채권의 경우에는 현행법상 확정일자 없는 전자문서에 의해 통지·승낙이 이루어지더라도 아무런 문제가 발생하지 않는다.[111]

(4) 공증기관

1) 문제 제기 : 기존의 오프라인거래에서는 통지·승낙이 주로 공증인의 공증이나 우체국의 내용증명으로 이루어졌으며 별 문제가 없었다. 그런데

---

[110] 김형민, 앞의 글, 62-63면.
[111] 전자외상매출채권에 관한 앞서 소개한 보고서들에서는 전자방식의 확정일자 구현이 어려운 점을 문제점으로 지적하고 있으나(한국전자거래진흥원, 앞의 보고서, 95-96면; 김형민, 앞의 글, 62-64면), 이는 현재 유통이 불가능한 동 채권의 성질을 감안할 경우 확정일자 없이도 채무자에게는 대항할 수 있다는 점에서 잘못된 지적이라 본다.

만일 전자외상매출채권이 현재의 제도적 틀을 벗어나 보관은행에의 양도 뿐만 아니라 제3자에게도 양도할 수 있게 될 경우 대항요건을 구비하는 것은 전자계약으로서의 성질에 부합되는 확정일자를 구비하기가 용이하지 않다. 그렇다고 온라인거래인 전자채권거래에서 요구되는 통지, 승낙을 기존의 공증이나 내용증명이라는 오프라인 증명수단을 요구하게 되면 온라인거래의 장점은 반감하고 오히려 불편을 조장할 우려가 있다. 이러한 이유로 인해 공무소의 확정일부인 역시 온라인상으로 이루어질 필요가 있는데 과연 어떤 기관의 어떤 전자문서 서비스를 공무소의 확정일부인으로 보아야 할 것인가 하는 점이 문제가 된다.

  2) **공무소** : 공무소의 개념은 공공적인 업무를 담당하는 기관으로서 문서의 내용을 증명할 수 있는 권한을 가진 기관은 물론이고 앞서 소개한 판례에서 보는 바와 같이 공법인은 대체로 공무소의 개념에 포함된다고 보아 공무소의 개념을 넓게 해석한다. 따라서 우체국, 농지개량조합, 한국토지공사, 법원, 토지개량조합, 수리조합 등은 판례상 확정일자를 기입할 수 있는 공무소로 판단하고 있다. 따라서 우선 생각할 수 있는 것은 우체국의 온라인 내용증명이나 공증사무소의 온라인 공증, 기타 공법인의 온라인 증명 등을 받는 것을 생각할 수 있으며 이들 전자문서는 전자문서법 제4조 전자문서의 효력규정에 따라 전자문서의 형태라도 확정일부인의 역할을 할 수 있으므로 법리적 문제점이 없다.[112] 다만 우체국, 공증사무소 기타 공법인의 확정일자부여 서비스가 얼마나 신뢰성을 갖출 수 있으며 시장에서 자리 잡아 활용될 수 있을 것인가 하는 점은 현실적인 문제로 좀 더 지켜볼 필요가 있다.

---

112) 일본은 2000년 4월 「상업등기법등의 일부를 개정하는 법률」 제2조에 의해 확정일자에 관한 일본 민법시행법 제5조를 개정하여 전자문서에 의한 확정일자의 기재가 가능하게 되었다(자세한 내용은 강현구, "B2B전자결제시스템의 법제화방안," e-commerce, 2001, 105면 참조).

3) 공인인증기관 : 그 밖에 공인인증기관의 새로운 서비스를 제도적으로 확립하는 방법이다. 공인인증기관은 적어도 전자문서에 관해서는 전자문서의 신뢰성을 공적으로 인정하는 기관이므로 설사 그 기관의 성격이 공공기관이나 공법인이 아니더라도 동 기관이 담당하는 업무는 공공적인 업무로서 공무소를 대신하는 기관으로 볼 여지가 있고 역할에 비례하여 엄격한 관련 정부기관의 감독을 받고 있다. 판례상 공무소라고 하는 개념이 문서의 내용을 증명하는 업무를 담당하지 않는 공법인에까지 확장되고 있는 점을 고려할 때 문서내용 증명을 중요 업무로 하고 있는 공인인증기관은 전자문서에 확정일자를 부여할 수 있는 기관으로 해석될 수 있다고 본다. 따라서 공인인증기관이 확정일부인 서비스를 제공할 경우 그에 따른 통지, 승낙은 대항력을 가진다고 보아야 한다. 특히 전자외상매출채권은 양도가 금지되고 단지 은행에 대한 담보제공만 문제되므로 통지, 승낙에 따른 대항력이 크게 문제되지 않으나, 전자외상매출채권이 자유롭게 양도될 수 있는 통상적인 전자채권으로 발전할 경우까지 고려한다면 채권양도, 담보설정에서 있어서 대항력은 특히 이중양도 등에서 다툼이 생길 여지가 많으므로 다툼을 미연에 방지한다는 의미에서 관련 법률에 공인인증기관의 확정일부인 서비스에 대항력을 부여하는 규정의 입법도 고려할 필요가 있다고 본다.

6. 블록체인기술과 ETR 모델법의 수용

1) 최근 등장한 블록체인기술은 전자외상매출채권을 중앙의 등록기관을 배제하고 블록체인기술에 의존하여 전자외상매출채권의 거래될 수 있는 가능성을 제시하고 있다. 분산발행의 방식으로 발행된 전자외상매출채권은 블록체인기술의 보안성을 고려할 때 일본의 전지기록채권과 유사하게 유가증권적 성질을 가질 수도 있다고 본다. 물론 전자외상매출채권에 유가증권적 성질을 부여하기 위해서는 전자금융거래법이나 거래약관에 관련 규

정의 개정이 요구된다.

2) ETR 모델법은 서면 증권의 대응물이 아닌 전자적 형태로만 존재하는 전자양도성기록에 관해서도 모델법이 적용될 수 있도록 규정하고 있다. 특히 모델법은 유통증권만을 대상으로 하지 않고 양도성이 있는 증권은 모두 그 대상이 되므로 전자외상매출채권도 모델법의 적용대상에 포함된다. 따라서 전자채권에 관한 전자금융거래법상의 규정이나 전자외상매출채권에 관한 약관규정은 전자외상매출채권의 신뢰성 확보를 위해 데이터 무결성의 보장을 포함하여 ETR 모델법 제12조에서 규정하고 있는 기타 신뢰성 요건, 즉 신뢰성 판단에 적합한 운영규정, 시스템에의 무권한 접근과 사용을 방지할 수 있는 능력, 하드웨어와 소프트웨어의 보안, 독립적 기구에 의한 감사의 정규성과 범위, 수단의 신뢰성에 관한 감독기구, 승인기구 또는 임의기구에 의한 선언의 존재, 적용 가능한 산업기준 등을 고려할 필요가 있다.

Ⅳ. 전자선하증권[113]

1. 의의

(1) 개념

물품증권 즉 선하증권, 화물상환증, 창고증권 역시 유가증권으로서 전자화될 수 있는데 아직 화물상환증이나 창고증권의 경우 전자화에 관한

---

[113] 전자선하증권에 관해, 강선준, "전자선하증권의 도입을 위한 입법론," 「사회과학논총」, 제8집(2006); 주강원, "전자선하증권의 현황과 법적 과제," 「홍익법학」, 제16권 제1호(2015); 우광명, "전자식 선하증권 사용의 활성화에 관한 연구," 「국제무역연구」, 제9권 제1호(2003); 박홍진, "전자선하증권의 도입에 관한 소고," 「법학연구」, 제27권(2007); 정완용, "國際海上運送法 분야의 電子商去來에 관한 考察 : 電子船荷證券을 중심으로," 「경희법학」, 제35권 제1호(2000)[이하 '정완용, 앞의 논문 2'라고 한다] 등이 있다.

논의가 없으나 전자선하증권에 관해서는 논의가 활발하며 이에 대한 법제도 이루어지고 있는 상태다. 해상법분야에서 물류의 고속화에 힘입어 전통적인 서면에 의한 선하증권이 전자화의 과정을 밟게 되어 전자선하증권이라는 개념이 도입되었다. 전자선하증권(Electronic Bill of Lading)은 컴퓨터 간의 통신에 의하여 행하여지는 소위 EDI(Electronic Data Interchange: 전자정보교환)방식에 의하여 종전의 선하증권을 대체하고자 하는 것으로서 새로운 유형의 선하증권이라기 보다는 EDI메시지에 의하여 운송물을 인도하는 방법을 지칭하는 것이다. 특히 국제해사위원회(Committee Maritime International; CMI)는 1990년 6월 전자식 선하증권에 관한 CMI규칙(CMI Rules for Electronic Bills of Lading)을 채택하여 전자식 선하증권에 관한 법률적 근거를 제시함으로써 전자식 선하증권의 운용방안에 관한 논의가 본격화되었다. 최근 상법을 개정하여 전자선하증권에 관한 근거규정을 포함시켜(상법 제862조) 국내법적으로 전자선하증권은 그 법적 근거를 가지게 되었다. 하지만 선하증권의 효용은 국제간 거래에서 발휘되므로 이 부분의 입법적 노력이 전자양도성기록에 관한 모델법으로 결실을 맺었다.

(2) 효용

최근 고속선(Fast Ships), 고속컨테이너선의 출현으로 인하여 선박이 선하증권보다 목적지에 먼저 도착하는 경우가 자주 발생하는 등 국제무역환경이 크게 변화하게 됨에 따라 전통적인 선하증권의 기능에도 변화를 초래하게 되었다. 소위 선하증권의 위기(Bill of Lading Crisis : B/L Crisis)라고 불리우는 이러한 현상은 선하증권에 의한 화물인도를 어렵게 함으로써 선하증권의 권리증권으로서의 기능에 수정을 가할 수밖에 없는 상황에 직면하였다. 선하증권의 위기를 해결하기 위한 방안으로서 운송인이 선하증권대신 화물선취보증장(Letter of Guarantee : L/G)을 받고 운송물을 인도하는 소위 보증도의 관행이 생겨나게 되었고 경우에 따라서는 선하증권을 수하인에게 직송하는 방식을 활용하게 되었다.

(3) 전자선하증권 도입

보증도는 선하증권의 제시 없이 운송물을 인도하게 됨으로써 운송인에게 과도한 위험부담을 지우는 결과를 야기하며,[114] 선하증권을 수하인에게 직송하는 방법은 당사자간에 깊은 신뢰관계가 없으면 이용될 수 없다는 사용상의 제약이 따른다. 그리고 선하증권의 위기를 회피하기 위한 다른 방법으로는 선하증권 대신 해상화물운송장(Sea Way-Bill)이나 스탠드바이 신용장(Stand-by Letter of Credit)을 이용하는 방안이 강구되고 있다. 해상화물운송장은 선하증권과는 달리 권리증권이 아니므로 이의 제시 없이도 운송물을 수하인에게 인도가능 하도록 한 것으로 운송중 전매의 필요성이 없거나 신속하게 수하인에게 인도될 것이 요구되는 거래에서 그 효용가치가 크다. 선하증권의 위기는 컴퓨터통신의 발전에 따라 전자식 선하증권이 등장함에 따라 가까운 장래에 이것이 보편화된다면 거의 완전히 해소될 수 있다고 본다. 전자식 선하증권은 종래의 어떠한 서면서류의 제시도 요구하지 아니하므로 컴퓨터통신 등 EDI의 기술적 문제점만 보강된다면 서류의 도착지연으로 인하여 야기될 수 있는 문제를 가장 확실하게 해결할 수 있을 것이기 때문이다.

---

[114] "보증도"의 상관습은 운송인 또는 운송취급인의 정당한 선하증권 소지인에 대한 책임을 면제함을 목적으로 하는 것이 아니고 오히려 "보증도"로 인하여 정당한 선하증권 소지인이 손해를 입게 되는 경우 운송인 또는 운송취급인이 그 손해를 배상하는 것을 전제로 하고 있는 것이므로, 운송인 또는 운송취급인이 "보증도"를 한다고 하여 선하증권과 상환함이 없이 운송물을 인도함으로써 선하증권 소지인의 운송물에 대한 권리를 침해하는 행위가 정당한 행위로 된다거나 운송취급인의 주의의무가 경감 또는 면제된다고 할 수 없고,'보증도'로 인하여 선하증권의 정당한 소지인의 운송물에 대한 권리를 침해하였을 때에는 고의 또는 중대한 과실에 의한 불법행위의 책임을 진다(대법원 1992. 2. 25선고, 91다30026판결 참조).

2. 전자선하증권의 법적 성질

(1) 선하증권의 특성

선하증권이란 해상물건운송계약에서 운송인이 운송물을 수령 또는 선적하였음을 증명하고 목적지에서 운송물을 증권소지인에게 인도할 의무를 표창하는 유가증권이다. 선하증권은 운송물인도청구권을 표창하는 유가증권으로서 화물상환증의 경우와 같이 지시증권성, 요식증권성, 상환증권성, 문언증권성, 요인증권성, 인도증권성, 처분증권성 등을 가진다. 기명식·지시식 선하증권은 배서에 의하여 양도되고 무기명식 선하증권은 교부만에 의해 양도된다. 배서 혹은 교부에 권리이전적 효력과 자격수여적 효력이 있는 점에서 어음·수표와 동일하지만 어음·수표에는 있는 담보적 효력은 인정되지 않는다. 원칙적으로 선하증권은 운송계약상의 권리를 반영하는 요인증권성을 가지나 운송인은 선하증권에 기재된 대로의 운송물을 수령 또는 선적한 것으로 추정되고 선하증권을 선의로 취득한 제3자에게는 대항하지 못한다(상법 제814조의2). 선하증권에 의하여 운송물을 받을 수 있는 자에게 선하증권을 교부한 때에는 운송물 위에 행사하는 권리의 취득에 관하여 운송물을 인도한 것과 동일한 효력이 있다(상법 제820조, 제133조).

(2) 전자선하증권의 기능과 성질

1) 기능 : 이러한 특성과 효력을 가지는 선하증권이 전자식으로 발행되었을 경우 동일한 성질과 효력을 인정할 수 있을 것인가 하는 점은 검토를 요한다. 선하증권은 운송인이 물건을 수령하였다는 영수증으로서의 기능(receipt), 송하인과 운송인간의 운송계약내용을 증명하는 기능(evidence of contract), 물품인도청구권을 표창하는 유통증권으로서의 기능(negotiable document of title) 등 3가지의 기능을 가지고 있다.[115] 특히 세 번째 기능을

---

115) Emmanuel T. Laryea, PAPERLESS SHIPPING DOCUMENTS: AN AUSTRALIAN PERSPECTIVE, Tulane Maritime Law Journal Winter 2000, pp. 268-269.

위해 선하증권의 소지는 운송물을 점유와 동일한 효과가 인정되고 운송물의 소유권을 이전하거나 담보를 제공하기 위해 선하증권이 이용된다.116) 전자식 선하증권에 영수증으로서의 기능, 운송계약내용의 증명 기능을 인정함에는 그다지 어려움이 없다. 왜냐하면 전자문서법은 전자거래에 관한 최근의 외국법제와 동일하게 전자문서의 문서성, 전자서명의 서명으로의 효력을 인정하고 있으므로 전자식 선하증권에 영수증, 계약서의 효력이 인정된다고 본다. 다만 전자식으로 발행된 선하증권을 어떠한 방식으로 양도했을 경우 취득자에게 운송물을 양도한 것과 같은 효과(권리이전적 효력)이 발생할 것이며 이 경우 선하증권의 배서와 같은 효력(자격수여적 효력)을 인정할 것인가 하는 점은 보다 신중한 검토를 요하며 이에 관한 자세한 논의는 후술한다.

2) 법적 성질 : 선하증권의 무형화 즉 전자식 선하증권은 우선 표창 혹은 화체이론(the principle of merger) 즉 유통증권상의 모든 권리는 서면에 화체되어 있다는 원리는 전자문서로 나타나는 전자식 선하증권과 일응 충돌한다. 그런데 화체이론은 유가증권의 유통을 위해 필요한 이론이었지만 유통성을 위해 반드시 서면에의 화체가 요구되는가 하는 점에는 의문이 있다. 왜냐하면 중요한 것은 서면으로 표창되는 권리이지 서면 그 자체는 아니므로 서면이 다른 수단에 의해 표창되는 것을 부인할 이유는 없기 때문이다. 유가증권이 초기에 유통성을 인정받는데 있어 어려움이 있었듯이 현재 전자선하증권의 유통성을 확인하는 상관습은 존재하지 않지만 장래에는 상관습으로 인정되리라 예상된다. 하지만 현재에는 그러한 상관습이 아직 형성되지 않고 있으므로 전자선하증권의 유통을 위해서는 이를 보장

---

116) 특히 선하증권의 유통성에 관해 영국법이나 오스트레일리아법상으로는 선하증권의 피배서인이 배서인의 권리보다 강화된 권리를 취득하게 되는 것이 아니라는 점 즉 피배서인이 정당한 소지인의 지위에 서지 않는다는 점에서 유통성을 가지지 않는다고 본다. 그러나 미국법상으로는 선하증권의 피배서인은 배서인의 권리보다 강화된 권리를 취득하게 된다는 점에서 구별된다(Id. p. 269).

하는 법률의 제정 혹은 개정이 요구되고 있는 실정이다.117) 국제 상거래계에서도 전자선하증권의 유통성을 확보하기 위한 꾸준한 노력을 경주하고 있는 실정이나 국내법으로 정착한 것은 우리나라와 오스트레일리아118) 정도이며, 국제거래에서 전자선하증권의 활용을 위한 노력은 이하에서 살펴보는 바와 같이 SeaDocs System, CMI Rules, Borelo로 발전해오고 있다.

3. 선하증권의 전자화를 위한 국제적 노력

(1) SeaDocs System

1) 연혁 : SeaDocs System(Seaborne Trade Documentation System)은 1980년대 중반에 마련되어 체이스 맨하탄이 승계한 후 채 1년도 지속하지 못한 시스템으로서 이 시스템은 선적서류의 중앙등록기관을 설치한다는 점이 특징이며 중앙등록기관으로 은행(SeaDocs Registry Limited)을 이용하였다. 운송인은 서면에 의한 선하증권 원본을 발행하지만 이를 선장으로부터 매도인, 은행, 매수인 등에게 이전하는 대신 선하증권의 보관소 기능을 하는 SeaDocs에 보관된다. SeaDocs는 이후 증권의 이전에 있어서 모든 이해당사자의 대리인으로서 역할을 한다. 즉 SeaDocs는 매도인의 대리인으로서 선하증권을 이전하고 매수인의 대리인으로서 이를 수령하게 된다. 다만 서면에 의한 선하증권이 SeaDocs에 인도될 때 접근키(test key)가 송하인에게 발행되고 선하증권거래를 인증하기 위해 사용되어진다.

2) 개요 : 송하인이 선하증권을 이전하려 할 경우 SeaDocs에 전자식으로 통지를 하고 피배서인(매수인)에게 접근키의 일부를 제공한다. SeaDocs

---

117) Id. pp. 273-274.
118) Australia's Sea-Carriage Document Act와 the Carriage of Goods by Sea Act 1991이다; 오스트레일리아의 해상운송법, 미국 해상운송법(COGSA)의 개정안, 영국 해상물건운송법(COGSA)의 개정방향에 대한 간략한 소개는 정완용, 앞의 논문 2, 207-211면 참조. 그 밖에 Incoterm 2000, eUCP에 관한 간략한 소개는 최승열, "전자선하증권의 법적 과제," 「전자금융의 법적 과제(Ⅰ)」, 한국법제연구원, 2002, 130-131면 참조.

는 송하인의 메시지의 진정성을 확인하기 위해 송하인의 메시지를 테스트한 후 그에 따른 후속조치를 하며 송하인의 통지와 함께 피배서인(매수인)도 SeaDocs에 이전에 대한 승낙의 뜻을 통지한다. 이 역시 접근키에 의한 확인을 거쳐 등록부에 피배서인의 이름을 기록하게 된다. 목적항에 운송물이 도착할 경우 SeaDocs는 운송인(관행적으로는 선장에게)과 선하증권의 최종 피배서인에게 확인번호를 송부한다. 이 확인번호가 피배서인에게 운송물의 인도를 받을 수 있는 권리를 부여하는 것이 된다.[119] 서면에 의한 선하증권상의 여러 가지 문제를 해결하는 것이 전자선하증권이었고 이는 잘 정비된 SeaDocs에 의해 해결될 수 있었고 그렇게 예상되었다. 하지만 전자선하증권에 대한 사용자들의 외면으로 이 시스템은 별다른 하자가 없음에도 불구하고 1년도 채 지속되지 못하였다.

(2) CMI Rules

1) **연혁** : The CMI Rules for Electronic Bills of Lading(CMI Rules)는 1990년에 SeaDocs 시스템이 봉착하는 문제를 해결하기 위해 국제해사위원회(CMI)에 의해 공표되었다. CMI Rule은 시스템이라기보다는 본질적으로 서면에 의한 선하증권 대신 전자선하증권을 사용하는데 동의한 당사자(주로 운송인과 송하인)에 의해 채택될 수 있도록 개방된 규정체계이다.[120] 당사자가 CMI Rule에 따라 전자선하증권 사용에 동의한 경우 운송인이 물건을 수령하였을 때 운송인은 송하인에게 '수령메시지'라는 전자통지를 발행하는데, 이 수령메시지는 송하인의 전자주소로 전송된다. 수령메시지에는 송하인의 성명, 상품에 관한 명시, 수령일자·장소, 운송조건, 비밀키 등이 포함된다. 이 정보는 서면에 의한 선하증권에 포함되던 내용과 본질적으로 동일하다. 송하인이 선하증권의 소지인이 되기 위해서는 운송인에게 수령의 메시지를 확인하여야 하며 확인 후에야 권리가 생긴다.

---

119) Emmanuel, T. Laryea, op. cit., pp. 279-280.
120) Id. p.281.

2) 개요 : CMI Rule의 운용은 비밀키시스템에 의존하고 있으며, 비밀키의 소지인은 운송물을 수령하고 수하인을 지정하고 이를 변경하고 운송인에게 운송물에 관련된 지시하고 운송물에 대한 권리를 양도할 수 있다. 따라서 비밀키의 소지인이 서면에 의한 선하증권의 소지인과 동일한 지위에 선다.[121] 운송물에 대한 권리를 양도하기 위해서는 비밀키의 소지인은 그 내용을 운송인에게 통지하여야 한다. 운송인은 그 메시지를 확인하고 비밀키를 제외한 정보를 지정된 양수인에게 전송한다. 만일 양수인이 권리의 인수를 승낙하면 운송인은 이전의 비밀키를 취소하고 새로운 비밀키를 양수인에게 부여하며, 이를 이용해 양수인은 다시 양도할 수 있다. 운송인은 등록기관으로서의 역할을 수행하는데 이러한 방식에 의한 전자선하증권의 양도는 서면에 의한 선하증권의 양도와 동일한 효력을 가지며 운송물의 인도는 비밀키의 소지인에게 이루어진다.

3) 문제점 : CMI Rule은 국내법상 요구되는 서면요건 등의 장애에 대해 동 규정 제11조에서 운송계약이 서면에 의해 입증되어야 할 것을 요구하는 국내법 혹은 관습은 확인된 전자 데이터에 의해 충족될 수 있음을 합의하도록 정하고 있으며 더 나아가 서면에 의한 계약이 아니라는 항변을 제기할 수 없음을 규정하고 있다. 초창기 서면에 의하지 않은 선하증권으로서 각광을 받던 CMI Rule은 기대와는 달리 수요자들의 외면속에서 오늘날 거의 이용되지 않게 되었다. CMI Rule이 제정된 지 5년 후인 1995년에 Bolero가 개시되었으며 이는 CMI Rule의 실패를 의미하게 되었다. 실패한 원인에 대해서는 등록기관으로서 운송인의 부담이 과중하다는 점, 양도에서 운송인의 책임을 정확하게 규정하지 않았다는 점, 동 규정은 은행의 지지를 끌어내지 못하였다는 점, 시스템을 총괄하는 총체적인 기구가 없었다는 점, 수령메시지, 비밀키가 각국법에서 선하증권으로서의 법적 지위를

---

121) Id. pp. 282~283.

가지는데 대한 일반의 회의 등을 원인으로 보고 있다.122)

(3) Borelo

1) 연혁 : Bolero(Bill of Lading Electronic Registry Organization)는 CMI Rule이 더 이상 전자선하증권의 해결책이 아니라는 점이 분명하게 드러난 1994년에 EC와 함께 운송인, 거래소, 은행, 통신회사의 콘소시움에 의해 개시되었다. 기술적인 시험을 거치면서 Borelo 프로젝트는 소멸할 운명에 놓였으나 SWIFT(Society for Worldwide Interbank Financial Transactions)와 TTC(Through Transport Mutual Insurance Association Ltd.)라는 국제운송에서 영향력 있는 두 개의 기구들이 1997년 늦게 이 프로젝트에 참여하여 새로운 바람을 불어넣으면서 이 프로젝트를 지원하였다. 1998년 4월에 Borelo 시스템을 운영하기 위해 SWIFT와 TTC의 관리하에 Bolero Operation Ltd.가 설립되었다. BAL(Borelo Association Limeted)과 함께 SWIFT와 TTC 그리고 세계 각국의 500여개의 기업, 산업기관이 함께 Borelo 서비스의 기능적, 법적 능력을 검토하였다. 이 직업은 1998, 1999년에 설정에 달해 오일거래를 위해 만들어졌던 SeaDocs와는 달리 많은 편의품들이 Borelo와 관련되게 되었고 은행, 송하인, 운송중개인, 운송인들이 Borelo의 시범사업에 참여하여 Borelo는 마침내 1999년 9월 27일 상업적으로 운영을 개시하게 되었다.

2) 개요 : Borelo는 BCMP(Core Message Platform)와 BTR(Title Registry)을 통해 운용되지만 BCMP와 함께 운용되는 기타 부가가치서비스를 개발할 계획을 가지고 있다. BCMP는 당사자가 서로간 전자식으로 의사표시를 하는 연결통로이나 BTR은 Borelo 선하증권(BBL)의 소지인에 관한 기록을 보관하고 BBL의 권리와 책임을 관리하는 기관이다. 대부분 국가의 선하증권 법규하에서는 Borelo 선하증권(BBL)이 완전한 법적 효력을 가지지 못할

---

122) Id. pp. 284~286.

지도 모른다는 점을 인식하고 Borelo는 당자사변경과 양도를 통해 새로운 방식으로 선하증권의 유통기능을 재현시키고 있다. Borelo시스템은 운송계약의 양도를 위해 당사자변경의 원리를 그리고 운송인이 양수인의 지시에 따르도록 하기 위해 선권리자의 승인이라는 원리에 근거한 계약적 메카니즘을 채택한다.

　3) 거래구조 : Borelo하에서는 BBL을 송하인(S)에게 발행하는 운송인(C)은 먼저 S를 위한 메시지임을 나타내는 메시지를 BCMP에게 전송한다. BCMP는 C에게 수신을 확인하고 메시지의 진정성(원본성 등)을 검사한 후 자신의 전자서명을 첨부함으로써 그 메시지를 배서하고 S에게 그 메시지를 전송한다. S는 수신확인을 하여야 한다. 만일 BBL을 은행과 같은 기관에 양도하고자 할 경우 S는 BCMP를 통하게 된다. S로부터 온 양도지시를 BCMP가 수령하면 BCMP는 그 메시지의 진정성을 검사하고 자신의 BTR 기록에 확인한다. 만일 BCMP가 그 서류의 진정성에 만족한다면 자신의 전자서명을 첨부하여 S의 메시지를 B에게 전송하고 B를 BBL의 새로운 소유자로 BTR에 등록한다. 은행으로부터 수입업자에 대한 이후의 양도에도 이러한 절차가 반복된다. 기술적으로 BBL의 양도를 위한 Borelo 메카니즘은 서면에 의한 선하증권과 비교할 때 추가의 절차가 관련된다: 서면에 의한 선하증권은 권리의 등록기관 개입 없이 당사자간에 양도가능하다. 그러나 실무상 추가의 절차는 전송이 서면에 근거한 통신과 비교할 때 아주 짧은 시간내에 이루어지므로 아무런 불편을 주지 않는다. 등록기관의 개입은 시스템의 안전에 도움이 되고 Borelo가 모든 메시지의 진정성을 검사하고 의도된 수령인에게 전송하기 전에 전자적으로 확인하기 때문에 위조, 사기의 위험을 줄인다.

　4) 발전 : Borelo는 SeaDocs와 CMI Rule의 배경하에서 디자인되었으며 이들의 하자를 보완하려 하였다. Borelo는 하나의 은행이 등록기관 역할을

하는 SeaDocs와 달리 Borelo International은 SWIFT와 TTC(은행과 보험회사를 통합한)에 의해 소유되는 독립적인 기관에 의해 설립되었으며, 메시지를 전송함에 있어서 공인키(public key)시스템을 사용한 '전자봉투'를 사용하여 시스템 운영자가 그 내용을 알 수 없게 하여 비밀을 보장함으로써 경쟁업체가 정보를 도용할 우려를 불식하였다. CMI Rule과 비교할 때 앞서 언급한 바와 같은 등록기관으로서 운송인의 부담이 과중하다는 점, 양도에서 운송인의 책임을 정확하게 규정하지 않았다는 점, 동 규정은 은행의 지지를 끌어내지 못하였다는 점, 시스템을 총괄하는 총체적인 기구가 없었다는 점, 수령메시지, 비밀키가 각국법에서 선하증권으로서의 법적 지위를 가지는데 대한 일반의 회의 등을 불식하였다. 이러한 차별성으로 인해 Borelo 이미 사용자들의 지지를 받고 있으며 전자선하증권의 요청에 대한 부응으로 일컬어지고 있다. Borelo는 전자선하증권상에 운송물에 대한 소유권과 점유권 모두를 담고 있어 은행 등에 안전하고 명확한 메카니즘을 제공한다.

4. 전자선하증권에 관한 규정

(1) 규정 제정전의 논의

1) **전자선하증권의 기능** : 전자선하증권은 기타 전자유가증권과 비교할 때 증권의 거래가 국제적으로 이루어진다는 특징을 가진다. 전자화된 증권의 유통에 관한 이러한 법률적 장애를 감안할 때 다른 전자유가증권보다 국제적 협력이 보다 요구되는 분야라 할 수 있으며 그 중 특히 국제적인 전자선하증권의 유통시스템 개발은 우리법상 전자선하증권 관련 법적 논의의 선결조건이라 할 수 있다. 서면에 의한 선하증권은 운송인이 물건을 수령하였다는 영수증으로서의 기능과 송하인과 운송인간의 운송계약내용을 증명하는 기능, 물품인도청구권을 표창하는 유통증권으로서의 기능 등 3가지의 기능을 가지고 있다. 기능적 등가성의 원칙에 따르면 전자선하증권도

서면에 의한 선하증권과 동일하게 영수증으로서의 효력에는 의문이 없다고 본다. 그리고 개정 전의 전자문서법에서는 전자문서는 재판 기타의 법적 절차에서 전자적 형태로 되어 있다는 이유로 증거능력이 부인되지 아니한다고 규정하고 있어(개정 전 전자문서법 제7조) 전자선하증권의 계약 증명적 기능을 인정함에는 문제가 없다고 해석될 수 있었으나 동법의 개정에서 동조가 삭제되어 이제는 자유심증주의에 맡겨져 있다고 할 수 있다.

2) **유가증권의 무권화** : 전자선하증권을 양도하고자 할 경우 양도인과 양수인간의 합의는 기본적으로 요구된다. 그밖에 선하증권의 배서나 교부는 볼레로 전자선하증권에서는 BCMP에의 등록으로 대체되어 있다. 배서나 교부가 요구되는 것이 채권을 물권화시켜 증권의 점유(물권적 특성)을 통해 권리의 귀속을 추정하게 하고 이의 점유를 이전함으로써 권리가 배타적으로 이전하도록 하여 채권의 권리관계를 구현하고자 하는 취지이다. 하지만 볼레로 전자선하증권에서는 증권의 점유라는 물권적 요소는 나타나지 않고 권리 귀속의 추정과 배타적 권리의 이전은 증권의 점유가 아닌 BTR에 등록함으로써 실현된다고 볼 수 있다. 이렇게 볼 때 전자선하증권의 양도시 양도인과 양수인간의 동 채권의 양도의 합의만으로 양도계약은 효력이 발생하고 전자선하증권의 교부는 불필요하고 등록기관에의 등록은 당사자의 양도의 합의와 마찬가지로 양도계약의 성립 혹은 효력 요건의 하나로 볼 수 있다. 이러한 법리 구성은 등록제도를 통해 유가증권의 무권화가 시도되고 있는 주권에서도 찾아 볼 수 있으며,[123] 특히 증권예탁결제제도와 유사하다. 이에 의하면 증권예탁원이 관리하는 계좌간의 주권 양도시 주권의 교부는 생략되고 동 계좌부상의 대체기재에 증권교부의 효력을 부여하고 있다. 이렇게 볼 때 증권의 배서나 교부는 등록부 기재에 의해 대체될 수 있으며 등록부에의 기재에 권리이전적 효력과 자격수여적 효력을 인정할 수 있다. 다만 담보적 효력은 일반의 선하증권에서도 인정되지

---

[123] 정찬형, 앞의 논문 1 참조.

않으므로 전자선하증권에서도 인정할 수 없다고 본다.

(2) 전자선하증권규정

1) **상법 제862조** : 운송인은 제852조 또는 제855조의 선하증권을 발행하는 대신에 송하인 또는 용선자의 동의를 받아 법무부장관이 지정하는 등록기관에 등록을 하는 방식으로 전자선하증권을 발행할 수 있으며, 전자선하증권은 통상의 선하증권과 동일한 법적 효력을 갖는다(제1항). 동조는 전자어음법과 유사하게 등록방식에 따른 전자선하증권의 도입을 규정하고 있다. 전자선하증권에도 상법 제853조 제1항 각 호의 정보가 포함되어야 하며, 운송인이 전자서명을 하여 송신하고 용선자 또는 송하인이 이를 수신하여야 그 효력이 생긴다고 규정함으로써(제2항) 기능적 등가성에 바탕을 두고 전자선하증권에 관한 규정을 새로 마련하지 않고 서면선하증권에 관한 규정을 전자선하증권에 그대로 적용할 것을 예정하고 있다.

2) **전자문서방식 혼용** : 전자선하증권의 권리사는 배서의 뜻을 기재한 전자문서를 작성한 다음 전자선하증권을 첨부하여 지정된 등록기관을 통하여 상대방에게 송신하는 방식으로 그 권리를 양도할 수 있고(제3항), 배서의 뜻을 기재한 전자문서를 상대방이 수신하면 선하증권을 배서하여 교부한 것과 동일한 효력이 있으며, 전자문서를 수신한 권리자는 선하증권을 교부받은 소지인과 동일한 권리를 취득한다(제4항). 이 조항 역시 전자어음법과 동일하게 약간의 부조화스러운 규정을 그대로 답습하고 있다.[124] 전자어음법에서 고찰한 바와 같이 이는 서면선하증권에서의 배서와는 개념, 효력면에서 전혀 다르고 단순히 배서의 의사표시가 담긴 이전등록의 신청에 지나지 않는다. 그리고 동 규정은 전자선하증권의 등록기관의 지정요건, 발행 및 배서의 전자적인 방식, 운송물의 구체적인 수령절차와 그

---

[124] 즉 전자등록방식에 의한 전자선하증권의 발행·유통구조를 가지고 있으면서도 서면유가증권에서 사용하는 배서라는 절차가 요구되는 듯한 규정을 두고 있다.

밖에 필요한 사항은 대통령령으로 정한다고 하여(제5항) 전자선하증권에 관한 규정의 제정을 예정하고 있다.

3) **전자선하증권규정의 제정** : '상법의 전자선하증권 시행에 관한 규정'(이하 전자선하증권규정이라 함)은 상법 제862조에서 위임된 사항과 그 시행에 필요한 사항을 규정함을 목적으로(동 규정 제1조) 2008년 6월 20일 제정되었다. "전자선하증권(전자선하증권)"이란 전자문서로 작성되고 상법 제862조 제1항에 따라 전자선하증권의 등록기관에 등록된 선하증권을 의미하고, "전자선하증권 등록기관은 법무부장관의 지정을 받아 전자선하증권의 발행등록, 양도, 서면선하증권(서면선하증권)으로의 전환 및 관련 전자기록의 보존 등의 업무를 처리한다(동 규정 제2조 제1호, 제2호). "전자선하증권 권리등록부"(이하 "전자등록부"라 한다)란 전자선하증권의 발행등록, 양도 및 서면선하증권으로의 전환에 관한 기재 등을 위하여 등록기관이 전자적 방식으로 관리하는 장부를 말한다.

4) **전자등록방식** : 전자선하증권규정은 전자선하증권은 등록기관을 중심에 두고 등록기관의 전자선하증권 권리등록부에 발행등록, 양도등록 등을 함으로써 선하증권의 발행, 양도 등의 효력이 발생하도록 하는 전자등록방식을 따르고 있다. 하지만 배서전자문서 등의 용어를 사용함으로써 전자문서에 의해 권리가 양도되는 것과 유사한 규정을 두고 있어 전자문서방식도 일정부분 포함되어 있다고 볼 수 있다. 하지만 발행의 효력, 양도의 효력이 그러한 취지를 담은 전자문서가 상대방에게 도달함으로써 전자선하증권의 발행, 양도의 효력이 발생하는 것이 아니고 전자등록기관에 발행, 양도가 등록됨으로써 효력이 발생하므로 실질적으로 전자등록방식을 따라고 있다고 보아야 한다.

5) **동규정의 체제** : 동규정은 제1조에서 규정의 목적, 제2조에서 용어정

의를 하여 전자선하증권에 관한 기초적 사항을 정하고 있다. 제3조와 제4조, 제5조, 제15조에서 등록기관의 요건·지정·변경·지정취소에 관해 규정하여 등록기관의 시장진입요건이라든지 등록기관에 대한 규제를 규정하고 있고 제14조는 등록기관에 대한 감독규정을 제16조에서 다른 행정기관에 관한 법무부장관의 협력요청에 관한 근거규정을 두는 등 전자선하증권에 관한 규제적 요소를 정하고 있다. 전자선하증권규정 역시 전자금융거래법, 전자어음법과 유사하게 거래법적 요소와 규제법적 요소를 통합해서 규정하는 통합법적 성격을 가지고 있다고 볼 수 있다.

6) **거래법적 규정** : 전자선하증권에 관한 거래법적 규정은 물론 상법상의 선하증권에 관한 규정을 바탕으로 하고 전자선하증권에 특유한 방식을 규정하는 체제이다. 제6조 및 제7조에서 전자선하증권이 발행되기 위한 절차요건을 정하면서 용선계약 관련 특별규정을 두었고, 제8조에서 전자선하증권의 양도에 관한 절차·요건을 정하고 이와 관련하여 제9조에서 기재사항의 변경에 관한 규정을 두었다. 제10조부디는 진자선하증권의 행사와 관련되는 규정으로 운송물인도청구에 관한 제10조, 운송물인도청구시 전자선하증권의 상환에 관한 제11조, 서면선하증권으로의 전환에 관한 제12조[125] 등이 있다.

(3) 전자선하증권의 발행

1) **발행** : 전자선하증권을 발행하기 위해서는 운송인은 선하증권 기재사항(상법 제853조 제1항 각 호의 사항), 운송물의 수령지 및 인도지, 전자적

---

[125] 특히 서면선하증권으로의 전환에 관한 규정은 전자선하증권의 국제적 특성을 고려하여 우리는 전자선하증권에 관한 시스템을 마련하였지만 상대방의 소속 국가는 전자선하증권에 관한 시스템을 가지고 있지 않을 경우 전자선하증권은 오히려 거래의 장애가 될 수 있다. 따라서 이러한 경우 전자선하증권을 서면선하증권으로 전환할 수 있는 규정을 두고 전자선하증권의 법률리스크 없이 활용될 수 있도록 한 규정이다. 그리고 제13조에서는 전자선하증권 등의 보존에 관한 규정을 두었다.

방식으로 재현된 운송인 또는 그 대리인의 서명 등의 정보가 포함된 발행등록 신청 전자문서에 운송인의 공인전자서명과 송하인이 전자선하증권 발행에 동의했음을 확인할 수 있는 문서(전자문서를 포함한다)를 첨부하여 등록기관에 송신하여야 한다. 서면선하증권은 송하인의 청구에 따라 운송인이 발행하는데(상법 제852조 제1항), 전자선하증권은 송하인의 동의를 얻어 운송인이 등록기관에 신청하는 것으로 정하고 있다. 이는 등록발행방식의 전자선하증권의 특성상 운송인이 신청인이 된 점이 반영되었을 뿐 송하인의 요청에 따른 발행이라는 기본적 발행구조가 변경된 것은 아니다.

2) 약관내용 송신 : 운송인이 발행등록을 신청 전자문서에 전자선하증권의 약관내용의 송신하여야 하는데, 이는 사전등록이 있는 경우 생략할 수 있다. 등록기관은 운송인의 발행등록 신청을 수신하면 전자등록부에 기재사항과 약관내용 등의 발행등록을 하고 즉시 송하인에게 전자문서로 송신한다. 다만 전자선하증권이 발행된 경우에는 운송증서를 발행할 수 없도록 하고 있으며, 용선계약이 체결된 상태에서 전자선하증권을 발행하는 경우에는 운송인이 선박소유자에 해당하고 송하인이 용선자에 해당하여(동 규정 제7조), 선박소유자가 용선자의 동의를 얻어 전자선하증권을 신청하게 된다.

3) 효력발생 : 전자선하증권의 발행절차에서 언제 전자선하증권 발행의 효력이 발생하는가가 불명확하다. 전자선하증권은 전자등록방식이므로 등록기관의 전자등록부에의 기재가 전자선하증권의 효력발생요건이 되어 등록시점에 전자선하증권의 효력이 발생한다고 볼 수 있다. 하지만 상법은 이와 달리 전자선하증권을 운송인이 송신하고 이를 용선자 또는 송하인이 수신하여야 효력이 발생하는 것으로 정하고 있어(상법 제682조 제2항), 전자문서방식의 발행과 유사하게 규정하고 있다. 이 경우 전자등록부에 발행등록이 된 상태에서 송하인에게 전자문서가 제대로 도착되지 않으면 전자

선하증권의 효력이 발생하지 않게 되어 등록부의 기재사항과 다르게 전자선하증권의 효력이 결정되어 거래관계에서 불안정이 예상된다. 생각건대 전자선하증권이 전자등록방식을 취한 이상 등록부에의 기재를 전자선하증권의 효력발생시기로 획일적으로 처리하는 것이 전자선하증권의 유통관계의 법적 안정성을 유지하는데 용이하므로 상법 제862조 제2항의 개정이 요구된다고 본다.

(4) 전자선하증권의 유통

1) **유통방법** : 전자선하증권규정은 전자선하증권의 양도·담보설정 등 유통에 관해서 전반적으로 규정하고 있지 않고, 전자선하증권의 양도에 관한 규정만을 제8조에 두고 있다. 전자선하증권의 권리자가 전자선하증권을 양도하는 경우에는 '배서전자문서'를 작성한 후 전자선하증권을 첨부하고 일정 정보(전자선하증권의 동일성을 표시하는 정보, 양수인에 관한 정보, 양도인의 공인전자서명) 등을 포함한 신청서를 등록기관에 제출한다(제1항, 제2항). 양도 신청을 수신한 등록기관은 전자등록부에 일정 정보를 포함하여 양도에 관한 기재를 한 후 즉시 양수인에게 전자문서로 송신하고, 즉시 양도인에게 전자문서로 통지한다(제3항, 제4항). 다만 전자선하증권을 양수하려는 양수인은 미리 등록기관에 성명, 주민등록번호 또는 사업자등록번호, 주소 등 자신에 관한 정보를 등록하여야 하므로(제5항), 등록양수인만 전자선하증권을 양수하도록 제한을 하고 있는 셈이다.

2) **효력 발생** : 전자선하증권의 양도시에도 전자선하증권의 발행과 동일하게 어느 시점에 양도의 효력이 발생하는가 하는 문제가 발생한다. 전자선하증권규정에는 이에 관한 자세한 규정을 두고 있지 않으며 상법은 이에 관해 배서전자문서를 상대방이 수신하면 선하증권을 배서하여 교부한 것과 동일한 효력이 있고, 전자문서를 수신한 권리자는 선하증권을 교

부받은 소지인과 동일한 권리를 취득한다고 규정하여(제4항), 배서전자문서를 양수인이 수신한 시점126)에 전자선하증권 양도의 효력이 발생한다고 정하고 있다. 하지만 이는 전자선하증권의 발행에서 언급한 바와 같이 전자등록방식과 일치하지 않고 배서전자문서가 선하증권을 대체하는 효력을 가지지 않는데 이를 기준으로 전자선하증권의 양도의 효력이 발생한다는 규정은 전자선하증권의 규범체계와 불일치하는 잘못된 규정이라 본다. 따라서 동 조항도 전자등록부에 기재하는 시점에 전자선하증권의 양도의 효력이 발생한다고 개정될 필요가 있다고 본다.

(5) 전자선하증권의 행사

전자선하증권의 행사에 관해 전자선하증권규정 제10조는 운송물 인도 청구에 관해 정하고 있다. 전자선하증권의 권리자가 운송물을 인도받으려는 경우에는 운송물 인도 청구의 뜻이 기재된 전자문서를 작성한 후 전자선하증권을 첨부하여 등록기관에 송신하여야 하고, 등록기관은 이를 운송인에게 즉시 전자문서로 송신하여야 한다(제1항). 등록기관은 운송물 인도 청구가 수신하면 전자등록부에 해당 전자선하증권이 양도정지문언을 기재하고(제2항), 만일 운송인이 인도를 거절하려는 경우 그 뜻과 사유를 기재한 전자문서를 등록기관에 송신하여야 하고, 등록기관은 이를 즉시 운송물 인도 청구를 한 전자선하증권의 권리자에게 송신하여야 한다(제3항). 전자선하증권의 권리자가 운송물인도청구를 한 경우 그 청구를 받은 운송인은 청구인의 권리자성을 확인한 후 운송물을 인도하여야 하고, 수령인 및 인도 날짜를 등록기관에 전자문서로 통지하여 전자등록부에 기재하게 하여야 한다(동 규정 제11조 제1항). 이후 등록기관은 전자등록부를 폐쇄하고

---

126) 전자문서는 수신자가 전자문서를 수신할 정보처리시스템을 지정한 경우에는 지정된 정보처리시스템에 입력된 때(다만, 전자문서가 지정된 정보처리시스템이 아닌 정보처리시스템에 입력된 경우에는 수신자가 이를 출력한 때), 수신자가 전자문서를 수신할 정보처리시스템을 지정하지 아니한 경우: 수신자가 관리하는 정보처리시스템에 입력된 때 수신된 것으로 본다(전자문서법 제6조 제2항).

운송인과 수령인에게 전자문서로 통지하여야 하며(제2항), 운송물이 인도된 때에는 운송인에게 전자선하증권이 상환된 것으로 본다(제3항).

(6) 기타 제도

1) **서면선하증권으로의 전환** : 전자선하증권규정 제12조는 서면선하증권으로의 전환에 관한 규정을 두고 있다. 등록기관은 전자선하증권의 권리자로부터 전자선하증권을 서면선하증권으로 전환하여 줄 것을 요청받은 경우에는 그에게 서면선하증권을 교부하여야 하고, 이 경우 전자적 방식으로 재현된 기명날인 또는 서명은 법 제853조 제1항의 기명날인 또는 서명으로 본다(동 규정 제12조 제1항). 등록기관은 서면선하증권의 뒷면에 전자선하증권의 양도에 관한 기록을 기재하여야 하고, 서면선하증권의 뒷면에 기재된 양도에 관한 기록은 배서와 동일한 효력이 있다(제2항, 제3항). 등록기관은 서면선하증권을 교부한 경우에는 전자등록부에 서면선하증권으로의 전환 사실을 기재하여야 하며, 그 전자선하증권의 전자등록부를 폐쇄하고 그 사실을 운송인에게 전자문서로 통지하여야 하고, 따라 전환교부된 서면선하증권의 기재사항에 대하여는 등록기관이 그 정확성을 담보한 것으로 본다(제4항, 제5항).

2) **전자선하증권 등의 보존** : 등록기관의 업무준칙에는 전자선하증권 및 그 발행·양도와 양수·전환·변경 등에 관련된 전자기록 보존기간을 규정하여야 하는데, 운송물의 인도가 이루어진 경우 인도한 날부터 10년, 운송물의 인도가 이루어지지 아니한 경우에는 전자선하증권기록이 작성된 날부터 10년, 서면선하증권으로 전환된 경우에는 해당 전자선하증권의 전자등록부를 폐쇄한 날부터 10년으로 규정하고 있다.

5. ETR 모델법의 반영[127]

1) **전자화방식** : 전자선하증권도 전자유가증권으로서 전자양도성기록에 포함된다. 전자양도성기록에 관한 모델법은 전자등록방식, 전자문서방식,[128] 토큰방식, 블록체인방식 등 특정방식을 고집하지 않고 기술적 중립성을 표방하고 있다. 전자어음법과 유사하게 상법 및 전자선하증권에 관한 규정이 전자등록방식을 취하고 있으며 이는 모델법과 상충하지는 않는다. 하지만 전자어음에서와 동일하게 상법 및 전자선하증권에 관한 규정은 전자등록방식을 그대로 반영하지 않고 전자문서방식을 혼용함으로써 과연 전자어음에 관한 지배가 성립할 수 있는가 하는 점이 문제된다.

2) **배타적 지배** : 상법 제862조 및 전자선하증권에 관한 규정은 전자어음과 거의 유사하게 전자선하증권의 발행을 위해서는 전자선하증권의 송신과 수신을 요구하고 있고(상법 제862조 2항), 전자어음의 배서를 위해서도 배서전자문서의 송신과 수신을 요구하고 있어(동조 3항), 송수신된 전자선하증권에 지배(control)가 성립하는지 아니면 전자등록기관의 등록부상에 등록될 경우 전자선하증권에 관한 지배가 성립하는지 문제된다. 등록부에 등록된 권리는 배타적 지배의 대상이 될 수 있지만 송수신된 전자선하증권은 전자문서의 특성상 배타적 지배의 대상이 될 수 없기 때문이다. 따라서 ETR 모델법에 따라 전자선하증권에 대한 배타적 지배가 가능하도록 법률의 개정이 요구된다.

3) **신뢰성 확보** : 전자선하증권의 신뢰성 확보를 위해 상법 제862조 또

---

127) 상법 제862조 및 전자선하증권 규정에 대하여 모델법의 수용을 주장하는 견해로 김정환, 앞의 박사학위논문, 200면 이하 참조.
128) 모델법은 전자양도성기록에 관해 전자등록, 토큰, 블록체인의 기술을 고려하고 있지만 전자문서방식은 고려하고 있지 않다. 하지만 기술적으로 전자양도성기록의 요건을 충족할 수 있다면 전자문서방식도 배제되지는 않는다고 본다.

는 전자선하증권에 관한 규정에 ETR 모델법 제12에서 규정하고 있는 전자양도성기록의 신뢰성 요건을 포함시킬 필요가 있다. 전자선하증권규정 제3조는 전자선하증권 등록기관의 지정요건을 정하고 있는데, 전자어음법과 유사하게 기술능력,[129] 200억원 이상의 순자산과 책임보험가입요건이 충족되어야 하는 재정능력, 시설·장비요건,[130] 시설·장비의 관리·운영 절차·방법을 정한 관리기관의 규정 등을 정하고 있다. 이를 ETR 모델법 제12조의 신뢰기준과 비교해 보면, 신뢰성 판단에 적합한 운영규정, 무결성 확보, 시스템에의 무권한 접근과 사용을 방지할 수 있는 능력, 하드웨어와 소프트웨어의 보안, 독립적 기구에 의한 감사의 정규성과 범위, 수단의 신뢰성에 관한 감독기구, 승인기구 또는 임의기구에 의한 선언의 존재, 적용가능한 산업기준 등에 관한 규정이 요구된다고 본다.

4) **매체전환의 확대** : 전자선하증권을 서면 선하증권으로 전환하는 것은 전자선하증권규정 제12조에 근거규정을 두고 있다. 하지만 그 반대의 경우 즉 서면 선하증권을 전자선하증권으로 전환할 경우의 근거 조항을 우리 전자선하증권규정에는 두고 있지 않다. 참고로 ETR 모델법은 매체의 변경을

---

[129] 동조 제1호의 기술능력으로 기술인력을 합한 수가 12명 이상일 것을 요구하고 있다가. 「국가기술자격법」에 따른 정보통신기사, 정보처리기사 및 전자계산기조직응용기사 이상의 국가기술자격이나 이와 동등한 자격이 있다고 법무부장관이 정하여 고시하는 자격을 갖춘 사람 1명 이상, 나. 법무부장관이 정하여 고시하는 정보보호 또는 정보통신 운영·관리 분야에서 2년 이상 근무한 경력이 있는 사람 1명 이상, 다. 「정보통신망 이용촉진 및 정보보호 등에 관한 법률」 제52조의 한국정보보호진흥원에서 실시하는 인증업무에 관한 시설 및 장비의 운영·비상복구대책 및 침해사고의 대응 등에 관한 교육과정을 이수한 사람 1명 이상, 라. 무역 관련 금융업무나 해운물류업무에 3년 이상 종사한 사람 1명 이상 등으로 규정하고 있다.

[130] 동조 제3호의 시설 및 장비요건으로 가. 운송인, 송하인(송하인) 또는 수하인(수하인) 등 등록기관의 이용자가 전자선하증권의 등록, 배서, 양도, 제시 등 권리행사를 할 수 있는 시설 및 장비, 나. 전자선하증권의 송수신 일시를 확인하고, 전자선하증권 관련 기록을 작성하고 보존할 수 있는 시설 및 장비, 다. 전자선하증권의 발행·유통 관련 시설 및 장비를 안전하게 운영하기 위하여 필요한 보호시설 및 장비, 라. 그 밖에 전자선하증권의 발행과 유통을 원활하고 안전하게 하기 위하여 필요한 시설 및 장비 등을 규정하고 있다.

위해 신뢰할 수 있는 수단이 사용된 경우 전자양도성기록은 양도성 기록, 증서를 대체할 수 있으며, 매체변경이 유효하기 위해서는 매체변경을 나타내는 언급이 전자양도성기록에 포함되어야 한다고 정하고 있다. 그리고 전자양도성기록이 발행되면 양도성 증서, 증권은 사용이 중지되고 효력을 상실하며, 매체변경은 당사자의 권리와 의무에 영향을 미치지 않는다고 정하고 있다. 우리 전자선하증권규정에도 유사한 규정의 입법이 요구된다.

V. 전자투자증권[131]

1. 의의

전자투자증권[132]제도란 유가증권의 실물을 발행하지 아니하고 재산적 권리를 등록기관의 전자적 증권등록부상 등록(registration)만으로 증권이 표창하는 권리에 대하여 권리자뿐만 아니라 권리내용(예컨대 상법 제356조의2 참조)을 인정하고, 이러한 권리의 양도·담보설정 및 권리행사가 인정되는 증권제도를 의미한다.[133] 권리의 증권화는 경제발전에 기여하였지만 실물증권의 발행 및 이전에 따른 증권사무위기를 극복하기 위해 증권예탁결제제도 등에 의해 증권의 부동화 현상이 가능하게 되었다. 그러나 이 제도는 실물증권의 발행을 전제로 하여 장부상 대체기재를 실물증권의 점유나

---

131) 전자투자증권에 관해, 손진화, "주식 등의 전자등록제도의 도입방안," 「상사법연구」, 제22권 제3호(2003); 정경영, 앞의 논문 5; 맹수석, "전자증권의 담보설정과 법적 과제," 법학연구, 제25권 제1호, (2014); 정찬형, "電子證券制度의 導入에 따른 法的 課題," 「상사법연구」, 제22권 제3호(2003)[이하 '정찬형, 앞의 논문 2'라고 한다]; 김동근, "전자등록제도의 유가증권성에 관한 연구," 「기업법연구」, 제17집(2004); 김순석, "주식 등의 전자등록제도 도입에 따른 주주 보호방안," 「상사법연구」, 제22권 제3호(2003); 김지환, "주식의 전자등록제도에 있어서 주주 보호 방안," 「상사법연구」, 제34권 제1호(2015) 등이 있다.
132) 통상적으로 전자증권이라는 용어를 사용하고 있으나 전자증권이라 할 경우 전자채권, 전자어음수표, 전자선하증권을 포괄하는 전자유가증권을 의미할 수 있다는 점에서 이 글에서는 전자증권이라는 용어 대신 전자투자증권이라는 용어를 사용한다.
133) 정찬형, 앞의 논문 2, 41면.

교부에 갈음하는 것으로 간주하는 법 기술적 방법일 뿐 실물증권으로부터 완전한 해방을 가져오지는 못하였는데, 실물증권의 발행을 완전히 배제하는 방안으로 고안된 것이 전자증권제도이며 독일의 국채집합등록제도, 미국의 연방국채 계좌대체제도, 일본의 국채등록제도 등을 들고 있다.[134) 이하에서는 전자투자증권의 유가증권성 등 법적 성질론을 중심으로 전자투자증권제도를 살펴본다.

2. 전자투자증권제도의 도입

유가증권의 대량 발행과 거래에 따라 유발된 증권사무위기(paper crisis)를 극복하기 위해 고안된 증권예탁결제제도가 1980년대 이후 증권관리의 국제적 표준으로 정착되었다. 그리고 증권예탁결제제도의 발달로 증권의 부동화가 이루어져 실물증권의 필요성이 거의 소멸되었으며 오히려 실물증권이 국제간 증권거래 및 T+1일 결제제도로의 이행에 장애요인으로 작용하는 등 실물증권이 유가증권의 원활한 유통과 증권시장 발전의 장애요인으로 작용하고 있다. 뿐만 아니라 투자자 역시 실물증권을 보유하려 하지 않고 있으며 정보통신기술의 급속한 발달 역시 전자증권시스템을 안전하게 구축할 수 있는 기술적 여건을 조성하였다.[135)

증권사무위기를 극복하기 위해 처음 도입된 것은 증권예탁결제제도였다. 증권예탁결제제도란 투자자의 보유유가증권을 중앙예탁기관에 집중예탁시키고 계좌간 대체(book-entry)로 실물증권의 수수에 갈음하는 제도로서 동 제도에 의하여 집중예탁된 실물증권은 이동의 필요 없이 장부상의 기재만으로 증권거래가 이루어진다. 증권예탁결제제도의 발전으로 유가증권의 부동화가 이루어져 실물증권 관리업무가 매우 효율화되었으나 동 제도는 실물증권의 발행을 전제로 하는 한계를 내포하고 있다. 따라서 실물증권 발행 및 관리

---

134) 정찬형, 앞의 논문 2, 45면.
135) 정승화, 앞의 논문, 80-81면.

에 따른 비효율을 완전히 제거하기 위한 노력이 정보통신기술의 발달과 더불어 모색되었는데, 그것이 증권무권화제도 내지는 전자증권제도이다.[136] 이 제도는 자본증권 중에서도 채권분야에서 먼저 출발하여 앞서 소개한 바와 같이 독일의 국채집합등록제도 등으로 나타났으며, 1983년 덴마크가 세계 최초로 전면적으로 전자증권제도를 도입한 이후 프랑스(1988년), 영국(1989년), 스웨덴(1990) 등 유럽 국가를 중심으로 급속히 확산되고 있고 증권관리제도의 새로운 국제적 표준으로 자리 잡아 가고 있다.[137]

전자투자증권제도와 증권예탁결제제도는 실물증권의 이동 없이 장부상의 기재만으로 증권의 양도나 질권설정 또는 권리행사가 이루어진다는 점에 있어서 외형적으로는 큰 차이가 없다. 그러나 증권예탁결제제도는 실물증권의 존재 및 이의 집중예탁과 혼장임치를 전제로 하여 이를 관리하는 법적 장부인 계좌부상의 기재를 증권의 점유로 의제하고 이의 대체기재를 증권실물의 교부로 의제하고 있다. 그러나 전자투자증권제도는 이러한 의제적 방법에 의존하지 않고 장부상의 기재와 이의 대체기재가 곧 증권 그 자체의 점유와 교부를 의미한다는 점에서 양자는 본질적으로 차이가 있다. 즉 현행 증권예탁결제제도에서는 발행된 증권실물의 예탁에 근거하여 혼장임치된 전체 증권실물에 대한 공유지분이 계좌에 기재되지만 전자증권제도에서는 실물증권이 발행되지 않고 증권상의 권리 자체가 전자적 증권등록부상에 등록되는 점에서 양자에 차이가 있다.

3. 법적 성질

(1) 전자화의 의의

전자투자증권제도하에서의 권리자는 등록기관에의 등록만으로 증권상

---

[136] 증권제도의 변화를 실물증권의 이동단계, 실물증권의 부동화단계, 전자증권단계로 구분하기도 한다(정승화, 앞의 논문, 81-82면).
[137] 정승화, 앞의 논문, 82면.

의 권리의 이전·행사 및 담보설정 등을 할 수 있는데 이러한 등록제도하에서의 권리의 법적 성질이 문제된다. 전자증권제도는 유가증권의 실물발행을 부인한다고 하여 권리의 증권화에 따라 무형의 권리를 유형의 증권으로 바꾼 유가증권제도를 전면 부인하고 그 이전의 권리인 채권으로 다시 환원되는 제도가 아니라, 유가증권제도의 연장선상에서 새로운 형태의 권리로 파악되어야 한다고 봄으로써 전자증권제도의 법적 안전성과 투자자에 대한 권리보호를 기할 수 있다고 한다.138) 전자투자증권은 증권등록부상의 등록이 모든 권리관계의 기초가 되므로 등록기관이 작성하는 증권등록부를 주주명부 또는 사채원부 등에 갈음하는 방법이 가장 효율적이고 합리적이라고 주장되고 있다.139)

(2) 법적 성질론

1) 전자투자증권의 법적 성질에 관해서는 외국법상 가치권이론, 장부증권이론, 전자적권리표창이론 등이 주장되고 있으며 그 내용을 간단히 소개하면 다음과 같다.140) 가치권이론은 Opitz에 의해 주장된 이론으로서 권리의 유체적 표창형식을 전제로 하지 않더라도 권리(증권예탁결제제도하에서 혼장보관되는 증권상의 권리)에 물권으로의 성질을 부여할 수 있다는 이론이다. 그리고 장부증권이론은 프랑스의 증권예탁결제제도하에서 혼장보관되는 증권상의 권리를 설명하기 위하여 Ripert에 의해 주장된 이론으로, 증권이 예탁기관에 혼장보관되면 권리표창 수단으로서의 기능을 상실하고 증권상의 권리가 예탁기관의 장부에 표창되고, 그 권리는 증권의 교부에 의하지 않고 예탁기관에서 계좌대체의 방법으로 이전된다고 하고, 이때 예탁기관의 장부에 표창되는 예탁자의 지분권을 장부증권이라고 한다. 전자적 권리표창이론은 Lütticke에 의해 주장된 이론으로, 전자적 정보처리

---

138) 정찬형, 앞의 논문 2, 42면.
139) 정승화, 앞의 논문, 99면.
140) 이하의 외국이론 소개는 정찬형, 앞의 논문 2, 42-44면을 참조하여 요약한 것이다.

기술의 발달에 따라 고안된 전자적 장부등록이란 방식을 또 다른 유가증권의 표창방식으로 해석하여 유가증권의 권리표창적 기능을 전자매체가 대신할 수 있다고 보는 견해이다.

2) 위의 학설 대립에 대해 가치권이론은 유가증권법정주의에 반하고 예탁제도와 달리 보관 혹은 관리의 대상이 없다는 점에서 유가증권성을 설명하기 곤란하다고 볼 때 증권등록부상 등록된 권리를 물권이나 채권에 기초하여 볼 수는 없고, 유가증권 개념의 연장선상에서 파악한다면 이를 유가증권상의 권리로 의제하는 장부증권이론이 가장 무난하다고 보는 견해가 있다.[141] 즉 전자투자증권제도에서는 증권이 중앙등록기관의 등록부상 등록에 의하여 발행되어 실물증권의 발행과 같은 창설적 효력이 부여되고, 그 등록부상 등록내역이 곧 증권의 소유 및 기타 권리관계를 나타낸다.[142] 그리고 전자투자증권을 양도하고자 할 경우 중앙등록기관에 계좌의 이전등록을 청구하고 이에 의한 이전등록을 통하여 비로소 양수인은 증권상의 권리를 취득하며 또한 이를 회사 및 제3자에게 대항할 수 있다. 따라서 증권의 양도와 관련하여 현행 상법상 주식양도의 방법(상법 제336조) 및 채권양도의 방법(상법 제479조) 등에 대한 특별규정을 전자증권관련 특별법에 마련하여야 할 것으로 본다. 또한 투자자가 전자증권을 등록기관에 직접 등록함으로써 직접 점유하는 경우에는 자본시장법상 명의주주와 실질주주의 개념도 의미가 없게 될 것이다.[143]

(3) 검토

앞서 소개한 가치권이론, 장부증권이론은 유가증권의 발행을 전제하고

---

141) 정찬형, 앞의 논문 2, 43-44면.
142) 중앙등록기관의 등록부는 주주명부 또는 사채원부와 동일한 기능을 할 수 있게 되어 주주등록부를 상법상 주주명부로 채권등록부를 상법상 사채원부와 동일한 효력을 부여하도록 하는 규정이 필요하다(정찬형, 앞의 논문 2, 77면).
143) 정찬형, 앞의 논문 2, 78면.

이를 혼장임치한 상태에서 권리관계의 변동이 생길 경우 증권의 점유 이전이 아닌 장부상의 기재를 통해 권리관계의 변동의 효력이 발생하는 제도를 설명하는 이론으로 보인다. 이에 대해 권리표창이론은 실물증권의 발행을 전제하지 않고 전자적 장부상의 전자기록에 의해 권리관계가 변동되는 현상을 대상으로 하고 있어 정보기술을 이용한 증권의 무권화 현상을 보다 적절하게 설명한 이론으로 보인다. 하지만 전자투자증권은 전자등록제도에 의해 권리 변동이 이루어지고 권리의 발생, 행사, 이전에 권리를 표창하는 증권이나 전자문서의 이동을 필요로 하지 않으므로 권리(재산권)의 표창성에도 의문이 있지만 적어도 앞서 언급한 권리(재산권)와 증권의 결합성을 결여하고 있어 유가증권성을 인정하기 어렵다고 생각된다. 따라서 전자투자증권에 기존의 유가증권법리의 적용은 어렵고 전자투자증권의 발행, 유통, 권리 행사에 관해서는 관련 법률의 개정 혹은 특별한 입법이 요구된다.

(4) 전자문서증권의 가능성

전자투자증권의 필요성은 유통이 활발한 자본증권의 발행 및 관리비용의 절감과 그러한 증권의 원활한 유통성을 보장하기 위한 것이므로 소규모 주식회사가 소량으로 발행하는 자본증권까지 전자투자증권화 할 실익은 없으며, 오히려 소규모 주식회사가 중앙등록기관에 참가할 경우 여러 가지 규칙준수 의무가 부과되는 등 불편이 초래될 수 있으며 모든 자본증권을 전자증권화 할 경우 상법의 개정이 요청되어 무리가 따르므로 일정 규모 이상의 주식회사가 발행하는 자본증권만을 전자투자증권화 하는 것이 바람직하다고 본다.144) 이렇게 볼 때 전자투자증권제도는 상장법인 등에 적합하다고 볼 수 있어 전자투자증권제도가 적용되지 않는 주식회사의 경우 주권 혹은 사채의 전자적 발행이 예상될 수 있다. 전자주권, 전자식

---

144) 정승화, 앞의 논문, 98~99쪽.

사채의 경우 전자투자증권제도와는 달리 주권의 형태적 요소가 전자문서로 되어 있어 재산권의 표창성, 재산권과 증권의 결합성이 유지되므로 유가증권의 법리가 그대로 적용될 수 있다는 점에서 유가증권의 일종으로 볼 수 있을 것이다.

4. 주식·사채 등의 전자등록[145]

(1) 주식·사채 전자등록법의 제정

주식, 사채의 전자등록에 관한 상법규정(제356조의2)이 2011년에 도입된 이후 주식, 사채의 전자등록에 관한 시행규정의 제정이 요구되었다. 동 시행령의 입법과정에 주식이나 사채 이외에 투자증권 전반에 관한 전자등록제도에 관한 법률제정으로 확대되게 되어 상당 기간 동안 주식이나, 사채의 전자적 발행이 사실상 시행령 부재로 불가능한 상태가 지속되었다. 이후 논의는 전자증권이라는 개념이 다시 등장하여 전자증권에 관한 법률안이 국회에서 논의된 바 있지만 전자증권이라는 용어는 다시 불식되고 2016년 3월 22일 주식·사채 전자등록법이 제정되었다. 이 법률은 2019년 9월 중에 시행될 예정이다.

(2) 제정이유[146]

OECD 34개국 중 우리나라를 제외한 31개국 및 중국은 실물증권을 발행·교부하지 않고 전자적인 방식으로 권리를 등록함으로써 권리내용을 인정하고 권리의 이전·담보설정 및 행사가 이루어지고 있는데 반해, 우리나라는 전자단기사채 등을 제외하고 대부분의 유가증권은 직접 증서를 발행하는

---

[145] 주식의 전자등록제도를 전자증권제도로 칭하는 경우도 아직 있다. 사실 전자증권은 매우 포괄적인 개념이어서 주식에 국한되지도 않을 뿐만 아니라 무형화된 상태이므로 '증권'이라는 표현도 어울리지 않는다. 최근에 전자증권이라는 용어를 사용한 논문으로는 맹수석, 앞의 논문 등이 있다.
[146] 동법 제정이유 참조.

실물발행 방식으로 관리되고 있어 법제정의 필요성이 주장되었다. 전자증권제도를 도입하면 실물증권 발행비용을 절감할 수 있고 실물증권의 보관관리에 따른 위험요소가 제거되며 조세회피 및 자금세탁 등 음성적 거래의 원천적 차단을 통해 증권거래 및 보유실명제를 도입하는 효과가 발생함은 물론 발행·유통정보의 신속한 제공을 통해 투자자 보호 및 공정거래 질서 확립에 크게 기여할 것으로 기대하고 있다. 이를 위해 증권의 발행·유통 및 권리행사를 원활하게 하여 자본시장의 효율성을 제고하려는 것으로, 전자등록의 대상이 되는 권리, 제도 운영기관, 계좌의 개설 및 계좌부의 작성, 전자등록의 신청 등 절차, 전자등록의 효력 및 주식 등에 대한 권리 행사, 전자등록의 안정성 확보 등을 위한 검사감독 등을 정함으로써 주식·사채 등의 전자등록에 관한 규율을 마련하고자 동법을 제정하였다.

(3) 규정의 체제와 개요

1) 체제 : 주식·사채 전자등록법은 총 10개장으로 구성되는데, 제1장 총칙, 제2장 제도운영기관, 제3장 계좌의 개설 등, 제4장 전자등록, 제5장 전자등록주식 등에 대한 권리 행사, 제6장 전자등록의 안전성 확보, 제7장 검사 및 감독, 제8장 단기사채 등에 대한 특례, 제9장 보칙, 제10장 벌칙 등으로 구성되어 있다. 제3장, 제4장, 제5장, 제8장은 전자등록제도의 절차와 그에 따른 권리행사에 관한 규정들로 구성되어 있고 제2장, 제6장, 제7장, 제10장은 주식·사채의 전자등록을 위한 규제법적 규정으로 구성되어 있다. 따라서 주식·사채 전자등록법은 거래법적 규정과 규제법적 규정이 혼재되어 있는 통합법적 성격을 가지고 있다고 할 수 있다.

2) 거래법규정 : 주식·사채 전자등록법의 거래법 관련 규정은 계좌의 개설을 먼저 규정하고 다양한 형태의 전자등록의 절차와 효력을 규정한 다음 전자등록제도 하에서의 권리행사에 관해 규정한다. 그러면서 단기사채에 관해서는 특별한 규정을 두고 있다. 주식·사채의 전자등록제도하에서

전자등록을 하기 위해서는 우선 계좌개설이 먼저 요구되는데, 주식·사채 전자등록제도에서 계좌(제3장)는 발행인관리계좌(제21조)와 고객계좌·고객관리계좌(제22조), 계좌관리기관 등의 자기계좌(제23조) 등으로 구분되고, 특별계좌의 개설이 요구되는 경우도 있다(제29조). 전자등록(제4장)은 주식의 발행인이 하는 신규전자등록(제25조)과 계좌간 대체의 전자등록(제30조), 질권설정·말소의 전자등록(제31조), 신탁재산의 전자등록(제32조), 권리변경·말소의 전자등록(제33조)으로 구분되고 전자등록이 있는 경우 그 효력에 관해서는 동법 제35조에서 정한다. 전자등록된 주식의 행사(제5장)에 관해서는, 전자등록주식의 권리자는 소유자명세(제37조)에 기초하여 권리를 행사할 수 있는데 전자등록기관을 통해 권리행사를 할 수 있으며(제38조), 소유자증명서의 발급(제39조), 소유내용의 통지(제40조) 등에 관한 규정을 두고 있다.

3) **규제법규정** : 주식·사채 전자등록법은 제도운영기관(제2장)에 전자등록기관(제1절)을 중심에 두고 그 하위기관으로 계좌관리기관(제2절)을 두고 있다. 전자등록기관에 관해 전자등록업 허가에 관한 규정(제5조-제9조)과 이와 관련하여 무허가의 영업금지(제4조), 유사명칭 사용금지(제10조) 등을 통해 전자등록업의 시장진입을 규제하고 있다. 그러면서 전자등록기관의 업무(제14조)를 상세히 정하고 있고, 전자등록기관으로 하여금 전자등록업무규정을 제정하도록 하여 금융위원회의 승인을 받도록 규제하고 있다(제15조). 다음으로 전자등록의 안전성을 확보하기 위해 계좌관리기관과 전자등록기관에 최고분에 대한 해소의무를 부담시키고(제42조), 기타 전자등록 정보의 보안과 이용금지에 관한 규정(제44조, 제45조) 등을 두고 있다. 그리고 전자등록기관의 보고의무 및 금융위원회·법무부장관의 검사권한, 검사요청권한(제51조, 제52조)과 검사에 따른 전자등록기관에 대한 조치권한(제53조), 그에 대한 이의신청절차(제56조) 등을 두고 있다.

5. 주식·사채 전자등록제도

(1) 전자등록과 대상증권

1) **전자등록의 개념** : "전자등록"이란 주식등의 종류, 종목, 금액, 권리자 및 권리 내용 등 주식등에 관한 권리의 발생·변경·소멸에 관한 정보를 전자등록계좌부에 전자적 방식으로 기재하는 것을 말한다(제2조 제2호). 주식 등의 전자등록은 원칙적으로 발행인이나 권리자의 신청 또는 관공서의 촉탁에 따라 이뤄지지만, 예외적으로 전자등록기관 또는 계좌관리기관이 직권으로 할 수도 있다(제24조 제1항). 주식 등의 전자등록은 원칙적으로 발행인이나 권리자 단독으로 신청하며, 관공서의 촉탁에 따라 전자등록을 하는 경우에도 신청에 따른 전자등록에 관한 규정을 준용한다(제2항, 제3항). 주식 등이 전자등록되면 전자등록계좌부에 전자등록된 자는 해당 전자등록주식등에 대하여 전자등록된 권리를 적법하게 가지는 것으로 추정하는 효력이 발생하고, 전자등록주식등을 양도·질권설정 등을 하는 경우에는 전자대체등록, 전자질권설정등록을 하여야 그 효력이 발생한다(제35조 제1항 및 제2항). 그리고 전자등록주식 등의 발행인은 전자등록주식등에 대해서는 증권·증서를 발행할 수 없게 된다(제36조 제1항).

2) **대상증권의 범위** : 전자등록에 의한 권리의 발생, 변경, 소멸이 가능한, 본법이 적용되는 유가증권에는 우선 주식, 사채가 포함된다(동법 제2조 제1호 가목, 나목). 특히 사채에는 신탁법에 따른 신탁사채 및 자본시장법에 따른 조건부자본증권도 포함된다. 그밖에 특별법상 법인의 채무증권(마목), 국채·지방채(다목, 라목), 신주인수권증서(바목), 수익권(신탁법, 자본시장법상 투자신탁, 사목, 아목), 이중상환청구권부 채권(자목), 유동화증권(카목), 파생결합증권(자본시장법, 타목), 증권예탁증권(자본시장법, 파목), 외국법인의 증권·증서(하목) 등이 포함된다. 특히 사채와 채무증권으로서 사채등의 금액이 1억원 이상이고, 만기가 1년 이내이며, 사채등의 금

액을 한꺼번에 납입하며, 만기에 원리금 전액을 한꺼번에 지급한다는 취지가 정해져 있으며, 사채등에 전환권, 신주인수권 등의 권리나 물상담보 등이 부착되지 않은 경우를 '단기사채 등'이라 하고 이사회가 정하는 발행한도(미상환된 단기사채등의 발행 잔액) 이내에서 대표이사에게 단기사채 등의 발행 권한을 위임할 수 있다는 특례규정을 두고 있다(제59조).

(2) 전자등록계좌부의 등록·관리

1) **전자등록계좌부** : "전자등록계좌부"란 주식등에 관한 권리의 발생·변경·소멸에 대한 정보를 전자적 방식으로 편성한 장부로서 ⅰ) 고객계좌부, ⅱ) 계좌관리기관등 자기계좌부를 의미한다(제2조 제3호). 하지만 주식·사채 전자등록법은 전자등록계좌부와 별개로 발행인관리계좌와 발행인관리계좌부, 고객관리계좌부를 규정하고 있다. 상법 제356조의2 제1항에서 규정하고 있는 전자등록부라 함은 주식·사채 전자등록법의 전자등록계좌부에 해당한다.

2) **발행인관리계좌·계좌부** : 전자등록방식으로 주식·사채 등을 발행하거나 이미 주권 등의 증서를 발행하였지만 전자등록하려고 할 경우 먼저 전자등록기관에 발행인관리계좌를 개설하여야 한다(제21조 제1항). 전자등록기관은 발행인관리계좌를 개설한 경우 된 경우 발행인관리계좌 기재사항 (ⅰ) 발행인의 인적사항(명칭, 사업자등록번호, 식별정보), ⅱ) 전자등록주식등의 정보(종류, 종목, 종목별 수량·금액), ⅲ) 기타 시행령 규정사항 등)을 기록하여 발행인별로 발행인관리계좌부를 작성하여야 한다(제2항). 발행인은 발행인관리계좌부의 기재사항이 변경된 경우에는 지체 없이 그 내용을 전자등록기관에 통지하여야 하고, 전자등록기관은 그 통지 내용에 따라 지체 없이 발행인관리계좌부의 기록을 변경하고(제4항), 변경 내용의 계좌관리기관에 대한 통지와 함께 고객관리계좌부의 기록 및 계좌관리기

관등 자기계좌부의 전자등록의 변경을 하여야 한다(제5항). 계좌관리기관은 변경통지를 받으면 지체 없이 그 통지 내용에 따라 고객계좌부의 전자등록을 변경하여야 한다(제6항).

3) **고객계좌·고객관리계좌** : 전자등록주식 등의 권리자가 되려는 자는 계좌관리기관에 고객계좌를 개설하여야 한다(제22조 제1항). 주주 등이 전자등록기관에 직접 등록할 수는 없고 계좌관리기관을 통해서만 전자등록을 할 수 있다는 점에서 간접등록방식을 취하고 있다고 볼 수 있다. 그리고 고객계좌가 개설된 경우 계좌관리기관은 고객계좌부 기재사항(ⅰ) 권리자의 인적사항(성명·명칭, 주소), ⅱ) 발행인의 명칭, ⅲ) 전자등록주식 등의 정보(종류, 종목, 종목별 수량·금액), ⅳ) 질권설정 여부, ⅴ) 신탁재산 여부, ⅵ) 처분제한, ⅶ) 기타 시행령 규정사항)을 전자등록하여 권리자별로 고객계좌부를 작성하여야 한다(제2항). 계좌관리기관은 고객계좌부에 전자등록된 전자등록주식등의 총수량 또는 총금액을 관리하기 위하여 전자등록기관에 고객관리계좌를 개설하여야 하고, 고객관리계좌부 기재사항(ⅰ) 계좌관리기관의 명칭 및 주소, ⅱ) 전자등록주식등의 종류, 종목 및 종목별 수량 또는 금액, ⅲ) 기타 시행령 기재사항)을 기록하여 계좌관리기관별로 고객관리계좌부를 작성하여야 한다(제3항, 제4항).

4) **자기계좌** : 계좌관리기관, 법률에 따라 설립된 기금, 기타 시행령에 기재된 자가 전자등록주식등의 권리자가 되려는 경우에는 전자등록기관에 계좌관리기관등 자기계좌를 개설할 수 있다(제23조 제1항). 계좌관리기관등의 자기계좌가 개설된 경우 전자등록기관은 자기계좌부 기재사항(ⅰ) 계좌관리기관등의 인적사항(성명·명칭, 주소), ⅱ) 고객계좌부 기재사항 중 일부, ⅲ) 기타 시행령 기재사항)을 전자등록하여 계좌관리기관등 자기계좌부를 작성하여야 한다(제2항).

(3) 발행등록(신규 전자등록)

1) **신청** : 발행인은 전자등록의 방법으로 주식 등을 새로 발행하려는 경우 또는 이미 주권 등이 발행된 주식 등을 권리자에게 보유하게 하거나 취득하게 하려는 경우 전자등록기관에 주식 등의 신규 전자등록을 신청할 수 있다(재량사항). 다만, 자본시장법 제8조의2 제4항 제1호에 따른 증권시장에 상장하는 주식 등 또는 동법에 따른 투자신탁의 수익권 또는 투자회사의 주식, 그 밖에 권리자 보호 및 건전한 거래질서의 유지를 위하여 신규 전자등록의 신청을 하도록 할 필요가 있는 주식 등으로서 대통령령으로 정하는 주식 등을 발행하고자 하는 경우 반드시 신규 전자등록을 신청하여야 한다(의무사항, 주식·사채 전자등록법 제25조 제1항). 시행령에서 정하는 일정한 경우에는 사전심사가 요구되며(제2항), 제출된 전자등록신청서·사전심사신청서는 검토하여 그 결과와 이유를 1개월 내에 신청인에게 통지하여야 한다(제4항)

2) **전자등록의 거부사유** : 전자등록기관은 전자등록 여부를 결정할 때 ⅰ) 양도불가·제한주식 ⅱ) 정형성·대체가능성이 없는 주식, ⅲ) 기타 시행령상 신규 전자등록이 부적절한 경우, ⅳ) 해당 주식등의 발행·보유가 부적법한 경우, ⅴ) 기발행주권에 관해 공시최고절차가 계속 중인 경우, ⅵ) 허위신청, 보완요구 불이행, 기타 시행령상 제한사유 등에 해당하지 않으면 신규 전자등록을 거부할 수 없다(제6항). 그밖에 전자등록신청서등의 기재사항·첨부서류, 그 밖에 전자등록 또는 사전심사의 신청에 관한 사항과 전자등록 또는 사전심사의 검토 방법·절차, 그 밖에 필요한 사항은 대통령령으로 정한다(제7항).

3) **전자등록** : 전자등록기관은 새로 발행되는 주식등의 신규 전자등록을 할 때 신청 내용을 발행인관리계좌부에 기록하고, 전자등록기관에 전자

등록될 사항은 계좌관리기관등 자기계좌부에 전자등록한다(발행인관리계좌부→자기계좌부). 그리고 계좌관리기관에 전자등록될 사항은 고객관리계좌부에 기록하고 지체 없이 그 신청 내용과 관련된 각각의 권리자가 고객계좌를 개설한 계좌관리기관에 통지하여야 하고, 계좌관리기관이 동 통지를 받은 경우 지체 없이 그 통지 내용에 따라 전자등록될 사항을 고객계좌부에 전자등록하여야 한다(발행인관리계좌부→고객관리계좌부→고객계좌부, 제26조).

4) **주권발행 주식의 등록** : 주권 기발행 주식에 관해 신규 전자등록을 신청하는 경우에는 신규 전자등록을 하려는 날(기준일)의 직전 영업일을 말일로 1개월 이상의 기간을 정하여 ⅰ) 기준일부터 주권등이 그 효력을 잃는다는 뜻, ⅱ) 권리자는 기준일의 직전 영업일까지 발행인에게 주식등이 전자등록되는 고객계좌 또는 계좌관리기관등 자기계좌(이하 "전자등록계좌"라 한다)를 통지하고 주권등을 제출하여야 한다는 뜻, ⅲ) 발행인은 기준일의 직전 영업일에 주주명부등에 기재된 권리자를 기준으로 제25조 제1항에 따라 전자등록기관에 신규 전자등록의 신청을 한다는 뜻을 공고하고, 주주명부 등에 권리자로 기재되어 있는 자에게 그 사항을 통지하여야 한다(제27조).

(4) 유통등록(대체·질권설정등록)

1) **대체등록** : 전자등록주식 등의 양도·상속·합병에 의해 이전하려고 할 경우 증권예탁결제제도에서와 동일하게 계좌간 대체에 의해 이뤄진다. 전자등록주식 등을 계좌대체 하려면 해당 전자등록기관·계좌관리기관에 계좌간 대체의 전자등록을 신청하여야 한다. 전자등록 신청을 받은 전자등록기관·계좌관리기관은 지체 없이 전자등록계좌부에 해당 전자등록주식등의 계좌간 대체의 전자등록을 하여야 하며, 그 신청 및 전자등록의 방법과 절차에 관하여 필요한 사항은 대통령령으로 정한다(제30조).

2) **질권설정·말소등록** : 전자등록주식 등에 질권을 설정·말소할 경우 해당 전자등록기관·계좌관리기관에 질권 설정·말소의 전자등록을 신청하여야 한다. 전자등록 신청을 받은 전자등록기관·계좌관리기관은 지체 없이 질권설정자의 전자등록계좌부에 질권설정(질물, 질권자)·말소등록을 하여야 하며, 그 신청 및 방법과 절차에 관하여 필요한 사항은 대통령령으로 정한다(제31조).

(5) 기타등록

1) **변경·말소등록** : 원리금·상환금 지급 등으로 인한 전자등록주식 등에 관한 권리의 전부 또는 일부의 소멸하거나 발행인인 회사의 정관 변경 등으로 인한 전자등록주식 등을 유가증권으로 전환하는 경우, 발행인인 회사의 합병 및 분할·분할합병, 발행인인 회사의 전자등록된 주식의 병합·분할·소각 또는 액면주식과 무액면주식 간의 전환, 그 밖에 주식등에 대한 권리가 변경되거나 소멸되는 경우로서 대통령령으로 정하는 사유가 발생하여 전자등록을 변경하거나 말소할 필요가 생길 수 있다. 이 경우 해당 전자등록기관·계좌관리기관에 신규 전자등록의 변경·말소의 전자등록을 신청하여야 하고, 해당 기관은 지체 없이 전자등록주식등에 관한 권리 내용을 변경·말소의 전자등록을 하여야 한다. 그러나 예외적으로 전자등록기관을 통한 권리 행사(제38조)로 전자등록주식 등에 관한 권리의 전부 또는 일부가 소멸한 경우, 발행인이 해산·청산된 경우, 기타 주식 등에 대한 권리가 변경되거나 소멸되는 경우로서 대통령령으로 정하는 경우에는 직권변경·말소등록을 할 수 있다(제3항). 신청·직권에 의한 변경·말소등록의 방법·절차 등은 대통령령으로 정한다.

2) **신탁재산표시·말소등록** : 전자등록주식 등에 대하여 신탁재산이라는 사실을 표시하거나 그 표시를 말소하려는 자는 해당 전자등록기관·계좌관리기관에 신탁재산이라는 사실의 표시·말소의 전자등록을 신청하여야 하

고, 전자등록 신청을 받은 해당 기관은 지체 없이 신탁재산의 표시·말소의 전자등록을 하여야 하는데, 그 신청 및 전자등록의 방법·절차에 관하여 필요한 사항은 대통령령으로 정한다(제32조).

(6) 전자등록의 효력

1) **추정적 효력** : 전자등록계좌부에 전자등록된 자는 해당 전자등록주식 등에 대하여 전자등록된 권리를 적법하게 가지는 것으로 추정한다(제35조 제1항). 따라서 허위의 전자등록이 이뤄진 경우 진정한 권리자는 반대사실을 증명하여 자신의 권리를 주장할 수 있다. 이는 주권 기타 유가증권도 증권을 소지하고 있는 자에게 적법한 권리를 추정하는 효력을 부여하고 있다는 점에서 증권의 법리를 그대로 가져왔다고 볼 수 있다.

2) **유통등록의 효력요건성** : 전자등록주식 등을 양도하는 경우에는 제30조에 따른 계좌간 대체의 전자등록을 하여야 그 효력이 발생하고(제35조 제2항), 주식 등에 질권설정시에도 질권설정이 전자등록을 하여야 입질의 효력이 발생한다(동조 제3항). 주식에 등록질을 설정할 경우 질권자의 성명을 주권에 기재하여야 하는데(상법 제340조 1항) 이는 그 성명을 전자등록계좌부에 전자등록하는 것으로 갈음한다.

3) **신탁재산표시의 대항요건성** : 전자등록주식 등의 신탁은 해당 전자등록주식등이 신탁재산이라는 사실을 전자등록(신탁재산표시등록)함으로써 제3자에게 대항할 수 있다(주식·사채 전자등록법 제35조 제4항). 신탁재산이라는 사실을 밝히는 등록에 관해서는 발행등록이나 유통등록의 추정효, 효력요건성과 달리 대항요건으로 함으로써 당사자간에는 표시와 무관하게 권리관계가 성립할 수 있으나, 제3자에 대해 신탁재산임을 주장하기 위해서는 반드시 신탁재산표시등록을 하여야 한다. 이는 신탁계약의 형식적 자유를 유지하면서 제3자를 보호하기 위해 대항요건으로 하였다고 이해된다.

4) 등록부에 제한적 공신력 부여 : 선의로 중대한 과실 없이 전자등록계좌부의 권리 내용을 신뢰하고 소유자 또는 질권자로 전자등록된 자는 해당 전자등록주식등에 대한 권리를 적법하게 취득한다(동조 제5항). 전자등록된 권리의 유통을 보호하기 위해 전자등록법은 전자등록부에 제한적 공신력을 부여하고 있다. 따라서 전자등록부상의 권리자가 실질적 무권리자라 하더라고 권리자임을 신뢰하고 전자등록을 통해 권리를 양수하거나 질권을 설정받은 자는 적법하게 권리를 취득한다. 동 규정을 선의취득으로 이해할 수도 있지만 점유의 추정력에 근거하여 발생하는 선의취득과 달리 장부의 기재에 따른 효력이므로 선의취득으로 이해하기는 어렵고 장부의 공신력으로 이해하는 것이 적절하다고 본다. 다만 장부의 기재를 무조건적으로 보호하는 것이 아니라 취득자의 선의·중과실을 요건으로 하므로 제한적 공신력을 가진다고 볼 수 있다. 선의취득으로 볼 경우와 제한적 공신력으로 볼 경우 실질적인 차이는 전자의 경우 취득자와 실질적 권리자간에 권리의 득상(개인법상 쟁점)만 문제되지만 제한적 공신력의 경우에는 존재하지 않는 권리에 관한 정산 문제(동법 제42조)라든가 장부관리기관 즉 전자등록기관이 책임(단체법상 쟁점) 등이 함께 발생할 수 있다는 점에서 구별된다.

5) 증권·증서의 효력 : 발행인은 전자등록주식등에 대해서는 증권 또는 증서를 발행해서는 안 되며, 이에 위반하여 발행된 증권 또는 증서는 효력이 없다(전자등록법 제36조 제1항, 제2항). 기증권발행 주식 등이 신규 전자등록된 경우 주권 등은 기준일부터 그 효력을 잃는다. 다만, 기준일 당시 민사소송법에 따른 공시최고절차가 계속 중이었던 주권 등은 그 주권 등에 대한 제권판결의 확정, 그 밖에 이와 비슷한 사유가 발생한 날부터 효력을 잃는다(동조 제3항).

VI. 전자화폐

1. 전자화폐의 의의[147]

(1) 서

1) **전자결제수단** : 정보기술혁명의 시대를 맞이하여 화폐의 개념에도 상당한 변화가 일어나고 전자화폐라는 새로운 개념이 등장하고 있다. 특히 컴퓨터의 발전과 인터넷의 보편화로 전자상거래가 활성화되자 그 결제수단으로 전자화폐에 관한 관심이 더욱 고조되어 왔다. 전자상거래의 결제수단으로 현재 신용카드가 많이 이용되고 있고 유력한 결제수단이긴 하나 전자화폐로 결제할 경우에는 결제의 즉시성, 익명성으로 인해 거래당사자인 소비자나 판매 상인의 입장에서 유리한 점이 많다. 전자식 지급수단의 일종인 전자화폐가 등장하기 전에도 화폐를 대신하여 신용카드, 전자자금이체, 직불카드, 선불카드 등 다양한 형태의 지급수단이 전자기술과 통신기술의 발전을 배경으로 이용되어 왔다. 이들 전자식 지급수단들은 보관 및 운반에 불편한 화폐의 단점을 보완하기도 하고 화폐가 가지지 않는 신용기능을 부여하는 등 화폐의 기능을 일부 대체하였으나, 소액의 소비자거래에서 화폐는 여전히 중요한 비중을 차지하고 있어 전자식 지급수단과 화폐는 보완관계를 유지하고 있다. 그러나 전자화폐는 명함 크기의 전자카드에 보관되어 필요시 잔돈 없이 소액거래를 가능하게 하며, 암호기술 등을 이용하여 보안성이 유지된다면 화폐보다 편리하고 안전한 지급수단으로서 화폐와 보완관계를 넘어 화폐를 상당부분 대체할 것으로 예상된다.

2) **법적 문제점** : 현재 외국에서 개발 중이거나 이용되고 있는 전자화폐의 형태는 다양하여 어디까지를 전자화폐로 규정하여야 할 것인가 하는 점이 문제되고, 전자화폐를 둘러싸고 사용정보의 비밀보장이라든가 화폐의 진

---

147) 정경영, 앞의 책 2, 511면 이하의 내용을 중심으로 보완 재정리하였다.

정성, 부인방지 등 전자 거래에서 주로 논의되고 있는 문제들뿐만 아니라,148) 전자화폐의 발행권자 및 발행에 대한 규제, 금융 및 화폐 관련법규에서 전자화폐의 실체를 무엇으로 보아야 하는가 하는 점, 통화량조절 및 통화정책상의 문제 등에 관해 미국을 중심으로 각국에서 관심을 보이고 있다.149) 우리나라에서도 다양한 전자화폐가 활용되어 오고 있으며 전자금융거래법 제정 이후 선불전자지급수단과 함께 다양한 전자적 지급수단이 발전해 오고 있다. 전자화폐의 법률관계에서 발생하는 무권한 사용, 위조, 하자담보책임 등 거래상 발생하는 법적 문제점들과 지적재산권상의 문제, 프라이버시 보호문제, 인터넷상의 과세문제, 관할, 증거법상의 문제 등 부수적인 문제점150) 등에 관한 연구가 요구된다. 그러한 논의는 전자화폐의 개념과 전자화폐거래의 구조 및 법률관계의 성질 등에서 출발한다고 볼 수 있다.

(2) 전자화폐의 발전

1) 매체의 진화 : 전자화폐는 전자현금, 전자머니, 사이버머니151), 디지털코인 등으로 불리다, 최근에는 가상화폐, 암호화폐 등 새로운 전자화폐에 유사한 것들이 등장하고 있다. 전자화폐는 그 다양한 용어만큼이나 개념이 모호한데 이는 전자화폐의 개발이 아직 완료되지 않았고 현재 시험 중인 형태의 전자화폐도 있어 완전한 개념 정의가 어렵다는 점에 기인한

---

148) Laurie Law, Susan Sabett, Jerry Solinas, "How to make a mint: The Cryptography of Anonymous Electronic Cash," American University Law Review, April, 1997. p. 1132.
149) Randall W. Sifers, "Regulating Electronic Money in Small-Value Payment System : Telecomunication Law as a Regulatory Model," Federal Communication Law Journal, April, 1997. pp. 702-729.
150) 이에 관해서는 Richad L. Field, "1996: Survey of the Year's Development in Electronic Cash Law and the Laws Affecting Electronic Banking in the United States," American University Law Review, April, 1997. pp. 967-1026에 자세하게 소개되어 있다.
151) 사이버머니란 온라인에 개설된 사이버몰에서 소비자가 재화 등을 구매함에 있어서 화폐를 대신하여 대금결제수단으로 사용하는 전자지급수단을 의미한다고 본다(윤태영, "사이버머니의 법적 성격과 화폐가치 부여 가능성," 「민사법이론과 실무」, 통권 제18권 제1호(2014), 1면). 동 견해는 사이버머니를 전자화폐 전체를 가리키는 개념으로 보지 않고 선불전자지급수단에 국한시켜 이해하고 있다.

다. 따라서 전자화폐를 개념 정의함에 있어서는 기존에 이미 개발되어 이용되고 있는 전자화폐는 물론 현재 시험중인 전자화폐도 고려하고 관련 통신기술의 발달, 컴퓨터 기술의 발달까지 감안할 필요가 있다.

2) **구별 개념** : 전자화폐는 전자화폐를 보관하는 전자카드[152]와는 구별된다. 전자화폐의 개념에 관해 현재 논의되고 있는 견해들을 보면, 은행 기타 전자화폐 발행자가 카드 또는 컴퓨터시스템을 통하여 일정 화폐가치를 전자기호로 저장하고 그 지급을 보장하는 것으로 정보통신회선을 통하여 자금결제가 이루어지고 다수간에 여러 목적으로 이용되는 화폐라고 정의하는 견해[153]도 있고, 거래에서 금융기관 등의 호스트컴퓨터에 입력되어 있는 이용자의 계좌원장을 거래시마다 갱신함이 없이 처리하는 시스템으로 정의하든가 이용자가 가맹점과의 거래 또는 이용자간의 거래에 결제수단으로서 이용함과 아울러 희망에 따라 언제라도 발행자 또는 가맹금융기관에서 즉시 환금할 수 있다는 취지를 발행자가 약속하여 발신한 데이터[154]로 보는 견해도 있다. 이들 견해는 진자화폐가 전사기호 또는 전자데이터로 구성되어 있고, 카드와 네트워크를 이용한 두 가지 형태를 전제하고 있다는 점에서 공통적이나 전자는 전자화폐의 보관매체를 명시하는데 반해 후자는 전자화폐의 환금을 개념에 포함시키고 있다는 점이 특징적이다.

(3) 개념 요소

전자화폐(digital money)의 개념은 기존의 지급수단과 구별되는 특징을 포함하여야 하고 특히 전자화폐뿐만 아니라 전자식 지급제도(전자자금이

---

[152] 전자화폐를 기존의 화폐와 유사하게 물리적인 외형을 가진 카드 등의 매체를 의미한다고 볼 여지도 있으나 이는 전자화폐를 저장하고 전달하는 수단에 지나지 않는다는 점에서 전자카드 등의 매체를 전자화폐로 볼 수는 없다고 본다(Laurie Law, et al., op. cit., p.1133).
[153] 김은기, "전자화폐의 법적 문제," 「상사법연구」, 제16권 제2호, 1997. 91면.
[154] 小澤徹夫, "電子マネ-の取引當事者間の法律關係と損失の配分(1)," NBL 623號 1997.8.15. 7面.

체 등)까지 포함하는 전자식 화폐(electronic money)와 구별된다.155) 뿐만 아니라 전자기술의 발전에 따라 등장이 예상되는 다양한 모습을 포괄할 수 있어야 한다는 점을 고려할 때, 전자화폐가 되기 위해서는 적어도 전자성, 유통성, 지급수단성, 환금성이 요구된다고 본다.

1) **전자성** : 전자화폐는 일정 금액을 나타내는 전자정보이어야 하고 이는 일정한 매체에 저장되어 다른 사람에게 이전될 수 있어야 한다. 전자정보는 무형적인 것이고 그 속성이 복제가 용이하다는 점 등 지금까지의 문서상의 기록과는 전혀 다른 특징을 가지고 있다. 따라서 데이터의 진정성이라든가 무결성, 비밀보장 등을 위해 기존의 화폐와는 다른 차원에서의 보안장치가 요구된다.

2) **유통성** : 가령 유상으로 전자화폐를 발행받은 자가 전자화폐의 발행자가 제공하는 일정한 상품 또는 서비스를 구입하는 대금으로만 사용할 수 있다면 이는 일종의 선불카드에 지나지 않고 후술하는 바와 같이 진정한 의미에서 전자화폐라 할 수 없다. 물론 과도기적으로 전자화폐가 일정한 가맹점에서만 사용할 수 있는 형태일 수도 있으나, 이 역시 소비자와 가맹점간에 부분적이나마 유통이 이루어졌다는 점에서 전자화폐의 개념에 포함시킬 수 있다. 다만 완전한 의미에서 전자화폐는 이를 취득한 가맹점이 다시 다른 사람에게도 유통시킬 수 있고 개인간의 거래나 더 나아가 외국에서도 지급수단이 될 수 있는 범용성을 지닌 전자화폐라 할 수 있다. 그리고 카드식과 네트워크를 경유한 방식으로 유통될 수 있으나 유통방식이 전자화폐의 법적 성질을 결정짓는 중요한 요소가 되지는 않는다.

---

155) Christopher D. Hoffman, "Encrypted Digital Cash Transfers: Why Traditional Money Laundering Controls May Fall Without Uniform Cryptograpy Regulations," Fordham International Law Journal, March, 1998. pp. 807-820.

3) **지급수단성** : 전자화폐는 그 자체가 일정한 사용가치를 가진 물건이 아니고 거래에서 발생하는 채무 등을 결제하는 지급수단이어야 한다. 전자화폐는 지급수단이어서 전자화폐를 이용한 상품 구입은 전자화폐와 상품의 교환이 아니라 전자화폐로 상품의 대금을 지급하는 거래로서 이는 매매의 성격을 지니게 된다. 따라서 금전적 가치를 지닌 전자정보이면서도 지급수단으로서의 성질을 지니지 않은 것은 설사 유통의 대상이 된다고 하더라도 전자화폐와는 구별된다.

4) **환금성** : 전자화폐는 종국적으로 화폐와의 교환(환금)을 예정하고 있어야 한다. 전자화폐는 지급수단으로서 기능을 하더라도 법정화폐로 규정되기 전에는 어디까지나 화폐 대용물이지 화폐 그 자체는 아니므로 최종 소지인이 이를 통화의 형태로 전환할 수 있어야 한다. 전자화폐가 지금처럼 도입단계일 경우에는 전자화폐를 통한 지급시스템에 대한 신뢰가 형성되지 않아 환금성의 보장이 중요하며, 특히 전자화폐의 발행권자를 중앙은행에 제한하지 않고 일반 금융기관 또는 비금융기관까지 확대하지는 주장[156])에 따를 경우에는 환금성은 전자화폐의 중요한 속성이 된다. 그러나 전자화폐에 대한 신뢰가 축적되어 통화로서의 성질이 강해질수록 환금성에 대한 관심은 점점 더 감소하리라 본다. 그밖에도 전자화폐로서 유통되기 위해서는 일정한 보안장치가 문제되고 이를 위해 전자서명 등이 부착될 것이 요구되나, 이들 보안장치는 전자화폐에 대한 신뢰확보를 위한 기술적인 면에 지나지 않고 유통성이 보장되기 위해서는 이러한 제도적 기술적인 수단이 이미 전제되어 있다고 볼 수 있다.

5) **소결** : 이상의 요건을 고려하여 개념을 정의해 보면, 전자화폐란 이전 가능하도록 일정한 매체에 입력된 전자정보로서 유통성과 발행자에 의한 환금이 보장된 거래의 지급수단이다. 다만 전자화폐는 아직 유동적인

---

156) Randall W. Sifers, op. cit., pp. 719-722.

개념으로서 각 국가가 어떠한 형태로 전자화폐를 개발, 이용할 것인가는 불확실하다. 그러나 전자화폐의 가치가 지급수단으로서의 보편성, 편리성에 있다고 본다면 앞으로 개발될 전자화폐의 모습은 전세계적으로 이용가능한 호환성을 가져야 한다. 따라서 이 글에서도 이러한 범용성을 가진 전자화폐를 전제로 하고 전자화폐의 간략한 이용구조를 고찰한 후 다른 지급수단과의 비교를 통해 전자화폐의 법적 성질을 고찰한다.

2. 전자화폐의 분류

(1) 구별 기준

1) 기준의 다양성 : 전자화폐는 다양한 기준에 의해 여러 가지로 분류될 수 있다.[157] 전자화폐가 소비자의 카드에 보관되다가 필요한 경우 이용되는가 아니면 인터넷상의 가상은행 또는 자신의 컴퓨터에 보관되어 필요시 네트워크를 통해 지급되는가 즉 전자화폐의 지급방식에 따라 카드형 전자화폐, 네트워크형 전자화폐로 구분된다. 그리고 온라인으로 연결되어야만 사용가능한지 여부를 기준으로 온라인형 전자화폐와 오프라인형 전자화폐로 구분되고, 전자화폐의 거래기록이 계좌에 기록되느냐에 따라 계좌형 전자화폐와 비계좌형 전자화폐로 구분된다. 전자화폐의 용도의 다양성에 따라 범용 전자화폐와 단일 목적용 전자화폐로 구별하고 소지자간의

---

[157] 그밖에 전자화폐를 1) 선불카드형, 2) 크레디트카드형, 3) 예금통화이용형, 4) 현금통화모방형 의 4가지의 유형으로 분류하는 견해도 있고, 1) 현금대체시스템, 2) 수표의 대체시스템, 3) 크레디트카드의 대체시스템, 4) 자금이체의 대체시스템의 4가지로 분류하는 견해, 1) 현금의 전자화(전자현금통화), 2) 크레디트카드나 수표에 의한 결제의 전자화, 3) 자금이체대행시스템 등으로 분류하는 견해도 있다(森田宏樹, "電子マネ-の法的構成(1)," NBL, 616號, 1997. 5. 1., 8面 脚註5 참조); 그리고 전자카드상의 가치에 상응하여 지급된 금전이 어떻게 취급되느냐 따라 계좌형(Bank-Primary Customer Account Sys.), 유보형(Bank Primary- Reserve Sys.), 위탁형(Bank Secondary-Advance Sys.), 판매형(Bank Secondary-Pre -Acqusition Sys.)의 4가지 유형으로 나누고, 앞의 두 가지 유형은 전자화폐의 대가가 계좌에 보관되는 형태이어서 후술하는 예금형에 해당하고, 뒤의 두 가지 유형은 전자화폐가 소비자에게 판매되는 형태로서 통화형 전자화폐에 해당한다(Christopher D. Hoffman, op. cit., p.816 각주 120 참조).

전자화폐의 이전이 가능한가에 따라 개방형 전자화폐와 폐쇄형 전자화폐로 구분된다.158)

  2) **카드형·네트워크형** : 전자화폐는 유통성을 본질로 하고 있으므로 단일 목적용 전자화폐는 대개의 경우 전자화폐로 보기 어렵고 폐쇄형 전자화폐 역시 과도기적으로 존재할 수 있는 유형이나 결국 한 단계 더 진보한 개방형 전자화폐에 의해 대체되리라 본다면 용도의 다양성과 소지자간의 이전성을 기준으로 한 분류는 그다지 실익이 없는 분류라 할 수 있다.159) 다만 네트워크와의 단절 여부를 기준으로 카드형과 네트워크형으로 분류하는 것은 네트워크를 경유할 경우 네트워크 서비스제공자160)가 관여하게 된다는 점에서 부분적인 의미를 가진다. 그러나 전자화폐를 보관하는 매체가 반드시 카드에 제한되는 것은 아니고 카드는 하나의 유형에 지나지 않고 전자지갑, 노트북 기타 휴대폰 등에도 저장될 수 있는 성질이라는 점, 자신의 컴퓨터에 저장하는 전자화폐를 네트워크를 경유하여 지급하더라도 전자화폐의 법적 성질에는 변화가 없다는 점을 감안할 때 카드형과 네트워크형으로 분류하는 방식도 법적으로는 그다지 중요한 의의를 지녔다고 할 수는 없다.

  3) **통화형·예금형** : 전자화폐를 발행함에 있어서 발행자는 전자화폐의

---

158) 김은기, 앞의 논문, 93-95면 참조.
159) ABA, op. cit.(report), pp. 657-658에서도 개방형(open sys.)과 폐쇄형(closed sys.)을 소개하면서 이용되는 거래의 다양성과 지급수단의 발행자와 매매의 대상이 된 물건, 용역의 제공자가 일치하지 않는 점에서 개방형은 폐쇄형과 구별된다고 보았다. 그리고 선불카드와 같은 폐쇄형 지급수단을 동 보고서의 고찰범위에서 배제하였다(Id. p. 663).
160) 네트워크형 전자화폐로 더 발전한 것이 비트코인이라 할 수 있지만 그 본질은 판이하게 변화하였다. 이에 관해, 비트코인과 같은 가상화폐(virtual currency)6)의 등장은 온라인 커뮤니티의 창설과 연결된다. 인터넷의 발전과 보급은 인터넷 환경에서 안전하고, 저렴하게 거래할 수 있는 새로운 지급수단의 등장을 가져왔다고 본다(김홍기, "최근 디지털 가상화폐 거래의 법적 쟁점과 운용방안," 「증권법연구」, 제15권 제3호(2014), 381면[이하 '김홍기, 앞의 논문'이라고 한다]).

대가로 소비자로부터 일정한 자금을 수령하며, 이를 현금으로 지급받는 경우도 있고 발행자(주로 은행)에 있는 소비자 명의의 계좌로부터 일정한 자금을 수령하기도 한다. 이 자금을 은행이 어떻게 사용할 수 있는가 하는 점은 자금의 대가로 교부된 전자화폐의 법적 성질을 해석하는데 중요한 지표가 된다. 가령 전자화폐 교부대금을 마치 물건을 판매하고 취득한 대가처럼 발행자가 사용하는데 아무런 용도의 제한을 받지 않는 경우와 이를 소비자 명의의 계좌에 그대로 보관하거나 특별계좌에 예치시켜 후일 이로써 전자화폐를 화폐로 전환(환금)하는 자금으로 이용하여야 하는 경우는 그 법률관계가 달리 해석된다. 이렇게 볼 때 전자화폐는 발행시에 지급된 대가가 발행자 소유의 자금이 되는 형태의 전자화폐와 발행자에 예금 형태로 유지되는 전자화폐로 구분될 수 있으며 전자를 통화형 전자화폐라 하고 후자를 예금형 전자화폐라 할 수 있다.

4) **집중형·분산형** : 오늘날까지 주로 이용되던 전자화폐는 거래당사자가 아닌 신뢰할 수 있는 제3자(trusted third party)가 전자화폐의 발행기관이 되어 발행한 전자화폐이다. 전자화폐의 모든 신뢰는 발행기관의 신뢰도에 의존하고 전자화폐를 교환수단 또는 지급수단으로 활용한 후 최종적으로 통화로의 환금도 발행기관에 의해 이뤄진다. 이러한 중앙집중형 전자화폐와 달리 당사자가 전자화폐를 만들어내고 이를 사용하는 개인간 거래(P2P) 형식의 전자화폐가 최근 등장하기 시작하였다. 이는 발행기관이 따로 존재하지 않으므로 발행기관의 신뢰가 문제되지 않고 오히려 전자화폐 자체의 신뢰 형성이 문제된다. 전자화폐가 기술적으로 해킹이나 복제 등으로부터 안전하고 공급량이 조절되어 인플레이션의 위험이 없고 설사 공급량이 다소 증가하더라도 향후 다수의 수요로 인해 통화로서의 가치 상실의 위험이 없다는 확신이 더 문제된다. 그 대표적인 형태가 비트코인(Bitcoin), 이더(Ether) 등의 가상통화인데 그 실체가 기존의 전자화폐와 상이해 이하 고찰에서는 포함시키지 않는다.[161]

(2) 통화형 전자화폐

1) 개념 : 통화형 전자화폐는 전자화폐를 지급수단으로 한 상거래가 성립되기 전에 금액데이터로 나타나는 일정 가치가 전자화폐의 발행자로부터 전자화폐의 구입자인 소비자에게 이전하여 전자화폐에 대한 완전한 소유권을 취득하고 그 대가로 일정한 자금이 지급되는 형태의 전자화폐이다. 전자화폐의 구입은 소비자가 자신의 예금을 인출하여 지급하거나 현금을 교부한 대가로 이루어진 것이어서 유상거래로 볼 수 있으며, 대금은 전자화폐의 상환자금으로 발행자에 의해 보관되는 것이 아니라 발행자가 이에 대한 소유권을 가지고 사용용도에 제한 없이 사용할 수 있다. 따라서 전자화폐의 환금청구가 있을 경우 발행자는 그 요구에 응하되 굳이 소비자가 지급한 금액으로 상환할 필요가 없다.[162]

2) 발행구조 : 소비자가 대금을 지급하고 발행자(은행)로부터 통화형 전자화폐를 구입하면 전자화폐의 점유 및 소유권이 이전된다는 점, 그 구입자금에 대한 소유권 역시 은행이 가지게 된다는 점에 특징이 있다. 그리고 예외가 있을 수 있지만 통화형 전자화폐에 의한 지급시 대개의 경우 지급인의 진정성을 확인하기 위한 ID, 패스워드 등을 확인하는 절차가 없다. 즉 통화형 전자화폐를 점유하고 있다는 사실만으로 자신이 진정한 권리자임을 입증할 필요가 없이 전자화폐 및 전자카드의 소유권이 추정되어 사용할 수 있다. 이렇게 볼 때 통화형 전자화폐는 가치소재형 지급수단과 유사하고 따라서 채권적인 법리보다는 물권적인 법리에 따른다고 본다. 따라서 채권이나 유가증권과는 달리 전자화폐 또는 이를 담고 있는 카드를 분실한 경

---

[161] 분산형 발행절차를 거치는 가상통화에 관해 전자화폐성을 부정하는 견해도 많고 현재까지의 전자화폐와는 너무 다른 형태이므로 전자화폐에서 배제하여 논의를 진행하고 이에 관한 논의는 전자유가증권의 미래에서 보다 자세히 언급한다.
[162] 대부분의 전자화폐가 여기에 해당되며 대표적인 형태로 몬덱스 전자화폐 등이 이에 해당한다.

우 그 가치를 회수하기가 거의 불가능하며 카드가 망실되어 전자정보를 해독할 수 없게 된 경우 가치회복이 가능한가 하는 점 등이 문제된다.

(3) 예금형 전자화폐

1) 개념 : 예금형 전자화폐는 통화형 전자화폐와 같이 상거래가 성립되기 전에 발행자로부터 소비자에게 전자화폐의 이전이 이루어지나 전자화폐 금액에 상당하는 구입대금은 은행의 일정한 계좌에 보관되어 나중에 전자화폐의 상환자금으로 사용된다는 점에서 구별된다.163) 전자카드에 충전된 전자화폐는 소비자에 의해 상거래의 지급수단으로 사용되지만 전자화폐를 구입하면서 지급된 대가는 발행자(은행)의 일정한 계좌에 그대로 보관되어, 통화형 전자화폐처럼 발행은행으로부터 소비자에게 가치의 이동이 완전히 이루어지지 않는다고 볼 수 있다. 예금형 전자화폐는 그 대금이 은행의 예금계좌에 보관된다는 점 외에 상거래에서 발생하는 채무의 결제시점 즉 전자화폐를 사용할 때 지급인의 동일성이 ID나 패스워드 등을 은행에 확인하는 절차가 요구된다는 점도164) 특징적이다. 따라서 이는 대체로 네트워크형 전자화폐로서의 특징을 가지는데 이러한 형태의 전자화폐의 대표적인 것이 ECash이다. 그리고 결제시에 통신회선을 경유하여 일정한 메시지가 오간다는 외형을 기준으로 보면 예금형 전자화폐는 가치소재형이라기 보다는 자금이체 등의 지급지시형 지급수단으로 해석될 여지가 있다.

2) **발행구조** : 지급지시형 지급수단의 대표적인 형태인 자금이체 특히

---

163) 앞서 언급한 바와 같이 전자카드상의 가치에 상응하는 금전이 어떻게 다루어지느냐에 따라 4가지 유형으로 분류될 수 있는데 이 중 계좌형(Bank-Primary Customer Account Sys.), 유보형(Bank Primary- Reserve Sys.)은 전자화폐의 대가가 계좌에 보관되는 형태이어서 예금형 전자화폐에 해당한다(Christopher D. Hoffman, op. cit., p.816 각주 120 참조).
164) 따라서 고액의 전자화폐를 이용할 경우 이 방식이 안전하다고 생각된다. 따라서 통화형 전자화폐는 소액거래에 용이하고 고액거래에서는 예금형 전자화폐가 용이하리라 본다.

지급이체거래에서는 수취인계좌에의 입금을 지시하는 지급인의 지급지시에 따라 수취은행이 이체자금을 수취인의 계좌에 입금기장함으로써 지급인의 지급행위는 완료된다. 그리고 지급이체에 의한 채무의 이행을 대물변제로 보는 견해가 유력하다.165) 이에 반해 예금형 전자화폐는 발행은행의 개입 없이 독립적으로 지급인의 지시에 따라 수취인의 IC카드로 이전하게 되어 지급이 완료되고 수취은행이라는 개념이 불필요하다. 이렇게 볼 때 예금형 전자화폐는 지급단계에서 ID, 비밀번호를 확인하는 등 지급을 지시하는 자의 동일성을 확인하여 이러한 요건을 충족시키지 못할 경우 지급을 거절할 수 있다는 점에서 지급지시형 지급수단과 유사하나 가치의 이동과정은 자금이체와는 다르다. 오히려 예금형 전자화폐는 일정금액을 지급받을 수 있는 채권이 전자정보라는 컴퓨터 용어로 표시되어 지급수단으로 사용되어 유통된다고 볼 때 유가증권과 흡사하게 보인다. 일정한 채권과 증권이 결합하여 증권이 이전시 채권이 이전되는 것으로 보는 유가증권의 법리는 채권과 전자정보(전자화폐)가 결합하여 전자정보의 이전시 발행자에 대한 채권이 양도되는 것으로 볼 수 있다. 따라서 예금형 전자화폐의 본질은 통화형과는 달리 가치소재형 지급수단이 아니고 가치표창형 지급수단으로 생각된다.

3. 법적 성질에 관한 논의166)

(1) 채권설으로 보는 견해

1) 법률에 의해 효력이 인정되는 통화(legal tender)는 채권자에게 변제되면 채무를 소멸시키는 효력을 가졌고 채권자 역시 그 수령을 거절할 수 없는 지급수단을 의미한다.167) 전자화폐의 실체인, 카드에 입력되었거나

---

165) 정경영, "자금이체제도의 법적 연구," 서울대학교 박사학위논문, 1994, 245-246면(이하, '정경영, 앞의 박사학위논문'이라고 한다).
166) 정경영, 앞의 책 2, 519면 이하 참조.
167) ABA, op. cit.(report), p. 669.

통신회선을 통해 전달되는 전자정보는 채권자가 원하지 않을 경우 수령을 강제할 수 없다는 점에서 통화와는 구별된다고 보고 그 실체를 전자화폐 발행자의 지급약속 즉 일종의 채권으로 본다.168)

2) 평가 : 전자화폐거래에서는 우선 고객이 현금을 지급하거나 자신 명의 계좌에서 일정금액을 발행자에게 이체하고 발행자는 자신이 발급하는 카드에 일정액 상당의 전자정보(금액데이터)를 입력(충전)한다. 그리고 발행자는 전자화폐가 유통된 후 최종소지인이 이를 제시할 경우 전자화폐를 통화로 교환해 준다. 이렇게 볼 때 고객은 전자화폐의 발행자인 은행 등에 일정금액을 입금하여 채권을 취득하고 이를 이용하여 상품 또는 서비스의 대금을 결제하고 최종적으로 은행에 제시하여 환금청구하는 것이 예정되어 있다는 점에서 통화와는 구별되는 일종의 채권으로 볼 여지가 있다. 그리고 전자화폐는 IC카드 등에 전자정보가 입력되므로 이는 무형적인 은행의 지급약속이 전자정보라는 형태로 표창된다는 점에서 권리가 증권에 화체된 어음, 수표와 같이 보아 유가증권으로 볼 여지도 있다.169) 이렇게 보면 전자화폐의 실체는 은행에 대한 지급청구권이고 결국 환금에 의해 지급거래가 완결된다는 점에서 지급지시형 지급수단 또는 가치표창형 지급수단으로 해석될 것이다.

(2) 자유화폐로 보는 견해

1) 전자화폐의 실체인 전자정보를 발행자에 대한 지급청구권으로 파악하지 않고 자유화폐170)로 보고 전자정보가 이전될 때 그 가치 역시 그대

---

168) Id. p. 670, p. 675; 森田宏樹, 前揭論文(1), 6面에도 소개되어 있다.
169) 특히 전자화폐를 지급수단으로 이전함에 있어서 전자정보만이 아니라 카드와 동시에 이를 수취인에게 교부할 경우에는 외관상의 유가증권의 거래와 거의 동일하게 볼 여지가 있다.
170) 전통적 학설에 의하면 법률상의 금전에 관해서는 1) 법화 또는 통화와 2) 자유화폐(또는 거래상의 화폐)의 2종류가 구별되고 있고 자유화폐라는 것은 법화와 같이 강제통용력을 가지지 않지만 사회에서 거래상 화폐로서 통용하는 것이라고 정의된다. 그리

로 이전된다고 본다.171) 자유화폐는 거래계에서 사실상 통용력을 가질 뿐이고 강제통용력을 가지지 않으므로 채권자는 그 수령이 강제되지 않고 따라서 자유화폐에 의한 변제에는 채권자의 승낙을 요한다. 그러나 채권자가 임의로 그것을 수령하면 금전채무의 소멸의 효과가 생긴다. 그 때 자유화폐는 금전 내지 화폐로서의 성질을 가진 것인 이상 자유화폐에 의한 변제는 대물변제는 아니고 금전채무의 본지에 따른 변제라고 설명한다.172)

2) **평가** : 일정한 전자화폐의 경우 예금을 대가로 판매되지만 이후에는 예금과 무관하게 사용, 이전되고 판매 은행은 이를 사용한 거래에 관해 알지 못한다. 그리고 전자카드(IC카드)에 의해 전자화폐의 금액데이터가 배타적으로 지배되나 다만 이를 이용하기 위하여는 전자카드와 개인인식번호(PIN)가 필요하다. 전자화폐에 대한 대가는 이미 선급되어 있고 예금(자금)이 은행에 있는가 여부는 묻지 않으므로 IC카드의 점유는 현금의 점유와 유사하다. 따라서 적어도 몬덱스전자화폐에 관해서는 현금과 같이 점유자가 그 가치를 지배하는 것으로 생각된다.173) 다만 전자화폐를 자유화폐로 해석함에 있어서 환금청구권이 문제되나, 환금청구권의 경제적인 의의는 전자화폐의 통용력에 의해 변화된다고 생각된다. 전자화폐의 통용범위가 한정될 경우에는 통화와 교환가능성에 의해 전자화폐의 가치가 정해지게 되므로 채권(은행에 대한 환금청구권)으로서의 색채가 강하다. 그러나 통용범위가 광범하게 되면 전자화폐 자체로서 가치를 가지고 현금으로의 전환이 반드시 필요하지는 않게 된다. 당초는 환금청구권을 광범위하게 인정함

고 민법이 금전이라는 용어를 사용하고 있는 경우에 그것이 자유화폐를 포함하는 취지인가 하는 점은 각 규정의 해석에 의해 정해지지만 많은 경우에는 양자를 포함하는 광의로 해석해야 한다고 본다(森田宏樹, "電子マネ-の法的構成(4)," NBL, 622號, 1997. 8. 1., 34面).
171) 김은기, 앞의 논문, 91면.
172) 森田宏樹, 前揭論文(4), 34~35面.
173) 小澤徹夫, "電子マネ-の取引當事者間の法律關係と損失の配分(2)," NBL 624號, 1997. 9. 1., 28面.

으로써 전자화폐의 유통성이 주어지지만 유통성이 높으면 역으로 환금청구권은 그다지 큰 의미를 지니지 않게 된다. 그러나 전자화폐 자체로 충분히 통용되기까지 과도기적으로 현실 통화와의 교환은 의미를 가진다.174)

(3) 검토

1) 이상의 논의를 정리해 보면 채무설에서는 발행자의 지급약속을 전자화폐의 실체로 파악하고, 자유화폐설에서는 전자화폐는 강제통용력이 없다는 점에서 화폐와 구별되나 채무면책력이 인정되고 이를 점유하는 자는 전자화폐의 가치를 소유한다는 점에서 일반 재화와 구별되는 자유화폐로 본다. 전자화폐에 강제통용력이 없다는 점에는 이론이 있을 수 없지만 전자화폐가 발행자의 지급약속인가, 전자화폐에 채무면책력이 있는가 및 점유와 소유가 일치하는가 등은 검토할 여지가 있다. 다만 앞서 본 바와 같이 전자화폐는 통화형인가 아니면 예금형인가에 따라 법률관계를 달리 해석할 여지가 많으므로 이하에서는 양자를 구별해서 고찰한다.

2) **통화형 전자화폐** : 통화형 전자화폐는 소지자가 이를 분실 또는 도난당한 경우에도 이를 습득한 자 또는 절취한 자에게 점유권이 인정되는 시점에 대개의 경우 전자화폐에 대한 소유권을 취득하게 되고 분실자는 습득자에 대하여 소유물반환청구는 할 수 없고 부당이득반환청구를 할 수 있을 뿐이라 본다. 따라서 전자화폐에 관해서는 선의취득이 성립할 여지가 없으며 선의취득을 굳이 인정하지 않아도 점유만으로 자신은 그 전자화폐에 대한 소유권을 취득하고 취득원인이 존재하지 않을 경우에는 부당이득이 되어 그에 상응한 가치를 상실한 자에게 반환하여야 할 따름이다. 따라서 점유와 소유가 일치하는 성격을 인정할 수 있어 전자화폐는 단순한 발행자의 지급약속 즉 채권과는 구별되고 자유화폐에 유사하다고 본다. 다만 자유화폐설은 그에 의한 금전채무의 지급시 채무의 본지에 따른 변제의 효과가

---

174) 小澤徹夫, 前揭論文(1), 11面.

발생하는 것으로 파악하는데 전자화폐로 지급하더라도 채무의 본지에 따른 변제로 볼 수 있을 것인가 하는 점에는 의문이 있다. 후술하는 바와 같이 전자화폐에 의한 채무소멸은 대물변제로 생각되므로 전자화폐는 자유화폐라기 보다는 단지 유사화폐 또는 대용화폐 정도로 파악할 수 있다고 본다. 그리고 통화형 전자화폐가 채권이 아니라 대용화폐라는 점은 전자화폐를 상실한 경우에도 나타난다. 즉 상실자는 자신에게 전자화폐를 발행한 은행에 지급의 정지를 요청하기 어렵고 이를 원인 없이 습득한 자를 상대로 부당이득반환청구를 할 수 있을 뿐이라 보아야 한다. 만일 전자화폐의 실체를 발행자에 대한 채권으로 이해할 경우 설사 채권의 준점유에 문제가 발생하더라도 채무자에 대한 고지만으로 채권의 부당한 행사를 저지할 수 있으나 전자화폐에서는 이러한 결과를 인정하기 어렵기 때문이다.

3) **예금형 전자화폐** : 예금형 전자화폐도 통화형과 동일하게 발행자로부터 전자화폐의 교부가 이루어지고 이는 다시 소비자에 의해 거래상대방인 상인에게 대금으로 사용된다. 따라서 외관상으로 볼 때 통화형 전자화폐와 법적 성질을 동일하게 볼 여지가 있으나 다음의 몇 가지 점에서 구별된다고 본다. 먼저 예금형 전자화폐는 그 사용시 사용자의 동일성 확인 절차가 있어 문제가 있을 경우 지급을 중단시킬 수 있다는 점에서, 전자화폐 발행시에 일정한 가치에 대한 소유권이 완전하게 구입자(소비자)에게 이전된다고 볼 수 없고 따라서 점유와 소유의 일치 현상이 나타날 여지가 없다. 그리고 예금형 전자화폐로 금전채무를 지급할 때 채권자의 승낙을 얻어야 하고 전자화폐의 이전에 의해 채권자는 발행자에 대한 지급청구권을 취득하게 되어 이로 인해 채무소멸의 효과가 발생한다. 그리고 전자화폐의 구입자금이 예금으로서 보관된다는 점에서 볼 때 발행자가 전자화폐의 가치를 창출하여 이를 완전히 소비자에게 이전하였다고 할 수 없다. 따라서 발행자는 일정한 예금을 담보로 보관하면서 이에 대응하여 일정한 금액의 예금형 전자화폐를 발행함으로써 장차 반환청구(환금)시에 지급을

약속한 것으로 보아야 한다. 즉 예금형 전자화폐의 본질은 소지인이 이를 제시하면 그에 상응하는 화폐를 지급하겠다고 하는 발행자의 약속이라 볼 수 있다. 다만 예금형 전자화폐도 유통을 목적으로 발행된 지급수단이고 일정한 금전채권이 전자화폐에 의해 표창된다는 점에서 유가증권으로서의 성질을 가진다고 볼 수 있다.

4. 전자금융거래법상 지위

(1) 선불전자지급수단과의 구별

전자화폐를 취득하기 위해서는 상거래가 성립되기 전에 일정한 대가가 미리 지급되어야 한다는 점에서 외관상 전자화폐를 선불카드와 유사하게 보고 선불카드 역시 전자화폐의 일종으로 보는 견해가 있다. 이 견해에 의하면 전자화폐는 선불카드와 같이 전자화폐를 수령하는 시점에 대가를 지급하고 있으므로 선불식이고 또 가맹점에서 대금결제를 위해 사용할 수 있다는 점에서 제3자 발행의 선불카드와 유사한 성질을 가지고 있다고 본다.[175] 그러나 전자화폐는 가맹점에서의 결제뿐만 아니라 다른 이용자에게의 이전도 예정되어 있다는 점 및 일반적으로 환금이 약속되어 있는데 선불카드에서 환금은 예외적이라는 점에서 볼 때 선불카드와 성질을 달리한다.[176] 뿐만 아니라 선불카드는 대체로 제한된 목적으로만 사용될 것이 예정되어 있는데 반해 전자화폐는 물품과 서비스 구입을 위해 대체로 제한 없이 사용될 수 있고,[177] 법률적으로 보더라도 선불카드는 미리 대가를 지급하고 일정한 물건이나 서비스를 구입할 수 있는 권리(채권)를 표창하는데[178] 지나지 않아 일정한 가치의 소재를 인정하는 전자화폐와는 구별된다.

---

175) 김은기, 앞의 논문, 90면.
176) 小澤徹夫, 前揭論文(1), 10面.
177) Randall W. Sifers, op. cit., p. 715.
178) American Bar Association(ABA); Task Force on Stored-Value, "A Commercial Lawyer's Take on the Electronic Purse: An Analysis of Commercial Law Issues Associated with

(2) 가치소재형 지급수단

전자화폐가 거래에서 이용되는 경우 전자화폐의 실체라 할 수 있는 전자정보가 사실상 채권자에게 이전한다는 점에서 가치 보관자에게 지급을 지시하는데 지나지 않는 지시형 지급수단과는 구별된다. 그리고 전자정보가 유형물인가 하는 점은 논란의 여지가 있으나 전자화폐가 모두 일정 금전가치를 표창하고 있는 것은 아니라는 점에서 유가증권으로 보기도 쉽지 않다. 그렇다면 전자화폐에 일정한 가치가 소재하는 것으로 보아 화폐와 유사하다고 보아야 하는가? 그러나 전자화폐 역시 유통을 거친 후에는 종국적으로 환금되고 일종의 유통기한이 일반적으로 예정되어 있다는 점에서 화폐와도 구별된다고 본다. 그런데 전자화폐가 이러한 성질상의 차이에도 불구하고 위의 세 가지 지급수단에 유사한 성격도 가지고 있다고 생각되므로 이하에서는 전자화폐의 실체에 관해 채권으로 보는 견해와 자유화폐로 보는 견해를 중심으로 전자화폐의 성질을 고찰한다.

(3) 전자화폐의 법률관계

1) **유형** : 전자화폐는 앞서 살펴 본 바와 같이 통화형과 예금형의 두 가지 유형으로 구별될 수 있다. 통화형 전자화폐인 경우에는 일종의 대용화폐로서 법정통화와 유사한 경제적 기능을 가지나 법적 효력에서 강제통용력이 없어 채권자에게 수령을 강제할 수 없다는 점에서 구별된다. 그러나 채권자의 동의가 있어야만 지급수단이 될 수 있다는 점만 제외하면 일반 통화와 거의 흡사하고 채권자가 이를 수령할 경우 변제의 효과가 발생한다. 따라서 이러한 유형의 전자화폐는 거래계에서의 신뢰가 매우 중요하다고 할 수 있으므로 발행권자를 엄격히 제한할 필요성이 강하다고 본다.

2) **기본형(통화형)** : 통화형 전자화폐는 대체로 한 국가내에 하나의 발

Stored-Value Cards And Electronic Money," Business Lawyer, Feb., 1977. p. 663.

행주체를 예정하며 국제간에도 공통된 발행주체가 인정될 가능성도 있다. 일정한 기관(원발행자)에 의해 호환성을 지닌 일정한 전자화폐가 발급되어 각국에 배당되거나[179] 또는 개별국가의 중앙금융기관(국가발행자)이 발행주체가 되어 가맹금융기관(단위발행자)에 배당된다. 물론 이들 각급의 금융기관에 대한 전자화폐의 배당은 대가가 지급이 되어야 하는 유상거래이고 금융기관 간에는 통상적인 결제수단이 이용될 수 있을 것이다. 이에 대해 예금형 전자화폐도 일정한 확인절차를 거쳐 전자화폐가 이동된다는 점과 발행자에 일정한 예금이 존재할 것을 전제한다는 점에서 통화형과 구별된다. 논의의 편의상 여기에서는 통화형 전자화폐를 중심으로 고찰하고 필요한 부분에서만 예금형 전자화폐에 관해서 살펴본다.

3) 단계별 고찰 : 전자화폐는 여러 단계의 은행에 의해 발행되어 이를 소지한 소비자에 의해 상거래의 대금지급수단이나 개인 간의 자금거래에 이용되어 유통되다가 이를 수취한 최종소지인이 환금의 필요성이 있을 경우 이를 거래은행에서 일반의 화폐로 전환시키게 된다. 따라서 전자화폐거래는 크게 보아 전자화폐의 발행자가 소비자에게 유상으로 전자화폐를 매각하는 절차인 전자화폐의 발행, 전자화폐를 거래의 지급수단으로 이용하여 소비자와 상인 간 또는 소비자와 다른 소비자 간에 이전하는 단계인 전자화폐의 유통, 전자화폐의 최종소지인이 이를 자신의 거래은행에서 전자화폐를 통상의 화폐로 교환하는 단계인 전자화폐의 환금이라는 세 가지 단계로 구분하여 고찰할 수 있다.

---

179) 몬덱스 전자화폐의 경우에는 몬덱스사가 1개의 기관을 지정하여 몬덱스를 발행하게 하고 다시 가맹은행을 모집하여 몬덱스를 공급한다. 이렇게 공급된 몬덱스는 가맹은행에 의해 소비자에게 판매된다.

5. 전자화폐의 발행절차

(1) 발행주체

1) **제한의 필요성** : 자유로운 상거래질서의 유지와 경쟁원리에 의한 전자화폐의 발달을 촉진시키기 위해서는 전자화폐의 발행주체를 완화시킬 필요가 있다. 그러나 특히 통화형 전자화폐는 일종의 채권을 표창하고 있는 일반의 어음이나 수표와는 달리 그 자체에 일정한 가치가 소재하고 있다는 점에서 다른 보조적 지급수단과는 구별된다. 가치소재형의 지급수단을 창출하는 것은 한 국가의 법정통화의 발행권자가 제한되는 것과 동일한 이유로 엄격하게 제한될 필요가 있다. 만일 전자화폐의 발행이 일반의 지급수단과 같이 계약자유의 원칙에 위임된다면 통화량은 발행자의 판단에 따라 폭발적으로 증가될 위험이 있어 전자화폐에 대한 일반의 신뢰를 해하여 종국적으로 지급수단으로 이용하길 꺼려하게 될 것이다. 뿐만 아니라 전자화폐의 실체인 전자정보는 제3자에 의해 아무런 흔적을 남기지 않고 위조·변조될 가능성이 매우 높은 것이 현실이나. 따라서 이를 방지하기 위해서는 기술적 안전조치의 강구를 위한 법적 제도적인 보장이 요청되고 이 역시 전자화폐의 발행을 엄격하게 제한할 또 다른 하나의 이유로 볼 수 있다.

2) **비금융기관의 발행** : 비금융기관도 전자화폐 발행의 주체가 될 수 있는가에 관해 미국법상으로는 긍정설과 부정설이 대립하고 있다. 긍정설은 화폐를 발행하고 환금하는데 굳이 금융기관일 필요가 없다고 보아 비금융기관도 발행주체가 될 수 있다고 주장하고[180] 부정설은 은행이 아닌 주체가 전자화폐를 발행할 경우 은행은 예금보험의 가입이라든가 각종 고지의무 등 금융기관 관련 법규의 엄격한 적용을 받는데 반해 은행이 아닌

---

180) Randall W. Sifers, op. cit., pp. 719-722.

발행주체는 이러한 제한을 받지 않게 되어 법규해석상 어려움이 예상된다는 점을 근거로 한다. 그리면서 은행이 아닌 주체를 규율하는 법규가 제정되기까지는 적어도 은행만이 전자화폐를 발행할 수 있다고 보아야 한다고 주장한다.181)

3) 전자지갑의 발급 : 전자화폐는 유형적인 물체가 아니고 전자정보이므로 이를 수령, 보관, 교부하기 위해서는 전자화폐의 보관장치인 전자카드(IC카드) 또는 전자지갑, 전자계좌 등이 필요하다. 따라서 전자화폐의 발행자는 전자화폐의 발행시 전자카드 등을 발급할 필요가 있으며 대개의 경우 전자카드 발급과 전자화폐의 판매는 동시에 이루어지나 엄밀하게 보면 양자는 구별되어야 한다. 전자카드 발급계약의 법적 성질은 통상적으로 전자화폐를 이용하는데 필요한 수단인 전자카드의 판매로 보아야 하고 따라서 일종의 매매계약이고, 전자화폐의 구입을 조건으로 무상으로 교부된 경우에도 전자화폐의 판매가액 일부가 전자카드의 대금으로 지급되는 것으로 볼 수 있다. 따라서 발급된 카드의 하자로 전자화폐를 정상적으로 이용하지 못하게 되었을 경우에는 발급은행에 대해 하자담보책임을 물을 수 있다고 본다.

(2) 전자화폐 발행계약

1) 법적 성질 : 전자화폐의 발행주체들 중에서 소비자에게 전자화폐를 발행하는 자는 가맹금융기관이고 전자화폐를 이용하고자 하는 자와 전자화폐 발행 및 이용에 관한 계약을 체결하여야 하는데 이는 대체로 가맹금융기관(발행자)의 보통거래약관에 의해 이루어질 것이다.182) 먼저 통화형

---

181) Catherine Lee Wilson, "Banking on the Net: Extending Bank Regulation to Electronic Money and Beyond," Creighton Law Review, May, 1997. p. 703.
182) 약관에서는 1) 약정된 액의 전자화폐가 IC카드에 입력되어 있다는 것, 2) 그 전자화폐는 소정의 방법에 의해 다른 가맹상점의 단말기에 내장된 IC카드 또는 다른 이용자가 가지는 IC카드에 이전하여 결제에 사용될 수 있다는 것, 3) 그 전자화폐는 언제라도

전자화폐에 관해 보면, 이는 가치소재형 지급수단으로서 발행시 발행자가 소유하는 가치(전자정보)를 고객에게 판매하는 것으로 볼 수 있으므로 발행계약은 매매계약으로 볼 수 있다.[183] 전자화폐 양도의 법률관계는 환금청구권의 범위, 예금계좌와의 관계와 관련된다고 하면서 전자화폐는 가맹은행이 소비자에게 예금을 대가로 하여 교부하는 것이므로 가맹은행과 소비자간의 전자화폐거래를 매매(전매)로 보는 견해[184]도 동일한 입장이다.

2) 재매매예약성 : 전자화폐는 매매의 목적물이 지급수단이라는 점, 소지인이 환금청구하면 이를 환금하여야 한다는 점 등이 일반의 매매와 구별된다. 특히 환금절차는 매매의 목적물이 매수인의 청구에 의해서 다시 매도인에게 재매매되는 것으로 볼 수 있는데, 전자화폐의 발행자가 아닌 매수인이 환금을 청구한다는 점에서 환금청구권을 환매권으로 보기는 어렵고, 전자화폐의 발행자이 전자화폐를 화폐발행의뢰인(소비자)에게 매도하면서 소비자가 환금을 요청하면 매도한 전자화폐를 매수할 것을 약속한 재매매의 예약으로 볼 수 있다. 재매매 예약에노 편무·쌍무예약, 일방·쌍방예약 등 4가지의 형태가 있으나[185] 소비자가 환금을 요청할 권리를 가지고 상대방(발행자)의 의사표시와 무관하게 환금할 의무 즉 재매매할 의무가 발생한다는 점에서 일방예약으로 보아야 한다. 요컨대 전자화폐의 발행계약은 일방예약의 성질을 가진 재매매예약이 포함된 전자화폐의 매매계약으로 볼 수 있다. 당사자의 일방인 전자화폐매수인은 상대방인 발행자에 대하여 매매예약 완결의 의사표시를 할 수 있는 권리를 가지며, 이 예약완

현금화할 수 있다는 것 등이 계약의 중심적인 내용으로 된다고 본다(小澤徹夫, "電子マネ-の取引當事者間の法律關係と損失の配分(3)," NBL 625號, 1997. 9. 15., 40面).
183) 전자화폐의 충전을 매매로 보는 견해(小澤徹夫, 前揭論文(3), 40面)도 있으나 충전은 전자화폐발행계약의 이행행위라 볼 때 전자화폐의 발행을 매매로 보는 입장과 동일하다고 본다.
184) 小澤徹夫, 前揭論文(2), 28面.
185) 곽윤직, 앞의 책 3, 190-192면.

결권은 상대방으로 하여금 본계약을 체결케 하는 단순한 채권이 아니라 일방적 의사표시에 의해 본계약인 재매매를 성립케 하는 것이므로 일종의 형성권이라 할 수 있다.[186] 그리고 예약완결권은 양도성이 있다고 일반적으로 해석되고[187] 예약완결권의 양도에 관해 예약의무자(발행자)가 전자화폐 발행시에 포괄적으로 승낙하고 있다고 해석된다.

3) 위임계약성 : 전자화폐의 법적 성질에 관해 채권설에 따를 경우 전자화폐의 구입자금은 마치 수표거래에서와 같이 은행에 예치되어 있는 것으로 보게 되어 예금으로서의 성격을 가지게 된다. 미국에서는 전자화폐 구매대금과 관련하여 연방준비제도에 지급준비금을 예치하여야 하는가 하는 점이 문제되었고 만일 은행계좌를 통해 카드가 충전되었다면 그 계좌는 지급준비금 예치 필요성이 있을 것이라는 주장이 있다.[188] 그런데 FDIC는 대부분의 전자카드는 예금보험에 적합하지 않다는 법적 견해를 발표하였다.[189] 앞서 본 바와 같이 통화형 전자화폐의 법적 성질을 채권으로 보기는 어려우나 예금형 전자화폐는 일종의 채권을 표창하는 것으로 볼 여지가 있다. 예금형 전자화폐의 발행시에는 발행자인 은행에 일종의 예금계약이 성립한다는 점을 고려할 때 전자화폐의 발행계약을 전자화폐의 매매로 보기에는 무리가 있다. 오히려 전자화폐의 발행은 예금계약의 성립과 동시에 전자화폐의 발행과 그에 대한 지급이라는 사무를 은행이 수임하는 일종의 위임계약이 체결되었다고 보아야 한다.

4) 유상성 : 전자화폐 발행계약은 유상계약으로서 성질을 가진다. 구매자는 현금을 지급하거나 은행계좌상의 차감기장을 대가로 하여 전자화폐

---

186) 곽윤직, 앞의 책 3, 194-195면.
187) 곽윤직, 앞의 책 3, 195면.
188) Randall W. Sifers, op. cit., pp. 720-721.
189) Id. p. 721.

를 취득한다. 그리고 전자화폐의 구입비용에는 전자화폐 발행자의 수수료에 해당하는 부분이 포함될 수 있어 전자화폐의 액면가치와 이에 대해 지급하는 화폐의 액면가치가 불일치 할 수도 있다. 설사 통화형 전자화폐의 액면금액과 화폐의 액면금액이 불일치하더라도 이는 수수료라기보다는 전매차익으로 보아야 한다. 그밖에 발행자로서는 유동성을 전자화폐의 환금시까지 보유하게 되어 이를 이용할 수 있는 이익이 있고 관련 장비제공자로부터 일정한 기술사용료를 징수할 수도 있고 카드면상에 선전할 수 있는 등 부수적인 이익도 있다.[190]

(3) 전자화폐의 충전

1) **정보의 이전** : 전자화폐를 이용하려는 고객은 전자화폐의 발행은행에 직접 현금을 교부하거나 또는 자신의 계좌로부터 일정 금액을 인출기장한 대가로 전자정보의 형태인 일정한 전자화폐를 자신의 카드에 입력(충전)함으로써 일정한 액수의 화폐가치가 고객이 소지한 전자카드에 이전하게 된다. 전자화폐의 충전을 위해서는 은행을 방문함이 없이 충전장치가 부착된 현금자동지급기나 휴대전화를 이용할 수 있고 앞으로 좀 더 편리한 충전방식이 개발될 수도 있을 것이다. 전자카드에 전자화폐를 충전하는 것은 마치 지갑에 현금을 넣는 것과 동일하다. 전자카드는 지갑에 비유할 수 있고 전자카드에 입력되는 전자정보(금액데이터)는 현금과 유사하므로 충전하는 시점에 은행이 점유하고 있는 일정액의 전자화폐에 대한 가치는 고객에게 이전된다고 볼 수 있다.

2) **발행계약의 이행** : 전자화폐의 충전은 전자화폐 발행계약에 따른 이행행위라 볼 수 있다. 통화형 전자화폐의 경우에는 발행자가 매도하였던 전자화폐를 고객에게 인도하는 절차로서 고객은 자신의 전자카드 또는 컴

---

190) Id. p. 722.

퓨터에 전자화폐를 충전하고 이에 대응하여 발행자는 현금 또는 계좌상의 자금을 인출하게 되는데 양자는 일반 매매에서와 같이 동시이행관계에 있다고 할 수 있다. 그러나 전자화폐의 충전은 입금이 확인된 후에 기계적으로 일어난다고 볼 때 사실상 대금의 지급이 선이행의 관계에 있게 된다. 예금형 전자화폐에서는 매매의 이행행위라기 보다는 전자화폐를 발행하고 이를 지급하기로 약속한 위임계약의 이행행위로 보아야 한다.

(4) 국제통용 전자화폐

1) 특성 : 전자상거래는 국경을 넘어서 거래가 쉽게 이루어진다는 점이 특징이고 이렇게 된다면 외국상인과의 전자상거래에서 거래대금을 지급하기 위해서 외국인이 수취할 수 있는 형태의 전자화폐가 개발될 필요가 있다. 화폐에 의한 정산 등에서 야기되는 법률적인 문제는 별론으로 하더라도 전자상거래에서 이용되는 전자화폐는 기술적으로 수취인에게 이전될 수 있는 호환성을 가진 형태의 전자정보로 구축할 필요가 있다. 이와 같이 전자화폐의 범용성을 고려하고 전자화폐의 통화대용성, 전자정보의 가변성, 상거래의 안전성, 신뢰확보의 필요성, 통화정책적 측면 등을 고려할 때 전자화폐의 발행은 국내법에 의해 발행권자를 엄격하게 규제할 필요가 있고 우리법상으로도 한시적으로나마 발행주체를 은행에 한정할 필요는 있다고 본다.

2) 전자화폐의 배당 : 동일한 종류의 전자화폐를 각국이 공동으로 사용하기 위해서는 원발행자가 발행한 전자화폐를 각국의 지정된 기관에 배당하거나 또는 각국이 동일한 기술을 사용하여 전자화폐를 발행하여야 한다. 그렇지 않으면 각국이 상이한 형태의 전자화폐를 발행하고 이들 종류가 다른 전자화폐간의 결제비율을 정하는 통화거래와 유사한 방식이 이용되게 된다. 그러나 후자의 방식은 사용된 전자화폐에 대한 결제절차가 별도로 요구되어 전자화폐가 국제간의 상거래에서 발생한 채무의 즉시적 지급

수단으로서 기능하기에 불편하므로 앞서 언급한 바와 같이 국제적으로 단일의 기관(원발행자)이 전자화폐를 발행하여 각국에 배당하든지 동일한 전자화폐를 각국이 발행하게 되면191) 전자화폐의 이용자는 훨씬 편리하게 될 것이다. 대가를 지급하고 배당 또는 발행된192) 전자화폐는 다시 전자화폐의 이용을 원하는 가맹금융기관에 다시 유상으로 판매된다. 각 가맹금융기관은 유상으로 매입한 전자화폐를 다시 소비자인 고객에게 유상으로 전매하게 된다.

3) **발행주체** : 국제통용 전자화폐의 발행은 원발행자, 국가발행자, 가맹금융기관 등 다층적인 구조 속에서 발행되고, 각 당사자가 부담하게 되는 의무나 권리의 성질은 서로 상이하겠지만 이들은 모두 크게 보아 전자화폐의 발행주체로 볼 수 있다. 왜냐하면 가맹금융기관도 전자화폐를 자신의 거래의 결제수단으로서 취득한 것이 아니고 고객에게 전자화폐를 이용하도록 하기 위해 취득한 것이므로 소비자인 전자화폐의 취득자와는 구별할 필요가 있기 때문이다. 원발행자와 국가발행자간, 국가발행자와 가맹금융기관간의 전자화폐거래의 법적 성질은 계약의 내용이 될 거래약관 등을 기준으로 판단한다. 그러나 전자화폐는 기본적으로는 환금절차가 보장되어 있는 대용화폐라는 점에서 일반 전자화폐의 발행계약과 법적 성질을 같이 한다고 볼 수 있고 다만 이들 거래는 소비자거래가 아니므로 소비자보호 등의 문제는 발생하지 않는다.

---

191) 몬덱스 전자화폐가 여기에 해당한다.
192) 전자화폐를 배당할 때에는 그에 상응한 각국의 화폐를 대금으로 수령하고, 동일한 유형의 전자화폐를 각 국가가 발행한 경우에는 일정한 기술사용료를 원발행자에게 지급하게 된다.

6. 전자화폐의 유통절차193)

(1) 전자화폐의 이전

전자화폐를 점유한 고객 또는 전자화폐를 은행에 보관시키고 있는 고객은 상거래에서 거래대금의 지급수단으로 이를 이용할 수도 있고 또는 기초적인 상거래 없이 타인에게 소비대차 또는 증여할 수 있다. 적어도 통화형 전자화폐에 있어서는 전자화폐를 고객이 배타적으로 지배하고 있어 어떠한 원인으로든 이를 타인에게 이전시킬 수 있어 다른 보조적 지급수단과는 구별되고 본원적인 지급수단인 현금과 유사하다. 상거래의 물품대금 지급수단으로 전자화폐가 이용되는 가장 전형적인 예에서는 고객은 자신의 거래상대방이 보유하고 있는 단말기(전자화폐 판독기)에 자신의 카드를 판독시키고 여기에 자신만이 알고 있는 일정한 인식번호 등을 입력하거나 또는 이러한 절차를 거치지 않고 거래대금에 해당하는 액수를 입력한 후 완료버튼을 누르면 자신의 카드에 내재되어 있던 일정한 화폐가치가 상인의 단말기 내에 있는 IC카드로 이전하고 이로써 상거래에서 발생한 채무의 변제가 완료된다. 그런데 예금형 전자화폐에서는 발행자 또는 가맹금융기관이 자금의 이동에 관해 알 수 있으나, 통화형의 경우에는 이를 알 수 없어194) 거래상의 비밀보장의 정도는 달라진다. 이하에서는 통화형 전자화폐를 중심으로 전자화폐의 이전에 관해 살펴본다.

(2) 이전의 법적 성질

1) **통화형 전자화폐** : 통화형 전자화폐 이전의 법적 성질은 통화형 전자화폐의 실체를 무엇으로 보느냐에 달려 있다. 이를 채권의 일종195)으로 보게 된다면 전자화폐의 이전은 채권양도의 성질을 가지게 되고 따라서

---

193) 정경영, 앞의 책 2, 536면 이하 참조.
194) 몬덱스 전자화폐의 경우에도 거래내용을 가맹은행이 알 수 없다.
195) ABA, op. cit.(report), p. 670, p. 675.

민법상의 채권양도의 대항요건이 요구된다.[196] 다만 전자화폐의 발행시에 채무자인 발행은행이 자신에 대한 통지나 자신의 승낙을 사전에 약관상 포기하고 있다고 볼 수 있어 이전행위의 효력에 영향을 미치지는 않을 것이다. 그러나 앞서 언급한 바와 같이 통화형 전자화폐는 단순한 채권이나 유가증권으로 볼 수는 없고 가치소재형의 지급수단으로 보아야 하므로 이를 이전하는 행위는 채무변제행위로 보아야 한다. 다만 전자화폐가 법률에 의해 법정통화로 인정받기 전에는 통화로서 효력을 가질 수는 없으므로 판매 상인에게 전자화폐의 수령을 강제할 수는 없고 전자화폐의 지급은 엄격한 의미에서 변제 그 자체로 볼 수는 없다.

2) **상대방의 동의** : 전자화폐로 채무를 이행함에는 우선 상대방의 동의가 필요한가 하는 점이 문제되는데, 전자화폐가 대용화폐로서 기능을 담당하지만 그 자체가 강제통용력을 지닌 화폐가 아닌 이상 통상적인 지급수단일 수는 없고 따라서 대금지급채무를 전자화폐에 의해 변제할 경우에는 전자화폐거래가 가맹점인 수취인이 거래은행과 체결한 계약의 약관 내용과는 무관하게 수취인의 동의를 얻어야 한다고 본다.[197] 전자화폐에 의한 채무소멸을 채무본지에 따른 변제로 보는 견해[198]가 있으나, 전자화폐는 법정통화가 아니어서 채무의 본지에 따른 지급수단이 될 수 없다는 점, 전자화폐에 의한 채무의 변제를 위해서는 채권자의 동의가 필요하다는 점

---

196) 민법 제450조.
197) 동일한 입장으로는 가맹점은 가맹점 가입시 전자화폐에 의한 대금결제를 일반적으로 승낙하였다고 볼 수 있지만 구체적인 매매시 당연히 대금으로서 수령할 의무(일종의 강제통용력)가 있다고 말할 수는 없다고 보는 견해가 있다. 그리고 이 견해에 의하면 가맹점이 아닌 일반 이용자가 대금결제수단으로 전자화폐를 수령할 것인지 여부는 거래당사자간의 결제에 관한 합의에 따르고 일반적인 수령의무를 인정하기는 더욱 곤란하다고 본다. 이러한 일반적인 수령의무는 은행과 이용자간의 약관에서 정하였다고 하더라도 그 유효성에는 의문이 있다. 다만 상점의 입구에 전자화폐에 의한 결제를 환영한다는 표시를 한 경우에는 전자화폐에 의한 지급을 사전에 승낙하였다고 볼 수 있을 것이다(小澤徹夫, 前揭論文(1), 10面).
198) 森田宏樹, 前揭論文(4), 34-35面.

등을 고려할 때 전자화폐에 의한 채무소멸은 일종의 대물변제로 보아야 한다. 요컨대 채권자가 전자화폐에 의한 채무의 이행을 승낙한 경우 전자화폐의 지급은 채무를 소멸시키는데 이는 채무의 본지에 따른 변제수단인 화폐가 아니라 그 대용수단인 전자화폐를 이용한 것이 되고 따라서 대물변제의 법리가 적용될 수 있다고 본다.

3) 예금형 전자화폐 : 예금형 전자화폐의 실체는 유가증권에 해당하므로 예금형 전자화폐의 이전에는 유가증권 이전의 법리가 적용될 수 있으리라 본다. 따라서 유가증권을 교부한 자의 의사에 따라 여러 가지로 해석될 수 있으나,[199] 전자화폐는 화폐와 유사하게 유통되고 은행에 그 자금이 이미 선불되었고 대개의 경우 유통시에 가맹금융기관에 대한 확인절차를 거쳐야 하고 전자화폐는 암호화되므로 위조, 변조되어 유통될 위험이 낮아 어음이나 수표와는 어느 정도 구별된다고 본다. 따라서 예금형 전자화폐 역시 거의 화폐에 유사한 기능을 할 수 있다는 점을 감안하면 통화형 전자화폐와 같이 전자화폐의 지급으로 채무가 소멸된다고 볼 수 있어 이는 대물변제로 해석된다.

(3) 원인계약과의 관계

1) 의의 : 소비자가 상인으로부터 가구를 구입하고 그 대금으로 전자화폐를 지급할 경우 가구구입계약은 전자화폐거래를 기준으로 볼 때 원인계약이 된다. 어음이나 수표거래에서 어음수표거래의 원인이 되는 거래가 무효나 취소된 경우 이 거래에서 발생한 채무의 지급을 위하여 발행된 어음·수표가 유효한가 하는 점이 문제되나, 어음·수표의 유통성 보장을 위해 원인거래가 무효가 되더라도 어음거래는 유효하다는 어음·수표의 추상성을 인정하는데 반대가 없다.

---

[199] 어음, 수표의 경우 어음교부자의 의사를 '담보를 위하여', '지급을 위하여' 또는 '지급에 갈음하여'로 구분하여 그 법률 효과를 달리 해석하고 있다.

2) **추상성** : 전자화폐거래도 대부분의 경우 상거래가 원인이 되는데 위의 예에서 만일 구입된 가구에 수리할 수 없는 하자가 있어 가구구입계약을 해제한 경우 이미 지급한 전자화폐 지급거래의 법적 효력은 어떻게 되는가? 만일 상인이 전자화폐를 점유하고 있는 상태라면 그 전자화폐를 다시 소비자에게 반환함으로써 원상회복 될 수 있을 것이다. 그런데 가령 상인이 가구대금으로 받은 전자화폐를 다시 가구공장으로부터 새로운 가구를 구입하는 대금으로 활용하였다고 가정하자. 이 때 지급한 전자화폐를 다시 반환하여야 한다고 하면 제3자인 가구공장의 이익을 해하고 전자화폐가 다수의 당사자간의 유통이 되었다면 거래의 안전에도 상당한 위협이 초래될 것이다. 따라서 전자화폐의 반환을 부정할 필요가 있고 이는 전자화폐거래는 원인이 된 계약으로부터 독립된 추상적인 성격을 인정한 것과 동일한 결과가 된다.

3) **소결** : 전자화폐거래를 원인거래로부터의 추상성을 인정하는 해석의 근거는 전자화폐거래의 유통성을 확보하기 위해 추상성을 인정하였다기보다는 전자화폐의 화폐대용성이라는 특성에서 비롯되었다고 보아야 한다. 즉 전자화폐는 화폐와 유사하게 이를 점유하는 자는 그 점유의 원인과 무관하게 확정적으로 화폐에 대한 소유권을 가진다. 그리고 점유원인에 법률적인 하자가 있어 원인 없는 취득으로 해석될 경우에는 부당이득의 법리에 의해 해결되어야 한다. 따라서 원인계약이 취소 또는 무효로 되더라도 상인은 소비자에 대해 부당이득 반환의 법리에 따라 전자화폐금액에 상당한 부당이득을 반환하면 족하고 전자화폐 자체를 반환할 필요는 없다고 본다.

(4) 변제시점

소비자가 상점에서 전자화폐로 상품을 구입한 경우 소비자의 상인에 대한 대금채무는 후에 전자화폐를 취득한 상인이 자신의 거래은행에서 전자화폐를 환금한 시점이 아니라 전자화폐에 의해 결제가 이루어진 시점 즉 전자화폐가 이전된 시점에 이행한 것으로 본다. 이렇게 해석하는 이유는 소비자가 전자화폐의 대가를 발행자에게 이미 선불하였으므로 발행된 전자화폐에 대한 신용상의 위험은 없기 때문이다.200) 예외적으로 만일 전자화폐가 위조·변조되어 이를 이유로 환금이 불가능한 경우에는 상인은 소비자에 대하여 진정한 전자화폐 또는 현금의 지급을 청구할 수 있다고 본다. 왜냐하면 상품의 매매에서 전자화폐를 지급수단으로 수령한 것은 이를 후에 통화로 교환할 수 있다는 것이 계약의 전제로 되어 있기 때문이다. 통화에 의해 결제가 이루어진 경우에도 후에 지급된 통화가 위조화폐인 것이 판명되면 수취인은 지급인에 대해 진정한 통화로 재지급할 것을 청구할 수 있으므로 전자화폐와 통화는 변제시점을 결정함에 있어서 차이는 없다고 본다.201)

(5) 전자지갑·카드의 이전

전자화폐는 위에서 본 바와 같이 일정한 단말기를 통해 전자정보(금액 데이터)가 수취인에게 이전하도록 고안된 제도이지만 사용자가 상거래상의 대금 지급을 위하여 전자카드 자체를 수취인에게 이전하는 경우도 예상할 수 있다. 이 경우에는 전자카드를 이용함에 접근정보(PIN 등)가 필요할 경우에는 이를 수취인에게 알려주어야 수취인은 이를 이용할 수 있고 제3자에게 이를 지급수단으로 활용하거나 또는 환금할 수 있다. 이러한 이용형태는 만일 약관에서 전자카드 자체의 이전을 금지할 경우 약관에 위배하는 거래로서 그 유효성에 의문이 있을 수 있으나, 대용화폐인 전자화폐를 보관하는 전자카드는 지갑의 기능을 함에 지나지 않는다고 본다면

---

200) 이 경우 단지 환금을 약속하고 있는 발행자 또는 가맹은행에 대한 신용위험이 남을 뿐이다.
201) 小澤徹夫, 前揭論文(1), 10~11面.

그 유효성을 부정할 것은 아니다. 전자카드만의 이전은 그 속에 전자화폐가 존재하지 않을 경우 법적으로 무가치한 것이므로 아무런 의미가 없으나 전자화폐를 담고 있는 전자카드를 지급의 수단으로 사용할 경우 이 역시 전자화폐의 이전과 동일하게 대물변제로 보아야 한다. 다만 예금형 전자화폐는 은행의 고객에 대한 일정한 지급약속이므로 은행과 소비자의 관계는 더욱 긴밀하다고 해석할 수 있고 따라서 은행은 일정한 조건을 부가할 수 있다고 볼 때 약관에서 카드 자체의 이전을 금지하고 있다면 그 이전행위는 적어도 발행은행에 대항할 수는 없다고 본다.

(6) 전자화폐의 담보제공

일정한 액수가 내재하고 있음이 확인되고 전자화폐를 사용할 때에 일정한 확인절차를 거치는 전자화폐는 거래와 관련하여 담보수단으로 이용될 가능성이 있다. 왜냐하면 전자카드를 직접 점유하고 있는 담보권자는 점유함으로써 전자화폐에 내재된 금액에 대해 채무자의 이용가능성을 배제할 수 있어 일종의 유치적 기능이 나타나고, 채무자 역시 전자카드의 점유는 채권자인 담보권자에 있으나 이를 이용함에 있어서 필요한 접근정보(PIN 등)는 자신이 배타적으로 지배하고 있어 채권자의 일방적인 처분가능성을 배제할 수 있기 때문이다. 따라서 채무자와 채권자 모두에게 담보로서의 이익에 부합한다. 전자카드에 내재하는 전자화폐를 담보로 제공할 경우 이는 일종의 질권이 성립한다고 볼 수 있다. 현금에 대해서는 질권이 성립하지 않으나 전자화폐는 현금대용물이기는 하나 대개의 경우 일정한 접근정보가 있어야 이를 활용할 수 있는 유형의 전자화폐는 현금과는 구별된다.

7. 전자화폐의 환금절차202)

(1) 환금성

전자화폐는 발행시 동일한 액수의 금액이 이미 지급되었기 때문에 이를 사용한 후 신용카드처럼 다시 결제하여야 할 필요성은 존재하지 않는다. 그러나 전자화폐가 종국적인 통화는 아니므로 최종소지인은 이를 통화와 교환할 필요가 있고 통화와의 교환이 보장되어야 거래의 상대방은 안심하고 전자화폐를 수취할 수 있다. 화폐가 아닌 보조적 지급수단이 유통되는 배경에는 현금으로 전환될 수 있다는 신뢰가 형성되어 있기 때문이다. 전자화폐도 앞서 본 다른 지급수단과 같이 종국적으로 화폐로 전환될 수 있다는 신뢰가 형성되지 않으면 유통되기 어렵다. 왜냐하면 이러한 환금성이 보장되지 않고서는 전자화폐는 어음과 달리 전자화폐 금액에 대해 주채무자가 있는 것도 아니어서 전자화폐에 대한 신뢰형성은 어렵게 되고 거래의 지급수단으로서의 가치가 상실되기 때문이다. 따라서 전자화폐의 환금성 보장은 전자화폐에 대한 거래계의 신뢰형성의 기초가 되고 제도의 사활이 걸린 중요한 부분이다. 뿐만 아니라 환금성은 당해 전자화폐를 발행한 은행에서만 보장되어서는 안 되고 전자화폐를 취급하는 모든 금융기관 그리고 외국의 금융기관도 이를 수취하고 화폐로의 전환을 허용할 때 전자화폐는 범용성을 가진 진정한 지급수단으로서 자리를 잡을 것이다.203)

---

202) 정경영, 앞의 책 2, 540면 이하 참조.
203) 예를 들어 수표는 은행에 수표자금을 보유하고 있는 자만이 수표를 발행할 수 있기 때문에 수표를 취득할 때 일정한 요건을 갖추어 취득하였다면 수표의 지급은 거의 보장되고 이러한 피지급성에 대한 일반의 신뢰가 수표 유통의 바탕이 된다. 어음 역시 발행인의 신용(약속어음) 또는 인수인의 신용(환어음) 그리고 배서인의 신용을 바탕으로 어음금액이 지급되리라는 신뢰가 형성되어 있고 이러한 신뢰가 어음유통의 기초가 된다. 자금이체에서도 수취인은 일단 자신의 계좌에 이체자금이 입금되면 자금이체의 절차에 존재하는 하자에도 불구하고 자신의 권리는 보호되므로(추상성) 이 역시 수취인에게 신뢰가 형성되고 거래상 대방은 자금이체에 의한 지급을 신뢰하게 된다.

(2) 환금청구권의 유형

소비자가 가지는 환금청구권의 내용은 발행자인 금융기관과 체결한 전자화폐 발행계약에서 약정된다. 그러나 환금청구권을 인정하는 유형은 다양할 수 있으며 대체로 다음과 같은 세 가지의 유형이 예상되며 각각의 경우 환금청구권의 내용을 살펴본다. 첫째 발행은행의 예금계좌를 통한 환금성이 보장되도록 정한 경우이다. 발행은행은 소비자의 환금청구시 전자화폐와 동액의 예금이라는 방식에 의한 환금만 허용하고 전자화폐를 직접 현금으로 교환하는 것은 허용하지 않는 경우이다. 그리고 발행은행에 예금계좌를 가지지 않는 자가 직접 환금을 청구하더라도 이에 응할 의무는 없다고 정한 경우이다. 다음으로 가맹은행에 의한 환금성이 보장된 경우로서 발행자는 소비자와의 거래약관에서 예금에 의한 환금만이 아니라 소비자가 예금계좌를 가지고 있지 않는 다른 가맹은행에서도 소비자의 환금청구에 응할 것을 약속하는 즉 가맹은행단에 의한 포괄적인 환금의 약속이 포함된 유형이다.[204] 다음으로 초국가적으로 환금성이 보장된 경우로서 소비자는 일국가의 발행자가 발행한 전자화폐만이 아니라 외국의 발행자가 발행한 전자화폐에 대해서도 동일하게 환금할 수 있는 것을 약속한 경우이다.[205]

(3) 환금청구권의 법적 성질

전자화폐를 가치소재형 지급수단으로 볼 경우 환금청구권을 어떻게 보아야 하는가는 어려운 문제이다. 환금청구권이 존재한다는 사실만 두고 본다면 전자화폐를 일종의 채권으로 파악하는 견해는 전자화폐가 채권의 효력을 넘어서는 효력을 가지고 있다는 점에서 특히 통화형 전자화폐에 관해서는 부당하다. 따라서 통화형 전자화폐의 가치소재형 지급수단으로서의

---

[204] 小澤徹夫, 前揭論文(1), 11面.
[205] 예금에 의해서만 환금을 인정하는 것과 현금으로의 교환을 허용하는 것을 비교하면 예금을 인출하여 현금화 할 수 있다는 점에서 보면 별 차이가 없어 보인다. 그러나 은행계좌가 압류되어 있다든지 기타 예금계좌의 인출에 일정한 제한이 있을 경우에는 현금으로의 환금을 인정하느냐 여부는 실질적으로 전자화폐의 소지인에게 중요한 문제가 될 수 있다.

성격과 환금청구권을 어떻게 조화롭게 해석하느냐 하는 점이 문제된다.

환금청구권이란 유통을 거친 전자화폐의 최종소지인이 이를 자신의 계좌에 입금시키거나 현금으로 전환시킬 수 있는 권리이다. 전자화폐를 발급받은 자의 거래은행과 전자화폐의 최종소지인의 거래은행이 일치할 경우 전자화폐의 발행자인 은행에 이를 청구하는 경우도 있을 수 있지만 이는 예외적이고 보통의 경우에는 전자화폐의 발행자가 아닌 전자화폐의 최종소지인의 거래은행에 환금청구하게 된다. 그런데 환금청구권은 전자화폐의 발행시점부터 전자화폐에 인정되어 전자화폐에 의해 표창되고 전자화폐에 수반되어 유통되는 일종의 권리이다. 전자화폐의 발행의 법적 성질이 앞서 본 바와 같이 재매매예약을 포함하는 매매계약이므로 환금청구권은 재매매를 성립시키는 예약완결권에 해당하고 이는 예약완결권자(전자화폐의 최종 소지인)의 일방적 의사표시에 의해 효력이 발생한다는 점에서 형성권이다. 그리고 환금청구를 받은 은행이 전자화폐 가맹은행일 경우에는 은행간의 약정 또는 상위 전자화폐 발행기관과의 약정에 의해 이러한 환금청구에 응할 의무를 부담한다고 본다.

(4) 소멸시효와 환금기한

1) 소멸시효 : 환금청구권의 소멸시효에 관해서 의견이 대립하고 있는데 이에 관해 5년의 소멸시효에 걸린다고 보는 견해가 있다. 이 견해에 따르면 전자화폐를 현금과 동일하게 본다고 하여도 전자화폐가 표창하는 환금청구권에 대한 소멸시효가 문제로 되고 5년의 상사시효에 걸린다고 본다.[206] 발행자측이 소멸시효를 주장하면 전자화폐의 현금으로서의 기능의 일부를 스스로 부정하고 보급을 저해하게 되지만 다른 한편 시효는 제도적으로 부정을 배제하기 위한 수단으로도 기능하므로 어느 면을 중시할 것인가 하는 것은 선택의 문제로 된다.[207] 그런데 환금청구권의 실체가 재

---

206) 小澤徹夫, 前揭論文(2), 29면; 몬덱스 전자화폐는 IC카드의 유효기간을 2년으로 하고 있어 5년의 시효기간이 문제되지 않는다고 본다.

매매예약의 예약완결권이고 그 법적 성질이 형성권이라면 환금청구권에는 소멸시효가 아닌 제척기간[208]이 적용된다고 보아야 한다.

2) 환금기한 : 약관에서 제척기간보다 단기의 환금기한(유효기간 등)을 정할 수도 있는데 이러한 약정은 유효하다고 본다. 하지만 환금기한은 전자화폐의 소멸시효라든지 제척기간 등의 성격을 지닌 것으로는 보기 어렵고 당사자에게 일정한 기간내에 환금청구권을 행사하도록 권유하는 정도의 의미 밖에는 없다고 보인다. 왜냐하면 유통중인 전자화폐의 환금기한을 확인하기가 용이하지 않기 때문이다. 따라서 환금기한을 도과하였다고 하더라도 전자화폐의 가치가 상실되는 것은 아니고 권리자가 전자카드를 제시하고 전자화폐의 금액을 입증하면 환금 가능하다고 본다. 그렇다면 환금기한은 어떠한 의의를 가지는가? 전자화폐의 실질은 전자정보(금액데이터)라는 가변성이 높은 디지털정보이다. 따라서 이러한 정보는 당사자의 의지와는 무관하게 기계적인 이유로 망실될 우려가 있고 또 제3자에 의해 유용될 가능성이 화폐에 비해 높다는 점에서 대용화폐인 전자화폐를 정기적으로 통제하기 위한 편의규정으로 볼 수 있다. 따라서 환금기한은 전자정보의 특성에서 비롯되는 편의인 제도이고 환금기한이 존재한다는 이유로 전자화폐의 법적 성질이 달라질 수도 없다. 다만 환금기한이 지났음에도 불구하고 환금되지 않고 유통될 경우 정상적인 경우에는 앞서 본 바와 같이 일반의 전자화폐로서의 효력을 가지는데 차이가 없지만 위조·변조 등이 있었다고 주장될 경우 진정한 전자화폐라는 사실에 대한 입증책임은 소지인이 부담하고 소지인은 자신이 소지하고 있는 전자화폐가 위조되지 않았음을 입증하여야 한다. 이에 반해 환금기한이 지나지 않은 전자화폐의 환금을 청구할 경우 발행은행이 위조된 것임을 이유로 지급을 거절하기 위해서는 위조사실을 입증할 책임을 부담한다고 해석할 수 있다.

---

207) 小澤徹夫, 前揭論文(2), 28面.
208) 형성권의 소멸시효가 인정되는가에 관해 학설이 대립되고 있다(곽윤직, 민법총칙, 박영사, 1989. 556-558면 참조).

제 5 장 전자유가증권의 미래

Ⅰ. 재산권·계약의 전자화

유가증권의 전자화는 그 방법의 다양성은 차치하고라도 모든 재산권의 전자화 가능성을 보여주고 있다. 유가증권이 채권을 실체로 하면서 그 유통은 물권의 법리를 차용하기 때문에 유가증권이 전자화될 수 있다는 것은 실체인 채권도 전자화될 수 있고 그 유통형식인 물권도 전자화될 가능성이 없지 않다. 이렇듯 채권을 비롯한 재산권의 전자화는 통신수단의 발달과 그 교환가치가 점점 더 비중을 가지는 현대 시장경제의 특성을 그대로 반영하였고, 교환가치는 전자화를 통해 훨씬 더 신속하고 정확하게 이전될 수 있게 되었다.

채권의 전자화는 그 자체만으로는 한계가 노출될 수밖에 없고 재산권의 양도대가를 지급하는 지급수단의 전자화가 병행되어야 한다. 지급수단에는 유가증권과 화폐가 포함되며 지급수단의 전자화는 재산권의 전자화보다 더 빠른 속도로 진행되고 있다. 특히 전자화폐, 가상화폐를 거쳐 암호통화의 등장은 그 전자화 방식이 지금까지 전자화 방식 중앙의 발행기관 또는 중계기관이 요구되던 방식을 벗어나 개인 간 거래(P2P)의 방식을 채용하고 있어 거래에 미치는 파급효가 훨씬 크다.

지급수단과 재산권의 전자화가 실현된 이후 우리가 예측할 수 있는 것은 계약의 전자화이다. 이미 전자계약이 활성화되어 있지만 이는 단순히 전자문서에 의한 계약을 의미하고, 여기서 말하는 전자계약은 스마트계약을 의미한다. 즉 일정한 조건만 충족되면 당사자의 의사의 개입 없이 계약의 체결과 이행이 자동으로 이뤄지는 계약을 의미한다. 이행의 자동화를 내용으로 하는 스마트계약은 계약 이행여부에 대한 불안으로부터 당사자를 구제하여 기존의 법률관계에서 문제되어 왔던 많은 요소들이 해소될 수 있는 가능성을 제시한다.

이하에서는 앞서 전개하였던 유가증권의 전자화의 법리를 바탕으로 재산권은 어떻게 전자화될 수 있고 지급수단의 전자화는 어느 정도 더 진전될 수 있으며 재산권과 지급수단을 전자화를 기반으로 스마트계약은 어떠한 변화를 가져올 지를 예측해 본다. 전자화를 통한 사법의 구성요소의 변화는 사법체계의 변화를 초래하게 되리라 보며 결국은 인간의 삶을 변화시키고 보다 인간적인 삶을 보장하게 되는 좋은 기회가 되리라 생각한다.

II. 채권의 전자화

1. 서

우리법은 채권의 전자화가 실무에서 실행되고 있고 이에 관한 법률도 있지만 전자채권을 전반적으로 규율하는 법률은 아직 제정되지 않았다. 전자외상매출채권제도는 법률에 규정된 제도는 아니고 이용자와 금융기관간의 약관이 형태로 이용되고 있다.[1] 그리고 전자금융거래법은 전자채권에 관한 규정을 두고 있으나, 제한적으로 규정하고 있어 전자채권을 전반적으로 규율하였다고 보기 어렵다. 특히 이들 전자채권은 원인채권의 전자화에 지나지 않고 원인채권과의 효력 분리 즉 추상성(무인성)을 가지지 않아 독립된 권리로서의 활용은 어렵다고 볼 수 있다. 이와 달리 채권을 내용을 하는 어음이 전자적으로 발행된 전자어음은 무인성을 가져 채권의 전자화를 실현하였다고 볼 수 있지만, 이는 기존의 유가증권인 어음을 전자화하였다는 점에서 채권의 전자화로 보기는 어렵다.

우리의 전자채권제도와 달리 일본의 전자기록채권법은 원인관계와 개념상 분리된 전자기록채권의 발행을 허용함으로써 전자기록채권은 담보·투자수단화할 수 있는 효력을 가진다. 중앙등록기관이 관리하는 전자등록

---

[1] 김지환, 앞의 논문 1, 374면.

부에 채권을 등록함으로써 채권의 무형적 성질에서 오는 여러 가지 한계 예를 들어 채권양도의 복잡성, 인적항변으로 인한 양수인의 불이익, 무권리자로부터 채권취득의 위험 등을 극복할 가능성을 발견할 수 있다. 우리 법이 전자어음법을 제정함으로써 사실 전자채권에 관한 입법을 먼저 하였음에도 불구하고 약속어음의 전자화에 그치고 기타 모든 채권의 전자화로 확산되지 않은 상태에서 일본이 먼저 전자기록채권법을 마련하였다. 우리 전자어음법과 일본의 전자기록채권법을 비교하는 것은 학문적으로 매우 흥미 있는 작업일 뿐만 아니라 일본의 전자기록채권법이 우리의 전자어음법보다 장점이 더 크다면 우리도 '전자채권법(가칭)'의 입법도 고려할 필요가 있다.

2. 일본의 전자기록채권

(1) 개념

전자기록채권은 그 발생 또는 양도에 대하여 전자기록채권법의 규정에 의한 전자기록을 요건으로 하는 금전채권이다(전자기록채권법 제2조 제1항, '2'에서 이하 특별한 기재가 없으면 조문은 동법의 조문을 의미함) 여기서 말하는 전자기록은 전자채권기록기관이 기록원부에 기록사항을 기록하는 것을 말한다.[2] 기록원부는 자기디스크나 이것에 준하는 방법에 의해 일정한 사항을 확실히 기록할 수 있는 것으로서 주무성령에서 정하는 것을 포함하는데(제2조 제3항), 시행규칙에서는 주무성령에서 정하는 물건은 광디스크로 한다고 규정(동법 시행규칙 제2조)하고 있어서 기록원부가 될 수 있는 매체는 자기디스크와 광디스크에 한정된다. 기록사항은 법 제2조 제5항에서 이 법률의 규정에 기해 채권기록에 기록해야 하는 사항을 말하는데, 채권기록은 발생기록에 의해 발생하는 전자기록채권 또는 전자기록

---

[2] 김정환, "전자기록채권에 관한 소고-전자어음과의 비교를 중심으로," 「금융법연구」, 제11권 제2호(2014), 260면(이하 '김정환, 앞의 논문'이라고 한다).

채권으로부터 제43조 제1항에서 규정하는 분할을 하는 전자기록채권별로 작성되는 전자적 기록을 말한다(제2조 제4항). 전자기록에는 발생기록, 양도기록, 보증기록, 지급 등 기록 및 변경기록이 있다. 이러한 전자기록은 법령에 별도의 정함이 있는 경우를 제외하고는 당사자의 청구나 관공서의 촉탁이 없으면 할 수 없다(제4조 제1항). 전자기록채권은 ① 발생기록에 의해 발생되는 통상의 전자기록채권(제15조)과 ② 보증기록에 의해서 발생되는 전자기록채권(제31조) 및 ③ 특별구상권(제35조)의 3종류가 있다.

(2) 개요

1) **체제** : 전자기록채권법은 제1장 총칙, 제2장 전자기록채권의 발생, 양도 등, 제3장 전자채권기록기관, 제4장 잡칙. 제5장 벌칙 등 총5장 99개 조문으로 구성되어 있다. 제2장은 전자기록채권에 관한 거래법적 규정으로 되어 있으며, 제3장은 전자채권기록업을 운영하는 전자채권기록기관에 대한 시장진입에 관한 규정, 감독, 조직변경 등에 관한 규제법적 규정으로 되어 있다. 일본의 전자기록채권법도 우리의 전자관련 단행법과 유사하게 거래법적 규정과 규제법적 규정이 함께 하는 통합법적 성질을 가지고 있다.

2) **전자기록** : 거래법적 규정은 전자기록을 중심으로 규정되어 있는데, 전자기록이란 발생기록에 의해 발생하는 전자기록채권 등에서 전자적 방식, 자기적 방식 등 인간의 지각으로는 인식할 수 없는 방식으로 만들어진 기록(전자적 기록)을 의미한다. 주요한 전자기록을 보면, 가장 기초적인 전자기록으로 발생기록(제15조, 제16조)과 양도기록(제17조, 제18조), 지불기록(제24조), 보증기록(제31조, 제32조), 질권설정기록(제36조, 제37조), 분할기록(제43조, 제44조) 등이 있다. 전자기록의 기본적 효력을 보면, 전자기록채권의 내용은 채권기록의 기록으로 정하는 것으로 하고, 전자기록명의인은 전자기록에 관한 전자기록채권에 대한 권리를 적법하게 보유한 것으로 추정한다(제9조).

3) **전자기록의 요건** : 전자기록이 효력을 가지기 위해서는 필수적 기재사항을 반드시 기재하여야 하고 법률에 규정된 기타 임의적 기재사항을 기재하여야 한다. 예를 들어 전자기록채권 발생기록의 경우 채무금액, 지불기일, 채권자 인적사항, 다수채권자 관련사항, 채무자의 인적사항, 다수채무자 관련사항, 기록번호, 전자기록 연월일을 반드시 기재하여야 한다(필수적 기재사항, 제16조 제1항). 필수적 기재사항의 어느 하나의 기록이 빠져 있는 때에는 전자기록채권은 발생하지 않지만(제16조 제3항), 기타 사항은 선택적으로 기재할 수 있다(제2항). 이는 전자채권은 비대면거래를 통해 유통 또는 행사되므로 채권 내용의 중요한 사항에 관해서는 반드시 기래하도록 하여 채권의 유통, 행사에 있어 법적 안정성을 도모하고 있으며, 이는 양도기록의 필수적 기재사항(제18조) 등에도 동일하다.

4) **전자기록의 효력발생** : 채권의 성립, 양도, 변제, 보증, 질권설정, 분할 등은 전자채권기록기관의 기록원부에 전자기록을 함으로써(제3조) 이뤄지고, 전자기록채권의 내용은 채권기록의 기록으로 정해지고 전자기록명의인은 전자기록에 관한 전자기록채권에 대한 권리를 적법하게 보유하는 것으로 추정한다(제9조). 그리고 개별 전자기록도 각각의 전자기록을 함으로써 효력이 발생한다(제15조, 제17조, 제24조, 제31조, 제36조, 제43조). 전자기록은 전자채권기록기관에 청구·촉탁에 의해 이뤄지는데, 확정판결에 의한 전자기록이 아닌 경우에는 당사자의 청구시 당사자 쌍방이 청구하여야 하며(제5조 제1항, 제2항) 이에 따라 전자채권기록기관이 기록원부에 기록을 함으로써 효력이 발생된다. 여기서 쌍방은 반드시 공동을 의미하는 것은 아니다.[3]

(3) **특성**

1) **금전·기명채권** : 전자기록채권법 제2조 제1항에서는 전자기록채권이

---

3) 김정환, 앞의 논문, 269면.

금전채권임을 명시하고 있다. 금전채권은 일정한 액수의 금전을 지급할 것을 목적으로 하는 것이다. 금전채권이기 때문에 개념상 이행불능은 있을 수 없고, 이행지체만이 문제로 된다. 전자기록채권의 발생기록에는 채권자 및 채무자의 성명(명칭) 및 주소가, 양도기록에서는 양도인 및 양수인의 성명(명칭) 및 주소가 필수적 기록사항으로 되어 있다. 이처럼 기록당시에 채권자가 지정되기 때문에 기명채권의 성질을 가진다고 할 수 있다. 물론 기명채권은 증권상 특정되어 있는 채권자에게 채무를 변제하여야 하는 증권적 채권을 말하는데, 이것은 지명채권의 양도방법에 의해서 양도할 수 있는 점에서 전자기록채권이 기명증권이라고 할 수는 없고, 이에 유사한 것으로 평가할 수 있다.

2) 문언성 : 전자기록채권은 전자기록에 의해서 발생하는 채권이고, 전자기록채권을 발생시키는 원인으로 되는 법률관계(원인관계)에 기한 채권과는 별개의 금전채권이다. 전자기록채권의 내용은 기록된 문언에 의해 결정되고, 기타 사정은 고려되지 않는다. 동법은 전자기록채권의 내용은 전자기록의 기록에 의해 정한다고 규정하고 있어(제9조 제1항), 전자기록채권은 문언성을 가진다고 볼 수 있다. 전자기록채권은 문언성은 불특정 다수인간에 비대면거래로 유통되기 위해서 거래의 안전을 위해 최소한의 성질로 이해할 수 있다. 전자기록채권은 문언성을 가지지만 무인성을 가지지는 않는다고 본다. 왜냐하면 전자기록채권법 제16조 제2항을 보면 채권에 관해 다양한 제한을 두는 것이 허용되고 있어 이는 원인채권이 전자기록채권에 영향을 미칠 수 있음을 정하고 있으며, 동법 제10조의 전자기록의 정정에 관한 규정도 결국은 원인관계에 따라 전자기록채권의 내용이 결정된다는 점을 전제로 전자기록채권의 정정을 할 수 있게 된다. 요컨대 전자기록채권은 문언성을 가지지만 유인성을 가진다고 본다.

3) 선의취득 : 전자기록채권법은 거래의 안전보호와 유통성의 확보를

위해서 '양도기록의 청구에 의해 전자기록채권의 양수인으로서 기록된 자는 당해 전자기록채권을 취득한다. 다만 그 자에게 악의 또는 중대한 과실이 있는 때에는 그러하지 아니하다(제19조 제1항)'라고 규정하고 있다. 선의취득이 인정되는 결과 선의취득자의 전자의 무권리의 하자가 치유되는 것에는 의문의 여지가 없다. 다만 무권리 외의 하자도 제19조에 의해 치유되는 것인지에 대해서는 의문이 있다. 종래 어음에서는 선의취득의 적용범위에 대해 무권리에 한정하는 견해와 무권리 외에도 행위능력의 제한, 의사표시의 하자·흠결, 무권대리 등에도 적용하여야 한다는 견해가 대립하고 있었는데, 전자기록채권법의 입법담당관도 전자기록채권의 선의취득의 적용범위는 어음에서와 마찬가지로 해석에 맡겨져 있는 것으로 판단하였다.[4] 악의 또는 중대한 과실이 있는 양수인은 선의취득제도의 보호를 받지 못하는데, 여기서 말하는 악의는 선의취득에 의한 치유의 대상으로 되는 사항에 대하여 알지 못한 것을 의미한다. 이에 대해 중과실은 거래상 필요한 주의의무를 현저하게 결여했기 때문에 하자의 존재를 알지 못한 것을 의미한다. 악의 및 중대한 과실의 존재여부에 대한 판단은 양도기록이 이루어진 시점을 기준으로 하여야 할 것이다. 선의취득이 적용되지 않는 경우에 대해서 다음과 같은 3가지를 규정하고 있다(제19조 제2항 제1·2·3호). 첫 번째는 선의취득을 배제하는 뜻의 발생기록이 있는 경우이다. 두 번째는 지급기일 이후에 양도기록이 이루어진 경우이다. 그리고 개인이 양도기록의 청구를 한 경우에, 당해 개인의 양수인에 대한 의사표시가 효력을 가지지 않는 때에는 선의취득 규정이 적용되지 않는다.[5]

---

4) 김정환, 앞의 논문, 287면.
5) 그밖에 어음법의 경우에는 '사유 여하를 불문하고…'라는 문언이 있어서 무권리의 경우 외에 다른 경우도 인정할 여지가 있지만 전자기록채권법에는 이러한 규정이 없다. 또 전자기록채권법은 어음법과 달리 민법상 의사표시의 하자 및 흠결에 관한 규정이 적용되는 것이 명확하고(제12조), 선의취득에 의해 보호되는 제3자는 민법 및 전자기록채권법에 있어서 제3자 보호에 의해서도 보호되는데, 제3자 보호규정에 의하여 보호되지 않는 악의 또는 중과실 있는 제3자가 선의취득에 의해 보호되는 경우가 있을지는 의문이다. 따라서 전자기록채권의 선의취득의 범위는 무권리의 경우에 한정하는 것이 타당하다고 본다.

4) 인적항변의 절단 : 인적항변은 특정한 자에 대해서만 주장할 수 있는 항변인데, 전자기록채권법에서는 인적항변의 절단에 관한 규정을 두고 있다. 전자기록채권법은 제20조 제1항에서 '발생기록의 채무자 또는 전자기록보증인은 전자기록채권의 채권자에게 당해 전자기록채권을 양도한 자에 대한 인적관계에 기한 항변으로써 당해 채권자에게 대항할 수 없다. 다만 당해 채권자가 당해 전자기록채무자를 해할 것을 알고 당해 전자기록채권을 취득한 때는 그러하지 아니하다'고 규정하고 있다. '해할 것을 알고'의 의미는 어음에서와 마찬가지로 '전자기록채권의 지급기일에 채무자가 어떤 특정한 항변을 주장할 것이 확실한 것을 인식하여'라는 의미로 해석할 수 있다. 인적항변의 절단이 되지 않는 경우는 제20조 제2항 각호에 규정되어 있다. 제1호는 인적항변의 절단의 규정이 적용되지 않는다는 뜻의 기록이 있는 경우이다. 이것은 법인이나 개인사업자에 대하여 항변이 절단되지 않는 전자기록채권을 발생시키는 기회를 보장하는 것이다. 그리고 선의취득의 경우와는 달리 명문으로 전자기록채무자가 사업자가 아닌 개인인 경우에는 제20조 제1항을 적용하지 아니한다는 뜻의 기록은 불가능하다. 즉 제20조 제2항 제3호에서 규정되어 있는 바와 같이 전자기록채무자가 개인(개인사업자인 뜻의 기록이 되어 있는 자는 제외)인 경우에는 인적항변 절단의 제도가 적용되지 않기 때문에 그러한 기록은 할 수 없는 것이다. 이것은 거래안전보다도 소비자를 우선적으로 보호하는 것이다. 제20조 제2항 제2호는 지급기일 후의 양도기록에 의해서는 항변이 절단되지 않음을 규정하고 있다.

5) 분할 : 전자기록채권은 분할(채권자 또는 채무자로서 기록되어 있는 자가 2인 이상인 경우에 있어서, 특정한 채권자 또는 채무자에 대하여 분리를 하는 것을 포함한다)을 할 수 있다(제43조 제1항). 전자기록채권은 금액 또는 지급기일을 기준으로 하여 분할할 수 있고, 다수당사자가 관여되어 있는 경우에는 당사자를 기준으로 분할을 할 수도 있다. 금액을 기준으

로 하는 분할은 최소단위에 대한 제한이 없으므로 이론적으로 1엔 단위까지 가능하지만 전자채권기록기관이나 당사자가 분할의 최저금액단위나 분할 수의 제한을 두는 경우에는 그에 따른다. 또 전자기록채권은 분할지급이 인정되기 때문에(제16조 제1항 제2호) 분할지급에 대한 기록이 있는 전자기록채권을 매 지급기일마다 분할하는 것도 가능하다. 다수당사자가 관여되어 있는 경우에는 채권자별로, 채무자별로 분할을 하는 것도 가능하다. 전자기록채권의 분할은 분할을 하는 전자기록채권이 기록되어 있는 채권기록(원채권기록) 및 새롭게 작성하는 채권기록(분할채권기록)에 분할기록을 함과 동시에 원채권기록에 기록되어 있는 사항의 일부를 분할채권기록에 기록함으로써 행한다(제43조 제2항). 분할기록의 청구는 분할채권기록에 채권자로서 기록되는 자만이 할 수 있다(제43조 제3항). 분할이 되어도 채무자가 부담하는 채무의 총액에는 변함이 없고, 분할로 인해 발생하게 되는 수수료 등의 추가적인 비용이 걱정되는 경우라면 발생기록 당시에 분할의 금지 또는 제한의 뜻을 기록할 수 있기 때문에 채무자에게는 특단의 불이익이 생기지 않으므로 채권자 단독으로 분할을 할 수 있도록 한 것이다.[6]

3. 전자기록채권과 전자어음의 구별

(1) 유사성

일본의 전자기록채권은 금전채권의 실체를 가지고 있는데다, 문언성을 가지고 선의취득이 인정되며 인적항변이 절단되고 분할인 인정되므로 우리 전자어음법상 전자어음과 유사하다고 볼 여지가 있다. 앞서 설명한 것

---

[6] 분할채권기록에는 ① 원채권기록으로부터 분할을 한 뜻, ② 원채권기록 및 분할채권기록의 기록번호, ③ 발생기록에서의 채무자로서 분할채권기록에 기록되는 자가 일정한 금액을 지급하는 뜻, ④ 채권자의 성명 또는 명칭 및 주소, ⑤ 전자기록의 연월일을 기록하여야 한다. 원채권기록에는 ① 분할을 한 사실, ② 분할채권기록의 기록번호, ③ 전자기록의 연월일을 기록하여야 한다(전자기록채권법 제44조 제1항·제2항). 한편 분할기록에 수반하는 분할채권기록에의 기록사항과 원채권기록에의 기록사항은 제45조와 제46조에서 정하고 있다.

외에 어음 또는 전자어음과 유사한 점을 살펴보면, 전자기록명의인에 대하여 한 전자기록채권에 대한 지불은 해당 전자기록명의인이 지불을 받을 권리가 없는 경우에도 그 효력을 가지고 단지 지불을 한 자에게 악의 또는 중대한 과실이 있는 때에는 그러하지 아니하다는 규정은 어음법 제40조의 선의지급의 규정과 거의 유사하다. 그리고 전자기록채무자가 전자기록채권을 취득한 경우에는 해당 전자기록채권은 소멸하지 아니한다고 하는 규정(제22조)은 어음법 제11조 제3항의 환배서와 유사하고, 3년의 소멸시효를 규정하고 있는 점(제23조), 보증기록(제31조)은 우리 어음법의 소멸시효와 어음보증과 유사하다. 그리고 변경기록이 그 청구의 무효, 취소 등의 사유로 효력이 없어지는 경우에는 그 변경기록 전에 채무를 부담한 전자기록채무자는 그 변경기록 전의 채권기록의 내용에 따라서 책임을 진다고 규정하고 있는데(제30조), 이는 어음의 변조(제69조)와 흡사하다.

(2) 차별성

일본이 전자기록채권은 철저하게 전자등록방식을 취하고 있는 반면, 우리 전자어음법은 전자등록방식과 전자문서방식을 혼용하고 있는 점에서 각종 법률행위의 효력발생시점이 다르게 나타난다. 그리고 우리의 전자어음은 어음법 규정을 그대로 준용하므로 어음의 발행, 배서 등의 어음행위에 관해 계약으로 보는 견해도 있지만 단독행위의 성질을 가진다고 이해하는 견해가 있는데, 전자기록채권법은 전자기록의 신청은 쌍방에 의한 신청을 규정하고 있고(제5조 제1항), 전통적인 채권양도의 체제를 가지고 있어 계약의 성질을 가진다는 점에서 구별된다. 그보다 더 근본적인 차이는 전자채권은 전자어음의 여러 법리를 차용하고 있지만 기본적으로는 어음이 아니라 채권이어서 발행요건, 어음행위 등에서 개념적으로 구별되고 앞서 언급한 바와 같이 무인성, 독립성[7] 등을 인정하기 어려워 이러한 성질

---

[7] 다만 전자기록채권의 보증기록에 관해, 전자기록보증채무는 그 주된 채무자로 기록되어 있는 자가 그 주된 채무를 부담하지 않는 경우에도 그 효력을 방해할 수 없다고 하여 보증기록

이 인정되는 전자어음과 구별된다.

(3) 입법론

일본의 전자기록채권법에 따른 전자기록채권은 우리 전자어음법의 전자어음과 유사한 점이 많지만, 전자기록채권은 어음이 아니라 채권이라는 점에서 기본적으로 다르다. 다만 전자채권이므로 전자채권의 유통을 보호하기 위해 어음법의 법리를 많이 차용하고 있어 우리의 전자어음과 유사하게 보일 뿐이다. 이러한 차이점을 고려할 때 전자어음이 존재하더라도 전자채권에 관한 법률이 도입될 필요가 있다고 하는 점이 일본의 전자기록채권법이 우리에게 시사하는 바이다. 채권은 무형적 권리로서 이를 양도하기 위해 어음이라는 형태적 요소를 가져 왔지만 현재 통신기술이 발달하여 어음의 형태요소를 차용하지 않고도 전자등록방식으로 전자등록부의 신뢰성만 보장된다면 훨씬 더 간편하게 유통가능한 채권을 창조할 수 있다. 우리 전자금융거래법에 전자채권에 관한 규정이 있지만 이는 유통을 전혀 보장하지 않기 때문에 그야말로 전자문서로 나타난 채권에 지나지 않아 일본의 전자기록채권과는 구별되므로 신뢰성에 기반한 유통가능채권을 창조하기 위해 전자채권법의 입법이 요구된다고 본다.

III. 지급수단(유가증권, 화폐)의 전자화[8]

1. 지급과 결제의 개념

(1) 지급의 개념

민법상 지급이라는 용어는 상당히 많이 쓰이고 있다. 대체로 통화 등을

의 독립성에 관한 규정을 두고 있어(제33조) 우리 어음법 제32조 제2항의 보증의 독립성과 유사한 점이 있다.

[8] 정경영, "전자결제제도의 법적 문제," 「비교사법」, 제7권 제2호(2000), 59-89면을 필요한 부분에 관해 보완, 재정리하였다.

이용하여 대금, 비용, 보수 등 금전채무의 이행에서 '지급'이라는 용어가 사용되고 있음을 감안할 때 지급이란 '금전채무의 이행을 위해 지급수단(금전 또는 이에 상응하는 수단)을 이전하는 행위'로 정의할 수 있다. 금전 또는 이에 상응하는 수단이 아니라 동산의 점유를 이전하는 것은 대체로 인도라는 표현을 사용하며 민법 제342조에서는 '금전의 지급'과 '물건의 인도'를 이를 구분하여 사용하고 있다. 하지만 민법 제163조에서는 단기소멸시효를 정하면서 제1호에서 금전 또는 물건의 지급을 목적으로 라는 표현을 사용하고 있어 물건의 경우에도 지급이라는 표현을 사용한 경우도 있다. 그리고 민법 제605조에서는 '금전 기타의 대체물을 지급할 의무'라고 하고 있으며, 제751조에서는 재산이외의 손해의 배상을 정하면서 제2항에서 '손해배상을 정기금채무로 지급할 것'이라는 표현을 사용하고 있다. 이렇게 볼 때 민법상 지급이라는 용어는 통일적인 용례로 사용하고 있다고 볼 수는 없지만 금전채무의 이행을 의미할 때 지급이라는 용어를 사용하는 경우가 가장 많고 예외적으로 이전이라는 의미로 사용하고 있다고 본다.

(2) 결제의 개념

1) **채무관계의 해소** : 결제라는 용어는 민법이나 상법 등에서는 사용되지 않는 용어이어서 그 정확한 의미를 살펴보기는 어려운 점이 없지 않아 있다. 결제라는 용어는 청산결제, 실물결제, 차액결제, 대차결제, 회전결제 등 매우 다양하게 사용되고 있는 실정이다. 결제는 앞서 언급한 지급이라는 개념과 유사하지만 지급과 비교할 때 만기(결제일)가 지정되어 있는 채무가 전제된다는 점, 거래의 최종적 목적인 재화가 이전되어야 한다는 점, 결제가 있으면 당사자간의 채권, 채무관계는 완전하게 해소된다는 점 등이 특징이라 할 수 있다. 이렇게 볼 때 결제는 지급보다는 좁은 의미로 이해될 수 있지만 결제수단은 반드시 금전이나 이에 상응하는 수단에 한하지 않고 유가증권일 수도 있다는 점에서 지급의 개념보다 넓은 개념이 될 수도 있다. 이러한 점을 감안할 때 결제란 만기(결제일)가 정해진 채무에 관

해 채권자에게 금전 기타 일정한 재화를 이전함으로써 채무를 해소하는 행위 또는 채무가 해소된 상태로 정의해 볼 수 있다.[9]

2) **지급과의 관계** : 변제기가 되어 채무 이행을 위해 금전을 이전하는 행위를 '지급'이라 할 수도 있고 '결제행위'라 할 수도 있어 금전을 이전할 경우 지급과 결제행위는 상당부분 중첩되는 개념이 될 것이다. 금전채무자가 채권자에게 금전을 지급하는 경우 확정적인 변제의 효과가 발생하지만 금전 이외의 수단으로 지급할 경우 지급행위는 있었지만 지급수단에 대한 결제행위가 있어야 채무변제의 효과가 완결된다. 요컨대 지급수단에 따라 변제의 효과가 발생하는 경우도 있지만 많은 경우 대물변제 또는 잠정적인 지급효과 등이 발생한다. 이러한 잠정적 지급효과는 지급수단이 통화로 교환될 때 비로소 확정적인 지급효과가 발생한다고 볼 수 있으며 지급수단에 대한 채무자가 지급수단의 보유자에게 변제하는 행위에 의해 완성된다. 예컨대 물건을 구매한 경우 매수인은 약속어음이나 수표 또는 자금이체를 통해 물품의 대금을 지급한다. 약속어음의 경우 만기에 약속어음의 발행인(또는 지급담당자)에게 지급제시되면 어음금액을 결제하게 되고 수표의 경우에는 지급제시 받은 지급은행이 수표금액을 결제하고 자금이체의 경우 매수인인 지급인은 자신의 계좌에서 이체금액에 상당하는 금액을 결제하게 된다. 신용카드를 이용하여 물품을 구매한 경우에도 신용카드 매출전표를 발행하면 신용카드회사가 이를 대신 지급하게 되고 구매고객은 신용카드회사에 대하여 결제하게 된다.

3) **소결** : 일부 법률에서는 결제의 개념을 지급의 개념과 구별하지 않고 사용하고 있는 것으로 보인다. 예컨대 「전자상거래 등에서의 소비자보

---

[9] 지급과 결제의 개념에 관해 지급은 민법상 급부행위에 해당하고 결제는 민법상 변제에 해당한다고 볼 수 있어 지급결제란 급부의 결과 변제되는 것을 의미한다고 보는 견해(도제문, "지급결제서비스의 주체는 누구인가?," 「지급결제제도의 법적 문제점과 과제」, 사단법인 한국금융법학회 2006년 춘계학술대회자료집, 3면)도 동일한 입장이다.

호에 관한 법률 시행령」 제7조에서 전자적 대금지급에 관해 언급하면서 '법 제8조 제1항에서 "대통령령이 정하는 전자적 수단에 의한 거래대금의 지급"이란 전자문서의 형태로 이루어지는 대금결제를 말한다.'고 규정하고 있다.10) 그러나 지급을 의미하는 payment와 결제를 의미하는 settlement는 동일한 의미로 볼 수는 없으며 지급은 보다 포괄적인 의미이나 결제는 제한적인 의미로 사용된다고 보아야 한다. 대부분의 법률에서도 지급수단의 이전을 의미할 경우에는 지급이라는 용어를 주로 사용하고 결제라는 용어는 매우 제한적으로 사용하고 있었다. 예컨대 어음법에서도 어음을 일정한 금액을 지급할 뜻의 무조건의 위탁으로 보고 있으며 우편환법에서도 우편환을 교부하는 경우도 '우편환의 지급'이라는 표현을 사용하고 있다. 그리고 결제라는 표현은 어음교환과 같이 지급수단이 어음을 참가은행간에 교환할 경우 결제라는 용어를 사용하였다. 한국은행법 제81조 등에서는 지급과 결제를 포괄하는 의미에서 '지급결제'라는 용어를 사용하고 있는 것으로 보아 지급과 결제는 구별되어야 할 개념이라 할 수 있다. 그밖에 지급, 결제와 구별되는 개념으로서 청산(clearing), 차감(netting) 개념이 사용되기도 한다.11)

---

10) 그리고 제8조에서도 전자결제업자를 정의하면서 '법 제8조제1항에서 "전자결제수단 발행자, 전자결제서비스 제공자 등 대통령령으로 정하는 전자적 대금지급 관련자"란 해당 전자결제수단의 발행자, 전자결제서비스 제공자 및 해당 전자결제수단을 통한 전자결제서비스의 이행을 보조하거나 중개하는 자(이하 "전자결제업자등"이라 한다)로서 다음 각 호의 어느 하나에 해당하는 자를 말한다.'고 하면서 '1. 은행법 등 법령의 규정에 따른 금융기관으로서 계좌이체업무를 수행하는 금융회사; 2. 여신전문금융업법 제2조제2의2호에 따른 신용카드업자; 3. 전자적 매체 또는 정보처리시스템에 화폐가치 또는 그에 상응한 가치를 기록·저장하였다가 재화 등의 구매 시 지급하는 결제수단의 발행자; 4. 정보통신망 이용촉진 및 정보보호 등에 관한 법률 제2조제3호에 따른 정보통신서비스 제공자; 5. 정보통신망 이용촉진 및 정보보호 등에 관한 법률 제2조제11호에 따른 통신과금서비스제공자; 및 6. 전자결제대행 또는 중개서비스 사업자'를 들고 있다.
11) 증권결제제도와 관련해서 결제와 청산의 개념이 구별되어 사용된다. 청산(clearing)이라 함은 결제 이행의 단순화를 위하여 행하는 최종 결제의 전단계로 다수의 거래 당사자 간에 체결된 매매거래의 결제에 관한 증권과 대금의 채권·채무관계를 확정하는 것을 의미하며 거래조회와 최종 결제의무의 확정으로 구성된다. 최종결제의무의 확정은 복수의 거래 계약에 대해 채권·채무를 차감하여 최종 결제포지션을 확정하는 차감결제가 일반적이므로 차감

(3) 지급수단과 결제수단의 구별

법적 효과면에서 지급은 잠정적 채무이행행위도 포함하는 개념으로 이해하고 결제를 완결적 채무이행행위만을 의미하는 것으로 볼 때 지급수단과 결제수단은 채무면책력이라는 효력에 의해 구별할 수 있다. 특히 금전채무의 이행을 위해 일정한 수단을 사용한 경우 그 수단이 금전 기타 통화와 같이 채무면책력을 가진 수단이라면 지급수단이자 결제수단의 기능을 하고 있다고 볼 수 있고 그 수단이 채무면책력을 가지지 못하였다면 이는 지급수단이긴 하나 결제수단으로 볼 수는 없다. 이렇게 볼 때 전자화폐, 전자자금이체, 직불카드, 선불전자지급수단 등은 후술하는 바와 같이 채무면책력이 있어 결제수단이면서 동시에 지급수단으로 볼 수 있으나, 어음, 수표, 신용카드, 전자채권 등을 지급하더라도 채무가 완전하게 면책되지 않고 지급수단에 대한 결제행위가 예정되어 있다는 점에서 이들 수단들은 엄밀하게 보면 지급수단이지 결제수단이라고 볼 수 없다.[12] 지급수단은 결제수단을 포괄하는 의미이므로 지급수단과 결제수단을 망라하는 개념으로는 지급수단이라는 용어를 사용하는 편이 적절하다고 판단되어 여기서는 지급수단, 지급거래라는 용어를 주로 사용한다.

2. 전자지급거래의 유형

(1) 개념

1) 전자금융거래는 앞서 본 바와 같이 전자적 방식에 의한 자금융통거래와 자금이동거래라 할 수 있다. 자금이동거래는 대개 전자지급수단에 의

(netting)시스템이라도 한다. 이에 반해 결제(settlement)라 함은 청산시스템을 통해 확정된 증권과 대금의 순채무에 대한 의무를 이행함으로써 증권거래를 완료하는 것을 의미하며 대금의 지급과 증권의 인도에 의해 결제 완료성(finality)이 획득되는 단계이다.

12) 이렇게 볼 때 전자상거래 등에서의 소비자보호에 관한 법률 시행령에서 사용하고 있는 결제수단은 용어 사용에 문제가 있다고 보며 이는 외국환거래법 제3조 제1항 제3호에서와 같이 '지급수단'으로 대체되어야 한다.

해 이루어지므로 전자지급수단거래는 전자금융거래의 중요한 부분이 된다. 일반적인 지급제도와 구별하여 전자지급제도라 할 때 이는 가치이동의 수단이 기존의 서면에 의하지 않고 전자화되어 있는 경우를 의미한다. 이렇게 볼 때 전자지급제도란 재화, 서비스의 대가를 지급하기 위해 전자적인 수단을 이용하여 지급인으로부터 수취인에게의 가치를 이동하는 제도라 할 수 있다. 여기서 전자적인 지급수단이 무엇을 의미하며 어디까지 포함되는가 하는 등의 논란의 소지가 있지만[13], 가치이동 자체 또는 가치이동이 일어나게 하는 당사자의 의사표시가 전자적인 형태로 전달되는 지급수단을 의미한다고 볼 수 있다. 전자적인 수단은 신속·정확하고 저렴하며 보관이 용이한 점 등의 장점을 가지고 있어 전체 지급수단 중 전자지급수단의 비중은 점점 더 증가하고 있으며 서면에 의한 지급수단을 대체하리라는 것은 쉽게 예상할 수 있다.

2) 전자금융거래법에서도 "전자지급거래"라는 용어를 사용하고 있는데, 이는 자금을 주는 자(지급인)가 금융회사 또는 선자금융업자로 하여금 전자지급수단을 이용하여 자금을 받는 자(수취인)에게 자금을 이동하게 하는 전자금융거래를 말한다고 규정하고 있다(제2조 제2호). 그러면서 "전자지급수단"이라 함은 전자자금이체, 직불전자지급수단, 선불전자지급수단, 전자화폐, 신용카드, 전자채권 그 밖에 전자적 방법에 따른 지급수단을 말한다고 정하고 있다. 따라서 전자자금이체 등 전자적 방법에 따른 지급수단을 이용하여 지급인이 수취인에게 자금을 이동하는 거래를 전자지급거래라 할 수 있다.

---

[13] 전자자금이체의 개념에서도 '전자'라는 것이 무엇을 의미하는가에 관해 전자식 자금이체를 전자식 수단을 이용한 자금이체로 보는 입장과 전자식으로 개시된(의뢰된) 자금이체로 보는 입장이 대립되고 있다(구체적인 내용은 정경영, 앞의 박사학위 논문, 17-20면 참조).

(2) 지급수단의 법적 쟁점

전자자금이체, 전자화폐, 전자어음 등 새롭게 도입되는 전자지급수단은 다음의 몇 가지 관점[14]에서 고찰이 요구된다. 첫째 유동성(liqudity)으로서 이는 일정 자산이 가치의 감소 없이 화폐와 교환될 수 있는 가능성을 의미하며 이용자가 지급수단을 선택함에 있어서 가장 기본이 되는 요소이다. 둘째 결제종료성(finality)[15]으로서 결제가 완결되는 시점은 지급수단에 따라 차이가 있으며 채무자의 입장과 채권자의 입장이 서로 대립된다. 셋째 거래상의 위험(transaction risk)인데 사기, 위조 등 거래를 처리함에 있어서 발생하는 오류의 위험으로서 누가 그 위험을 부담하느냐 하는 점이 지급수단에 따라 차이가 있다. 넷째 시스템위험(system risk)으로서 지급시스템의 안전성과 건전성으로서 시스템 규칙을 준수하는 정도라든가 시스템 참여자에 대한 의무불이행 가능성 등에 따라 판단되며, 사회 전체의 금융위험을 막기 위해 입법 등의 규제수단이 필요한지 판단하는 기준이 된다.

(3) 지급수단의 유형화

1) 지급수단은 효력을 기준으로 볼 때 본원적 지급수단인 화폐와 보조적 지급수단으로서 어음, 수표, 신용카드, 자금이체, 직불카드, 선불카드 등으로 분류할 수 있다. 법률의 규정에 의해 강제통용력이 보장되어 있는 통화를 제외하고는 대부분의 지급수단은 보조적 지급수단으로서 강제통용력이 인정되지 않는다는 점에서 공통되나, 지급 효력의 법적 근거를 비롯하여 지급수단의 법적 성질은 서로 상이하다. 지급수단은 기술의 발전에 따

---

14) Jane Kaufman Winn, "CLASH OF THE TITANS: REGULATING THE COMPETITION BETWEEN ESTABLISHED AND EMERGING ELECTRONIC PAYMENT SYSTEMS," Berkeley Technology Law Journal Spring 1999 Symposium(14 Berkeley Tech. L.J. 675), pp. 678-682.
15) 결제종료 즉 채무면책이 이루어지는 시점은 영미법에서 철회배제시점과 일치한다고 보며, 채무자로서는 철회가 배제되는 시점이 늦을수록 채권자는 빠를수록 자신이 유동자금(float)을 이용할 수 있어 유리하게 된다.

라 끊임없이 새롭게 등장하지만 이들을 유형화할 수 있는 기준이 있다면 이들 지급수단의 법률관계를 해석함에 편리함이 적지 않을 것이다.

2) 어음, 수표를 중심으로 거래되던 미국에 자금이동거래가 일반화되면서 미국에서도 지급수단의 유형화가 시도된 적이 있다. 1977년 UCC를 기초한 통일주법위원회전국회의 및 미국법률협회가 공동으로 설립한 UCC에 관한 상설교정위원회(Permanent Editorial Board : PEB)는 UCC의 전자자금이동거래에 대한 적용가능성에 관해 검토한 바 있다. 동위원회의 보고자인 하버드대학의 스코트교수는 현금을 제외한 전자자금이동을 포함한 전체의 지급시스템의 법체계를 구성하기 위하여 기존의 UCC 제3장, 제4장을 개폐하여 종합적인 지급법전을 작성할 필요가 있다는 보고서를 제출하였다. 이렇게 작성된 통일신지급법전(Uniform New Payments Code) 초안의 중심적 개념은 지시(order)라는 개념이었다. 지시란 지시인(drawer) 또는 피지시인(drawee) 이외의 자에의 지급을 위하여 이용할 수 있는 계좌로부터 일정의 금액을 수취인(payee)에 또는 수취인을 위하여 지급하는 것을 명하는 완전하고 무조건의 지시이다. 지시에는 인출지시(draw order)와 지급지시(pay order)가 있다.16)

3) 다양한 지급수단이 지시에 해당되어 적용대상이 되지만 약속어음, 금전, 상인이 발행한 2당사자크레디트카드 등은 지시에 해당하지 않아 적용이 되지 않는다는 점17)에서 지급수단 전체를 포괄하는 개념으로서 '지

---

16) 岩原紳作, 「電子決濟と法」, 有斐閣, 2003, 40面; 인출지시라고 하는 것은 수취인 또는 소지인에게 지급을 행하든가 또는 인수를 하도록 피지시인에게 명하는 지시이고 지시인이 발하여 수취인에게 송달하는 것이든가 또는 지시인을 위하여 수취인이 발하여 계좌기관에 송달하는 것이다. 구체적으로는 수표, 환어음, 신용카드 및 추심이체를 염두에 두고 있다. 지급지시라고 하는 것은 직접 또는 송달계좌기관 또는 결제계좌기관을 통하여 수취인에게 지급을 행하도록 피지시인에게 명하는 지시이고 지시인이 발하여 피지시인에게 송달된다. 지시에 근거하여 피지시인(지급계좌기관 payor account institution)으로부터 수취인의 계좌가 있는 계좌기관에 자금이 지급되든가 자금이체 된다. 자금이체가 지급지시에 해당한다.

시(order)'는 한계가 있다고 판단된다. 결국 의욕적으로 진행되었던 통일신지급법전의 기초작업은 어음·수표에 관한 기존의 UCC 제3장이나 제4장을 크게 개폐하는 것에 대한 저항과 은행실무상 소비자보호규정에 대한 반대 등으로 인해 결국 중단되었다. 통일주법위원회 전국회의는 이에 대신하여 대량자금이체거래만을 대상으로 좁힌 입법계획을 추진하여 1988년에 UCC 제4A장으로서 채택하기에 이르렀다. 결국 미국도 지급수단의 유형화를 기초로 한 통일적인 지급법전의 제정에는 실패하였다고 볼 수 있다. 지급수단의 유형화는 그 효용에도 불구하고 쉽지 않은 작업이다. 하지만 지급수단의 법적 성질을 보면, 일정한 지급수단은 물권적 성질을 가지고 있고 다른 지급수단은 채권적 법리로 구성되어 있다는 점에서 지급수단의 법적 성질을 기초로 유형화의 가능성을 찾을 수 있다고 본다.

3. 지급수단의 유형

(1) 유형화 기준

1) 법적 성질 : 법적 성질을 기초로 지급수단을 분류해 보면, 화폐와 같이 그 자체에 일정한 가치가 소재하는 지급수단이 있으며 채무자는 화폐를 직접 채권자에게 지급함으로써 채무변제의 효력이 확정적으로 발생한다. 또 채무자가 자신의 예금을 보관하고 있는 금융기관에 대해 채권자에 대한 지급을 지시함으로써 자신의 채무를 지급하는 자금이체의 방식도 있다. 이러한 지급수단은 은행에 대한 지급지시를 실체로 한다는 점에서 다른 지급수단과 구별된다. 전자는 특별한 동산인 화폐의 소유권을 이전함으로써 지급효과를 발생시킨다는 점에서 물권적인 성질이 강한 반면 후자는 금융기관에 대한 채무자의 채권을 기초로 하여 종국적으로 채권자에게 금융기관에 대한 채권을 발생시킨다는 점에서 채권적 성질이 강하다. 그밖에 어음, 수표와 같이 양자의 성격이 절충된 형태의 지급수단도 있다. 이는

---

17) 岩原紳作, 前揭書, 40面.

채권적인 권리를 물권화시켜 물권과 유사한 방식으로 양도함으로써 채권을 취득하게 하여 지급효과를 발생시키는 특징이 있다.

2) 3유형의 분류 : 비대면거래 방식으로 개시될 수 있는 전자금융거래를 거래의 실행과정을 중심으로 고찰하면 거래지시형 전자금융거래와 자산유통형 전자금융거래로 구별해 볼 수 있고 후자는 다시 가치표창형 전자금융거래, 가치소재형 전자금융거래로 구별해 볼 수 있음을 앞서 보았다. 이러한 분류는 지급수단거래에도 그대로 적용될 수 있어 각종 지급수단을 그 법적 성질에 따라 가치소재형 지급수단, 가치표창형 지급수단, 지급지시형 지급수단의 세 가지 유형으로 분류할 수 있다. 다만 전자금융거래에는 전자증권거래, 전자선하증권거래 등 지급수단은 아니지만 전자금융거래에 포함되는 거래가 있어 전자금융거래의 분류와 전자지급거래의 분류가 동일한 것을 의미하는 것은 아니다. 이하에서는 이들 3가지 유형의 지급수단을 개관하여 특징을 살펴본 후 각 지급수단별로 전자화된 새로운 유형의 지급수단의 개념과 법적 성질을 고찰한다.

(2) 가치소재형 지급수단

1) 의의 : 법률의 규정[18])에 의해 일정가치의 소재가 인정되는 화폐는 발행 자체가 엄격히 제한되고 이를 점유하는 자는 그 가치를 소유하는 것으로 인정되는 지급수단으로서 특별한 재화이다. 화폐는 재화의 교환을 매개하고 그 가치를 측정하는 일반적 기준이라고 할 수 있으며 화폐의 취득은 그것에 의해 표상되는 일정액수의 가치의 취득에 지나지 않는다. 따라서 화폐는 동산의 일종이긴 하지만 보통 물건이 가지는 개성을 갖고 있지 않으며, 가치 그 자체라고 생각하여야 하기 때문에 동산에 적용되는 규정

---

18) 한국은행법 제47조에서 '화폐의 발행권은 한국은행만이 가진다'라고 하여 법정통화에 대한 발행권자를 규정하고 있고, 동법 제48조는 '한국은행이 발행한 한국은행권은 법화(法貨)로서 모든 거래에 무제한 통용된다.'라고 규정하여 강제통용력을 지닌 지급수단임을 정하고 있다.

가운데에는 화폐에 적용이 없다고 새겨야 할 것이 적지 않다. 화폐가 가치의 표상으로서 유통될 경우 물건으로서의 개성은 문제가 되지 않으므로 선의취득을 문제 삼을 것도 없이 그 점유가 있는 곳에 소유권도 있다고 보고, 그 뒤처리는 부당이득반환청구권으로서의 금전채권의 문제로서 처리된다.[19]

2) 요건 : 가치가 소재한다고 볼 수 있는가 하는 점은 가치소재를 강제하는 법률의 규정(강제통용력)이나 거래에서 일반적으로 가치가 소재하는 지급수단으로 받아들인다는 일반의 인식에 근거하여 판단된다. 강제통용력이 아닌 일반의 인식에 기초하여 가치가 소재한다고 인정되기 위해서는 특정 거래권에서만 사용되는 지급수단이 아니라 일반적으로 사용되는 지급수단이어야 하고(범용성), 항상 통화로 교환될 수 있어야 하고(환금성), 소지하고 있는 동안 가치의 감소가 없어야 한다(항상성). 이러한 요건에서 볼 때 전자화폐는 가치소재형 전자지급수단에 포함될 수 있다고 본다. 견해에 따라서는 예금통화의 개념을 인정하고 이를 이용하여 통화(가치소재형 지급수단)의 개념을 확대하려는 견해도 있다. 이 견해는 은행발행 자기앞수표의 교부는 금전채무에 대한 유효한 변제라는 일본 판결[20]을 근거로 하여 경제학적인 예금통화의 개념을 법적으로도 인정하면서 통화매체성[21]을 인정하고 현금과 동일하게 강제통용력을 인정한다.[22]

(3) 가치표창형 지급수단

1) 의의 : 유가증권 중 금전채권을 내용으로 하는 지급수단인 어음, 수

---

19) 곽윤직, 앞의 책 2, 216면.
20) 日本最高裁判所 1960.2.22. 판결, 民集 14卷 13號 2827面.
21) 채권이 통화매체로 되기 위한 요건으로서는 그것에 지불단위가 편입되어 있어야 하고 지불단위의 이전이 법적으로 가능하기 위해서는 그것이 실체화되어 있을 필요가 있다고 본다 (森田宏樹, "電子マネ-の法的構成(3)," NBL, 619號, 1997. 6. 15. 32面).
22) 森田宏樹, 前揭論文(3), 31面.

표는 화폐와 같이 유가증권 자체에 액면금액에 해당하는 가치가 소재한다기 보다는 발행인이 수취인에게 일정금액의 지급을 약속하거나 지급인에게 일정금액의 지급을 위탁한 것으로서 그 실체는 금전채권이라고 할 수 있다. 어음이나 수표는 일반 금전채권과 달리 유가증권화 하여 유통성이 보장된 지급수단으로서 금전채권이 증권에 표창되어 증권의 유통에 따라 채권이 이전한다.[23] 가치가 소재하고 있는가 아니면 표창되어 있는가 하는 점은 정상적인 유통과정에서는 그다지 구별의 실익이 적으나, 화폐나 유가증권이 상실된 경우 권리자의 보호라는 면에서 보면 양자가 확연히 구별된다. 화폐를 상실한 경우에는 상실자가 화폐가 표창하는 권리를 회수할 수 있는 길이 제도적으로 보장되어 있지 않으나, 유가증권의 경우에는 제권판결을 얻어 유가증권이 표창하고 있는 권리를 증권과 분리시키고 증권 없이도 증권이 표창하던 권리를 행사할 수 있다는 점에서 다르다.

2) **범주** : 가치표창형 지급수단 역시 전자적인 방법으로 발행, 유통, 지급되는 것이 반드시 불가능한 것은 아니다. 다만 유가증권이 가치권을 증권화시켜 유통을 편리하게 한 것 즉 무형적인 권리를 유형화시킨 것이라는 점을 감안할 때 이를 다시 전자적인 수단으로 무형화 시킨다는 점에서 개념적으로 어려움이 있다. 그러나 전자적인 발행, 유통, 지급 절차가 안전성을 확보할 수만 있다면 유가증권의 유통을 더욱 활성화시킬 수 있어 전자어음, 전자수표가 발행, 유통되고 있다. 1999년에 제정된 미국의 통일전자거래법(Uniform Electronic Transaction Act)에서 양도성 기록(transferable record)을 규정함으로써 앞으로 가치표창형 지급수단도 급속하게 전자화되리라 본다. 전자어음, 전자수표, 전자채권, 선불전자지급수단 등은 가치표창형 지급수단에 포함된다고 이해된다. 다만 가치표창형 전자지급수단 중에 전자어음과 같이 전자문서에 의한 유가증권(전자증권)이라기보다는 전

---

[23] 다만 은행 발행 자기앞수표는 거의 현금과 유사한 기능을 수행하고 있어 통화의 일종으로 보는 견해도 있음을 앞서 소개하였다.

자등록부에 의한 등록채권의 실질을 가진 경우도 있어 엄밀한 의미에서 가치표창형으로 분류하기 부적절하나 유가증권이 등록부의 형태로 전자화 되었다는 점에서 편의상 가치표창형 지급수단으로 분류한다.

(4) 지급지시형 지급수단

1) 의의 : 전자기술과 통신기술의 발달에 힘입어 새로운 지급수단이 최근 다양하게 등장하고 있다. 채무이행을 위해 화폐나 어음, 수표 등의 유형물을 인도하는 것이 아니라 통신수단 등을 이용하여 자신의 예금이 보관되어 있는 은행 또는 자신에게 일정한 신용의 공여를 약속한 금융회사에 채권자에 대한 지급을 지시한다. 이러한 지급지시형 지급수단 특히 전자자금이체제도 등이 등장함으로써 화폐나 유가증권 등 유형적인 지급수단이 가지는 불편이 제거되고 무형적이고 전자화된 지급지시를 전달 실행함으로써 신속, 저렴하게 지급할 수 있게 되었다.

2) 범주 : 지급지시형 지급수단에는 대체로 자금이체거래와 신용카드, 직불카드거래 등이 포함된다고 본다. 자금이체거래에서는 지급인이 자신의 거래은행에 대해 지급을 지시하면 거래은행은 그 지급지시에 따라 지급인의 계좌에서 일정 금액을 인출하여 중개은행을 거쳐 수취은행에 있는 수취인의 계좌에 입금할 것을 수취은행에 지시한다. 신용카드거래는 지급인(채무자)이 신용카드 회사로부터 일정한도의 신용을 제공받을 권리를 카드 발급시 미리 약속한다는 점에서 자금이체와 구별되나, 고객이 물품을 구입하고 신용카드를 이용하여 발행하는 매출전표에 의해 신용카드 회사에 대해 지급을 지시하게 된다.[24] 직불카드(debit card) 역시 자금이체와 유사하게 거래시 자신의 거래은행에 상인 계좌에 물품 대금에 해당하는 액수를

---

[24] 신용카드회사가 거래처에 신용카드고객을 대신하여 물품대금을 지급하는 것에 관해 통설은 병존적 채무인수의 효과로 설명하나 그 법적 성질의 당부는 별론으로 하더라도 고객은 거래처의 전표를 통해 물품대금의 지급을 지시한다는 점에서 지급지시형 지급수단으로 분류할 수 있다고 본다.

상품거래장소에서 즉시 이체하도록 직접 지급지시한다.

3) 특성 : 지급지시형 지급수단은 지급지시의 전달, 실행만으로 지급이 이루어지므로 전자화되기에 적합한 수단이다. 금융거래가 폭증하는 상황에서 사람에 의한 지급지시의 실행은 거의 한계에 도달하였다는 점과 지급지시를 실행하는 과정이 기계적인 과정이어서 사람에 의한 처리보다 컴퓨터에 의한 처리가 오류를 줄일 수 있다는 점 등이 이 분야의 전자화를 촉진시키고 있다. 전자자금이체, 신용카드거래, 직불카드거래 등 지급지시에 의한 지급수단은 거의 전자화되어 가고 있으며 특히 ATM의 자동이체나 모바일 금융 등을 이용해 타인의 개입 없이 직접 지급할 수 있게 되었다. 무형화, 전자화된 지급수단을 이용한 지급지시형 지급수단은 유형물의 인도에서 오는 여러 가지의 불편이 제거되고 전자적 전달의 신속, 저렴한 지급을 가능하게 하였으나 지급지시의 보안이 특히 중요한 문제로 대두되었다. 뿐만 아니라 분실이나 도난 등의 문제보다도 무권한의 지급지시나 지급지시 실행상의 오류 등 새로운 법률문제들이 예상된다.

4. 각 지급수단의 비교

(1) 구조의 유사성

앞서 소개한 3가지의 지급수단은 그 구조가 서로 상이하나 지급수단으로서의 제 기능을 발휘하기 위해 통화와는 달리 제3자인 지급의 매개자가 개입된다는 점에서 유사하다. 이를 구체적으로 보면, 가치소재형 지급수단의 경우 법정 화폐와 같이 유통성 및 가치를 법률의 규정에 의해 인정받는 경우를 제외하고는 가치의 교환자가 필요하다. 즉 유사화폐를 발행하고 발행된 유사화폐가 유통을 마친 후에 최종적으로 법정 화폐로의 교환을 보장하는 가치의 교환자가 필요하다. 가치표창형 지급수단을 보면, 어음의 경우에는 어음이 유통되어 지급수단으로 사용되기 위해서는 어음상의 채무자가 존재하여야 한다. 즉 약속어음의 경우 약속어음의 발행자에 대한 채권이 유가증권으로 표창되어 유통된다는 점에서 어음상의 채무자가 지급의 매개자로 등장한다. 예외적으로 약속어음의 발행인은 제3자(지급인)의 지위를 겸병하지만 약속어음이 유통되면 유통과정에서는 피배서인은 권리자가 되고 발행인은 채무자로 남게 되어 지급매개자로 등장한다고 할 수 있다. 이러한 현상은 수표나 선불카드에서도 동일하게 나타난다. 지급지시형 지급수단은 개념 자체에 제3자(금융기관)에 대한 지급지시가 포함되기 때문에 제3자의 개입은 더욱 필연적이다. 지급인은 금융기관에 대해 수취인에 대한 지급을 지시하고 지급매개자인 금융기관이 이를 실행함으로써 지급이 실현된다.[25]

(2) 이동가치와 유동성(liquidity)

지급제도는 가치의 이동을 최종적인 목적으로 하는데 이동되는 가치의 법적 성질은 각각 상이하다. 가치소재형 지급수단의 경우에는 화폐 또는 이에 상응하는 일정한 교환가치가 이동되며, 이는 채권과는 달리 법률에 의해 보장되는 가치이거나 사회적으로 통용되는 가치로서 유동성 그 자체를 의미한다. 특히 전자화폐 역시 화폐에 가까운 속성을 지녀 화폐와 유사하게 유통되며 최후에 화폐와의 교환이 예정되어 있다는 점을 제외하고는 화폐와 흡사하여 일종의 유사화폐라 볼 수 있다. 유가증권으로 대표되는 가치표창형 지급수단에서 이동되는 가치는 유가증권상의 채무자에 대한 채권이라 할 수 있다. 약속어음의 경우에는 약속어음 발행인에 대한 채권, 인수된 환어음에서는 인수인에 대한 채권, 수표의 경우에는 지급은행에 대한 지급수령권한이 이동된다고 볼 수 있으며, 선불카드 유통시 발행자에 대한 물품청구권을 내용으로 하는 채권이 이동된다고 볼 수 있다. 그리고

---

[25] 이상과 같이 각 지급수단은 지급매개자에 의해 최종적인 지급이 이루어지나 지급수단의 보유자와 지급매개자의 관계는 지급수단에 따라 상이하게 나타난다. 이는 채무자와 채권자 간에 이동되는 가치가 서로 상이하기 때문이며 이를 둘러싸고 법정 성질을 비롯하여 다양한 차이점이 발생한다.

이동가치의 본질이 채권이어서 채무자가 누구인가에 따라 유동성이 달라진다. 지급지시형 지급수단에서의 가치의 이동은 매우 특이하다. 지급인의 지급행위 자체가 자금이체에 의해 실행된다는 점에서 가치가 이동하는 다른 지급수단과 구별되나 결과적으로는 수취인이 금융기관에 대한 채권을 가지게 된다는 점에서 일응 유가증권과 유사한 측면도 있다. 그러나 금융기관에 대한 채권을 이동시키는 것이 아니라 금융기관이 가치의 이동을 실행하는 과정에서 결과적으로 채권이 발생한 것에 지나지 않는다는 점에서 유가증권과는 구조를 달리하며 수취인이 종국적으로 취득하는 가치가 은행의 예금이라는 점에서 유동성이 매우 높다.

5. 전자지급수단의 법적 문제점

(1) 서

각 지급수단은 구조적으로 유사한 점도 있지만 이동되는 가치 등 본질을 달리하고 있어 지급수단에서 발생하는 법률적 문제점들도 다양하게 나타나는데, 지급인이 각 지급수단을 이용하여 기존의 채무를 지급할 경우 다음과 같은 몇 가지 법률적인 문제점이 제기된다. 첫째 수취인은 지급인이 사용하는 지급수단을 수령할 의무가 있는가 아니면 수취를 거절하고 현금에 의한 지급을 요구할 수 있는가? 둘째 지급수단을 이용하여 지급되었을 경우 이로써 채무가 소멸되는가 그리고 채무의 소멸시점은 언제인가? 셋째 지급이 진행되는 과정에 어느 시점까지 지급인이 지급의사를 철회할 수 있는가? 넷째 지급과정에 의사표시의 하자 등 오류가 개재될 경우 이를 어떻게 해결할 것인가 하는 점 등 많은 문제점들이 발생한다. 마지막 문제점에 관해서는 많은 연구가 되고 있으므로 이하에서는 앞의 세 가지 문제점에 관해서 살펴본다.

(2) 수취거절

1) 대표적인 가치소재형 지급수단인 통화는 법률에 의해 강제통용력이 보장되어 채권자가 통화의 수령을 거절할 경우 채무불이행이 아니라 채권자지체의 문제가 발생된다. 그러나 기타의 지급수단에는 강제통용력을 인정할 수 없어 이들에 의해 지급이 이루어질 경우 원칙적으로 채권자는 수령을 거절할 수 있다고 보나, 거래의 관념에 비추어 우편환, 자기앞수표 수령은 거래상 금전과 동일시되어 금전채무의 내용에 좇은 현실의 제공이 된다고 해석된다.[26] 특정한 지급수단을 채권자가 수취거절 할 수 있는가 하는 점은 지급수단의 제공이 채무의 내용에 좇은 제공이 되는지에 의존하며, 자금이체 등 각 지급수단의 법적 성질, 거래상의 관념에 따라 해석을 달리할 필요가 있다.

2) 전자지급수단을 이용해서 지급할 경우 수취인은 전자지급수단을 수취할 수 있는 준비가 되어 있어야 한다. 전자화폐나 선불전자지급수단일 경우 이를 수령할 수 있는 단말기 또는 전자장치라든가 네트워크상의 계좌가 있어야 하고 전자자금이체의 경우 계좌를 보유하고 있어야 한다. 직불카드인 경우에도 네트워크에 연결된 단말기와 계좌를 보유하고 있어야 하며 온라인 신용카드인 경우에도 이를 수령할 수 있는 시스템이 갖추어져야 한다. 그리고 수취할 수 있는 준비는 계좌보유자 또는 지급수단의 가맹점의 모습으로 나타나므로 수취거절이 가능한가 하는 문제도 이러한 수취 준비가 되어 있는 자와의 관계에서만 문제되고 수취준비가 되어 있지 않은 자에 대해서는 지급행위 자체가 이행불능이라 할 수 있다.

3) 유사화폐라 할 수 있는 전자화폐는 범용성이 보장되는 지급수단으로서 주로 일반 소액상거래 또는 전자상거래의 지급수단으로 사용되며 지급

---

26) 곽윤직, 앞의 책 1, 484-485면.

이 이루어지기 위해서는 판독기 등의 기계가 필요하다는 점을 감안할 때 전자화폐 가맹점인 경우 기계장치가 고장 나거나 기타 특별한 이유가 없는 한 전자화폐의 수령을 포괄적으로 승낙하고 있다고 생각된다.[27] 가치표창형 지급수단 중 선불카드, 선불전자지급수단은 발행자가 선불카드 등을 이용한 지급을 사전에 약속하고 있어 수령을 거절할 수 없다고 본다. 그러나 기타 가치표창형 지급수단 중 자기앞수표를 제외한 어음, 수표는 채권자의 승낙을 얻어야 한다고 본다. 지급지시형 지급수단 중 신용카드의 경우 가맹점은 가맹점규약상의 현금고객과 회원 간의 차별대우금지조항을 두고 이를 위반한 경우 가맹점계약을 해지할 수 있음을 정하고 있으나,[28] 판매자로서 신용카드 수취를 거절하였다고 채권자지체라 해석하기는 어렵다고 본다. 그리고 자금이체거래에서 채무소멸의 법적 성질을 대물변제로 이해할 때[29] 채무의 유효한 변제가 되기 위해서는 수취인의 개별적 승낙이 요구된다고 볼 수 있으며, 예금채권이 압류되어 있는 등 수취인의 사정을 고려할 때 자금이체가 가능한 계좌가 개설되어 있다는 것만으로 승낙이 추정되지는 않는다.[30]

(3) 채무면책력

1) 채무자에 의해 다양한 수단을 통한 지급이 이루어지면 수취인인 채권자가 채무자에 대해 가지고 있는 원인채무가 소멸하는가 그리고 그 근거는 무엇인가 하는 지급수단의 면책력이 문제된다. 강제통용력이 인정되는 화폐에는 당연히 채무면책력이 인정되고 전자화폐도 이러한 효력이 인정되지만 전자화폐가 지급됨으로써 지급인의 채무가 변제되는 법적 근거

---

[27] 구체적으로 전자화폐의 수령이 거절된 경우의 효과에 관해서는 후술하는 신용카드와 유사한 논의가 진행될 수 있다고 본다.
[28] 비씨카드 가맹점약관 제3조 제1항, 제4조 제2항 참조.
[29] Claus-Wilhelm Canaris, Bankvertragsrecht. 3. Aufl., Berlin·New York: Walter de Gruyter, 1988, Rdn. 475
[30] 정경영, 앞의 박사학위논문, 247-248면.

를 민법상의 채무 내용에 따른 변제로 볼 것인가 아니면 대물변제로 볼 것인가 하는 점이 문제될 수 있다. 환금성이 보장되어 있는 유사화폐로서의 전자화폐의 본질[31]과 앞서 본 바와 같이 자기앞수표에 의한 변제를 채무 내용에 좇은 변제로 보는 견해가 다수설임을 감안할 때 전자화폐 또는 자기앞수표에 의한 채무의 변제를 대물변제로 해석하기보다는 채무 내용에 따른 변제로 봄이 타당하다고 생각된다. 전자금융거래법 제17조에서도 전자화폐에 의한 지급의 효력을 정하면서, 전자화폐보유자가 재화를 구입하거나 용역을 제공받고 그 대금을 수취인과의 합의에 따라 전자화폐로 지급한 때에는 그 대금의 지급에 관한 채무는 변제된 것으로 본다는 규정을 두고 있다. 동조에서 수취인과의 합의를 전제하고 있지만 이는 지급수단을 수령할 수 있는 준비와 관련하여 수취인의 동의를 요한다는 의미로 보아야 하고 이를 대물변제의 합의로 해석할 필요는 없다고 본다.

2) 채권을 본질로 하는 가치표창형 지급수단에 의해 지급될 경우 기존채무가 소멸할 경우도 있지만 특별한 의사표시가 없는 한 기존채무가 병존한다고 해석된다. 따라서 기존채무가 존속할 경우의 가치표창형 지급수단에는 채무면책력이 있다고 해석하기 어렵다. 다만 당사자의 의사표시에 따라 가치표창형 지급수단에 의한 지급으로 기존채무가 소멸할 수도 있으며 이 경우 유가증권의 지급으로 기존채무가 소멸하는 원인을 대체로 대물변제로 해석한다.[32]

지급지시를 본질로 하는 지급지시형 지급수단에 의해 변제될 경우에도 종국적으로 금융기관에 대한 채권으로 귀결된다는 점에서 가치표창형 지급수단과 유사한 점이 있으나 지급지시를 실행하는 자가 은행 등 공신력을 바탕으로 하는 금융기관이어서 사인(私人)에 대한 채권을 내용으로 하

---

31) 이에 관해서는 전자화폐와 관련해서 뒤에서 자세하게 살펴본다.
32) 어음채무와 원인채무의 관계에 관해서는 지급에 갈음하여 어음이 교부된 경우, 지급을 위하여 어음이 교부된 경우, 지급을 담보하기 위하여 어음이 교부된 경우로 당사자의 의사를 구별하여 효과를 논하는 것이 통설이며 판례의 입장이다.

는 어음과는 구별되고 오히려 수표와 유사하다. 그러나 수표는 위조의 위험도 있고 수표금액을 지급받기 위해서는 적법한 지급제시가 요구된다는 점, 지급제시기간이 경과한 후에는 지급위탁이 취소될 수도 있다는 점에서 수표를 수령한 것만으로 은행에 대한 확정적인 채권을 취득하였다고 할 수 없으므로 수표를 수령한 것으로 원인관계상의 채무가 변제되었다고 할 수 없다. 그러나 자금이체의 경우 금융기관에 대한 지급지시가 실행됨으로써 수취인은 금융기관(수취은행)에 대한 추상적인 예금채권을 취득하게 되어 실질적으로 완전하게 채무가 변제되었다고 할 수 있다는 점에서 수표에 의한 지급과 구별된다. 여기서 자금이체에 의해 채무가 소멸하는 원인은 앞서 언급한 바와 같이 민법상 대물변제로 보는 것이 통설이다.[33]

(4) 채무면책시점, 철회배제시점(finality)

1) 채무변제의 효과가 발생하는 시점에 관해서 살펴보면, 가치소재형 지급수단은 지급인이 지급수단을 수취인에게 인도하는 시점에 채무면책의 효과가 발생한다. 전자화폐를 이용힐 경우 채무변책의 효력이 발생하는 시점에 관해서는 논란의 여지는 있지만, 앞서 언급한 바와 같이 이를 채무내용에 따른 변제로 해석할 수 있으므로 전자화폐를 수령하였다가 이를 환금하는 시점에 지급인의 채무면책의 효력이 생기는 것이 아니라 전자화폐를 수령하는 시점에 채무면책의 효과가 발생한다고 본다. 이러한 취지에서 전자금융거래법 제13조에서 각종 전자지급수단에 의해 지급이 이루어진 경우 지급의 효력 발생 시기를 정하고 있는데, 선불전자지급수단 및 전자화폐로 지급하는 경우에는 거래지시된 금액의 정보가 수취인이 지정한 전자적 장치에 도달한 때로 규정하고 있다.

2) 가치표창형 지급수단에 의한 지급은 당사자의 합의에 따라 대물변제

---

33) Canaris, a.a.O., Rdn.475.

의 효과가 인정되는 경우도 있지만, 별도의 의사표시가 없으면 지급 후 기존의 채무와 가치표창형 지급수단상의 채무가 병존한다고 본다.34) 전자의 경우에는 지급수단인 어음 등이 교부되는 시점에 채무면책의 효력이 발생하고 후자의 경우에는 아직 채무면책의 효과가 발생하지 않아 가치표창형 지급수단과 관련해서는 특별히 채무면책시점이 문제되지 않는다. 그리고 가치소재형 지급수단이나 가치표창형 지급수단을 이용한 지급행위는 준법률행위이거나 의사표시와 동시에 의사표시의 효력이 발생하므로 철회권의 행사가 특별히 문제될 여지가 없다.

3) 전자적 지급지시가 실행됨으로써 채무면책의 효력이 발생하는 자금이체에서는 지급지시의 실행을 위해 경우에 따라서는 다수의 은행이 개입하여 실행과정이 비교적 복잡하고 최종적으로 은행에 대한 채권의 형태로 지급이 종결되므로 어느 시점에 지급인과 수취인간에 채무면책의 효력이 발생하는가 하는 점이 문제된다. 특히 지급지시가 실행되는 과정에 지급인이 지급지시를 철회함으로써 지급지시를 중단시킬 수 있는데 어느 시점까지 지급인이 지급지시를 철회할 권리를 가지는가 하는 점도 채무면책시점과 관련하여 당사자 간에 중요한 문제로 된다.

4) 전자자금이체를 이용한 금전채무를 이행할 경우 지급인의 채무는 자금이체가 완료됨으로써 면책되므로 채무면책시점은 자금이체 완료시점과 일치한다고 볼 수 있다. 자금이체 완료시점은 철회가능시점, 이체자금의 인출가능시점, 이자의 기산시점 등과 관련되나 이들 각 개념은 기본적으로 별개의 개념이다. 자금이체 완료시점은 자금이체절차 자체가 완성되는 시점으로서 구체적으로는 수취은행과 수취인간의 관계에서 자금인출가능시점으로 나타나고 이 시점이 채무자와 채권자간의 원인관계(대가관계)상의

---

34) 어음, 수표법상의 통설적 견해이며, 판례의 입장이다.

채무이행시점이 된다.35) 그리고 채권자가 자금을 자유로이 사용할 수 있게 되면(인출가능시점) 채무자는 자신의 송금, 변제의 목적을 달성하고 채무이행으로 되고(채무변제의 효과발생) 이는 결국 지급이체가 완료된 것으로 되므로(지급이체 완료시점) 이들 시점은 시간적으로 일치한다. 전자금융거래법 제13조에서도 전자자금이체의 경우에는 거래지시된 금액의 정보에 대하여 수취인의 계좌가 개설되어 있는 금융회사 또는 전자금융업자의 계좌의 원장에 입금기록이 끝난 때 지급의 효력이 발생하는 것으로 정하고 있다(동조 제1호). 그 밖의 전자지급수단으로 지급하는 경우에는 거래지시된 금액의 정보가 수취인의 계좌가 개설되어 있는 금융회사 또는 전자금융업자의 전자적 장치에 입력이 끝난 때로 규정하고 있다(동조 제4호).

5) 지급지시의 철회시한은 이들 시점과 반드시 일치할 필요는 없으나 대체로 인출가능시점을 기준으로 철회권을 배제할 필요가 있다. 왜냐하면 자금이체가 완료되어 수취인이 이체자금을 인출할 수 있게 된 이후에는 그 자금에 대해 수취인뿐만 아니라 수취인의 채권자도 이해관계를 가질 수도 있으므로(예금을 압류한 경우) 인출가능시점 이후에는 지급인의 지급지시 철회가 영향을 미칠 수 없는 확정적인 권리가 발생하였다고 보아야 하기 때문이다. 따라서 인출가능시점 이후에는 지급지시의 철회가 불가능하다고 보아야 한다. 그런데 인출가능시점 전이라도 금융기관에 의해 지급지시가 실행되어 가는 도중에서 지급지시의 철회를 무한정 인정할 경우 금융기관의 이익이 침해될 가능성이 많아 일정 시점 이후에는 금융기관의 내부업무처리기준에 의해 지급지시의 철회를 배제할 수는 있다고 본다. 다만 이 경우에도 관련은행의 동의가 있으면 인출가

---

35) 채무자·채권자간의 송금 내지 변제라는 목적을 위하여 자금이체제도가 이용되고 은행은 실질적으로 이를 전달하는 중개기관의 역할을 하는데 지나지 않는다는 점을 감안할 때, 지급인의 지급지시를 실행하는 은행이 이체자금에 대해 권리를 취득하는 것은 바람직하지 않다. 따라서 이체자금에 대한 은행의 권리는 배제하고 채무자의 권리와 채권자의 권리는 전자의 소멸이 후자의 발생이라는 관계에 있다고 보아야 한다.

능시점까지는 채무자가 자신의 지급지시를 철회할 수 있을 것이다. 전자금융거래법 제14조에서 거래지시의 철회에 관해서 규정을 두고 있는데, 이용자는 제13조 제1항 각호의 규정에 따라 지급의 효력이 발생하기 전까지 거래지시를 철회할 수 있는 것으로 정하고 있다. 지급의 효력발생시점과 철회가능시한을 원칙적으로 일치시키고 있다. 그러나 금융회사 또는 전자금융업자와 이용자는 대량으로 처리하는 거래 또는 예약에 따른 거래 등의 경우에는 미리 정한 약정에 따라 거래지시의 철회시기를 달리 정할 수 있다고 하여 당사자의 합의에 의한 철회시한을 앞당기는 것을 예외적으로 허용하고 있다(동조 제2항).

6. 비트코인[36]의 등장과 법적 대응

(1) 전자지급수단

1) 가치소재·표창형 수단 : 전자금융거래법상 전자정보의 이동(이전)을 기반으로 하는 지급수단으로는 선불전자지급수단, 전자화폐가 있다. 양자 모두 전자정보를 기초로 하고 있다는 점에서 실물화폐나 어음 기타 유가증권 등 기존의 지급수단과는 구별되어 전자지급수단에 해당한다. 전자정보를 실체로 한 선불전자지급수단과 전자화폐는 앞서 본 바와 같이 그 범용성, 환금성에서 서로 차이가 있다. 선불전자지급수단은 범용성이 낮고 환금성이 보장되지 않는데 반해, 전자화폐는 범용성이 높고 환금성이 보장된다는 점에서 상대적으로 구별되나 이는 양적 차이에 지나지 않는다고 볼 수 있다.

그런데 양자는 양적 차이에 그치지 않고 법적 성질 면에서 질적인 차이를 가지고 있다. 전자금융거래법 역시 입법의도가 전자화폐는 화폐적 속

---

36) 비트코인(Bitcoin)이란 넓게는 '인터넷 프로토콜(통신규약)'이자 '중개기관의 개입이 없는 형태의 전자적 P2P 지급네트워크'를 의미하고, 좁게는 '비트코인(BTC) 단위로 거래되는 디지털 가상화폐'를 의미하는 것으로 보는 견해도 있다(김홍기, 앞의 논문, 379면)

성을 부여하려는 데 있고 선불전자지급수단은 유가증권과 유사한 기능을 수행할 것을 예정하였다고 볼 수 있다. 이를 구체적으로 보면, 양자의 가장 극명한 차이는 양자를 분실하였을 경우에 나타난다. 전자화폐는 그 점유를 가지는 자가 소유자가 되고 부당한 점유가 있을 경우 반환청구권을 행사하는 것이 아니라 부당이득반환청구권을 행사하게 된다. 그리고 이를 분실하였을 경우 선의취득이 됨은 물론이고 공시최고에 의한 제권판결도 원칙적으로 부정된다. 이에 반해 선불전자지급수단은 점유와 소유는 구별되며 부당한 점유가 발생한 경우 정당한 소유자는 점유자에 대해 반환청구권을 행사할 수 있으며, 선불전자지급수단의 선의취득도 가능하고 선불전자지급수단을 분실한 경우 공시최고에 의한 제권판결로 권리의 회복가능성을 가진다.

2) 가상통화(virtual currency) : 가상통화란 개발자에 의해 발행되고 통제되는 전자화폐(digital money)의 일종으로서 특정 가상커뮤니티의 회원들간에 사용되고 수령되며 규제되지 않는 회폐를 의미하고 가상화폐[37]라는 용어도 사용된다. 미국의 재무성에 있는 금융범죄단속 네트워크(The Financial Crimes Enforcement Network, FinCEN), 가상통화를 2013년 안내책자에서 개념정의하고 있다. 2014년 유럽은행당국(the European Banking Authority)은 가상통화를 중앙은행 또는 공공기관에 의해 발행되지 않고 반드시 법령에 의한 화폐(fiat currency)와 연결되지도 않지만 지급수단으로 자연인 또는 법인에 의해 수령되고 전자적으로 이전되고 저장되고 거래되는 가치의 전자적 표시(a digital representation of value)라고 보았다.[38] 2012년 유럽중앙은행(the European Central Bank)은 가상화폐를 개발자에 의해 발행되고 통상 관리되면서 특정 가상커뮤니티의 회원들간에 사용되고 수령되는 규제되지 않는 전자화폐의 한 유형으로 정의한다. 2013년 금융범죄단속 네트워

---

[37] 김홍기, 앞의 논문, 377면 이하.
[38] https://en.wikipedia.org/wiki/Virtual_currency (2017.6.9. 방문).

크(FinCEN)는 1) 법정 통화(legal tender)로 지정되고, 2) 유통되고, 3) 관습적으로 발행국에서 교환수단으로 사용되거나 수령되는 것으로 정의되는 통화(currency, real currency)에 대비하여, 가상통화를 "일정한 환경에서 진정 통화의 모든 속성을 가지지 않았지만 통화와 유사하게 작용하는 교환매체"로 정의하고 있는데, 가상통화는 어떤 법역에서도 통화의 지위를 가지지는 않는다.

3) **암호통화**(crypto currency) : 스마트계약은 블록체인기반의 암호통화(암호화폐)를 기본적으로 사용한다. 암호통화의 대표적인 예로 비트코인(Bitcoin)을 들 수 있으며 이더리움(Ethereum) 플랫폼에서 사용하는 이더도 유사한 암호통화에 해당한다. 암호통화는 단순히 보안성이 강화된 중앙집중형으로 발행된 전자화폐가 아니라 블록체인기술을 바탕으로 분산형으로 발행되는 화폐라는 점에서 기존의 전자화폐와는 완전히 구별된다. 논자에 따라서는 암호통화라는 용어를 사용하지 않고 가상통화(virtual currency)[39] 라는 용어를 사용하는 경우도 흔하다. 하지만 가상통화는 반드시 블록체인 기술을 바탕으로 하여 분산형으로 발행되는 것이 아니라는 점에서 구별된다.[40] 이를 구별하여 보면, 전자화폐는 일반 화폐와는 구별되어 전자적으로

---

[39] 전자화폐는 집적회로(IC)칩이 내장된 플라스틱카드형과 컴퓨터 등에 정보 형태로 남아있는 네트워크형으로 나뉘는데, 가상화폐는 네트워크형 전자화폐를 가리킨다. 가상화폐는 각국 정부나 중앙은행이 발행하는 일반 화폐와 달리 처음 고안한 사람이 정한 규칙에 따라 가치가 매겨지고, 실제 화폐와 교환될 수 있다는 것을 전제로 유통된다. 가상화폐는 화폐 발행에 따른 생산비용이 전혀 들지 않고 이체비용 등 거래비용을 대폭 절감할 수 있다. 또 컴퓨터 하드디스크 등에 저장되기 때문에 보관비용이 들지 않고, 도난분실의 우려가 없기 때문에 가치저장수단으로서의 기능도 뛰어나다는 장점을 가지고 있다. 그러나 거래의 비밀성이 보장되기 때문에 마약 거래나 도박, 비자금 조성을 위한 돈세탁에 악용될 수 있고, 과세에 어려움이 생겨 탈세수단이 될 수도 있어 문제가 된다. [시사상식사전, 박문각, 네이버 지식백과]

[40] 비트코인은 금융기관 등 발행주체가 없으며 미리 정해진 알고리즘에 따라 발행되는 점에서 기존의 디지털화폐 및 가상화폐와는 차이가 있다. 발행기관의 존재는 해당 화폐의 통용력, 규격화, 신뢰성, 발행량 조절 등과 연결되는데, 비트코인은 발행기관이 없음에도 블록체인 기술을 이용해서 유효성을 검증하고 채굴(mining)절차를 사용해서 발행량을 조절한다(김홍기, 앞의 논문, 394면).

발행된다는 기술적 측면에 근거한 개념이라면, 가상통화는 전자화폐의 속성을 가지고 있으면서 네트워크형 화폐로서 일정한 가상 커뮤니티 회원들 간에 이용되는 화폐라는 점에 착안한 개념이다. 암호통화는 전자화폐와 가상화폐의 속성을 가지고 있으면서 다시 블록체인기술에 바탕을 두고 분산형으로 발행되는 화폐를 지칭한다는 특징을 가진 전자화폐이다. 즉 이들 다양한 전자식 화폐의 관계는 전자화폐⊃가상통화⊃암호통화 라는 관계에 있다.

(2) 재화성 vs 지급수단성[41]

1) **구별** : 일정한 물건 또는 권리가 재화인지 지급수단인지 문제될 수 있다. 재화성과 지급수단성을 구별하는 일정한 원인채무의 이행을 위해 재화를 이전하는 경우와 지급수단을 이전하는 경우는 그 효과가 구별되기 때문이다. 재화[42]의 경우에는 반대급부와 함께 교환계약이 되거나 대물변제의 효과가 발생하는데 반해, 지급수단의 경우에는 결제의 문제는 남지만 채무는 일응 이행된 것으로 된다. 다만 지급수단은 매우 다양하여 항상 이러한 효과가 발생하는 것은 아니고 지급수단의 신뢰성이 높을 경우에는 원인채무 변제의 효과가 지급수단의 이전 시 즉시 발생하고 지급수단의 신뢰성이 낮을 경우에는 원인채무 변제의 효과가 지급수단의 결제까지 완결되어야 발생한다. 따라서 지급수단은 그 신뢰성에 따라 다양한 스펙트럼[43]을 형성하고 있으며 원인채무의 변제의 효과가 발생할 가능성을 가진

---

[41] 이하 암호통화에 관한 내용은 정경영, 백명훈, "디지탈사회 법제연구(1)-블록체인기반의 스마트계약관련법제연구" 한국법제연구원, 2017, 119면 이하를 수정, 보완하였음.
[42] 비트코인은 금을 모델로 설계된 것으로서 실물자산인 금과 매우 비슷하다. 특히, 일종의 '무엇'으로서 거래대상이 되는 점에서도 상품과 비슷하다. 그러나 비트코인은 교환의 매개로서의 기능만을 가지고 별도의 내재가치는 없는 것이므로 일반적인 상품과는 차이가 있다 (김홍기, 앞의 논문, 395면). .
[43] 지급수단 중 자기앞수표로 금전채무를 변제하면 채무의 본지에 따른 급부가 되어 즉시 채무변제의 효과가 발생하지만 일반 약속어음을 교부하더라도 원인채무 변제의 효과가 원칙적으로 발생하지 않고 어음이 결제되어야 원인채무가 소멸한다. 이렇게 볼 때 지급수단은 자기앞수표와 같은 자유화폐와 유사한 지급수단도 있고 그와 유사한 전자화폐, 전자자금이체, 직불전자지급수단, 선불전자지급수단도 있지만 전자채권(전자외상매출채권)이나 어음

다는 점에서 교환·대물변제의 효과만 예정되어 있는 일반 재화와는 구별된다. 설사 사용가치를 지니거나 가치가 고정되어 있지 않은 물건 또는 권리라 하더라도 거래계에서 지급수단으로 평가된다면 원인채무의 변제의 효과가 발생할 가능성은 있다.

2) **암호통화** : 원인채무의 변제를 위해 암호통화가 교부되었을 경우 원인채무가 변제되었다고 볼 수 있는가 하는 점은 암호통화의 신뢰성에 따라 달라질 수 있지만 신뢰성이 높을 경우 원인채무의 변제의 효과가 발생할 수 있고 현실적으로도 비트코인의 경우 원인채무가 변제된 것으로 거래되고 있어 암호통화도 지급수단의 성질을 가지고 있다. 다만 지급수단은 대체로 그 가치가 고정되어 있어 그 가치에 따라 지급수단으로 기능을 하는데 반해, 암호통화는 가치가 수요와 공급의 원리에 따라 변화하는 특성을 가지고 있어 재화성도 가진다고 볼 수 있다. 재화성과 지급수단성을 앞서 본 바와 같이 원인채무의 변제수단성에 따라 구별되지만 양자는 상충되는 성질이 아니고 거래계의 인식에 따라 양자의 성질의 겸병도 가능하다. 즉 재화이지만 보편성을 가지고 있고 보관과 이전이 용이하고 일정 수준 이상의 가치가 당분간 보장된다고 인식될 경우 거래계에서 지급수단성을 부여할 수도 있다. 비트코인과 같은 암호통화는 이러한 성질을 가지고 있어 그 재화성에도 불구하고 지급수단성을 인정할 수 있어 '재화성 지급수단'이라 할 수 있다.

(3) 지급수단성 vs 금융상품성

1) **암호통화의 성질** : 암호통화는 블록체인 기술을 바탕으로 분산형으로 발행되므로 그 공급이 제한적이어서 암호통화에 대한 수요와 공급의

과 같이 지급수단의 결제가 있어야 원인채무의 이행의 효과가 발생하는 것도 있으며, 이는 지급수단의 신뢰성에 기반하고 있다. 따라서 지급수단의 신뢰성이라는 요소에 의존하여 지급수단은 스펙트럼을 형성한다고 이해할 수 있다.

원리와 그 안정성에 따라 암호통화의 가격이 등락하는 특성을 가지고 있다. 암호통화도 자유화폐로서 재화교환의 매개수단, 지급수단으로서 기능을 할 수 있지만, 일정한 가치를 표상하지 않으므로 진정한 재화교환의 매개수단, 지급수단으로서 기능을 하지 못한다. 암호통화가 설령 재화교환의 매개수단이나 지급수단으로 기능을 하는 경우라 하더라도 이는 그 시점의 암호통화의 가치를 기준으로 재화와 암호통화를 교환하거나 대물변제의 효과를 가지는 것으로 이해된다. 암호통화의 지급수단성이 제한적인 반면 오히려 암호통화는 그 가치가 등락한다는 점에서 투자상품성을 가진다고 이해할 수 있다. 이는 암호통화거래소에 상장되어 현실적으로 거래된다는 점에서 파생상품(선도, 옵션, 스왑)과는 구별되고 증권과 유사한 점이 있지만, 자본시장법상 6종류의 증권(채무·지분·수익·투자계약·파생결합·증권예탁증권)의 종류에는 포함되지 않는다.

2) **금융상품성** : 암호통화가 자본시장법이 예상하고 있는 금융투자상품인 증권과 파생상품에 포함되지 않지만 제한적으로 지급수단으로 사용되고 암호통화를 구매하기 위해 지급된 대중의 자금은 마치 금융상품에 투자된 자금과 유사하게 자금수요자에게 제공될 수 있다. 이와 같이 암호통화는 자금공급자와 자급수요자간의 자금을 전달하는 매개수단이 될 수 있어 금융적 기능을 가지고 있다고 본다. 그리고 암호통화는 그 발행인이나 취득자에 의해 일방적으로 가격이 결정되지 않고 가격결정 메카니즘이 우연성을 가지고 있어 일부 투자상품성을 가진다고 볼 수 있다. 요컨대 암호통화는 일종의 금융상품으로서 자본시장법의 적용을 받지 않고 계약자유의 원칙에 따라 일정한 거래소에 상장되어 투자대상이 되는 금융투자상품성을 가진다고 볼 수 있다.

3) **소결** : 암호통화는 일정한 가치를 표상하지 않고 그 자체의 가치가 등락하므로 진정한 재화교환의 매개수단, 지급수단으로서 기능을 완전하게

발휘하지 못한다. 하지만 암호통화의 가치는 계량적으로 표시되어 제한적이지만 지급수단으로 기능을 할 수 있고, 그 명칭이 의미하는 바와 같이 암호통화의 제1차적 기능은 지급수단으로서의 기능이다. 다만 암호통화는 표상가치에 머물지 않고 교환가치의 등락이 예상되는 재화여서 투자대상이 될 수 있다. 이는 주화의 경우에도 일부 이러한 현상이 나타난다. 즉 주화를 제한적으로 발행하면 그 주화는 표면가치보다 높게 거래되는 경우도 종종 있고, 시간이 경과하여 주화의 수량이 더욱 제한되면 마치 골동품처럼 주화 그 자체의 가치가 표면가치와 무관하게 결정될 수도 있다. 다만 암호통화는 중앙 발행권자가 존재하지 않으므로 암호통화의 가치가 계량적으로 표시는 되지만 액면가치가 처음부터 존재하지 않는다는 점, 거래소를 통해 투자수단으로서 기능을 할 수 있는 시스템이 마련되어 있다는 점, 공급량이 처음부터 일정 양으로 예정되어 있고 일정 시점이 경과하게 되면 더 이상 발행 자체가 불가능하게 된다는 점 등에서 특징을 가진다. 요컨대 암호통화의 재화성이 금융투자상품성으로 나타나므로 '금융상품성 전자지급수단'으로 정리할 수 있다.

(4) 전자화폐성 검토

1) **지급수단의 유형** : 지급수단의 본질은 대체로 채권적 성질을 가진 것(채권형), 물권적 성질을 가진 것(물권형), 그리고 채권과 물권이 결합된 성질을 가진 것(유가증권형)으로 나뉠 수 있다. 채권형의 대표적인 예가 자금이체이며, 원인채무의 이행을 위해 자금이체를 통해 지급하면 채무자(지급인)와 금융기관의 채권관계가 채권자(수취인)와 금융기관의 채권관계로 변경되게 된다. 채권형 지급수단을 통해 지급을 수취한 자는 금융기관 등 타인에 대한 채권을 가지게 되고 채권을 행사함으로써 원인채권의 만족을 얻게 되며, 전자금융거래법상 전자자금이체, 직불전자지급수단, 전자채권 등이 이에 포함된다. 물권형은 지급수단을 물권적으로 이전 즉 지급수단을 교부·인도함으로써 채권의 만족을 얻게 되는 지급수단을 의미한다.

물권형 지급수단의 대표적인 예가 화폐이며 이에는 통화를 포함하여 자유화폐도 포함되며 전자금융거래법상 전자화폐도 이에 해당한다. 마지막으로 유가증권형은 채권을 표창하는 증권을 교부함으로써 채권이 이전되어 지급의 효과가 발생하는 지급수단을 의미한다. 유가증권형은 지급수단을 물권적으로 교부한다는 점에서 물권형과 유사하지만 그 효과는 채권이 이전된다는 점에서 채권형과 유사하여 유가증권은 채권형과 물권형이 결합된 지급수단으로 볼 수 있다. 전통적인 어음, 수표가 이에 해당하며 전자금융거래법상 선불전자지급수단이 이에 해당한다.

2) **법적 성질** : 전자화폐란 이전 가능한 금전적 가치가 전자적 방법으로 저장되어 발행된 증표 또는 그 증표에 관한 정보로서, 재화·용역 구입의 매체성(지급수단성), 현금·예금을 대가로 발행·교환이 예정되고(환금성), 사용범위의 범용성 등을 갖추어야 한다(동법 제2조 제15호). 전자금융거래법상 전자화폐의 개념요소를 정리하면, 전자정보성, 금전가치성, 유통성, 지급수단성, 환금성, 범용성 등으로 요약될 수 있다.44) 암호통화의 법적 성질에 관해 권리로 보는 견해, 물건으로 이해하는 견해 등이 있지만 여기서는 암호통화가 전자금융거래법상 전자화폐에 해당할 수 있는가 하는 점을 검토한다.

3) **환금성 제한** : 암호통화가 증표적 성질을 가지고 있지는 않지만 분산형으로 발행되고 블록체인에 기록되는 전자정보이므로 전자정보성을 가진다는 점에서는 의문의 여지가 없다. 다음으로 암호통화는 블록체인을 통해 블록체인을 활용하는 커뮤니티 내에서 다른 사람에게 이전되는 금전적 가치라는 점에서 금전가치성을 가지고 제한적이지만 유통성을 가진다는

---

44) 특히 전자금융거래법상 전자화폐는 선불전자지급수단과의 구별이 문제되는데, 양자 모두 전자정보성, 금전가치성, 유통성, 매체성을 가지지만, 환금성과 범용성을 가지는 전자화폐는 선불전자지급수단과 구별된다.

점에도 의문이 없다. 암호통화의 지급수단성을 보면, 암호통화는 가상세계에서 재화, 용역의 대가로 지급되는 지급수단일 뿐만 아니라 현실세계의 재화, 용역의 대가로도 암호통화가 사용되고 있으므로 지급수단성도 가진다고 본다. 암호통화의 환금성에 관해 보면, 암호통화는 환금이 거래소에서 환금이 보장되어 있지만 환금 가치는 등락하여 일정한 가치를 표창하지 않는다는 점에서 실질적으로 환금성이 보장되어 있지 않으며, 암호통화의 범용성을 평가하기엔 아직 이르다 본다.[45]

(5) 암호통화의 본질

1) 문제 제기 : 암호통화는 전자화폐의 전자정보성, 금전가치성, 유통성, 지급수단성 등을 갖추고 있지만 환금성을 가진다고 보기 어려워 전자금융거래법상 전자화폐로 보기는 어렵다고 요약할 수 있다. 그렇다면 전자화폐의 성질이 부인되는 암호통화의 본질은 무엇인가? 앞서 본 바와 같이 암호통화는 금융상품성 전자지급수단으로서의 성질을 가지고 있으므로 금융상품으로서 본질이 무엇인가 하는 점이 문제된다. 암호통화의 본질은 채권인가 아니면 물권인가 아니면 사원권[46] 또는 특수한 권리인가?

2) 채권성 검토 : 채권은 대인적 권리로서 지급수단은 광의로 볼 때 채권적 성질을 내포하고 있다. 즉 자금이체는 금융기관에 대한 채권(예금지급청구권)이라는 속성을 가지고 전자화폐라 하더라도 전자화폐 발생자에 대한 환금청구권을 통화의 경우에도 통화발행당국에 대한 채권적 성질을

---

[45] 범용성은 행정적 기준에 지나지 않아 범용성 검토 자체가 특별한 의미를 가진다고 보기 어렵고 이는 개별 암호통화에 따라 다를 뿐만 아니라 대체로 현재로선 암호통화가 전자금융거래법에서 전자화폐에 요구하는 범용성을 갖출 정도로 성장하지는 않았다고 본다.
[46] 암호통화의 범위를 확장하면 이더리움과 같은 암호통화에서는 다시 이더리움을 기반으로 하여 토큰이 발행되고 이는 스마트계약과 결합하여 일정한 경우 사원권으로서 역할을 하는 경우도 있다. 그 대표적인 예가 The DAO 사례였으며 이에 관해서는 보다 자세한 분석을 요하지만 전자유가증권과는 직접 관련이 없으므로 더 이상의 논의는 전개하지 않는다.

권리를 가진다고 볼 수 있다. 단지 그 유통방법은 앞서 본 바와 같이 채권형, 유가증권형, 물권형으로 구별될 수 있다. 암호통화의 발생이 중앙기관에 의해 이뤄지는 것이 아니고 특정 당사자에게 이를 청구할 수 있는 성질을 가지지 않으므로 암호통화에는 채권적 성질은 없다고 본다. 암호통화는 분산형으로 발행되고 거래소에서 환금이 이뤄지지만 종국적으로 환금의무를 부담하는 자는 존재하지 않는다. 왜냐하면 암호통화의 발행이 당사자의 노력 즉 채굴행위(mining)에 의해 형성된 것이고 제3자의 신뢰에 기반하여 발행된 것이 아니기 때문이다.[47] 암호통화는 지금까지의 화폐나 지급수단이 중앙발행기관 또는 유통기관, 발행인의 신뢰에 의존하여 이용되던 것과 전혀 달리 암호통화라는 지급수단 그 자체에 대한 신뢰에 기초하여 지급수단으로 기능을 한다. 그 신뢰의 근원을 분석한다면 첫째 제3자에 의한 해킹이나 위·변조가 불가능한 철저한 보안성을 가진다는 점, 둘째 공급이 제한되어 무한 공급에 의한 가치의 평가절하가 불가능하다는 가치의 안정성, 셋째 지급하는 자와 수령하는 자가 편리하게 사용할 수 있다는 이동의 편의성을 들 수 있다.

3) **물권성 검토** : 암호통화는 배타적 지배가 가능한 물권적 속성을 가지는가? 암호통화에는 특정인에게 일정한 급부를 청구할 수 있는 권능이 보장되어 있지 않지만 신뢰성에 기반하여 지급수단으로 기능한다. 특정인이 지급수단으로서 기능하는 암호통화를 취득한 경우 그 자는 자신이 취득한 암호통화에 관해서는 배타적 지배를 할 수 있다. 물론 배타적 지배의 대상은 유형적인 물건이 아니고 일정한 가치라고 할 수 있으며 이는 정보의 속성을 가지고 있다. 타인이 해킹 등을 통해 이를 절취하면 반환을 청구할 수 있으며 타인의 사용방해를 배제할 권리가 있다고 본다. 하지만 그

---

[47] 암호통화는 발행권자가 존재하지 않아 발행권자 등에 대한 채권적 성질이 발행 당시부터 아예 존재하지 않는다. 분산형 발행절차여서 지금까지의 중앙집중형 발행·유통절차를 거치거나 통화나 기타 지급수단과는 달리 중앙기관에 대한 채권의 모습을 찾을 수 없다.

러한 물권성이 보장되는 것은 일정한 암호통화를 신뢰하고 그 암호통화를 거래수단으로 인정하여 커뮤니티(일정한 가상세계)에 가입한 사람에 한정되고, 동 커뮤니티를 벗어난 사람에 대해서는 아무런 물권성을 주장할 흔적을 발견할 수 없다.

(6) 소결

암호통화가 도입된 지 얼마되지 않아 아직 암호통화의 실체가 모두 드러났다고 할 수는 없다. 따라서 암호통화의 본질에 관해서도 더 많은 연구가 진행될 필요가 있다고 본다. 하지만 지금까지 우리가 접하고 있는 암호통화 예를 들어 비트코인이나 이더리움 플랫폼의 이더와 같은 것들의 본질은 지급수단이라는 점에서 의문이 없다고 본다. 다만 이들은 가치가 확정된 통상적인 지급수단이 아니라 가치가 수요와 공급의 원리에 따라 변화하는 금융상품형 지급수단이고 이들은 분산형으로 발행되어 채권성을 보유하지 않고 배타적 지배는 인정되므로 물권성을 제한적으로 가지고 있다고 본다. 요컨대 암호통화는 제한적 물권성을 가진 금융상품성 지급수단으로 볼 수 있다.

Ⅳ. 계약의 전자화와 거래법의 미래

1. 스마트계약의 의의[48]

(1) 특성

스마트계약이라는 용어는 일반적으로 모든 참여자의 장부의 상태를 변경하는 방식으로 블록체인 상에 실행되는 프로그래밍 코드를 의미하는 것

---

[48] 이하 내용은 스마트계약과 관련되는 내용은 본 연구 수행을 위해 발표하였던 정경영, 백명훈 「디지털사회 법제연구(Ⅱ) - 블록체인 기반의 스마트계약 관련 법제 연구」, 법제연구원, 2017,의 내용 일부를 정리 보완하였으며, 단락별 인용부호는 붙이지 않는다.

으로 이해된다. 따라서 모든 스마트계약이 법적 구속력을 가지는 합의라는 오해 때문에 초래되는 혼란이 없지 않다.49) 스마트계약에 관해 통일된 정의는 없지만 3가지 기본 요소를 찾아낼 수 있다. 스마트계약은 거래가 1) 일방 당사자로부터 타방 당사자로 가상화폐의 단순한 이전 이상의 것과 관련되고, 2) 2명 이상의 당사자가 관련되고, 3) 그 이행(implementation)이 자동화되어 있어 일단 계약이 개시(initiated)된 이후에는 인간의 개입이 요구되지 않는다는 점이다. 가상화폐의 단순한 이전과 같이 스마트계약은 노드와 채굴자의 노력에 의해 또는 통해 블록체인에 코드화(coded)되고 전자적으로 기록된다.50) 스마트계약에 관해 개념이 일치되지 않는데, 블록체인 애플리케이션 개발과 관련하여 스마트계약은 전통적인 법적 계약의 개념과는 아무런 관련이 없다는 점을 지적한다. 스마트계약은 대부분의 경우 자동화된 방식으로 실행되는 프로그래밍 코드의 조각을 의미하는데, 블록체인상의 법적 계약의 이행에 관해 언급할 때 종종 스마트계약과 혼동되기도 한다.51)

(2) 개념

스마트계약의 개념에 관한 미국법상의 개념정의를 보면, 스마트계약을 일정하게 예정된 조건이 충족될 경우 자동 또는 다수당사자의 실행과 거래·재산이전의 공개된 기록을 허용하는 암호로 입력된 약정으로서 종종 다중-서명기술을 활용한다고 정의하고 있으며,52) 이는 2014년 온라인 시장 보호법(Online Market Protection Act of 2014) 제3조와 일치한다. 그리고 2017년 3월 29일 통과된 애리조나주법 제44편 제26장 제5조 블록체인 기술의 E항 제2호에서 스마트계약을 정의하고 있다. 스마트계약이란 분산되

---

49) Shawn S. Amuial, et.al., The Blockchain: A Guide for Legal and Business Professionals, Thomson Reuters, 2016, § 2.1
50) Id. § 2.2
51) Id. § 2.3
52) HR 5892 3WH (i)

고, 탈중앙화되고 공유하고 복제된 원장에서 작동하고 그 원장을 보존하고 그 원장상에 자산의 이전을 지시하는 사건에 응한 프로그램(event-driven program)을 의미한다.

스마트계약에 관한 두 입법은 스마트계약을 프로그램으로 이해하는 점에서는 일치하지만, 전자는 자동화에 중점을 두고 후자는 분산원장 즉 블록체인기술에 중점을 두고 있다. 그런데 블록체인기술이 응용된 것을 스마트계약으로 보는 것이 일반 전자계약과 구별하는 실익으로 이해할 수 있으므로 블록체인은 스마트계약의 필요조건이라 이해함이 타당하다고 본다. 그렇다면 블록체인의 특성은 아무래도 실행의 자동화에서 찾아야 한다고 본다. 이렇게 볼 때 스마트계약이란 분산원장을 기반으로 한 블록체인기술을 바탕으로 실행의 자동화가 가능하도록 설계된 프로그램(코드)으로 이해할 수 있다. 이와 유사한 개념으로 스마트계약을 블록체인을 통해 일정 조건을 만족시키면 거래가 자동으로 실행되도록 프로그래밍한 자동화된 계약시스템으로 이해하는 견해[53]가 있다. 스마트계약의 개념요소를 보면, 블록체인기술을 활용하여야 한다는 점, 계약의 실행이 자동화되도록 설계되어야 한다는 점, 그 실체는 프로그램 즉 코드라는 점을 들 수 있다. 코드를 (스마트)계약으로 이해하는 것은 전통적인 계약이론과 맞지 않으므로 이러한 개념을 논의의 편의상 협의의 스마트계약이라 하고 코드가 상대방의 의사표시와 합치한 경우 이는 청약과 승낙의 구조를 가진 계약과 유사하므로 코드에 따라 상대방의 의사표시가 행해진 것을 논의의 편의상 광의의 스마트계약이라 한다.

(3) 활용사례[54]

소유권 이전, 상속, 증여, 물품구매 등에 폭넓게 활용되고 있으며 최근

---

53) 정승화, "블록체인 기술기반의 분산원장 도입을 위한 법적 과제-금융산업을 중심으로-," 「금융법연구」, 제13권 제2호(2016), 127면.
54) 정경영, 앞의 보고서, 42면.

에는 사물인터넷과 연계되어 이용되고 있다. 스마트계약에서는 조건에 의해 거래가 자동적으로 성립되므로 중간관리자에 의한 사기피해를 막을 수 있으며, 거래정보 기록이 보존되기 때문에 계약서 위조, 사고기록 조작 등과 같은 악의적 행위의 방지가 가능하여 신용리스크와 상대방 리스크를 감소시킬 수 있다. 독일의 스타트업인 슬록(Slock)은 부동산 보증금과 임대료를 지불하면, 스마트폰을 이용해 건물에 부착된 스마트 자물쇠를 계약기간 동안 주인·관리자 없이 입주자가 자유로이 열 수 있도록 하는 블록체인을 활용한 스마트계약 부동산임대서비스를 제공 중이다. 예를 들어 3등급 이상의 신용등급, 5천만원 이하의 부채를 지닌 개인에게 투자하고 싶은 사람과 조건에 부합하는 개인이 대출을 신청하였을 때 조건에 부합하는 거래당사자를 자동으로 연결하는 것이 가능하다. 블록체인 기반의 스마트 계약을 활용하면 기존 중앙보안방식에서 탈중앙 보안방식으로 보안방식을 변경할 수 있고, 비대면거래에서 가장 중요한 부분인 금융거래 정보의 암호화와 인증 문제를 해결할 수 있다. 스크래핑 기술은 고객의 국민연금, 건강보험 등의 정보를 활용해 고객의 신용도 등을 판단함으로써 비대면거래에 있어 간편성을 확보하고 블록체인은 거래의 보안성을 높일 수 있는데, 스마트계약은 이 스크래핑 기술과 블록체인 기술을 접목한 프로그램이므로 대중성과 신뢰성을 확보할 수 있다.

2. 스마트계약의 구조

(1) 코드의 설계[55]

스마트계약은 청약과 승낙의 합치로 성립하는 일반계약과는 달리 일방이 제공하는 프로그램(코드)를 의미하므로 계약의 성질을 가지지 않는다. 스마트계약을 설계한 자가 제공한 코드에 참여하고자 하는 자는 프로그램

---

55) 정경영, 앞의 보고서, 108면

에서 요구하는 일정한 조건을 입력하면 프로그램이 자동실행 된다. 예를 들어 신재생에너지 활용을 위한 회사를 설립하기 위해 자금을 조달하려고 할 경우 코드 개발자(contract creator, A)는 이더리움 플랫폼에서 자신의 계약주소(contract address)를 이용해 자본금 1백만 이더를 선착순 모집하면서, 1) 1이더는 1토큰의 가치를 가지며, 2) 1이더를 투자할 경우 1토큰에 해당하는 주식을 가지며, 3) 1백만 이더가 모금되면 이를 자본금으로 한 회사가 설립되며[56], 4) 자본금으로 투자할 사업에 관해서는 이더리움을 통해 토큰 소유자의 과반수의 결의를 통해 의사결정을 하기로 하고, 5) 사업의 소득은 토큰 지분에 비례해서 분배한다는 정책(policy)을 내용으로 하는 메시지를 적절한 방법[57]으로 게시한다. 코드설계자는 1이더가 자신의 전자지갑주소에 도달하면 1토큰이 발생되도록 설계된 코드를 블록체인에 기록한다.

(2) 거래의 성립

B가 동 사업에 관심이 있어 100이더를 구매하는데 이를 위해 B는 가상화폐거래소의 웹페이지에 인터넷을 통해 접속해서 거래소에서 정한 방식에 따라 원화를 입금하여 이더를 구매하여 100이더를 A의 전자지갑주소로 송금하게 된다. 이 과정에 거래소의 전자지갑에서 B의 전자지갑으로 이동되어 있던 100이더가 A의 전자지갑으로 이동하게 된다. 100이더가 A의 전자지갑으로 이동하는 순간 자동적으로 B의 명의로 100토큰이 발행되어 B의 전자지갑[58]으로 이동한다. 이 과정을 사법적 관점에서 검토하면, A가 코드를 작성하여 이를 일반인이 접근할 수 있도록 오픈소스로 공개하고 B가 메시지에서 요구하고 있는 조건에 따라 행동할 경우 자동적으로 토큰 구매가 실현되었다고 볼 수 있다.[59]

---

56) 목표 미달시 지급된 이더의 환불에 관한 정책이 포함될 수도 있다.
57) 메시지를 게시하는 방법은 community 게시판을 이용할 수도 있고 이메일을 통해 알릴 수도 있는 등 방법에 제한 없이 이뤄질 수 있다.
58) 토큰은 이더를 발송한 주소로 발송되므로 B가 이더를 보낼 때 거래소의 전자지급에서 직접 보내면 자신의 전자지갑으로 토큰이 전송되지 않을 수 있다.

(3) 거래의 구조

위 거래를 구분해서 보면, 1) A의 코드작성, 2) 코드의 공개, 3) B의 조건성취, 4) 토큰의 이전으로 구분된다. A의 코드작성은 A와 이더리움 플랫폼과의 관계에서 이루어지는 작업으로서 B와는 무관하다. 1) A의 코드작성을 오프라인거래에 대비해 보면, B와의 관계에서는 A의 내심적 효과의사 상태에 있다고 볼 수 있다. 2) 다음으로 코드의 공개는 내심적 효과의사의 표시에 해당하고 단지 특정인에 대한 의사표시가 아니라 불특정 다수인에 대한 의사표시로 볼 수 있다. 이는 오프라인거래에 대비하면, 청약의 유인으로 볼 것인지 아니면 청약으로 볼 것인지 문제가 있지만 B의 일정한 행위가 있으면 A의 의사를 묻지 않고 바로 계약이 실행되므로 A의 코드공개는 청약에 유사한 성질을 가진다고 볼 수 있다. 3) B의 조건성취 행위는 승낙의 의사표시의 성질을 가지고 있으나 의사표시에 그치지 않고 100이더의 송금이라는 사실행위이므로 이는 승낙의 묵시적 의사표시와 함께 계약의 이행이 함께 일어난 것으로 이해할 수 있다. 이는 마치 음료수 사동판매기에 동전을 투입하는 것과 같이 승낙이라는 의사를 가지고 동전을 투입하는 것과 흡사하다. 4) 토큰의 이전은 A의 의사에 의한 행위가 아니라 이미 코드를 공개하는 시점에 그러한 결과가 발생하도록 이미 예정되어 있다는 점에서 이미 조건지워진 이행행위라 할 수 있다. 이 역시 동전을 투입하면 음료수가 자동적으로 고객에게 제공되는 것과 같이 청약자의 의사의 개입없이 바로 계약이 이행되는 특수한 계약이라 볼 수 있다. 요컨대 A의 코드 자체(스마트계약)는 전통적 개념에서 볼 때 계약에 해당하지는 않으며 코드의 공개는 계약청약에 해당하고, B의 코드에 따른 조건의 실행행위가 승낙에 해당하며 A의 이행행위는 자동화된 계약이라 볼 수 있다.

---

59) 정경영, 앞의 보고서, 109면.

3. 스마트계약의 법적 성질

(1) 협의의 스마트계약

협의의 스마트계약은 코드를 의미하고 이는 전통적 의미의 계약과는 무관하다. 코드의 입력은 아직 거래상대방에 도달하지 않은 의사표시에 지나지 않는다. 하지만 코드를 자신만이 알 수 있고 다른 사람에게 공개되지 않는 코드는 법적 의미를 가질 수 없으므로 코드의 작성에 따른 공개, 즉 공개된 코드를 협의의 스마트계약으로 보는 것이 적절하다고 본다. 이렇게 보면 오픈소스에 공개된 코드(스마트계약)는 청약의 의사표시로 이해된다. 다만 코드는 의사표시에 대한 상대방의 조건성취가 있을 경우 코드 작성자의 이행행위까지 내재되어 있어 통상의 의사표시와 구별된다. 이를 좀 더 분석적으로 보면, 표의자의 이행행위가 내포된 청약의 의사표시로 볼 수 있다.

(2) 광의의 스마트계약

공개된 코드에 따라 상대방이 긍정적 반응, 즉 코드에서 제시한 조건을 실현한 경우 코드 작성자의 의사표시와 상대방의 의사표시가 합치된 것으로 볼 수 있어 계약의 구조를 가질 수 있고 이를 광의의 스마트계약이라 한다. 광의의 스마트계약은 계약의 성질을 가질 수 있으나 일반 계약이 체결되면 이행의무가 발생하는데 반해 상대방의 의무이행(조건의 성취)과 함께 코드 작성자의 의무이행이 자동적으로 실현된다는 점에서 특성을 가지는 계약이다. 상대방의 급부(앞서 든 예에서는 100이더의 송금)는 승낙의 묵시적 의사표시이자 코드 작성자의 이행행위의 자동이행의 조건이어서 상대방의 급부에 의해 계약의 이행까지 완료된다. 코드 작성자(A)와 상대방(B)간의 계약, 즉 광의의 스마트계약은 이행행위를 요하지 않는 일종의 의사실현계약이 된다.

4. 스마트계약의 유상성

(1) 급부의 현실가치

스마트계약의 급부는 현실의 계약과 달리 급부가 가상세계에서 통용되는 재화가 된다. 앞서 든 예에서 보듯 A의 급부는 토큰이고 B의 급부는 이더라는 가상화폐이다. 결국 스마트계약은 가상의 재화의 거래행위가 되어서 가상화폐(이더)와 토큰의 가치에 따라 계약의 유상성을 인정할 수 있다. 그런데 이더는 거래소를 통해 현실의 통화에 의해 판매가 되므로 이더의 성질을 자유화폐로 보든 물건으로 보든 그 가치가 평가될 수 있고 다시 현금으로 환금도 가능하므로 재화성을 인정하는데 큰 어려움이 없다. 이에 반해 (비상장)토큰은 가상세계에서만 통용될 수 있고 현실 세계에서 그 가치를 평가하는 것 자체가 용이하지 않을 뿐만 아닐 현실세계와의 접점이 없어 재화성에 의문이 있을 수 있다. 굳이 토큰의 재화성을 발견하려고 한다면, 토큰 역시 가상세계에서 수요와 공급의 원리에 따라 정해지는 가치로 이더와 교환될 수 있고 ㄱ 이더는 다시 현실의 화폐로 환금이 가능하므로 토큰 역시 간접적으로(이더를 매개로 하여) 현실의 재화성을 가진다고 이해할 여지도 있다. 다만 토큰도 거래소에 상장(ICO)될 경우 이더와 유사하게 거래가 될 수 있어 재화성을 인정하기 용이하다고 본다.

(2) 가상세계의 가치창조

이더리움 플랫폼이라는 가상세계에서 그 끝단은 이더와 통화의 교환이라는 현실세계의 가치와 연결되지만 가상세계 내부에서 가치의 창조와 교환이 이뤄지고 있다. 즉 앞서 든 예에서 토큰은 가상세계에서 창조된 재화로서 가상세계에서 그 가치가 증감하면서 일정한 역할을 수행한다. 즉 토큰은 가상세계에서 설립되는 회사의 지분 역할을 하면서 회사의 성과와 가치에 따라 가치가 변화된다. 많은 사람이 더 많은 대가(이더)를 지급하고 토큰을 구매하고자 할 경우 토큰의 가치는 상승하고 토큰이 매력이 없다고 생각하여 많은 사람이 토큰을 매각하고자 할 경우에는 토큰의 가치는 하락하게 된다. 하지만 토큰의 가치가 하락한다고 하더라도 현실세계에서 손해가 발생한 것은 아니며 상승할 경우에도 현실세계의 이익이 실현된 것도 아니라는 점에 특징이 있다. 단지 토큰과 교환되는 이더의 양이 변화되게 되고 이더를 현실의 통화로 환급하지 않고 다시 가상세계의 다른 재화를 구매하는 용도로 사용할 경우 가상세계에서 이익·손해는 현실세계의 이익·손해와 직접 연결되지 않고 다시 순환하게 된다.

(3) 토큰과 이더의 차이

가상세계에서 특히 이더리움 플랫폼에서 이더는 현실세계의 통화의 역할을 한다. 모든 재화는 이더로 교환될 수 있고 가치를 측정하는 단위가 될 수 있다. 현실세계의 관점에서 보면 이더나 토큰 모두 동일한 전자정보이지만 이더는 가상세계 내에서 통화의 기능을 하고 토큰은 단순히 재화의 역할을 하게 된다. 이는 토큰은 거래소에서 현실의 통화로 환급이 되지 않지만 이더는 통화로의 환급이 가능하다는 점에서 차이가 있기 때문이다. 하지만 가상세계에서 다시 토큰이 통용되는 거래계의 범위 내에서 토큰은 다시 작은 통화의 기능을 할 여지가 없지 않다. 즉 앞서 든 예에서 A의 전자지갑을 통해서 토큰이 발행되므로 토큰은 다시 자유화폐적 기능을 하면서 다른 가상세계의 재화를 구입하고 그 대가로 교환될 가능성이 없지 않다. 다만 그렇다고 하더라도 이더와의 가장 큰 차이점은 이더는 분산형으로 발생되고 거래소는 거래의 중계 역할을 하는데 반해 토큰은 집중형으로 발행되므로 A의 전자지갑은 거래소의 기능을 하지만 신뢰할 수 있는 제3당사자(Trusted Third Party)에 해당하게 된다.

(4) 토큰(코드 개발자)의 신뢰성

이더는 블록체인에 기반하여 발행되므로 중앙에 이더를 발행하는 기관이나 이를 관리하는 기관이 존재하지 않고 분산형으로 발행되고 분산형

원장에 의해 관리된다. 하지만 이더리움 플랫폼에서 발행되는 토큰은 그 발행인(코드 개발자, A)의 신뢰에 기반하여 발행되므로 발행인의 신뢰성이 무너지면 가상세계 내에서 교환되는 가치의 불균형이 발행할 수 있다. 따라서 발행인의 신뢰는 다시 보증되어야 하므로 이를 위해 이더에 의한 가상세계 내의 담보제공 등의 수단이 요구된다. 즉 A는 토큰과 교환으로 이더를 취득하지만 발행인인 A가 무단으로 활용할 수 없도록 하고 스마트계약 당사자들의 합의에 의해 이더를 사용할 수 있도록 이더의 사용을 제한할 필요가 있다. 즉 토큰의 신뢰성의 기반은 계약행위에 관해서는 블록체인기술에 있지만 토큰의 대가인 이더의 관리의 신뢰성은 사용제한 등의 다른 수단이 요구된다. 이를 위해 코드의 설계시 토큰에 대한 대가인 이더에 관한 처분권한을 코드 개발자가 가지지 않고 토큰 소유자가 가지도록 설계가 될 수 있다. 하지만 코드 개발자가 사회적 신용을 가진 자일 경우에는 개발자의 신용하에 개발자가 처분권한을 가지는 코드도 있을 수 있지만 대중의 신용을 얻기란 쉽지 않으리라 본다.

5. 스마트계약의 다중성

(1) 서

이더리움 플랫폼에서 이더의 거래와 같이 일회적으로 발생하는 계약도 있지만 이는 자동적 이행되는 거래로 볼 수 없으므로 스마트계약에 포함되지 않는다. 스마트계약은 코드화되어 있어 누구든 일정한 조건을 이행하는 경우 실행되므로 다중 계약이 예정되어 있다고 볼 수 있다. 따라서 많은 당사자가 동일한 내용의 계약을 체결하게 되고 그 거래 상대방은 코드 설계자가 되는데 코드 설계자는 거래의 대가를 지배하는 것이 아니라 플랫폼을 만든 것에 지나지 않는다. 따라서 코드 설계자는 계약의 당사자가 아니라 일정한 플랫폼을 설계한 것이 되어 거래는 동일한 방향으로 의사표시를 하는 다수의 법률행위가 되어 이를 계약으로 볼 수 있는가 하는 점이 문제된다.

(2) 코드 설계자의 당사자성

코드를 설계한 당사자 A는 B와 이더를 받고 토큰을 인도하는 내용의 계약을 체결한다. A와 B의 거래만 보면, 이더와 토큰이 교환되는 교환계약 또는 토큰을 매입하는 대가로 가상화폐인 이더가 지급되는 매매계약의 성질을 가지는 것으로 보인다. 하지만 A는 지급받은 이더에 대한 관리권한을 가지지만 소유권한을 가지지 않고 토큰의 발행자로서 지위를 가질 뿐이다. 이는 마치 주식회사를 설립할 때 회사는 주식인수인으로부터 주식인수대금을 지급받고 주식을 발행하지만 회사를 주식거래의 상대방으로 보지 않는 것과 유사하다. 주식인수대금은 회사의 명의로 보관되지만 실제 사용은 주주들 또는 주주의 대표자인 이사들에 의해 사용된다. 코드 설계자 A도 회사와 유사하게 토큰을 발행하면서 마치 토큰을 거래하는 당사자로 보이지만 정작 다수의 당사자들에게 토큰을 발행하고 토큰의 대금으로 지급받은 이더를 자신의 명의로 관리하지만 이더에 대한 사용권한은 토큰 소유자들에게 귀속한다는 점에서 코드 설계자는 회사와 유사하다.

(3) 합동행위성

코드 설계자를 토큰거래의 당사자로 보지 않고 단지 토큰이 거래될 수 있는 플랫폼을 설계한 자로 볼 경우 토큰을 매입한 거래당사자의 지위는 일반 계약 당사자와 다르게 해석된다. 왜냐하면 토큰거래는 플랫폼에서 지분권으로 인식되는 일정한 재화를 구입한 것이 되고 이는 모든 당사자에게 동일한 모습으로 나타나기 때문이다. 모든 토큰거래 당사자는 플랫폼상의 토큰을 일정양 구입하면서 그에 상응하는 이더를 지급하고 그 조직상의 구성원의 지위를 가지게 된다는 점에서 합동행위로 인식할 가능성이 제기된다.

(4) 소결

코드는 대체로 이더를 대가로 하는 유상계약의 형태로 입력되지만 경우에 따라 코인을 발행할 경우 합동행위성을 가지는 경우도 부인할 수 없다. 이는 이더를 대가로 발행하는 코인의 신뢰가 코인 발행인의 신뢰에 의존하게 될 경우에는 그러한 특성이 나타나지 않지만 코인 역시 발행인에 대한 신뢰가 아니라 코드 자체의 가치를 신뢰하고 스마트계약에 참여하는 당사자들의 경우에는 의사표시가 동일한 방향을 가지고 상대방이 존재하지 않게 되어 합동행위의 성질을 가지는 경우도 배제할 수 없다.

6. 글을 맺으며 - 거래법의 미래

암호통화의 등장으로 인해 사법(私法)질서는 요동치고 있다. 기존의 전자화폐나 지급수단인 유가증권 등은 발행인의 신뢰에 의존하여 발행인에 대한 채권을 본질로 하는 데 반해, 암호통화가 지급수단으로 사용되지만 그 본질은 여전히 모호한 상태이다. 이러한 암호통화를 기반으로 하여 등장한 스마트계약은 당사자의 개입 없이 계약의 실행이 완료되어 기존의 전자계약과는 그 성질을 완전히 달리한다. 암호통화와 스마트계약은 현실세계와 구별되는 가상세계가 단순히 감각적인 수준에 머무는 것이 아니라 그 속에서 새로운 가치가 창조될 수도 있는 가능성을 제시하고 있다. 가상세계 속에서 이윤을 창조하고 그 속에서 손실이 발생할 수도 있으며 기업이 생길 수도 있고 망할 수도 있는 새로운 세계를 열고 있다.

스마트계약으로 형성되는 가상세계 속의 행위들은 인간의 행위를 벗어나고 있는 점이 특징이다. 인간이 내심적 효과의사를 결정하고 표시의사가 매개되어 표시상의 효과의사로 나타나고 표시된 의사가 다시 상대방에게 도달하여 경우에 따라 청약이 되고 상대방의 의사와 합치하여 계약이 체결된다고 보던 기존의 의사표시, 법률관계를 일부 벗어나고 있다. 게다가 스마트계약이 사물인터넷과 연결되면 가상세계가 현실세계와 접목되어 가상세계의 가치가 현실세계에 그대로 구현되게 할 수도 있다. 컴퓨터가 거래상대방을 물색하여 결정하고 거래내용을 협상하고 계약 이행을 점검한 뒤 소송을 제기하는 등 인간의 역할을 더 정확하게 수행할 수 있게 되고 이는 더 많은 이윤을 남기려는 인간의 욕구와 맞아떨어질 확률이 높다.

알파고가 바둑의 입신 경지에 오른 인간을 완파하는 모습은 우리에게 쇼크를 주었다. 딥러닝으로 인공지능을 가진 컴퓨터가 인간의 능력을 초월해가고 있는 현실에서 인간이 할 수 있는 부분은 무엇일까? 환경의 변화가 그 속도나 충격은 다르지만 항상 인간에게 새로운 도전이었고 인간은 이를 극복해 왔다. 인간은 환경을 인간을 위한 모습으로 변화시켜 왔고 그것이 인간의 진화과정이었다고 할 수 있다. 기술의 발전이 사법영역에 많은 변화와 충격을 주고 있지만, 우리가 할 수 있는 일은 발전된 기술에 따른 사회현상을 인간을 보호하기 위해 해석하고 때로는 입법을 하는 행위일 것이다. 이를 위해서는 부단히 변화하는 환경에 대해 앞으로 더 많은 연구가 요구되리라 본다.

[부록]

원문	번역
UNCITRAL Model Law on Electronic Transferable Records CHAPTER I. GENERAL PROVISIONS Article 1. Scope of application 1. This Law applies to electronic transferable records. 2. Other than as provided for in this Law, nothing in this Law affects the application to an electronic transferable record of any rule of law governing a transferable document or instrument including any rule of law applicable to consumer protection. 3. This Law does not apply to securities, such as shares and bonds, and other investment instruments, and to […]1). Article 2. Definitions For the purposes of this Law: "Electronic record" means information generated, communicated, received or stored by electronic means, including, where appropriate, all information logically associated with or otherwise linked together so as to become part of the record, whether generated contemporaneously or not; "Electronic transferable record" is an electronic record that complies with the requirements of article 10; "Transferable document or instrument" means a document or instrument issued on paper that entitles the holder to claim the performance of the obligation indicated in the document or instrument and to transfer the	전자양도성기록에 관한 국제상거래법위원회 모델법 1. 일반규정 제1조 적용범위 1. 본법은 전자양도성기록에 적용된다. 2. 본법에 규정이 있는 경우를 제외하고는 본법의 어떠한 사항도 소비자보호법을 포함한 양도성 증서나 증권에 관한 법원칙이 전자양도성기록에 적용되는 것에 영향을 미치지 않는다. 3. 본법은 주식, 채권 그리고 기타 투자 증권 등(..)과 같은 증권에 적용되지 않는다. 제2조 개념 본법의 목적을 위해 : "전자기록"이란 전자적 수단에 의해 형성, 통신, 수령 또는 저장되는 정보를 의미하며, 적절할 경우 동시 형성 여부와 무관하게 기록의 일부가 되도록 논리적으로 관련되거나 기타 연결되는 모든 정보를 포함한다. "전자양도성기록"이란 제10조의 요건을 갖춘 전자기록이다: "양도성 증서 또는 증권"은 증서, 증권에 표시된 의무의 이행을 청구하고 증서, 증권에 표시된 의무의 이행에 대한 권리를 증서, 증권의 이전을 통해 이전할 수 있도록 하는 서면으

right to performance of the obligation indicated in the document or instrument through the transfer of that document or instrument.

Article 3. Interpretation
1. This Law is derived from a model law of international origin. In the interpretation of this Law, regard is to be had to the international origin and to the need to promote uniformity in its application.
2. Questions concerning matters governed by this Law which are not expressly settled in it are to be settled in conformity with the general principles on which this Law is based.

Article 4. Party autonomy and privity of contract
1. The parties may derogate from or vary by agreement the following provisions of this Law: […].2
2. Such an agreement does not affect the rights of any person that is not a party to that agreement.

Article 5. Information requirements
Nothing in this Law affects the application of any rule of law that may require a person to disclose its identity, place of business or other information, or relieves a person from the legal consequences of making inaccurate, incomplete or false statements in that regard.

Article 6. Additional information in electronic transferable records
Nothing in this Law precludes the inclusion of information in an electronic transferable record in addition to that contained in a

로 발행된 증서 또는 증권을 의미한다.

제3조 해석
1. 본법은 국제적 출처의 모델법에서 유래한다. 본법의 해석에서 국제적 출처와 그 적용상의 통일성을 증진할 필요성이 존중되어야 한다.
2. 본법에서 명시적으로 정하지 않은 사항에 관한 문제는 본법이 기반하고 있는 일반원칙에 합치되도록 해결되어야 한다.

제4조 당사자 자치
1. 본법이 다음 규정들[---]을 당사자의 합의에 의해 배제하거나 변경할 수 있다.
2. 그러한 합의는 당사자가 아닌 자의 권리에 영향을 미치지 않는다.

제5조 정보 요건
본법은 특정인의 신원, 영업소 소재지 또는 기타 정보를 개시할 것을 요구하는 규정에 영향을 미치지 않으며, 특정인의 이에 관한 부정확하고 불완전하거나 잘못된 기술에 따른 법적 효과를 면제하지 않는다.

제6조 전자양도성기록의 부가정보
본법은 양도성 증서·증권에 포함된 사항에 부가하여 전자양도성기록의 정보가 포함되는 것을 금지하지

transferable document or instrument.

Article 7. Legal recognition of an electronic transferable record

1. An electronic transferable record shall not be denied legal effect, validity or enforceability on the sole ground that it is in electronic form.

2. Nothing in this Law requires a person to use an electronic transferable record without that person's consent.

3. The consent of a person to use an electronic transferable record may be inferred from the person's conduct.

CHAPTER II. PROVISIONS ON FUNCTIONAL EQUIVALENCE

Article 8. Writing

Where the law requires that information should be in writing, that requirement is met with respect to an electronic transferable record if the information contained therein is accessible so as to be usable for subsequent reference.

Article 9. Signature

Where the law requires or permits a signature of a person, that requirement is met by an electronic transferable record if a reliable method is used to identify that person and to indicate that person's intention in respect of the information contained in the electronic transferable record.

Article 10. Transferable documents or instruments

1. Where the law requires a transferable

않는다.

제7조 전자양도성기록의 법적 인식

1. 전자양도성기록은 전자적 형태라는 이유만으로 그 법적 효과, 효력 또는 집행가능성이 부인되지 않는다.

2. 본법은 당사자의 동의 없이 전자양도성기록의 사용을 요구하지 않는다.

3. 전자양도성기록의 사용에 대한 당사자의 동의는 당사자의 행위로부터 추론될 수 있다.

제2장. 기능적 등가성 규정

제8조 서면

법률이 정보가 서면일 것을 요구하는 경우, 전자양도성기록에 포함된 정보가 추후 참조에 사용될 수 있도록 접근 가능하다면 전자양도성기록은 그 요건을 충족한다(제7조).

제9조 서명

법률이 특정인의 서명을 요구하는 경우, 전자기록에 포함된 정보에 관해 특정인을 확인하고 특정인의 의사를 표시하는 신뢰할 수 있는 수단이 사용되었다면 그 요건이 충족된다.

제10조 양도성 증서, 증권

1. 법률이 양도성 증서, 증권의 이용을 요구하는 경우, 일정한 전자기

document or instrument, that requirement is met by an electronic record if:

(a) The electronic record contains the information that would be required to be contained in a transferable document or instrument; and

(b) A reliable method is used:

(i) To identify that electronic record as the electronic transferable record;

(ii) To render that electronic record capable of being subject to control from its creation until it ceases to have any effect or validity; and

(iii) To retain the integrity of that electronic record.

2. The criterion for assessing integrity shall be whether information contained in the electronic transferable record, including any authorized change that arises from its creation until it ceases to have any effect or validity, has remained complete and unaltered apart from any change which arises in the normal course of communication, storage and display.

Article 11. Control

1. Where the law requires or permits the possession of a transferable document or instrument, that requirement is met with respect to an electronic transferable record if a reliable method is used:

(a) To establish exclusive control of that electronic transferable record by a person; and

(b) To identify that person as the person in control.

2. Where the law requires or permits transfer of possession of a transferable document or instrument, that requirement is

록이 이하의 경우 그 요건을 충족한다.

(a) 양도성 증서, 증권에 요구되는 정보를 포함하고

(b) 다음사항을 위해 신뢰할 수 있는 수단을 사용한 경우:

(ⅰ) 전자기록이 전자양도성기록임을 확인하고,

(ⅱ) 형성시부터 효력이 상실될 때까지 지배의 대상이 되도록 하고,

(ⅲ) 무결성의 유지

2. 무결성을 판단하는 기준은 전자양도성기록에 포함된 정보가, 그 생성 시부터 효력종료 시까지 발생하는 일정한 정당한 변경을 포함하여 '통신, 저장, 게시의 통상 과정에 발생하는 변경 외에 완전하고 변경없이 유지되었는가 여부이다.

제11조 지배

1. 법률이 양도성 증서, 증권의 점유를 요구하거나 허용할 경우, 다음을 확인하기 위해 신뢰할 수 있는 수단이 사용된 경우 전자양도성기록에 관해 동 요건은 충족된다.

(a) 당사자가 전자양도성기록을 배타적으로 지배하게 하고,

(b) 그 자를 지배권자로 확인하는

2. 법률이 양도성 증서, 증권의 양도를 요구하거나 허용할 경우, 전자양도성기록에 관해서는 그 요건이

met with respect to an electronic transferable record through the transfer of control over the electronic transferable record.

CHAPTER III. USE OF ELECTRONIC TRANSFERABLE RECORDS

Article 12. General reliability standard

For the purposes of articles 9, 10, 11, 13, 16, 17 and 18, the method referred to shall be:

(a) As reliable as appropriate for the fulfilment of the function for which the method is being used, in the light of all relevant circumstances, which may include:

(i) Any operational rules relevant to the assessment of reliability;

(ii) The assurance of data integrity;

(iii) The ability to prevent unauthorized access to and use of the system;

(iv) The security of hardware and software;

(v) The regularity and extent of audit by an independent body;

(vi) The existence of a declaration by a supervisory body, an accreditation body or a voluntary scheme regarding the reliability of the method;

(vii) Any applicable industry standard; or

(b) Proven in fact to have fulfilled the function by itself or together with further evidence.

Article 13. Indication of time and place in electronic transferable records

Where the law requires or permits the indication of time or place with respect to a transferable document or instrument, that

전자양도성기록에 관한 지배권의 양도를 통해 충족된다.

제3장 전자양도성기록의 사용

제12조 일반 신뢰성 기준

제9조, 10조, 11조, 13, 16조, 17조, 18조에서 규정된 수단은 다음의 요건을 갖추어야 한다;

(a) 다음의 사항을 포함하여 모든 관련 상황을 고려하여 그 수단이 사용된 기능을 달성하기에 적합할 정도로 신뢰할 수 있어야 하고:

(ⅰ) 신뢰성 판단에 적합한 운영규정,

(ⅱ) 데이터 무결성의 보장,

(ⅲ) 시스템에의 무권한 접근과 사용을 방지할 수 있는 능력,

(ⅳ) 하드웨어와 소프트웨어의 보안,

(ⅴ) 독립적 기구에 의한 감사의 정규성과 범위,

(ⅵ) 수단의 신뢰성에 관한 감독기구, 승인기구 또는 임의기구에 의한 선언의 존재,

(ⅶ) 적용가능한 산업기준; 또는

(b) 자체로 또는 다른 증거와 함께 그 기능을 달성하였다고 사실상 증명되어야 한다.

제13조 전자양도성기록에서 시간과 장소의 표기

법률이 서면 기반의 양도성 증서, 증권에 관해 시간과 장소의 표시를 요구하거나 허용할 경우 전자양도성

requirement is met if a reliable method is used to indicate that time or place with respect to an electronic transferable record.	기록에 관한 시간과 장소를 표시하기 위해 신뢰할 수 있는 수단이 사용되면 그 요건을 충족한다.
Article 14. Place of business 1. A location is not a place of business merely because that is: (a) Where equipment and technology supporting an information system used by a party in connection with electronic transferable records are located; or (b) Where the information system may be accessed by other parties. 2. The sole fact that a party makes use of an electronic address or other element of an information system connected to a specific country does not create a presumption that its place of business is located in that country.	제14조 영업소 1. 장소는 단지 아래의 이유만으로 영업소가 되지 않는다. (a) 전자양도성기록과 관련하여 당사자에 의해 이용된 정보시스템을 지원하는 설비와 기술이 위치하는 곳; 또는 (b) 정보시스템이 다른 당사자에 의해 접근될 수 있는 곳 2. 당사자가 특정 국가와 연결된 전자주소 또는 기타 정보시스템의 요소를 이용한다는 사실만으로 그 영업소가 그 국가에 위치한다고 추정되지 않는다.
Article 15. Endorsement Where the law requires or permits the endorsement in any form of a transferable document or instrument, that requirement is met with respect to an electronic transferable record if the information required for the endorsement is included in the electronic transferable record and that information is compliant with the requirements set forth in articles 8 and 9.	제15조 배서 법률이 일정한 형태의 양도성 증서, 증권의 배서를 요구 또는 허용하는 경우, 배서를 위해 요구되는 정보가 그 전자양도성기록에 포함되고 그리고 그 정보가 제8조 및 제9조에서 규정된 요건을 충족하면, 전자양도성기록에 관해 그 요건은 충족된다.
Article 16. Amendment Where the law requires or permits the amendment of a transferable document or instrument, that requirement is met with respect to an electronic transferable record if a reliable method is used for amendment of information in the electronic transferable	제16조 정정 법률이 양도성 증서, 증권의 정정을 요구하거나 허용하는 경우, 정정된 정보가 내용대로 확인되도록 신뢰할 만한 방법이 사용된 경우 전자양도성

record so that the amended information is identified as such.

Article 17. Replacement of a transferable document or instrument with an electronic transferable record

1. An electronic transferable record may replace a transferable document or instrument if a reliable method for the change of medium is used.

2. For the change of medium to take effect, a statement indicating a change of medium shall be inserted in the electronic transferable record.

3. Upon issuance of the electronic transferable record in accordance with paragraphs 1 and 2, the transferable document or instrument shall be made inoperative and ceases to have any effect or validity.

4. A change of medium in accordance with paragraphs 1 and 2 shall not affect the rights and obligations of the parties.

Article 18. Replacement of an electronic transferable record with a transferable document or instrument

1. A transferable document or instrument may replace an electronic transferable record if a reliable method for the change of medium is used.

2. For the change of medium to take effect, a statement indicating a change of medium shall be inserted in the transferable document or instrument.

3. Upon issuance of the transferable document or instrument in accordance with paragraphs 1 and 2, the electronic transferable record shall be made inoperative and ceases

기록에 관해 그 요건은 충족된다.

제17조 양도성 증서, 증권의 전자양도성기록으로의 대체

1. 매체의 변경을 위해 신뢰할 수 있는 수단이 사용된 경우 전자양도성기록은 양도성 기록, 증서를 대체할 수 있다.

2. 매체변경이 유효하기 위해서는 매체변경을 나타내는 언급이 전자양도성기록에 포함되어야 한다.

3. 1항과 2항에 따라 전자양도성기록이 발행되면 양도성 증서, 증권은 사용이 중지되고 효력을 상실한다.

4. 1항과 2항에 따른 매체변경은 당사자의 권리와 의무에 영향을 미치지 않는다.

제18조 전자양도성기록의 양도성 증서, 증권으로의 대체

1. 매체의 변경을 위해 신뢰할 수 있는 수단이 사용된 경우 양도성 증서, 증권은 전자양도성기록을 대체할 수 있다.

2. 매체변경이 유효하기 위해서는 매체변경을 나타내는 언급이 양도성 증서, 증권에 포함되어야 한다.

3. 1항과 2항에 따라 양도성 증서, 증권이 발행되면 전자양도성기록은 사용이 중지되고 효력을 상실한다.

4. 1항과 2항에 따른 매체변경은 당사자의 권리와 의무에 영향을 미치

to have any effect or validity. 4. A change of medium in accordance with paragraphs 1 and 2 shall not affect the rights and obligations of the parties. CHAPTER IV. CROSS-BORDER RECOGNITION OF ELECTRONIC TRANSFERABLE RECORDS Article 19. Non-discrimination of foreign electronic transferable records 1. An electronic transferable record shall not be denied legal effect, validity or enforceability on the sole ground that it was issued or used abroad. 2. Nothing in this Law affects the application to electronic transferable records of rules of private international law governing a transferable document or instrument.	지 않는다. 제4장 전자양도성기록의 국제적 인정 제19조 외국 전자양도성기록의 차별 금지 1. 전자양도성기록은 그것이 외국에서 발행되었거나 이용되었다는 이유만으로 법적 효력, 유효성 또는 강제성이 부인되어서는 안 된다. 2. 본 법의 어떠한 규정도 양도성 증서, 증권을 규율하는 국제 사법규정이 전자양도성기록에 적용되는 데에 영향을 미치지 아니한다.

---

1) 1 The enacting jurisdiction may consider including a reference to:
(a) documents and instruments that may be considered transferable, but that should not fall under the scope of the Model Law;
(b) documents and instruments falling under the scope of the Convention Providing a Uniform Law for Bills of Exchange and Promissory Notes (Geneva, 1930) and the Convention Providing a Uniform Law for Cheques (Geneva, 1931); and (c) electronic transferable records existing only in electronic form.

[참고문헌]

- 국내문헌 -

[저서]

곽윤직, 「민법총칙」, 박영사, 1989.
_____, 「물권법」, 박영사, 1996.
_____, 「채권총론」, 박영사, 1999.
_____, 「채권각론」, 박영사, 2000.
손진화, 「전자금융거래법」, 세창출판사, 2011
양승규, 「어음법·수표법」, 삼지원, 1994,
이철송, 「상법강의」, 박영사, 2004.
이철송, 연구보고서 「전자어음법의 제정에 관한 연구」, 2001. 7.
정경영, 「상법학강의」, 박영사, 2009.
_____, 「전자금융거래와 법」, 박영사, 2007.
_____, 「상법학쟁점」, 박영사, 2016.
정동윤, 「어음·수표법」, 법문사, 2004.
정영환, 「신민사소송법」, 세창출판사, 2009,
정찬형, 「어음수표법강의」, 박영사, 2004.
정완용, 「전자상거래법」, 법영사, 2011.
채이식, 「상법강의(하)」, 박영사, 2003.
최기원, 「어음수표법」, 박영사, 2001.
최종현, 「해상법상론」, 박영사, 2009.

[논문]

강선준, "전자선하증권의 도입을 위한 입법론," 「사회과학논총」, 제8집(2006).
강현구, "B2B전자결제시스템의 법제화방안," e-commerce, 2001.

권종호, "전자어음제도의 도입과 법리적 과제," 「비교사법」, 제10권 제1호 (2003).

김동근, "전자등록제도의 유가증권성에 관한 연구," 「기업법연구」, 제17집 (2004).

김순석, "주식 등의 전자등록제도 도입에 따른 주주 보호방안," 「상사법연구」, 제22권 제3호(2003).

김은기, "전자화폐의 법적 문제," 「상사법연구」, 제16권 제2호(1997).

김정환, "전자기록채권에 관한 소고-전자어음과의 비교를 중심으로," 「금융법연구」, 제11권 제2호(2014).

_____, "전자양도성 기록에 관한 모델법의 수용에 대한 연구," 성균관대학교 박사학위논문, 2019.

김지환, "전자채권제도에 관한 비교법적 고찰-우리와 일본의 전자어음·채권법제도를 중심으로," 「상사판례연구」, 제24집 제2권(2011).

_____, "주식의 전자등록제도에 있어서 주주 보호 방안," 「상사법연구」, 제34권 제1호(2015).

김창준, "복합운송주선업자의 법적 지위에 관한 연구," 경희대학교 박사학위논문, 2004.

김형민, "전자외상매출채권의 이해," 「지급결제와 정보기술」, 제6호(2002).

김홍기, "경제환경의 변화와 어음만기 제도의 개선방안 -최근 입법예고된 전자어음법 개정(안)과 관련하여-," 연세법학, 제25권(2015).

_____, "최근 디지털 가상화폐 거래의 법적 쟁점과 운용방안," 「증권법연구」, 제15권 제3호(2014).

도제문, "지급결제서비스의 주체는 누구인가?," 「지급결제제도의 법적 문제점과 과제」, 사단법인 한국금융법학회 2006년 춘계학술대회자료집.

맹수석, "전자증권의 담보설정과 법적 과제," 「법학연구」, 제25권 제1호(2014).

박홍진, "전자선하증권의 도입에 관한 소고," 「법학연구」, 제27권(2007).

백미연, "국내외 수표 전자정보교환((Truncation)제도 도입 현황," 「지급결제와 정

보기술」, 제22호(2005)

손진화, "주식 등의 전자등록제도의 도입방안," 「상사법연구」, 제22권 제3호(2003).

손희성, "B2B에 있어서 기업간 전자외상매출채권의 현황과 과제," 「전자금융의 법적 과제(Ⅰ)」, 2002. 한국법제연구원.

양석완, "전자어음의 전자문서성과 증거법상의 문제," 「동아시아연구논총」, 제15권 제1호(2004).

우광명, "전자식 선하증권 사용의 활성화에 관한 연구," 「국제무역연구」, 제9권 제1호(2003).

윤태영, "사이버머니의 법적 성격과 화폐가치 부여 가능성," 「민사법이론과 실무」, 통권 제18권 제1호(2014),

이철송, "電子어음의 어음性," 「인터넷법률」, 통권 제24호(2004).

정경영, "전자유가증권의 법적 문제점," 「전자금융의 법적 과제(Ⅰ)」, 한국법제연구원, 2002.

_____, "유가증권 전자화에 관한 법률적 고찰," 한국법제연구원 보고서, 2002.

_____, "전자양도성기록(Electronic Transferable Record, ETR)의 '증권성' 확보에 관한 연구," 「금융법연구」, 제11권 제1호(2014).

_____, "미국 통일전자거래법에 관한 연구," 「상사법연구」 제19권 제2호(2000).

_____, "전자어음제도의 법률적 문제점 : 전자어음법상의 유통제도를 중심으로," 「인터넷법률」, 통권 제24호(2004).

_____, "전자증권의 법적 성질과 전자등록제도에 관한 고찰," 「상사법연구」, 제22권 제3호(2003).

_____, "어음의 전자화에 따른 법적 문제점 고찰," 「비교사법」, 제10권 제1호(2003).

_____, "전자선하증권의 도입에 관한 법적 검토," 「상사판례연구」, 제15집(2003).

_____, "자금이체제도의 법적 연구," 서울대학교 박사학위논문, 1994.

_____, 이하 암호통화에 관한 내용은 정경영, 백명훈, "디지탈사회 법제연구(1)-블록체인기반의 스마트계약관련법제연구" 한국법제연구원, 2017, 119면 이하를 수정, 보완하였음.

정승화, "블록체인 기술기반의 분산원장 도입을 위한 법적 과제-금융산업을 중심으로-," 「금융법연구」, 제13권 제2호(2016).

_____, "전자투자증권의 법적 과제," 「전자금융의 법적 과제(Ⅰ)」, 한국법제연구원, 2002.

정완용, "전자어음법에 관한 고찰," 「인터넷법률」, 통권 제24호(2004).

_____, "國際海上運送法 분야의 電子商去來에 관한 考察 : 電子船荷證券을 중심으로," 「경희법학」, 제35권 제1호(2000).

정찬형, 전자증권제도 도입에 따른 법적 문제 및 해결방안, 「증권예탁」, 제40호(2000).

_____, "전자어음법의 제정 필요한가?," 「고려법학」, 제41권(2003),

_____, "電子어음法의 問題點에 관한 小考," 「인터넷법률」, 통권 제24호(2004).

주강원, "전자선하증권의 현황과 법적 과제," 「홍익법학」, 제16권 제1호(2015).

최경진, ""UNCITRAL 전자양도성기록 규정안"에 대한 고찰," 「국제거래법연구」, 제22집 제1호(2013).

_____, "국제거래법의 신지평: 국제금융, 결제, 유통: UNCITRAL 전자양도성기록 규정안에 대한 비교법적 고찰," 「국제거래법연구」, 제23집 제2호(2014).

최승열, "전자선하증권의 법적 과제," 「전자금융의 법적 과제(Ⅰ)」, 한국법제연구원, 2002.

하순원, "일본 전자기록채권제도에 관한 소고 - 우리나라 전자채권제도 및 전자어음제도에 대한 시사점을 포함하여," 「法曹」, 제65권 제8호(2016).

한영희, "전자어음 활성화 방안에 관한 연구 : 조세지원제도를 중심으로," 한국세무학회 학술대회 발표논문집, Vol.2005 No.10(2005).

황현영, "전자어음제도의 운영현황과 입법과제," 「法曹」, 제65권 제8호(2016).

법무부, 「2013년 국제거래법연구단 국제회의 참가 연구보고서」, 2014. 6.

한국전자거래진흥원, 전자외상매출채권의 활성화 방안 연구(전자상거래 활성화 워킹그룹 보고서Ⅰ), 2002.1,

- 외국 문헌 -

小出 篤, 「手形の電子化」と電子記録債權 ―ＵＮＣＩＴＲＡＬにおける「電子的移転可能記錄」の檢討から, 前田重行先生古稀記念企業法・金融法の新潮流, 商事法務, 2013.

森田宏樹, "電子マネ-の法的構成(1)", NBL, 616號, 1997. 5. 1.

森田宏樹, "電子マネ-の法的構成(3)", NBL, 619號, 1997. 6. 15.

森田宏樹, "電子マネ-の法的構成(4)," NBL, 622號, 1997. 8. 1.

小澤徹夫, "電子マネ-の取引當事者間の法律關係と損失の配分(1)," NBL 623號 1997.8.15.

小澤徹夫, "電子マネ-の取引當事者間の法律關係と損失の配分(2)," NBL 624號, 1997. 9. 1.

小澤徹夫, "電子マネ-の取引當事者間の法律關係と損失の配分(3)," NBL 625號, 1997. 9. 15.

岩原紳作, 「電子決濟と法」, 初版, 有斐閣, 2003. 10,

Abbey Stemler Anjanette H. Raymond, PROMOTING INVESTMENT IN AGRICULTURAL PRODUCTION: INCREASING LEGAL TOOLS FOR SMALL TO MEDIUM FARMERS,, Ohio State Entrepreneurial Business Law Journal, 2013 (8 Ohio St. Entrepreneurial Bus. L.J. 281).

Abhinayan Basu Bal, Electronic Transport Records: An Opportunity for the Maritime and the Logistics Industries. Journal of Transportation Law, Logistics and Policy 81(1), 2014.

Emmanuel T. Laryea, PAPERLESS SHIPPING DOCUMENTS: AN AUSTRALIAN PERSPECTIVE, Tulane Maritime Law Journal Winter 2000,

Evelyn A. Ashley/ Patricia J. Rogers, "E-RECORDS - STRATEGIES FOR A PAPERLESS WORLD," 683 PLI/Pat 947,

Claus-Wilhelm Canaris, Bankvertragsrecht. 3. Aufl., Berlin·New York: Walter de Gruyter, 1988,

Candace M. Jones, Going Paperless: Transferable Records and Electronic Chattel Paper, Prac. Law., July 2002.

Catherine Lee Wilson, "Banking on the Net: Extending Bank Regulation to Electronic Money and Beyond," Creighton Law Review, May, 1997.

Christopher D. Hoffman, "Encrypted Digital Cash Transfers: Why Traditional Money Laundering Controls May Fall Without Uniform Cryptograpy Regulations," Fordham International Law Journal, March, 1998.

Dale A. Whitman, A National Mortgage Registry: Why We Need It, And How To Do It, Uniform Commercial Code Law Journal, Volume 45, Issue 1, April 2013(45 No. 1 UCC L. J. ART 1 Appendix).

_____, "A PROPOSAL FOR A NATIONAL MORTGAGE REGISTRY: MERS DONE RIGHT," Missouri Law Review, Winter 2013

(78 Mo. L. Rev. 1)

David Frisch, Electronic Signatures in Global and National Commerce Act, 201. Transferable Records. Commentary 201:4ES Control).

Glen R. McCluskey, ELECTRONIC CHECK TRANSACTION: WHAT LAW GOVERNS?, 58-OCT Bench & B. Minn. 25,

George B. Delta/ Jeffrey H. Matsuura, Law of the Internet, 1999, Aspen Law & Business Inc. New York, 1999,

ane Kaufman Winn,, "WHAT IS A TRANSFERABLE RECORD AND WHO CARES?," Boston University Journal of Science and Technology Law, Summer 2001,

_____, "CLASH OF THE TITANS: REGULATING THE

COMPETITION BETWEEN ESTABLISHED AND EMERGING ELECTRONIC PAYMENT SYSTEMS," Berkeley Technology Law Journal Spring 1999 Symposium(14 Berkeley Tech. L.J. 675),

_____, "CLASH OF THE TITANS: REGULATING THE COMPETITION BETWEEN ESTABLISHED AND EMERGING ELECTRONIC PAYMENT SYSTEMS," Berkeley Technology Law Journal Spring 1999 Symposium(14 Berkeley Tech. L.J. 675)

John Patrick Hunt, Should the Mortgage Follow the Note? 75 Ohio St. L.J. 155.

Laurie Law, Susan Sabett, Jerry Solinas, "How to make a mint: The Cryptography of Anonymous Electronic Cash," American University Law Review, April, 1997.

Manuel Alba, Order out of Chaos: Technology, Intermediation, Trust and Reliability as the basis for the recognition of Legal Effects in Electronic Transactions, 47 Creighton L. Rev. 387.

_____, Transferability in the Electronic Space at a Crossroads: Is it Really about the Document?, 5 Creighton Int'l & Comp. L.J. 1.

Randall W. Sifers, "Regulating Electronic Money in Small-Value Payment System : Telecomunication Law as a Regulatory Model," Federal Communication Law Journal, April, 1997.

Richard A. Lord, A Primer on Electronic Contracting and Transactions in North Carolina, Campbell Law Review, Fall 2007(30 Campbell L. Rev. 7).

Richad L. Field, "1996: Survey of the Year's Development in Electronic Cash Law and the Laws Affecting Electronic Banking in the United States," American University Law Review, April, 1997.

Shawn S. Amuial, et.al., The Blockchain: A Guide for Legal and Business Professionals, Thomson Reuters, 2016,

Thomas E. Plank, Evolution of Chattel Paper: From Possession to Control, 46 No. 1 UCC L. J. ART 1(2014).

Warren E. Agin/ Scott N. Kumis, A Framework for Understanding Electronic Information Transactions, Albany Law Journal of Science and Technology, 2005.

Zakary Kessler, "Getting One Step Closer to a Commercial Morgage: U.S. Law and not Technology is Preventing the Commercial Mortgage Market form Transitioning to a Paperless Mortgage," Journal on Telecommunications & High Technology Law, Fall, 2013.

American Bar Association(ABA); Task Force on Stored-Value, "A Commercial Lawyer's Take on the Electronic Purse: An Analysis of Commercial Law Issues Associated with Stored-Value Cards And Electronic Money," Business Lawyer, Feb., 1977.

The ABA Cyberspace Committee Working Group on Transferable Records, EMULATING DOCUMENTARY TOKENS IN AN ELECTRONIC ENVIRONMENT: PRACTICAL MODELS FOR CONTROL AND PRIORITY OF INTERESTS IN TRANSFERABLE RECORDS AND ELECTRONIC CHATTEL PAPER, Business Lawyer, 2003. 11.(59 Bus. Law. 379).

The ABA Cyberspace Committee Working Group on Transferable Records, "EMULATING DOCUMENTARY TOKENS IN AN ELECTRONIC ENVIRONMENT: PRACTICAL MODELS FOR CONTROL AND PRIORITY OF INTERESTS IN TRANSFERABLE RECORDS AND ELECTRONIC CHATTEL PAPER," Business Lawyer November, 2003.

UNCITRAL,"Possible future work on electronic commerce - Proposal of the United States of America on electronic transferable records"(A/CN.9/ 681/Add.1), 2009. 6.

UNCITRAL, Draft Model Law on Electronic Transferable Records(A/CN.9/WG,Ⅳ /WP.135).

UNCITRAL, Report of Working Group IV(Electronic Commerce) on the work of its forth-fifth session(A/CN.9/737).

UNCITRAL, Report of Working Group IV(Electronic Commerce) on the work of its forth-fifth session(A/CN.9/797).

UNCITRAL, Report of Working Group IV (Electronic Commerce) on the work of its fifty-fourth session (A/CN.9/897)

UNCITRAL, Annotated provisional agenda(A/CN.9/WG.IV/WP.138)

UNCITRAL, Draft Model Law on Electronic Transferable Records (A/CN.9/WG.IV/WP.139)

UNCITRAL, Draft Model Law on Electronic Transferable Records (A/CN.9/WG.IV/WP.139/Add.1)

UNCITRAL, Draft Model Law on Electronic Transferable Records (A/CN.9/WG.IV/WP.139/Add.2)

[연구요약문]

유가증권은 무형의 가치권을 유형화시켜 점유의 대상되게 함으로써 가치권의 유통에 기여하였다. 하지만 정보통신기술의 발달로 유가증권이라는 실물은 오히려 권리의 유통에 장애가 되어 유가증권의 탈증권화가 시도되고 왔고 이는 무권화로 향하고 있다. 무권화된 유가증권을 전자유가증권이라 할 수 있는데 전자유가증권은 단순히 유가증권을 전자화한 개념과는 구별된다. 왜냐하면 단순히 전자화된 유가증권은 전자문서의 잔류성(전자유가증권의 복수성)으로 인해 권리의 완전한 이전을 실현시키기 어렵기 때문이다. 따라서 이중양도 등의 위험으로부터 자유로운 전자유가증권이 요구되었고 최근 이에 관한 국제적 논의가 집중되고 있다. UN의 국제상거래법위원회의 전자양도성기록(Electronic Transferable Records)에 관한 모델법이 그 대표적인 예로서 2017년에 완성된 모델법은 전자유가증권규범의 국제적 조화를 위한 중요한 역할이 기대된다.

전자유가증권에 관한 대표적인 법제라 할 수 있는 전자양도성기록에 관한 모델법은 기능적 등가성의 원칙에 따라 실체법의 규율은 배제하고 서면 유가증권을 대체하는 전자적 대응개념을 중심으로 규율하고 있다. 전자양도성기록이란 전자기록의 형태를 가진 것으로서 증서, 증권에 표시된 의무의 이행을 청구하고 증서, 증권에 표시된 의무의 이행에 대한 권리를 증서, 증권의 이전을 통해 이전할 수 있고 지배의 대상이 될 수 있어야 되는 것을 의미한다. 서면 유가증권에 대한 점유를 대신하여 전자양도성기록에 대한 '지배'의 개념을 도입하고 지배에 배타적 성격을 부여함으로써 전자양도성기록의 단일성을 확보할 수 있게 되어 권리의 이전이 가능하게 되었다. 이러한 전자양도성기록은 전자유가증권과 약간의 차이는 있지만 주요부분은 일치하고 있어 전자양도성기록의 지배 개념은 전자유가증권에도 도입될 수 있다.

우리법상 전자유가증권은 사실 생소한 개념이 아니다. 왜냐하면 전자어음의 발행 및 등록에 관한 법률에서 전자약속어음이 이미 도입되어 활용되고 있으며 상법에는 전자선하증권에 관한 규정을 두고 있고 전자금융거래법에는 전자화폐 및 선불전자지급수단에 관한 규정을 두고 있기 때문이다. 그밖에도 전자주권, 전자사채권 등을 포함하는 전자투자증권에 관해 주식, 사채의 전자등록에 관한 법률이 제정되어 있고, 전자금융거래법에 전자외상매출채권도 규정되어 있다. 특히 최근에는 비트코인 등 암호통화까지 등장하고 있는데 그 기초기술이라 할 수 있는 블록체인은 유가증권의 전자화를 위해 활용될 수 있는 새로운 기술이라 할 수 있다. 전자유가증권이 이미 우리법상 익숙한 개념이지만 법 규정은 전자유가증권에 관한 통찰을 전제하지 않았고 기존의 유가증권을 전자문서화한 수준에 그치고 있어 문제점이 많다. 전자양도성기록에 관한 모델법에 따라 기술적 중립성이 유지될 수 있도록 개선될 필요가 있으며 특히 전자양도성기록의 지배라는 개념을 입법에 포함시키고 전자유가증권제도의 신뢰성을 확보하기 위한 기준을 정립할 필요가 있다.

  전자유가증권은 일반적으로 전자등록방식에 의해 발행되었으나 전자유가증권의 지배요건이 충족될 수 있다면 토큰방식으로도 발행될 수도 있다. 다만 이를 위해서는 토큰형 전자유가증권이 배타적 지배의 대상이 될 수 있도록 하는 기술이 전제되어야 한다. 최근에 엄청난 변화를 몰고 온 블록체인기술도 전자유가증권의 지배요건을 충족할 수 있는 새로운 기술이어서 향후 블록체인기술에 기반한 전자유가증권의 발행도 예상된다. 그리고 여기서 더 나아가 전자유가증권의 디지털재산으로서 거래의 대상이 되어 스마트계약에 의해 유통될 수 있어 전자유가증권은 기존의 서면 유가증권의 기능을 초월할 수 있으리라 본다.

[Abstract]

A Legal Study on Digitization of Negotiable Instrument*

Jung, Gyung Yong

Negotiable instruments are very useful means to negotiate the invisible and intangible rights to other party by materializing the rights using a instrument. But in the wave of Information Communication Technology, as the materials such as instruments becomes a kind of barrier to a transaction using negotiable instruments. Dematerialization of the negotiable instruments was tried in many ways to improve the convenience of transaction parties and reduce the transaction expenses. Electronic negotiable instruments are different from the negotiable instrument produced in electronic form which leaves an exact same document to selling party even if it was sent to the buying party. As the negotiable instrument in electronic form can be double transferred, worldwide research and discussion have been carried by many scholars and regulators, the example of which was 'The Model Law on Electronic Transferable Records' produced by UNCITRAL. That model law is expected to improve the harmony of law and business relating to the electronic negotiable records.

The Model law, which is a representative legal approach to the electronic negotiable instrument, is produced on the basis of functional equivalence rule and non interference rule to the substantive law. According to the model law, a electronic transferable records (ETR) is an electronic records that embodies the rights of a paper-based negotiable instrument. In stead of the concept of possession in paper-based one, the model law introduces the concept of 'control'

---

* This work was supported by the Ministry of Education of the Republic of Korea and the National Research Foundation of Korea(NFR-2014S1A6A4027326)

of electronic information of exclusive nature which gives ETR singularity. Despite of some differences between ETR and electronic negotiable instrument, the 'control approach' to the electronic information can be used in both instruments and can replace the possession of paper based negotiable instruments. Therefore the requirements of control in model law and the reliability of the system managing the ETR can be reviewed in enacting or amending the acts relating to the negotiable instruments.

In fact, the electronic negotiable instruments are not a new idea in our legal system and the 'Act on Electronic Promissory Note' and 'Electronic Financial Transaction Act' and 'Commercial Law' etc. have already introduced such electronic negotiable instruments as electronic promissory note, prepaid electronic payment methods, electronic bill of lading etc. and have regulated the mechanism thereof. Those acts have a mixed registry system with the token system to substitute the possession of paper based negotiable instruments but don't have any concepts of control yet and have some contradictory articles in them. Considering some problems in those acts, amendments of such acts are needed following the model law on electronic transferable records and to encompass new technologies such as blockchain based on the technical neutrality rule. And the electronic negotiable records is expected to be used as a digital assets in smart contracts which is introduced recently in private law sector.

정 경 영

▶ 저자 약력

서울대학교법과대학에서 학사, 석사, 박사학위 취득
성균관대학교 법학전문대학원 교수(현재)
Duke Univ. Univ. of Washinton 등 교환교수
UN UNCITRAL 정부대표(2011~2015)
한국비교사법학회, 한국금융법학회, 한국지급결제학회 회장 역임

▶ 주요 저서

상법학강의(박영사),
전자금융거래와 법(박영사),
상법학쟁점(박영사)

유가증권 전자화의 법리 연구

지은이 / 정 경 영	인쇄 / 2019. 5. 04
펴낸이 / 조 형 근	발행 / 2019. 5. 04
펴낸곳 / 도서출판 동방문화사	

서울시 서초구 방배로 16길 13(방배동 905-16). 지층
전 화 / 02)3473-7294   팩 스 / (02)587-7294
메 일 / 34737294@hanmail.net   등 록 / 서울 제22-1433호

저자와의 합의 인지생략

파본은 바꿔 드립니다.   본서의 무단복제행위를 금합니다.
정 가 / 35,000원   ISBN 979-11-89979-04-1 93360